比較憲法

鄒文海 著

三民書局印行

網際網路位址　http://www.sanmin.com.tw

©比較憲法

著作人　鄒文海
發行人　劉振強
著作財產權人　三民書局股份有限公司
臺北市復興北路三八六號
發行所　三民書局股份有限公司
地址／臺北市復興北路三八六號
電話／二五〇〇六六〇〇
郵撥／〇〇〇九九九八——五號
印刷所　三民書局股份有限公司
門市部　復北店／臺北市復興北路三八六號
重南店／臺北市重慶南路一段六十一號
初版　中華民國五十五年四月
十一版　中華民國八十八年八月
編號　S 58038
基本定價　伍元捌角
行政院新聞局登記證局版臺業字第〇二〇〇號

ISBN 957-14-0113-7（平裝）

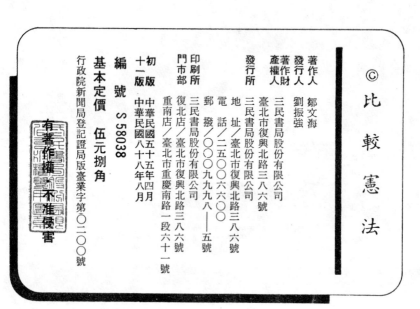

比較憲法目次

第七章　西德的基本法

第八章　第五共和法國

第十二章　總統……二八三

第十三章　美國國會……三一一

第十四章　司法權與聯邦最高法院……三三六

第十五章　瑞士委員制……三五四

比較憲法

鄒文海著

第一章　導　論

I、憲法的意義　憲法這個名詞有兩個用法，一指國家的組織或結構，另一則指政府權力運用的規範。

㈠國家的結構　亞列斯多德有一部全文業已遺失而部分殘稿猶能保留的名著——各國憲法，這是他研究百數十餘國的組織而後發表的著作。這亦許是西方研究憲法最早的作品。

亞列斯多德所以稱國家組織爲憲法，並不因爲它是法，而祗因爲它是組織。古代國家尚無召開制憲會議以爲國家制訂根本大法的經驗。像波斯那樣，皇帝決定國家的一切，沒有任何法律得以限制它的專制權。以近代人的眼光來看，波斯可以說是沒有憲法的。不過亞列斯多德認爲：國家有如植物，必然有其組織。植物有根有幹有葉，所以有植物的憲法。國家有人民有政府有統治，自然也有國家的組織，因之也有國家的憲法。在古人的用法中，憲法卽組織，組織卽憲法，兩個名詞的意義是相同的。

亞列斯多德所說的憲法，無須制訂，而是由國家自然表現的。而他的所謂組織，亦偏重於生理上的作用。他多少抱國家有機論的觀點，與今人之所謂憲法所謂組織，在意義上是不盡相同的。

㈡政府的規範　一二一五年英國的大憲章，使憲法有了新的意義。大憲章事實上祗是種封建契約，在當時的歐洲極爲盛行，非僅英國爲然。那時的封建契約且有制裁，貴族們所組織的貴族法庭，卽爲執行這種契約的機構。不過當時尚在武力統治時代，有武力的一方常能得到勝利，所謂貴族法庭的制裁，多數祗是理論中事，事實上未必如此。英國十三世紀之後王權逐漸抬頭，失勢的貴族一直依據大憲章爲屏障而對國王奮鬪。由是史家加以美譽，稱這類事件爲人權運動的重要界石，而大憲章亦成爲後世憲法的濫觴。

從上述歷史事實來看，中古時代所說的憲法，契約的意義重於結構的意義。中古因缺少主權的觀念，政治社會中尙無公共的執法機關，故雖有貴族法庭，究竟缺少執行的效力。契約的履行，有賴締約人的誓言，亦有賴上帝的鑒證。破壞契約的人，爲中古社會所不齒，不能列爲可尊敬的人物。可是權力欲望强盛的人，對這種宗教性及道德性的制裁不很在意，所以並不以違背契約爲恥。如此憲章的效果也就很有限了。我們這種種歷史的叙述，無非說明大憲章雖被譽爲憲法之母，但與近代憲法還是有距離的。

中古時期的英國爲國王特權 Prerogatives 與貴族特權並行時期，這是英國普通法 Common Law 所承認的原則，故大憲章以契約的方式出之。到光榮革命的時代，洛克認爲巴力門有立法權，而國王則僅有行政權，以後白拉克斯頓 Blackstone 的憲法論衡亦持同樣的論點。洛克與白拉克斯頓同時又相信自然法高於國家法律，故立法權不得侵犯個人的生命自由財產等自由權利，亦不得免除個人信仰上帝及撫育子女的自然義務。洛克等維新理論家，顯然欲尋求一政府不能逾越的規範，而他們稱這種規範爲自然法，洛克等人自然較十三世紀的封建貴族爲進步，但從憲法的觀點言，他們的自然法，與中古的封建契約同樣缺少保障。

美國獨立之後，於一七八九年產生了一部史無前例的聯邦憲法。聯邦憲法的內容，雖亦有新創之處，但多數還是英國舊傳統的繼承。我人所以稱它爲史無前例者，其一，它是以美國人民的名義宣布的；其二，它明白的規定它是國家的最高法，聯邦法及州法皆不得與之牴觸。從此以後，憲法不再是契約，不再是自然法，而是一國人民所宣示的基本原則，政府行動應當以此爲規矩。這兩點均成爲近代憲法的典型。此後立憲主義蓬勃於世，成爲政治前進途徑中的重要指標。

㈢憲法的內容　如上所述，憲法的產生，多數由於被治者有限制政府權力的企圖。英國的大憲章固然是如此，美法革命以來所有的立憲運動，亦莫不如此。從這一點來說，憲法實質的意義，殆皆以規範政府爲目的。當然政府所需規範之處甚多，各國因各具特殊背境，故重視的對象並不完全相同。在從前專制的時代，人民的生命自由財產常因政府濫用權力而受蹂躪，憲法中乃以詳列權利清單爲第一義。又如美國瑞士等，因採聯邦組織，如何保障各分子的地位成爲憲法中重要的項目。更如戰後的日本，因明治維新後常爲軍閥所苦，故新憲法努力於防範軍人干政的流弊。

備爾 Wheare 氏嘗謂多數憲法均於國家的更新時期創立，這是信而有據的說法。革命成功之後，或是大戰結束之後，經常會有新憲法出現。一個國家革命成功，當然是「我命維新」。而大戰結束之後，在民族思想昌盛的今日，許多原受侵略的民族獲得解放，新國家締造之日，建制的工作自然亦刻不容緩。舊國家之中，或因戰敗，或因戰時爲敵人佔領而國運中斷，戰爭終止後皆須開創新的氣象。這種種事實，說明憲法是國家更新時期的重創工作。爲什麼要更新？爲什麼必須重創？自然因舊制中有許多缺點，自然因新人抱着新的理想。惟於玆有一點應該說明者，憲法非少數人的私器，而實爲國家的公法。故其着眼處不是一時，而亦爲將來；憲法非僅所以便利今人，而亦應作今後的長久打算。憲法的內容，雖然各國互殊，如加以歸納與分析，不難發現下述三項爲其主要的成分。

其一爲權利法案。權利究竟指的什麼？沒有人能予以正確的答覆，所以公法學者如備爾者主張不採取之爲法律的術語，但事實上每一部的憲法都規定之爲國家保護的對象。是蓋權利乃人民心理上認爲最可寶貴的利益或要求，而同時又是擁有勢位者最容易予以破壞的。人民主觀的要求而能爲政府所承認及保護，社會中根本不會有權利的呼聲。但洛克認爲生命自由財產是大家的利益，而當時的政府却予以忽視或甚至加以摧殘，如此他才會倡言這是人的自然權利，政府不得予以剝奪。而其後制訂憲法的人才會把生命自由財產規定在權利法案之中。

不過權利既爲主觀的要求，並無確定而具體的內容。在同一時代及同一環境之中，多數人可能對權利有相同的要求；而時代一變，多數人對權利的要求即會隨之而變。所以權利既爲憲法所保障的共同內容，同時亦成爲憲法沉重的負擔，並使研究憲法的人發生最大的困惑。我們現在所處的時代，顯然是權利觀念在急劇發生變化。權利的內涵在擴大中，例如工作權及受教育權在多數國家的憲法中已列爲基本人權。同時，舊的權利却又受到重要修正。這一種觀念上的急劇變化，使憲法不易及時適應，而解釋憲法的人自然也增加了不少的困難。

其二，規定政治權力運用的方式，亦爲憲法重要內容之一。人權所以會受到侵犯，多數由過當的政治權力所引起。古代的權利請願，同時也是要求去除暴政。生命權的重視與禁止濫行拘捕，原爲一事的兩面，故作權利請願者，亦必提到政府權力的正當範圍。孟德斯鳩之後，大家相信權力間的互相制衡大有利於人權的保障，由是憲法中乃更以重要篇幅來規定政府權力之間的關係。有的國家，甚至即以政府的組織法爲憲法，於人權問題反予忽略。例如第三共和法國的憲法，實際上祇是幾種組織法的彙編。

其三，憲法中經常規定它的修訂程序。關於修正憲法的問題，後文尚有討論，此間不贅。此間所欲說明者，各國憲法所以都會規定憲法修正程序的原因。憲法既以保障人權及規定政府權力運用方式爲目的，故皆以限制政府爲對象，與普通法律之所以規範人民行爲者不同。但政治權力皆操諸政府之手，憲法而欲加以規範，必須憲法超越政府而不受政府的操縱。主張立憲以及制憲的人士，因之皆想盡方法使憲法不至隨政治權力的意思而改變，由是設計一種相當困難的修憲程序，使憲法能超然於政府之外。

從上所說的三項內容來看，可知它們目標相同，皆所以規範政府的行動。

以前人討論憲法種類的時候，喜歡把欽定憲法與民定憲法予以分別。就事實論，欽定憲法與民定憲法之間的區別極爲牽强。日本的明治憲法，雖由明治天皇頒發，但起草者爲伊籐博文及其他維新功臣，並非天皇自定。民定憲法由人民所選的制憲會議起草，亦非眞正人民自定。故兩者之區別是微乎其微的。但說欽定與民定有分別的人，認爲欽定憲法爲少數人的私器，把憲法當作便利今人的工具，以至完全失去憲法的意義。而民定憲法乃視憲法爲公器，所以爲萬世政府定規範。因之這兩種憲法的精神不同。從這個觀點說，欽定與民定憲法的區別還是有意義的。

我人所以要提到欽定憲法與民定憲法，無非想借此事例以說明憲法的意義，乃爲防範政府的權力，而並非爲便利政府的權力。欽定憲法所以爲大家輕視，因爲它是便利帝王的統治權的。根據同樣的理由，憲法雖出諸民定的形式，如果內容毫無規範治權的作用，仍難免有欽定之譏。而且這樣的憲法，使後人即將起而推翻。

㈣**憲法的性質——國內公法及最高法**　憲法、行政法、及刑法，同稱爲國內公法。刑法的對象雖爲個人，但觸犯法網者已達到妨害或破壞國家正常秩序的程度，故由國家起訴而予以制裁。行政法爲規範公共機關及公務員的法律。公務員爲國家服務，他們有什麼權利與義務？機關與公務員代表國家以運用公權，如果妨害了人民的權利與利益，又將如何處理？這是行政法的主要內容。至於憲法，它以規定公權組織的主要體系及原則爲主要內容。但正如上文所說，每一國家均有其特殊的歷史背景，故公權組織中的主要原則爲何，可能每一國家皆有其特殊的觀念，所以各國憲法的內容不是完全相同的。有些國家，可能在憲法中規定重要的民刑原則，例如美國憲法强調「正當法律手續」的重要性，不經正當法律手續，不得剝奪人民的生命、自由及財產；又如國會不得通過褫奪公權與追溯既往的法律；又如不得强當事人爲不利於己的供辭，凡此種種，本可規定於刑法之中，但爲重視人民的生命權，並爲昭示國家處理刑事案件時應有的愼重態度，所以也規定於憲法之中了。

憲法侵入其他公法的領域，而同時又常須由其他公法爲之補充。憲法旣僅規定公權組織的主要體系，自然異常簡略，在實施的時候，必須規定其他的實施辦法。例如多數國家的國會，均僅規定議員由普遍平等直接及秘密的選舉產生。這一項原則，如無詳細的選舉法，如何能進行選舉？又如日憲僅規定首相選舉的方式，但內閣的詳細組織及其議事的方法，自然又得根據其他法律了。這一類補充憲法中有關條文的實施辦法，一般稱爲組織法，也可以說是公法中的一種。第五共和法國且認爲組織法的修正程序，應不同於普通的法律。

從以上所說的情形來看，憲法與其他公法均發生犬牙交錯的狀況，情形相當複雜。因之，爲建立法律的秩序，多數國家又建立一個原則，認爲憲法爲國家的最高法，一切法律均應依據憲法的原則以制訂。公法理論家皆承認憲法是主權意思的直接表示，而在民主國家中，並認爲憲法卽是人民公意的結晶，故其效力，實高於其他法律。換句話說，憲法爲主權行爲，是一種原始權力；而其他的法律，不過依據此主權意志而由治權所產生的行爲，是一種後生權力。關於這種法理上的論爭，我人無意爲之詳細推敲。我人之所欲說明者，爲使國家的法律秩序完整無缺，憲法實應據最高的位置，不然，法律界就要發生羣龍無首的現象了。

表示憲法最高的方法，一般國家都在憲法中宣布法律不得牴觸憲法，有些甚至明白限制國會的某些立法權。因之憲法的效力高於其他法律。憲法之有最高性，已屬無可爭辯。不過最高的程度，各國仍有不同。歐洲大陸的多數國家，深受英國先例的影響，堅信國會直接從人民方面獲得授權，故國會的立法權不應受司法機關的約束，由是國會的制訂法同樣的無一機關可以懷疑其效力。所謂憲法最高，祇是行政機關的命令及地方政府的單行法而違憲者可由司法機關宣判其無效。

美國則不然。它由馬歇爾大法官於一八〇三年首創先例，宣佈國會制訂法而違背憲法精神者，聯邦法院得不採用而判決無效。其後此判例成爲美國的重要政治傳統，聯邦國會聯邦政府以及美國人民，皆樂意遵守此一原則而不加懷疑。由是美國憲法的最高性，並亦高於國會通過的法律。

㈤憲法的種類　憲法普通分爲欽定、民定、不成文、成文、柔性以及剛性等六種。欽定民定是以制憲機構之不同而分的。欽定由帝王所頒布，通常是在專制政體不能維持的時候出現。我國滿清末葉，愛新覺羅氏鑒於民氣激昂，乃頒佈十九信條以爲示立憲的誠意，不僅爲期過遲，而且讓步的亦不夠澈底，所以沒有能挽救它的惡運。欽定憲法之中，亦有頗爲著名而能使國家步入小康局面者，一八四八年意大利的欽定憲法以及日本的明治憲法是其顯著的例子。惟內容總嫌偏於專制，與民定憲法的性質大有區別，民定憲法乃由人民所選舉的制憲代表草擬，經人民批准而生效者。一般的說，民定憲法的內容較爲民主。

成文與不成文，以往認爲是憲法最重要的兩種類型。成文憲法以條文排列，彙爲完整法典，多數國家所採用者皆屬此類。不成文憲法沒有經過編纂的工作，而且很多憲法原則祇是政治習慣和傳統，甚至沒有文字的記載可爲徵信，如英國所採用者是。成文憲法亦須有政治傳統爲之支持，而不成文憲法又常有制訂法爲其骨幹，故兩者祇有程度上的差別，白賚斯 Bryce 認爲這個分類的方法沒有什麼價值。

柔性憲法與剛性憲法是根據修正程序之難易來分的，爲白賚斯所採的標準。他認爲制憲與通常立法採不同程序者均爲剛性憲法，採柔性憲法的國家則制憲程序與立法程序沒有區別。白賚斯的分類，在今日亦已減少其價值。他心目中惟一的柔性憲法——英國憲法，其修正程序未必完全與普通立法相同。一九一一年國會法（那是屬於憲法性質的）的通過，英國曾數度解散平民院以徵詢民意，顯然採取了不同於普通立法的程序。他如大戰時平民院任期的延長，以獲得貴族院的同意爲條件；而近年以來，修憲性的提案常須經全院委員會討論；凡此種種，說明英國雖未特別規定修改憲法的程序，但修憲與普通立法總是不同的。是則英國的亦不能稱爲柔性憲法了。反過來看，共產集團國家的憲法，其修正程序不同於普通立法，而論其實際，普通立法亦罷，憲法修正案亦罷，共產黨如有決定，代表大會必然能照案通過。是形式上的程序雖有難易之別，而實際是完全相同的。

爲社會事物作分類總是很牽强的事情。成文與不成文的區別爲程度上的不同，柔性與剛性的區別又何獨不然？我人於此略述憲法的種類，不過介紹個憲法學中幾個常用的名詞而已。

Ⅱ、**憲法的成長**　憲法有如一株樹苗，種植之後，必須生根，而後方能成長；成長的時間愈久，則其根愈深而幹枝愈茂盛；而後方能屹立不動有不可侮之勢。這不祇是比喻的說法，英美憲法在該兩國人民及政府的心目中皆能引起更多的尊敬及發揮更大的效用，行憲歷史悠久是最大的原因。憲法如何在這兩個國家中成長是很值得參考的寶貴經驗。尤其美國，近兩百年中政治經濟以及各方面發展甚速，它的憲法究竟如何在適應更值得注意。

㈠憲法文字的自然適應 憲法的文字，除非加以修改，不會再有變動了。但國家的自然發展，有時使文字的涵義亦自然變更，由是憲法得以自然成長。最顯著的例子，美國聯邦的「州際貿易管理權」，現在可以說是其大無朋的一項權力，與制憲時代的意義完全不同。不過就文字而言，憲法實隻字未變。工業革命商業革命以及交通革命，是州際貿易管理權日形擴大的基本原因，而聯邦最高法院的活動解釋當然也助長了這一種趨勢。總統的軍事權，這是美國憲法中未嘗經過修改的一項權力。在理論上，華盛頓總統的軍事權與現在詹森總統的軍事權應該完全一樣。可是實際上詹森總統在越南戰爭中所表現的權力，華盛頓總統一定認爲是不可想像的。現代戰爭的性質不同於往日，故現代的統帥權亦不同於往日。現代戰爭是所謂全面的戰爭，除戰鬪單位的調度以外，尙須控制全國的人力物力以爲支援，故統帥權亦隨這種客觀要求而變更。由是軍事權的文字未變，而軍事權的內容乃大變。

㈡政治傳統的補充 憲法適應新環境的另一途徑，厥爲與政治傳統相結合，以增加憲法的彈性。政治傳統是研究憲法的人所最須注意的問題。它對憲法的成長有無法計算的影響。有的傳統在憲法之前存在，亦有的在憲法之後產生。有的傳統與憲法的精神若合符節，亦有的與憲法精神背道而馳。但在任何情形之下，它會予憲法以助力或阻力，使憲法的實施異常順利或發生困難。

什麼是政治傳統？並沒有想像中那樣容易解答。勒寧斯 Jennings 於不列顚憲法一書中曾云：傳統是先例 Precedents 繼續爲後人所遵守而形成的。但在政治中，先例常因保密的關係並不爲人人所知。例如首相有爲英王參贊之責，這是討論英國憲法的人無一不知的一項原則，而如何參贊却又無一人能說得清楚。一九三一年麥唐納於進見喬治五世後組織全國內閣。許多人認爲這是喬治五世向麥唐納所作建議，亦有人否認這個說法。麥唐納如何報告當時的政情？喬治五世曾否作有力的建議？英王的意見對麥唐納的行動發生了多少影響？外界所傳說的都是種猜測之辭。英王與首相，皆未嘗對此有任何說明。一九三一年的事件是重要的先例，但無人能知道它是怎樣的一種先例。先例之起，既不爲人所知，先例是否爲後人所遵守，自然亦無法爲人所知，由是傳統都好像是忽然而來，並沒有經過長期的演成階段。

不過多數傳統的演進程序還是可以追尋的。例如十八世紀華爾帕爾因巴力門投反對票而辭職，這是它創立的先例。以往祗要得到英王的任命就可以爲首相，巴力門態度如何是不問的。在那種時候，首相是英王的首相，而非英國的首相。華爾帕爾的先例認爲首相是國家的首相，以獲得巴力門的支持爲先決條件，英王的意願如何尙在其次。以後的首相都奉行華爾帕爾這個先例，責任內閣的傳統乃建立下來了。由先例而成爲傳統，時間是很重要的因素。至於先例要經過多久方能成爲傳統，那是沒有一定法則的。

傳統亦非一成不變，英人所以崇揚他們的柔性憲法，卽因傳統富有機動性富有適應性，不若憲法條文的固定。試以英國的內閣制與法國內閣制近百年的變化來作說明。第三共和法國的制度，大體的說，與十九世紀中葉英國內閣的傳統相類。惟英國以種種傳統來表現這個制度的精神，而法國則以憲法條文規定此一制度。因之，英國因政黨政治的演進而此種傳統改變了，由新傳統來替代了。而法國則在文字的束縛之下未易爲同樣的適應。英國政黨政治的演進是很自然的，政黨領袖以其領袖的身分要求從政黨員在議會中遵守黨的立場，否則即是叛黨行爲。英國首相有此新的要求，祇是革新舊傳統而已，與其向巴力門負責的原則並未違背。法國內閣却不能這樣做，這樣做了就破壞了憲法中所規定的國會地位。因之，英國制度隨時適應而法國制度則停滯在一八七五年的狀態之中。

英國人把他們制度的自然適應完全歸功於傳統的機動能力，自然也是種過分的說法。但我人無法否認傳統的改變恆較成文憲法的修改爲容易。美國自華盛頓以來即已建立的總統連任以一次爲限的傳統，到羅斯福時代輕易的就予以改變了。如果美憲中原有連任以一次爲限的規定，羅斯福未必能及時修改憲法，他就無法做第三任及第四任的總統來繼續爲美國的領導了。

上文云云，說傳統較憲法條文富有彈性。但也有許多例子，證明傳統較憲法的條文更難改變。一位美國學者於觀察日本最近的政治之後，發現它的官僚政治未稍改變。日本新憲法曾於十五條强調公務員爲全體服務，很明顯的想改革它的官僚主義，但事實上沒有成功。法國小黨的傳統，在法國也是不容易去除的。而許多憲政未步上軌道的國家，大多因有不易改變的專制傳統，使憲法會隨時變質。是以傳統能否能爲憲法之助，也不是一定可靠的。幸運的國家是政治傳統附麗於憲法綱領之上，因而政治傳統加强了憲法的基礎，使憲法中所宣示的原則，對該國人民發生日益深刻的印象。不幸的國家是政治傳統與憲法中宣示的原則互爲水火，由是憲法成爲裝飾品，政治傳統實際支配着政治的運用。在前一類國家中，憲法是被遵守的，憲法的文字發生了偉大的力量。在後一類國家中，憲法縱不被推翻，但亦不能爲實際政治的規範。

英國是採柔性憲法的國家。而所謂柔性憲法，實以政治傳統爲綱領，而以重要制訂法 statutes 爲綱絡的一種憲法，故憲法與政治傳統成爲一體。英國的政治傳統，公法學者常追溯到諾曼大帝的時代。不過嚴格的分析，英國今日種種，要當以光榮革命爲其基石。光榮革命以前的政治史，有關人權的種種傳統，自亦有其影響，但人權之外的重要原則，大多就無甚關連。光榮革命確定了巴力門主權的精神，而此後一連串的發展，不過爲此一精神的擴大及充實。從一六八八年以迄於今，爲時逾二百五十年，能以同一精神指導政治原則，政治社會中乃產生了一個深厚的政治傳統，多數政治家自然予以尊重，既不必强制，亦無須保障。

美國的情形亦是如此。它自一七七六獨立革命以來，兩次制憲，第二次的於一七八九年批准生效，以迄於今，亦逾一百五十年。美國所採者爲剛性憲法，把立國的基本原則規定於一部憲法典之中，其後則根據此類原則而演化出許多政治傳統。由是憲法原則因政治傳統而益爲彰著，政治傳統亦因憲法原則而得以確立。兩者相輔爲用，使美國的憲政精神頗足稱道。舉例言之，美憲謂聯邦採共和政制。共和的意義指什麼？聯邦的憲法的引言亦許已作了註脚，但以後林肯總統葛退之堡的演說，羅斯福總統四大自由的主張，都充實引伸及擴大了共和的內容。他如選舉中培養出來的公平競爭的傳統，人民日常生活中鍛煉出來的機會均等的傳統，無一不加强了共和主義的精神。

英國以政治傳統爲憲法的綱領，因爲它是採用不成文憲法的國家，不足爲奇。美國以成文憲法聞名於世，而政治傳統之深厚乃如此，可見憲法是必須立其基礎於適當的政治傳統之上的。每一行憲的國家，當於此三致其意。

㈢憲法的解釋　憲法成長的第三個途徑是經過解釋而擴充其意義。上文說過憲法文字會隨時代而發生適應的作用，其實這種適應作用多數要經過人爲的解釋的。解釋的工作，一般國家均以之付托司法機構或特殊爲此而設置的憲法法院，這就是美國所倡導的司法審評制度。關於這種制度的演進情形，將於後文敍述，此間不贅。我人必須提起學者注意者，解釋憲法者不僅爲司法機關，其他如立法機關行政首長或甚至社會團體，亦都在解釋憲法，美國以及其他許多國家，這個原則都是適用的。

立法機關經常在解釋憲法，因爲進行立法工作的時候，必然會考慮到法律案是否符合憲法精神，由是不知不覺它做了解釋憲法的工作。美國聯邦國會通過國家復興法案之際，不僅爲適應當時的事實需要，而且亦認爲這是屬於聯邦權範圍之內的。國會每一次新的立法，都可以說是它對憲法的解釋。因之，立法機關的解釋必然先於司法機關。我人通常說司法解釋，祇是確認司法的解釋爲最後的解釋而已。

行政首長之常以實際行動解釋憲法，那也是很顯然的事情。美國總統的軍事權，經常在擴大之中，這是林肯總統以來若干位戰時總統的行動所形成的。總統因戰局的緊迫需要，感覺非採取某一行動不可，例如羅斯福總統感覺非管制全國工業以從事戰爭物資的生產不可，由是他就這樣做了。他這一種行動，當然使統帥的軍事權向新的領域發展。行政是政府中行動最多的部門，因之，他創造的先例比其他政府機關爲多。而他於創造先例之際，或多或少的賦憲法以新的意義。這種例子實在太多，不必一一予以列舉了。

甚之國家中的政治性的組織，經常也在解釋憲法。當壓力團體要求國會通過或不通過某類法律的時候，當然是根據它們對憲法的認識而表示其主張。政黨的行動，更是明顯的在影響憲法的意義。政黨是近代政治中重要的柱石。它們的活動，經常會影響憲法中所規定的政治制度。大家都知道美憲規定由選舉團間接選出總統，惟因政黨創立的傳統而變成直接民選了。民主共和兩黨由代表大會選出總統候選人及各州總統選舉人的候選名單，這是政黨的組織活動，與憲法的規定並無任何牴觸之處。各黨的總統選舉人必須投各該黨所提名的總統候選人，那也祇是政黨建立的政治傳統，亦不涉及憲法問題。可是在這種種組織與傳統之下，人民投票却發生了直接決定總統人選的作用。又如美憲原持三權分立的原則，總統無干與立法之權。但現在總統常可憑其政黨領袖的身分，邀請議會中同黨的領袖們共進早餐，呼籲領袖們支持他認為重要的政策。這種商談，可以說完全是政黨內部的活動，可是使總統發揮了領導立法的作用。政黨的因素使憲法中原有的均勢為變更，這是無人能否認的事情。

美國這一種因環境變遷而改變了原有文字的意義，在其他國家也是如此，例如加拿大及澳洲，均有類似的情形出現。憲法的文字雖然是固定的，但它所規範者為活動的政治事項，文字的意義如果不能隨環境而伸縮，必然會發生憲法不能適應的痛苦了。

更可驚奇的是羅斯福總統無須修改憲法卽可推行新政。新政的措施，使美國原有的政治均衡在發生變化。總統與國會之間的關係變了，聯邦與州的關係變了。這許多均衡關係的變化，最少使憲法中餘權在各州的「餘權」也發生了實質的變化。這種變化的發生，三〇年時代的經濟恐慌實為重要原因。這都是環境的變更使憲法文字發生自然適應的例證。

其次，戰爭也會使憲法文字起了自然適應的作用。

以上種種，可以說是每一個國家日常政治可以解釋憲法意義的各種活動。由此可知，研究憲法的人不能僅以憲法的條文爲限，法律、元首及首長的行動，以及政治團體的活動，皆當在我人注意的範圍之內。同時，我人亦須提起政治領袖們的注意，他們的言行，在在足以影響憲法的精神。

㈣憲法的修正　憲法生長的第四個途徑是修正。國家的種切經常在變動之中，制憲時認爲最適當的條文，經歷若干歲月之後，可能顯得不很合宜了。亦有的時候，原先認爲不重要的原則，新環境中却認係基本法則，非以之納入憲法不可。是以憲法規定修正的程序，以適應新的需要。如何規定修正的程序，是制憲者最感兩難的事情。原則上他們不能否認人民有修改憲法之權。但修正手續過分容易則憲法易變而失去尊嚴；修正手續過分艱難，則憲法又將缺少適應的能力。不過從上文所說的情形來看，憲法的成長，並不全恃修正，所以修正手續的困難，不一定使憲法不能改變。

憲法的修正，可分全部的與局部的兩種。憲法全部的修正，其實就是重新起草一部新的憲法。洛克曾謂個人之受治於政府，皆須出於自願，雖父母不能强其子女。根據這個理論，憲法似乎應該每世更新。美國的州憲法，有的規定每經十年須徵詢人民對憲法的意見，就是爲此。人民投票時如多數表示應該修憲，政府即應舉行制憲代表的選舉，以便進行修憲工作。瑞士得由人民提出全面修憲的創制案，如獲過半數複決通過，即進行全面修憲。

多數國家的修憲，祇指局部修正——修改窒碍難行的條文或加入新的條文。例如美國的總統選舉方法的修正，以及直接稅法的修正，皆是修改舊條文；而禁酒及各種人權法案則爲增加的新條文。

憲法的要修正，無非爲使憲法更能適應國家的新環境，故我人視修正爲憲法生長的途徑之一。惟經常在修改憲法，憲法的尊嚴必然會大受損失。故憲法修正雖屬必要，却不宜輕率爲之。因之，一般國家的修正手續大多相當艱難，使不滿於憲法者不至輕言修改。玆以吾國的修正手續爲例，以作說明。吾國憲法的修正，分提案及通過兩個程序。修正案的提議權，分別掌握於立法院及國民大會之手。立法院提憲法修正案時，須有四分一委員的提議，四分三委員的出席，並有出席委員四分三之決議爲之；由國民大會提案時，僅由全體代表五分一爲之。自提案而言，由國民代表提出，遠較由立法院爲容易，因爲國民大會中很容易有能掌握五分一議席的大黨，而在立法院很難有掌握四分三議席的大黨。提案成立之後，其次爲通過。通過權惟國民大會有之。而且國民大會表決憲法修正案時，須有全體代表三分二之出席，出席代表四分三的決議，始能通過。在我國現行憲法之下，國民大會集會已不容易，而在大會中欲控制四分三之絕大多數，更是難上加難。除非多數黨能聯合許多少數黨，不容易達到憲法所規定的條件。這也就是說，除非多數政黨能對修憲問題有一致的看法，憲法修正案不易爲國民大會所通過。此蓋辛亥革命以來，憲法一直不能生根，故特別使憲法富有剛性，庶可以培養大家尊重憲法的習慣。

Ⅲ、憲政精神　上述憲法的成長，均爲憲法之變。明白憲法變的道理，乃知憲法經常在適應後生的環境，故憲法條文之外，政治傳統，判例，以至政黨政治的精神等等，皆爲條文的外圍或基礎，研究憲法的人不能不加注意。但祇知道憲法的變，則有憲法猶如無憲法，憲法對政治就沒規範及指導的作用了。因之，在憲法成長之一節之後，尙須說明憲政精神 Constitutionalism 的意義。

憲政精神是一種尊重憲法的政治風氣或傳統。在此精神之下，憲法的變始可以稱爲憲法的適應；沒有憲政精神，憲法的變往往成爲憲法的破壞。袁世凱洪憲稱帝、曹琨賄選爲總統，都不能稱爲約法的適應而都是約法的破壞。羅斯福總統擴大其軍事權以求二次大戰的勝利，這是憲法的適應而不能說是憲法的破壞。兩者之間分別雖極微細，而精神則迥然不同，這是不能不察的。

很多學者盛稱北歐國家政治清明，因之，聯想到瑞典挪威可能都有部優良的憲法。究其實際，瑞典憲法爲十九世紀產物，君主立憲的色彩相當濃厚，可以說相當落後，最少沒有任何優異之處。北歐國家政治清明，獲益於憲政精神者爲多，獲益於憲法者少。北歐國家的政治領袖們，皆能不爲一己的利益而曲解憲法。它們所行的皆爲責任內閣制。同時，因爲政黨衆多，很多內閣由數黨聯合組成。客觀的情形，極與法國者相似。所不同者，國會嚴密控制政府而未嘗圖謀倒閣，政府則於大選不利時悄然引退，未嘗圖謀覇持，由是國家乃獲得和平發展的機會。這種種優良的風氣，正是憲政精神的表現。

㈠何謂憲政精神　然則何謂憲政精神？這是研究憲法者最爲困惑的問題。蓋憲政精神包涵「恪守憲法」與「把握憲法的精神而使之具有充分的適應能力」的兩種意義。恪守憲法者易於拘泥憲法條文而使憲法僵化，使憲法富有適應能力者又易使憲法成爲因人們的意願而變。如何才能得乎其中，眞是政治中最大的學問。

憲法的目的在限制政府權力的濫用。不問這種理論有否缺點，但制憲者確有如此用心，那是無可否認的。憲法的內容，或爲保障人民的權利，或爲規定政府的體制，其最後的宗旨，無非使政府在軌道之內行動，使之不會流入專制。因之，憲法對政府必然會有其不方便之處。執政者如因施政不便而即欲修改或雖不修改而另求變通之道，憲法的作用卽等於零。憲法僅爲白紙上的黑字，不會自己發生效用，制憲者縱於憲法中規定若干護憲機構，從各國憲法史中所得的經驗，護憲機構仍然擋不住有力者破壞憲法的決心。政府尊重憲法，一般稱之爲憲政精神，這才可以說是憲法得以確立不移的重要原因。

但所謂尊重憲法，又非咬文嚼字的拘泥於憲法的文字。上文講到憲法是必須生長的，而所謂憲法的生長，往往是條文逐漸在隨時代而變更其意義。故尊重憲法者，祇是尊重憲法的精神，把握憲法的精神，在不違背憲法精神的條件下作活動的適應。試以美國爲例，最高法院院長馬歇爾於一八〇三年作判決書時他或多或少的在變更憲法的意義。甚至華盛頓拒絕第三任總統的提名，他亦或多或少在變更憲法的意義，馬歇爾以及華盛頓的行爲，亦許是咬文嚼字的人所不敢做的，但他們的確掌握並充實了美國憲法的精神。

衞爾曾於此作一結論：憲法隨時代而變，祇要這個變傾向於更爲民主的面，這個變就不會被認爲違憲。衞爾的話是根據英國的經驗而來的。在英國，政治家之敢於創立新傳統者卽在修改憲法。華爾波爾雖獲英王信任，但因巴力門的爲難而毅然辭職，由是建立了責任內閣制的基礎。魯易喬治邀請南非的斯末斯將軍參與戰時內閣，亦開自治領總理入閣的先例。他們這樣做而有利於民主，所以沒有人說他們違憲。英國爲不成文憲法的國家，創立先例較易。但其他有成文憲法的國家，衞爾的話一樣也是正確的。多數被責爲破壞憲法的人，都是爲一己的利益而不顧憲法的限制，並非爲國家利益而活動伸縮憲法的意義。人人皆爲私利而漠視憲法，憲法就有若無而其作用破壞無遺。惟爲國家利益而作必要變通時，許多時候反能充實憲法的精神。從前面所舉的例來看，馬歇爾於判決中說聯邦最高法院得宣判違憲法律無效，他擴充了憲法中沒有明示的司法權的範圍，但他所作所爲與憲法限制聯邦權的精神是相符合的。他人所以沒有責難馬歇爾的行動爲違憲，這自然是最重要的原因。

衞爾氏以有利於民主爲憲政精神，值得我人三思其言。憲法以規範政府爲目的，故憲法的基本精神是民主的。我人常謂欽定憲法不足取，即因欽定憲法不能達到規範政府的目的，而祇是想保全君上大權，故欽定憲法有憲法之名，而沒有憲法之實，名實相符的憲法，應該是爲人民的權利而去規範政府的行動的。因之，憲法的變通或成長，必須符合這個立憲目的，政治家的行動雖與條文略有出入，但如果他創立新傳統的目的在使憲法增加其適應能力，人民亦不會責備他違背憲法的。憲政精神充沛的國家，並不一定是拘泥於憲法條文的國家。英國的政治家經常在創造新例，猶可謂爲不成文憲法國家的特徵。但美國之有成文憲法者，一樣也有日新月異的立法，一樣也在創立新例，而立法與新例，也未必都能與條文的涵義完全吻合的。人民如認爲新立法或新例違憲，他們可以提請法院解釋。人民如不認爲違憲，新立法及新例就成立而發生約束的作用了。立法與政治慣例的裁判人爲人民，所以立法及政治慣例多數是促進民主精神的。由是成文憲法的國家一樣也有憲法的變通。

(二)法治與憲政精神 於此又可一述憲政精神與法治之間的關係，對憲政精神的了解可能有相當的幫助。

現在談法治的人，往往以英美與德日並舉，認爲這是法治最有成效的四個國家。不過仔細辨別，英美的法治，與德日的法治不同；尤其在二次大戰之前，它們之間的區別更爲顯著。德日的法治，目的在貫徹政府的威信，傾向於效率的推進，接近我國法家的理想。英美的法治，旨在保障人民的權利，盡量要求政府及官吏遵守法律程序 legal procedure，使權力不至濫用，故傾向於民主。在德日的法治之下，常常可以看到父舉其子子舉其父的那種奉公守法的精神，的確也是很可欽佩的。但因爲過分强調國家威信，官吏又居代表國家的地位，由是官吏無形中亦居於特殊地位，往往養成人民有法治而官吏無法治的官僚作風。二次大戰之後，西德設置憲法法院，而憲法法院中有一組受理有關民權的告訴事件，這一組的工作最爲忙碌。日本實施新憲法之後，若干年內於東京舉行憲法週，鼓勵人民舉發官吏侵越民權的事件，告訴事件之多，出人想像之外。以法治聞名的國家，一旦實行保障民權的憲法，官吏侵犯民權的事件乃如是之多，實在是可以驚奇的事情。

英美等講法律手續的國家則不同。它們要求立法者立法注意程序，例如法律不得追溯既往，不得以法案褫奪公權。它們亦要求執行法律的行政人員及司法人員注意法律程序，而於司法人員的要求恐怕更爲嚴格。例如公正的審判，不得强迫當事人爲有罪的證言，不得一罪兩罰等等。這均將於討論英美憲法時詳述之。此間應爲說明者，英美人的法治是求諸政府及政府的官吏，故法治的精神愈爲成熟，則憲政精神亦愈爲旺盛。祇有在這個法治的觀念之下，法治的精神才是與憲政的精神合一的。德日的法治，祇能做到政府有能，並不能做到人民有權，而且常常還是憲政精神的大障碍。

有一點也須在這一節中說明。保障人權的法治，並不是說人民無須守法。法律程序並不幫助人民逃避法律責任，而祇是使他們不受冤屈。在此種法治之下，人民容易養成正確的權利觀念，這也是有助於建樹憲政的。德日的法治之下，人民的權利觀念却會流於偏激，以爲權利就是翻身，往往會借權利這個名詞來追求一人的不法利益。在西德憲法法院所受理的民權案件中，很多是私娼控訴警察妨害她居住自由這一類的可笑事情。而這一種可笑的案件，實代表一種不正確的權利觀念。所謂權利，當然不是使不合法的事件變成合法，可是久受官吏欺凌的人，總以爲以前沒有權利，故受欺凌，今日有了權利，自然就可暢我所欲。殊不知有保障作用的法律必有所禁止。禁止未嘗妨害權利，以爲權利是去除禁止的想法徒然增加自己犯法的傾向而已。西德人民對權利觀念有正確了解以後，憲法法院的工作可能會減輕許多。

德日舊日的所謂法治，英美人稱之謂 Legalism，我國習用名詞中很少可以翻譯，姑名之爲法家思想。我國法家思想出現很早，在西方則封建制度崩潰後方漸漸抬頭。法家思想要求被治者嚴守法令（在法家思想中很少辨別法律與命令的區別），雖然有時亦警告治者守法，但祇是說治者壞法，法律就失掉約束力量，治者就失去了統治的有效工具。所以法家基本的爲統治者着想，缺少法律前平等的精神。在法家思想之下，不能產生權利思想，也不能產生憲政思想，這是我人在討論憲政精神時必須注意的問題。

可以爲憲政精神打基礎的是近代的法治思想 Rule of Law，近代法治思想的基本觀念，不認爲法律是統治工具，而說法律是國家社會的共同規範。法律本身亦可受到批評，如果法律不合於共同規範的原則的話。美國最高法院得宣判違憲法律無效，多少是根據這種精神出發的。近代法治思想固亦要求守法，但同時亦要求法律的合理化。所以近代的法治思想，實與吾國儒家的禮治思想比較接近。儒家反對法家，總是批評他們苛刻，而所指苛刻，主要的是說法令孜孜爲帝王之利，而不是指責守法的精神。

我人所以要仔細分辨這一點，因爲我人深信法家思想不特不能爲憲政之助，而且是有害的。以法律爲統治工具，法律就變成了私器，有治權的人都想變換一種法律，而這種風氣養成之後，對憲法的態度也就異常輕率了。說的簡單一些，法家責成人民守法，人民守法，所要求的對象甚衆，但人民習慣於服從，即有少數不訓之徒，亦較易約制，故似難而實易。要求有權力的人尊重憲法，人數雖少，惟有權力的人習慣於命令他人，受約制較難，故憲政主義似易而實難。亦以是故，在近世國家中，能做到法治者較多，能貫徹憲政精神者較少。

憲政精神的貫徹，與憲法的內容並無必然的關係。一部極爲剛性的憲法，修正程序雖極困難，惟在不能尊重憲法的人的心目中，未必視爲有約束力量的基本法，輕易違憲，憲法的效用因而完全喪失。魏瑪共和德國時代，希特勒以授權法案一手撕毀憲法，固然是心目中沒有憲法。就是興登堡總統濫用緊急命令權，亦可使憲政精神破壞無餘。魏瑪憲法並非柔性憲法，可是它受興登堡的蹂躪於前，又受希特勒的撕毀於後，未嘗能得到剛性憲法的保障。

法治 Rule of Law 一辭，原爲英人所習用。英國的憲法與法律沒有明顯的界限，故守法亦即尊重憲法，法治與憲治乃亦無甚區別。在其他國家，憲法高於法律，命令則又必須以法律爲依據，顯然應該談憲治，而不應該談法治。在憲政國家而獨尊法律，則法律的合於憲法與否無可批評，從而命令亦隨法律之尊而尊。在這種情形之下，憲法的作用反而湮沒不彰了。我人謂法治有時且有害於憲政，就是指這種情形而說的。

㈢憲政精神的培養　一般的說，制訂一部憲法容易而維護憲法而使之發生效力則實難。所以然者，自然因爲憲政精神是很難培養的一種傳統。美國通過聯邦憲法之後，雖然事屬初創，但在政治領袖們的通信中，莫不對此新的設計崇揚萬端。他們對憲法的認識如此，宜乎以後領袖們都視維護憲法爲其不可捨棄的責任。總統就職之時，亦以忠實遵守憲法爲其誓言，凡此種種，都可以說是憲政精神得以發揚的原因。後文略述培養憲政精神的客觀環境，以爲本節之結束。

其一、憲政精神必須在和平發展的環境中方能充實。英國於一六八八年之後，能標榜其不流血革命的精神，由是雖經工業革命的重要變遷，而未嘗有主張以武力傾覆國家秩序者。也因爲這個關係，英國的憲政精神乃能維持不墮。美國自獨立革命之後，惟南北戰爭使社會秩序受到威脅，其餘則皆在和平進步之中。所以美國的憲政精神也很是充沛。北歐三個小國，立憲之後也皆得安定，北歐的憲政精神亦是很爲强盛。

不安定的時期，主張改革者可能主張推翻憲法，主張維持現狀則又要求非常的權力。憲法在雙方夾攻之中，未有不尊嚴掃地者，發生戰爭的時期也是一樣。國家於存亡繫於一髮的時期，政府自然地要求非常權力，以期力量得以集中。美最高法院院長 Hughes 因鑒於第一次大戰時對於言論自由的限制而感喟美國憲法怕會經不起另一次大戰的考驗。我人並非謂戰時的政府一定違憲，但戰爭的氣氛，與憲政精神一定是背道而馳的。

其次，憲政精神的蓬勃，實有賴於政治領袖們的學養與領導。上文提到美國開國偉人對於聯邦憲法的崇揚，這是很可貴的現象。美國早期的總統，多數皆參與制憲的工作，故於憲法的精神知之甚熟。而且他們對於憲法都有親切之感，認爲他們所創造的東西不應該在他們的手裡毀壞，這一種心理是最有利於憲政精神的發揚的。其他的國家，制憲是一批人，行憲又是一批人，行憲者對憲法就缺少這種親切之感。行憲的人甚至視憲法爲不必要的束縛，求其尊重憲法，勢不可得。

制度可能對政治領袖們的憲政精神有一些影響，賴斯基教授常說英國的平民院可以說是訓練政治家的學校。英國的政治家，多數爲張伯倫阿特里之類的中庸之道的人，原因就在平民院專門訓練此一類型的政治家。平民院中政府黨與在野黨的關係，內閣領袖對後排議員的領導，在在需要休休有容的度量及和顏悅色的處人方式，以才略稱長的人往往是不適宜這類工作的。而中庸之道的人，較富憲政精神。

復其次，司法人員優良的素質以及一般國民的民主思想，對憲政精神也大有裨益。缺乏憲政精神的國家，其司法缺少獨立地位，而法官亦都是惟長官之命是從的人。在憲政精神之下，法官常依據憲法去批評法律。法官而沒有這種習慣，而一味抱着惡法亦法的態度，憲法自然就很容易爲法律所替代了。國民之有否民主思想，與憲政精神的關係亦是很大。國民而缺少民主思想，政治權力在人民的推崇之下漫無限制。人類的思想是隨環境而變的。在民主的社會中，政治領袖皆能自制。但在專制的社會中，政治領袖多數頤指氣使，在南美很少能看到有憲政精神的偉人，而在英美則又很少看到不以違憲爲意的政治家。是以知社會的風氣，對領袖的類型是有其決定作用的。

IV、近代憲法的新趨勢　近五十年中，發生了兩次世界大戰，而每次大戰結束之後，總有許多新國家產生，每一新國家又都有一部新憲法。這近百部的新憲法，對研究憲法的人來說，眞是大飽眼福，可以找到許多新資料以供研究。本書爲篇幅所限，未能一一介紹。惟於西德日本及法國的新憲法，後文將略作分析，以示憲法進步的大概情形。

㈠共產集團的新憲法　政治原理可以進步，而實際政治的進步則極爲迂緩，憲法亦未能例外。在近百部新憲法中，共產集團所佔百分比很高。可是它們千篇一律的都是蘇聯憲法的複版，絕無適應各國特殊環境的新鮮條文。每一鐵幕國家的憲法，都在引言中歌頌蘇維埃聯邦對它革命所予的協助及指導，證實了俄帝乃所謂世界革命的司令台。以一國的基本法來歌頌他國的偉大領導，這亦許是共產國家憲法所能提供的新鮮資料。

共產集團國家都是以憲法爲櫥窗的飾物，尤其於人民權利表現得最爲澈底。它們都提到財產權的受到保障，但同時又强調一切經濟皆以社會主義經濟爲其法則，違背社會主義經濟就是違背人民的利益。所謂社會主義的經濟，在共產集團之內，雖不能說卽是沒收的代名詞，但與財產權的保障却是極端相反的。它保障工作權利，但嚴格禁止罷工，故工作的條件完全爲經濟計劃委員會所操縱。最後可說，它們一切人權的謊言，都爲其特有的檢察制度一筆勾消。它們都規定違反人民利益爲最大而不可赦的罪惡，而所謂違反人民利益是沒有確定解釋的，聽由檢察官任意檢舉。檢察採絕對的集權制，全國檢察官由檢察長任命，亦僅對其一人負責。全國人民的生命自由，皆可因違反人民利益而任意剝奪，而檢舉者又爲不負責任的檢察官。

它們的政治制度，表面上是議會至上的瑞士式的委員制。但千人以上的最高會議，每年集會數星期以進行立法工作，其爲虛設，不問可知。這種設計，無非使寡頭的主席團經常代替它來行使權力。最高會議的主席團，通常集大權於一身，任命部長及部長會議主席，審核並得撤銷部長會議發佈的命令，任命檢察長及法官，宣布戰爭，行使赦免權等等。實際上主席團的權力又逐漸在向部長會議的主席移轉，因爲共產黨的首要，多數擔任這個職務。在共產集團之內，國家政治由黨來決定，故憲法中一切規定皆沒有眞實的意義，而黨權之所屬，亦卽政治權力之所在。

人民沒有眞實的選舉權。蘇聯在政權不很鞏固的時期，公開歧視農民，認爲農民是種守舊勢力。一九三六年之前，農民以二十五萬選代表一人，而城市工人則五萬人選代表一人。一九三六年之後，這種工農的界限是取消了，故共產集團國家憲法亦已沒有歧視農民的條文，但選舉時提名權操縱於黨及黨所控制的工會及農會，縱或偶而提名同路人以象徵民主作風，但黨所厭惡的人是絕不可能被提名的。它們都沒有規定創制及複決的制度。在這種種的安排之下，人民對議會沒有任何交通關係，以之與瑞士的委員制相比實在是過分的事情。

㈡緊急權的盛行　一九一八年德意志推翻帝制而締造共和，完成了一部世所聞名的魏瑪憲法。這部憲法雖爲希特勒的獨裁所撕毀，惟其影響，則至今猶存。魏瑪憲法推廣了權利的內涵，它把工作權及受教育權列於基本權利之內，它亦揭示了權利的新原則，所有權雖受法律保障，但所有人負有使用的義務，不然，荒廢的土地國家可以徵收。這許多新原則，皆曾爲其他國家憲法所採納。魏瑪憲法又規定國家元首有緊急命令權，這是著名的第四十八條。此一權力經興登堡總統的濫用，終於使魏瑪德國過渡而爲希特勒的獨裁，故其結果實甚不幸。惟論其影響，則今日第五共和法國總統的應變權，仍然是他的後繼。若干公法學家，且謂合乎憲法的獨裁Rossiter: Constitutional Dictatorship 爲民主政制應有的一種機動作用，使四十八條更有了理論的響應。

儘管魏瑪德國的緊急命令權曾引起憲法學上很大的爭論，但二次大戰後的新憲法中，不止第五共和法國的憲法予以採用，其他新憲法亦很多作類似的規定。良以緊張的世局，很容易使人從國家的自衛權而聯想到國家元首或行政首長隨時有行使緊急措置權的必要。在這種時期，安全必然重於自由，所以不再顧到理論家所作的警告了。

㈢政黨地位的承認　二次大戰之前的憲法，很少提到政黨。儘管政黨對國家政治早有決定作用，但制憲者往往視若無覩，不肯在基本法中承認它們在選舉及議會中應有的功能，美國制訂其第一部成文憲法的時候，多數人尚視政黨爲不祥之物。華盛頓總統的告別書，猶諄諄告誡美國人不要結黨而使國家分裂。在濃厚的「君子羣而不黨」的觀念之下，憲法中自然不會有政黨的一席地。以後其他國家的憲法，可能也受這個觀念的影響，都沒有提到政黨。

在那個時期，憲法雖未嘗規定政黨的地位，但政黨的發展並沒有受很大的限制。蓋多數憲法保障人民有結社的自由權，而組黨亦爲結社的一種方式。以是政黨紛紛在國家默認之下成立了。第一次大戰之後，若干國家出現獨裁政黨，它們均以排斥異黨爲獨佔政權的手段。德意的納粹黨與法西斯黨，皆其著例。一九三六年蘇聯的史達林憲法，强調共產黨爲勞動大衆的唯一領導者，雖然沒有明言取締其他政黨，而弦外之音則極明顯，而且事實上其他政黨亦確受嚴厲限制。

在上述三個獨裁國家中，德意未嘗在憲法中規定納粹黨與法西斯黨的特殊地位，惟製造藉口以爲取締其他政黨的理由，或在選舉法中限制其他政黨在議會中可佔據的席次。蘇聯憲法可以說是第一部談及政黨的憲法。但是它所創設者爲模範惡例。政權在政治中的領導權，於選舉的勝利中產生，不然，根本用不到選舉制度，也無所謂人民權利，連憲法也是多餘的東西了。

因爲蘇聯德意志及意大利有獨裁政黨的惡例，所以戰後的新憲法乃思所以防止這種政黨產生的方法。西德及法國第五共和憲法，對這個問題皆有其新的嘗試。它們如何規定以及產生了怎樣的效果，分別在西德及法國憲法的兩章中討論，此間不贅。此間所欲說明者，從西德及法國的經驗，似乎證明政黨是很難在憲法中作適當安排的問題，以前憲法的不提此事反爲明智之舉。政黨爲動態政治中最爲活動的部分，欲於憲法中規定某些政黨爲違憲的組織，祇能含糊其詞的作原則性的提示，而不可能作明確而詳細的解釋。這會增加法官沉重的負擔，不是使之失去原有的獨立的地位，就是使之不能勝任他們的工作。

一般沒有在憲法中規定政黨的國家，其實亦未嘗任有顚覆陰謀的團體蔓延，亦沒有聽政黨的腐敗行爲盡量發展。它們以普通的法律來處理這種問題，故可針對當前問題，正確而具體地規定取締者爲何種活動何種行爲。在這種方法之下，法官得到明白的指示，裁判乃成爲通常的執法工作。十分輕而易舉。例如美國因政黨競選費用數額驚人，有發揮金錢腐化勢力之虞，乃制定哈去法 Hatch Law，限定政黨競選經費的總額不得超過三百萬元，而個人對政黨的捐款亦不得超過五千元。又如因共黨的顚覆陰謀層出不窮，乃規定共黨取締法。法律的規定既較憲法爲具體，亦較憲法更能適應當前需要，從效力來說，似較憲法中原則性的規定爲大。

總之，戰後世界政治極端的不安，迫使多數國家對顚覆分子不得不謀取締之道，而在憲法中規定政黨問題，也是在這種緊急需要之下產生的。不過從西德所獲經驗來看，這個問題由法律來作處理似乎更爲適當。

㈣議會權的減削　二次大戰後西德及法國均在憲法中限制議會的權力。這種設計，當然是針對兩國特殊環境而發的，能否稱爲趨勢，頗成問題。日本戰前的議會不能有所作爲，戰後乃加强其地位，因之首相不由天皇欽命而改由國會選舉，使內閣逐漸的將受制於國會，可見戰後憲法也有加强議會地位者。德法的國情不同於日本，大受議會囂張之苦，由是謀矯正之道，亦可謂政治上的一種適應。

不過議會權的減削，不僅足以影響內閣制的精神，抑且影響民主政治發展的方向，故不能不論其事。德法議會善於翻雲覆雨，其病在多黨，這是大家都知道的。政黨的組織以及離合，爲實際政治中最不易控制的現象，前節已略爲說明。德法新憲法雖有政黨組織應符合民主原則的文字規定，並不能希望由它產生規範政黨活動的神奇作用。在政黨政治尙未走上軌道的時期，釜底抽薪而限制議會的權力，不能不說是明智的辦法。

限制的方法，德法各具特點。西德憲法之所爲，表面上極爲嚴厲，衆院反對總統所提名的新總理或不信任現任的總理或否決現任總理所提信任案而迫使辭職，均須衆院能以過半數通過一位新領袖，方爲有效。這種規定，實爲十九世紀英相葛蘭德斯頓 Gladstone 與狄斯累利爭論時所堅持的憲法原則，議會中在野黨或在野黨團進行其倒閣運動之際，須有繼起組織政府的決心，因爲祗有這樣，政府才不至中斷。如此說來，西德憲法的規定是在內閣制傳統精神之內的。它沒有減削議會的立法權，也沒有改變內閣應由議會產生的精神。

在野黨之對國家政治，原亦應抱負責的態度。尤其在內閣制之下，它的擧動更直接影響到政治上的安定。但多黨國家既未易分別在朝與在野的陣容，更不能約束在野者各自爲謀的盲動，遂使組閣者有委曲求全而在野者尋隙而逞的形勢。西德憲法中的規定能否使在野者日形團結以謀約制政府之道？實在是極可注意的新發展。制度可以影響人們的行爲，英國的兩黨制的日形健全，可能與葛蘭德斯頓所堅持的原則有關。西德若能因新規定而產生堅强的在野黨，那就可以證明我人的觀點了。

第五共和法國所採辦法，側重於加强總統及內閣的權力。法國總統是不向議會負責的，總理則向議會負責而實際上受制於總統，他們得以約制議會而使之不能動彈，恐非民主政治的正常途徑。此將於第五共和憲法一章中詳論之，此間不贅。

以上各點，雖說是戰後憲法的新趨勢，究其歸極，皆為適應世變而有的措施。憲法原則應否為應變的需要而更張，這是一個問題。將來潮流轉向之後，這種應變措施是否會消滅，又是一個問題。

㈤**絕對主權的限制** 上述幾種新的趨勢，能否稱為進步，殊成問題。不過除此之外，還有幾種新發展，毫無疑問的增加了人們的新希望。戰後德法日新憲法中表示它們均願放棄絕對主權，以為建設和平世界之助，這是新趨向中最可喜的一項。

第一次世界大戰之後，思想界卽盛行多元主權的學說。多元論者恆强調國家主權為戰禍不息的基本原因。蓋弱國的主權不足以為它獨立的保證，而强國的主權則使之惟一己的利益是圖，而不顧其他國家的生存權。更不幸的是，主權不會眞正在人民的手中，均由富有野心的人代行，由是日本軍閥納粹黨人皆假主權之名以驅使其人民。主權論與國際義務的原則是衝突的。國際約束而不為國家所重視時，欲加强制，國家將認為有傷尊嚴，往往會採最後手段來作反抗。第一次大戰後所產生的國際聯盟，卽在主權論的影響下無法行動。大會不能採多數決定的原則，因為多數決將傷及少數國家主權，可是一致同意事實又是不容易得到的。當時批評國家主權的論點很多，以上不過舉其重要的幾點而已。思想界的論調雖然如此，政治家的反映則甚為冷淡。所以德日意等國，變本加厲的利用主權的觀念來為它們的侵略政策作辯護。大戰之後，新憲法居然能列入願意限制一己主權的引言或條文，眞可謂空谷足音。

不過從公法的觀點來研究，限制主權者皆以對等為條件。例如第四共和法國憲法的序言中說：為保障世界和平的需要，在相互條件下，法蘭西共和國願承受對其主權的限制。這就是說，其他國家如不肯相等的限制其主權，法國亦不單獨承受此項限制。所以這個序言祇是向世界各國作一呼籲並表示了法國的願望而已，對法國亦沒有絕對的約束作用。其實世界的不安是各國共同負責的，少數國家縱能無條件的自限其主權，對世界未必能有很大的貢獻。因之，憲法中偶而出現「願承受對其主權的限制」這類字句，我們不能認爲新的時代業已來臨。我們祇能說這是新希望的開始。

與主權自限的觀念相隨而來的是黷武主義的被揚棄。日憲第九條謂：「日本國民誠意希望以正義與秩序爲基礎的國際和平，永遠放棄以武力爲威嚇的國權戰爭，及放棄以行使武力爲解決國際紛爭的手段。爲達到前項目的，不保持陸海空軍或其他的戰力」。此條爲此後日本輿論界引起激烈辯論的文字，蓋他國未能爲同樣的規定時，日本的自衞權自然成了問題，而它的安全感也就受了打擊。黷武主義是應受批評的，但黷武主義的消滅，恐須在多數國家有充分的安全感之後。

主權的自限與黷武主義的揚棄，無論如何可以說是戰後憲法中的新氣象。與共產集團新憲法之依舊强調國民有服兵役的神聖義務者適成一强烈對照。

㈥司法審評制的普及　美國久以司法審評制聞名於世。但二次大戰之前，各國很少予以採納。蓋歐洲大陸習於議會主權的理論，認爲人民代表所通過的法律，法官沒有懷疑的餘地，祇有盡忠執行，而其他新興的國家，司法的信用並不卓著，又未能付以審評法律的重任。二次大戰中美國有領導民主國家之功，它制度上的優點乃大爲一般國家所信服。而美國人之欲以民主原則樹立戰後的世界秩序者，亦深信司法審評制爲確保人民權利的重要基石。由是戰後的新憲法，紛紛以此爲法。西德、法國、意大利、泰國等，皆引用此一制度。其中西德的成效最爲卓著，而第五共和法國憲法委員會的功能又最爲新奇。所以在二次大戰之前，司法審評制是美國的孤例。而二次大戰之後，却成爲世界的通則了。

我人謂西德的司法審評行得很爲成功，這因爲憲法法院人權組受理的案件特多，對人權的保障的確盡了很大的貢獻。這一方面說明德國以往的所謂法治，祇是令出必行的法家思想，與近代的法治猶有距離；而另一方面亦說明今日的西德正在循着民主的正軌途徑前進。法國司法審評制的所以新奇，因爲它的憲法委員會增加了一項新的仲裁任務。議會正在討論法案的過程中，它得因內閣總理的請求而裁判該一法律案是否在內閣的命令權範圍之內。法國把立法權與命令權劃分，爲之仲裁者爲憲法委員會，以一小介兩大之間，這個任務自然是極其艱鉅的。

㈦新憲法中的人民權利 戰後的新憲法，多數皆重視人民的自由與權利。二次大戰爲反極權的戰爭，極權國家崩潰之後，於其殘基之上建立民主秩序，培育該國人民自由與權利的觀念，這種種工作，都是刻不容緩的。日本及西德的憲法，因而對此皆作詳盡而進步的規定。西德以國民權利列於基本法的第一章中，其條文且多達十九，重視權利的態度，已可想見。在這許多條文中，「任何人不得違背其良心而迫其服戰鬪性之兵役」最爲新鮮，這等於宣布德人有非戰的權利。這一款與西德願限制其主權的精神是相符合的。又在列舉各項自由權之後，加一但書，說明凡以攻擊自由民主的基本秩序爲目的而濫用發表意見的自由權者，得剝奪其出版與講學等等的自由。這一條的問題，自然在自由民主的基本秩序一語，因爲這是不容易作正確解釋的。在此一辭句之下，當政者很容易把他們所厭惡的言論視爲攻擊自由民主基本秩序的言論。不過基本法又明白規定對這樣言論祇能剝奪其出版及講學等等的自由，而不能置之於罪。對於所有權，基本法仍規定「所有權負有使用之義務，其使用並應有助於公共福利」，社會主義的色彩很為濃厚。這是繼承魏瑪憲法的傳統而來的。

日本憲法的國民權利，與美國憲法所規定者甚為接近。惟十五條規定「任何公務員皆為全體服務，非為一部分人服務」一款，旨在去除官僚政治。而二十五條規定「任何國民均有享受健康及文化最低生活之權，國家應努力提高及增進社會福祉，社會安全，及公共衞生」，可稱為近代思想的產物。第四共和法國的憲法，於序言中宣布幾項政治經濟及社會原則，作為一七八九年權利宣言的補充，方法上相當特殊，而其保障的效力，恐怕亦會受到損失。例如：「國家對於個人及家庭，應保障其發展所必要的條件」，這是很大的諾言。但何謂發展所必要的條件，恐人人皆有不同的意見，政府亦甚難實踐這個諾言。又如它主張工業的民主，認為勞動條件的決定，企業的管理方式，工人應有代表參加。這一種原則性的宣示，必須有立法隨之，不然，就顯得太空洞了。

在上面簡單的敘述中，很可看出歐洲大陸國家仍保持理想主義的傳統。因之，與美國影響而規定的日本國民的權利，實大異其趣。憲法中的國民權利應如何規定方能算是進步，甚難以一言決之。若干公法學者甚至說：憲法中所規定的自由與權利，難免令人有「左手與之而右手取之」之感。自由與權利都不可能是絕對的。稱自由者必列舉言論自由集會自由以及其他種種自由，稱權利者又必列舉財產權利工作的權利以及其他種可能認為重要的權利，但保障言論自由者不可能容許作顛覆國家的宣傳，保障財產權者亦不可能聽任業主任意荒廢其土地。以是保障之後，必然又會規定法律來作限制。故多數憲法總是說：人民有某某自由，非依法律不得限制；或人民有某某權利，非依法律不得剝奪。此實為憲法中不得不有的但書，但如是以後，憲法中所宣示的原則，其實際意義完全要看此後的立法行動了。衞爾因此主張憲法中不必宣示自由與權利這類非法律性的原則，認為直接由法律來作規定反更為具體。這種建議，恐怕是不容易得到多數國家制憲者同意的。現代國家之中，缺乏憲政精神者尚居多數。在那些國家中，宣示自由與權利的原則總較不作宣示為佳。

V、研究憲法應抱的態度　討論過憲法的各種性質及各項問題之後，略一說明研究憲法時應抱的態度是有其必要的。許多人把憲法看作一部法典，逐條逐句的來作解釋。這雖然是研究憲法最簡便的方法，但很難把握一國憲法眞正的精神。憲法從一個國家的風俗人情以及全民族的要求中產生，決不是白紙上的黑字所可以完全歸納或完全表現的。我人與白賚斯的想法相同，不很重視成文憲法與不成文憲法之間的區別，因為沒有一國的基本原則均列入憲法條文之中，亦沒有一國的重要原則完全沒有成為條文。更進一步說，列為條文之後，條文的意義還是時時須求其充實的。這在說明憲法的成長的一節中已有討論，姑再舉一例以明之。我國憲法第一條規定我國為三民主義共和國，而三民主義共和國的實質內容為何如？自非條文的字面解釋可以盡其能事，而必須由吾國過去現在以至將來全體人民各方面的表現來決定的。所以即以吾國憲法第一條而論，它是條文，但也有條文以外許許多多說不盡的意義。

美國一位著名的大法官霍爾姆斯 Holmes 曾說美國憲法是活東西。其實任何國家的憲法都是活東西，但從條文的字面去了解憲法，未免把憲法看成死東西了。研究憲法的人，須從動態的角度去了解條文，而後始能知憲法典如何在適應國家的活動環境。

單從條文的字面研究憲法有許多明顯的缺點。其一，條文所採用的文字，往往是不可全信的符號。近代國家的憲法都會提到自由權利，所用文字相同，而在不同的國家却常有不同的意義。英美國家的自由權利是種確定的生活規範，在此生活規範之下，政府以及人民皆有可走之路。它們所說的自由，在做人爲各守分際，在政府行事爲遵守正當的法律手續。至於在法國，自由是種哲學，是種口號，是各人提出的主觀要求，而且這種主觀的要求常常會使對方無路可走。這兩種自由的意義恰恰相反，前者可以使人生活於自由之中，後者的自由是炸彈，隨時會使社會破碎。兩種自由的意義雖然不同，而制憲人對他們所用自由的名詞不會作詳細註解的。不了解這幾個國家不同傳統的人，未免要受文字的欺騙了。

其二，憲法是在一定的時日制訂完成的，可是國家不能長期停留在制憲時期的狀態之中。憲法在適應此種變動的環境時，上文業已說過，或則經由修正的途徑，或則採用其他變通的辦法，常使憲法或多或少的也發生變化。以靜態的觀念去了解憲法，自然要不得其眞了。

我人所以强調研究憲法的正確態度，因爲這與憲法的能否自然發展是極有關係的。拘泥於憲法文字的人，常以爲非修改條文卽不足以求適應，由是反使憲法時常要作修改，以至憲法失去其尊嚴。殊不知把握憲法的精神而爲之作寬大的解釋，有如美國聯邦法院之所爲者，反是培育憲政精神最正確的途徑。

本章參考書：

A.N. Holcombe: Foundations of Modern Constitution
C.F. Strong: Modern Political Constitution, London, Sidgwick and Jackson, 3rd ed, 1940
K.C. Wheare: Modern Constitutions, Butler and Tanner, 1960

第二章　英國憲法

I、英國的結構

在這一節中，以最簡單的方式敘述英國各方面的條件。

㈠**地理及人口**　英國本部，稱聯合王國，United Kingdom。由歐洲西部大西洋中幾個小島聯合組成。英格蘭島最大，南威爾斯在其南，蘇格蘭在其西，愛爾蘭在其北。其中愛爾蘭的南部已成獨立國家，惟北愛爾蘭則尚在聯合王國之內。這幾個小島的礦產並不豐富，除煤以外，其餘的工業原料均很缺乏。農業方面，因人口密度高，且很多可耕地為工廠所佔用，故極感不足。這是自然環境不利於它的地方。

海洋對英國是很有幫助的。與大陸相隔數十浬的海峽，使它增加了很大的安全感。就是在第二次世界大戰之中，它雖不能避免轟炸，但仍能防止陸海軍的入侵，可見海峽防衛價值之高。自西班牙無敵艦隊覆沒之後，英國對歐洲大陸幾乎可以說是高枕無憂的，以是一直能保持最低限度的常備軍，不特減輕國民的負擔，並亦減少了內亂。十七世紀以來它能不間斷的和平發展，亦可謂得海峽之助。同時，因為英國極早注意海權，所以它有遍及全球的殖民地及據點。工業革命之後，它乃能以世界工廠的姿態獨覇世界市場。它以有限的資源，而能維持幾及兩世紀的經濟繁榮，蓋亦得力於海洋。

它的人口，十八世紀尚僅七百萬，惟一百年中增加四倍，二十世紀初已達四千萬。一九六二年的統計，總人口為五千三百五十萬。人口密度，高達每平方哩五百八十人。其實這許多人有百分之八十集中於七大都市，僅倫敦一地，卽佔總人口五分一以上。這種向都市集中的傾向，說明多數人皆從事工商業。農業及森林不過吸收了百分之四的人口。英國政黨之必須以工人爲其密切注意的對象，這是必然的事情。英國工人對國際政治極爲敏感，他們的工廠固然依賴國際的繁榮市場，他們的職業以及安全，亦皆依賴於此。以是英國政黨的黨綱，亦必須以重心安置於國際政治之上，而政治家之中，又以外交家爲最得人望。

(二)經濟　很多人以爲工黨的國有政策一定使英國經濟發生劇烈的變化，究其實際，並不如此。國營企業所雇用的人員，不過佔就業總數中百分之十一，而百分之七十七的就業機會還是由私營企業供應。而且國營企業的經理人才，也是從私營企業中網羅而來，所以經營的方式也沒有什麼重要的變更。工黨之於企業家，也沒有歧視。相反的，工黨政府爲便於管理，希望企業家加强其組織，由是英國企業公會 F.B.I. 對政府的壓力，也因組織而加强了。企業公會控制了英國百分之七十五的生產力，爲政府或顧問委員會討論政策時必須諮詢的團體。以是卽在工黨主政時期，它的意見一樣受到重視的。

使英國經濟受嚴重打擊的是它生產力的衰退。在第一次大戰之前，它控制很大數量的國際股票，在第二次大戰之前，尙有四十億鎊之鉅。但一次大戰之後，陸續以此償還戰債。二次大戰後，更因伊朗石油公司及蘇彝士運河被沒收，已一無所有，故大英經濟帝國實已崩潰於前。它的機器已顯得陳舊，它的市場已日形縮小，更兼它本來缺乏原料，向有入超，經濟基礎極不健全。一九五三年至五九年，它工業增加率爲百分之二十三，而西德則爲百分之六十六，法國有百分之五十八。固定投資亦然，英國僅增加百分之二十三，而西德則爲百分之七十，法國爲百分之四十九。它處處落於歐洲國家之後，與美國更不能相比。英國的進出口，向以國協爲其基礎，約佔總額的百分之四十。惟近年以來，宣佈獨立的南非聯邦已減少其與英國貿易上的密切關係，而其他會員國，差不多也減少了百分之十的貿易額。它依賴美國及西歐共同市場的需要就愈益增加了。

㈢**社會與教育**　一般人說英國人較爲保守，這與它的社會組織及教育傳統很有關係。我們不能說英國還停留在階級社會之中，但英國人矜持其門第及身分的觀念，似較其他國家爲濃厚。英國人尙賤視某幾種鄉音，有此鄉音的人，不僅不能挿足上流社會，甚至還會被擯於某些職業之外。各級社會層之間的流動率，英國不能與美國相比。當然，二十世紀以來，這種情形已在逐漸改善之中。多數的父母，對其子女的上進機會相當樂觀，最少認爲比自己一代容易得多了。所以然者，教育的普及，使年青人能挿足較爲理想的職業。

教育的工作，一八三三年英國政府始予注意，那也不過津貼教育，使其稍爲推廣而已。一八七〇年始規定義務教育法，責成地方政府舉辦。這種義務教育，至十二歲爲止。較高級的教育，仍由私人主持，文法學校 Grammar School 及公立學校 Public School，相繼產生。文法學校以訓練拉丁文法得名，旨在傳授古典文學。公立學校則由董事會主持，並非由政府創設。公立學校似以教育領袖人才爲宗旨。特別强調人格訓練，尤於責任心認爲是最高的社會道德，伊頓及哈羅兩校是其中最聞名的。文法學校及公立學校收費均極昂貴，公立學校尤甚，爲貧寒子弟所不能想望。在這個階段中，高級職位幾由公立學校的畢業生所獨佔。學校制度更加强了社會階層的固定性。

一九四四年的教育法，爲現時英國教育制度的基礎。這個教育法延長了義務教育的年限，使多數兒童於識字之外能獲得若干職業的知識。它規定小學教育於十一歲結束，而後舉行考試，並以小學的成績及報告爲參考，決定兒童以後所應接受的中等教育。中等教育分三類，其一爲新制中學secondary modern schools，其次爲職業中學，復其次爲文法學校。絕大多數兒童成績丙等，限入新制中學，爲工業界粗工及半技工的後備隊；乙等者入職業中學，爲技工的後備隊；成績最優者入文法學校，爲接受高等教育的準備。這個教育法，對社會流動率的增加絲毫沒有幫助，相反的，可能使社會階層更爲硬化。惟一可以爲它辯護的，各人學校的選擇由考試定之，並不由於門第或財富。可是兒童時代一個考試要決定人的一生，這個考試實過於武斷。

一九四四年所設置的教育，可以稱之爲統制的教育。根據兒童時代的考試成績，替他們決定將來職業的三大途徑。這個教育法的最大理想，亦許是使各業都得到最適當的人才。但何謂適當，那是由十一歲時一個考試所決定的。我國有「三歲注定老」的俗諺，認爲三歲兒童的行爲，可以看出他老來的成就。英國的教育法多少抱同樣的看法。但除非社會對三種職業一視同仁，就沒有理由國家替兒童選擇教育的種類。我人無意於此批評英國的教育法，我人不過欲藉此說明英國今日的憲法精神，似已有從自由主義而轉變爲計劃主義的趨勢。

㈣不列顛國協　美利堅獨立之前，英國是最大的殖民地帝國，惟此後卽逐漸有不能維持之勢。加拿大聯邦，南非聯邦，澳洲聯邦，先後以自治領的名義獲得獨立的實際。自治領制度的建立，一方由於進步殖民地的自覺，另一方面因英國承認事實而不得不退讓，雙方關係尙稱和諧。此一時期的演變，法理上有得以自圓其說的解釋。殖民地原爲國王的殖民地King's Colonies，非英國所有，亦非英政府所有。自治領由國王派遣總督爲代表。祗要總督改變其與自治領政府的關係，自治領的政府的精神就可根本改變了。是以自治領地位的建立，不過當地有民選的議會，並由此民選議會產生一向之負責的政府。自治領的地位，與英國仍非完全平等，例如那時加拿大的憲法，仍由英樞密院的司法委員會解釋。

一九三一年的威斯忑敏斯德法 Westminster act，確定英國與自治領形成一不列顛國協，各分子的地位完全平等。演化至此，大英帝國已不及一個邦聯了。二次大戰之後，南愛爾蘭 Eire 及緬甸不願加入國協，印度雖加入國協，惟自選總統，不承認英王爲共同元首。國協總理會議於一九四九年決議，以總統爲元首之印度仍可留在國協之內。史末資將軍（第一次大戰中曾參與英國的戰時內閣）於同年在南非議會中說：國協已如中古世紀的神聖羅馬帝國，「既不眞實，亦無意義，更少聯合的具體內容」。一九六一年，南非遂亦宣告脫離國協。

我人如考察國協所以有土崩之勢，倒不一定由於現在英國政治家之不智。英人確不智於前，以侵略手段締造了一個龐大殖民地帝國。到了現在，他們雖欲以國協的方式維繫彼此的合作關係，亦不可得。彼此領土既不接壤，經濟發展的程度又不相同，又加上原先征服與被統治的惡劣關係，同床異夢殊不可免。惟此爲題外之言，不必多說。

到現在爲止，分子國之間究竟保持着怎樣的關係？不列顛國協原來的目標，也可以說是英人之期望於此政治結合的目標，無非爲經濟軍事及外交三方面的合作。它們不定期的舉行總理會議，各分子互派高級專員（而不稱公使或大使）留駐各分子首都，一方面是互相交換情報以解除隔膜，另一方面亦爲爭取上述三事的密切合作。惟各分子工業的進步，對英國的貨品也須予以若干限制，使英國少不得爭取西歐共同市場國家的合作，如是與各分子之間不無誤會。英國戰後的外交措施，尤其與埃及爲蘇彝士運河而出兵干預，事先並未知會分子國，不可能有軍事上一致的步調。而原子武器時代，分子國固不願供應人力物力，英國的海軍亦失去保障國協安全的作用。分子國對它的依賴自然沒有往昔那樣重視了。分子與分子之間，印度在南非聯邦的僑民常受歧視，印度與巴基斯坦經常發生衝突，國協總理會議很難尋求解決的方案。這說明英國對各分子的領導作用亦在降低之中。國協之於英國，除可增加它在國際政治中的聲勢外，作用不算太大。

從上述的種種情形來看，不列顛國協是若干獨立國家的聯合，英國不過爲分子國之一。英國與其他分子國的關係，雖不採外交形式，但必須互相尊重，欲求一致行動時，應知會其他分子國，以協議的方式取得之。有一點仍表示各分子國之間有一體的關係，即任何分子國人民之居留於其他分子國者，當然取得公民資格，不經歸化的手續。分子國有脫離國協的權利，南非聯邦業已創此先例。

II、英國憲法的性質　英國常被譽爲憲政之母，這就是說，它的立憲歷史最爲久遠。

㈠有無憲法之辯　但說來奇怪，英國有無憲法還是個可以爭論的問題。美法革命時代，英人佩恩 Thomas Paine 攻擊英國是沒有憲法的專制國家。佩恩同情美利堅獨立運動，而於美國各州所創造的成文憲法，更爲傾心。在他的心目中，憲法應該是部成文法典，人民始能根據此成文法典以保衞其權利。假如憲法而沒有形諸文字，它的內容常可因統治者的解釋而轉移，對人民權利的保障，是很爲不利的。佩恩因英國無成文憲法而認爲沒有憲法，不能說沒有理由。

但是爲什麼一般人又說英國是憲政之母呢？這因爲十三世紀（一二一五年）它已經有大憲章 Grand Charter，而大憲章實爲後世權利法案的先例。現代的憲法都有國民權利一章，在這一章中詳細開列國民應享的權利。這就是大憲章所創立的一種制度。嚴格的說，大憲章是貴族們向英王提出條件，故許多地方祗是爲貴族的特權講話，尙非權利法案。惟此一先例，使王權有所限制而臣民的權利有所保障，故英人拳拳於此，以爲此乃英人政治智慧的崇高表現。以後的淸教革命及光榮革命，皆師其意，提出權利請願 Petition of Rights 及權利法案 Bill of Rights，由是成爲英國的偉大傳統之一。從這個觀點來說，英國最早有憲法，也不是過分的說法。

大憲章成立之後，英國並未立卽進入君主立憲的時代。簽字於大憲章的約翰王，於獲得羅馬教皇的支持之後，卽對貴族反擊並撕毀憲章。其後帝王亦未嘗表示有遵守憲章之意。自十三世紀以至十七世紀，王權繼續高漲，貴族的封建勢力亦繼續受到削弱。但大憲章的傳統，不絕如縷。可謂英國史中的幸事。其間重要的原因，實由巴力門的作用日益顯著。而國王與貴族鬭爭之際，常借重殷實的平民，因之平民亦得揷足於國會之中。漸漸的國會成爲與國王對壘的主體，由是國會中的平民領袖乃承繼了往昔的傳統。最後國會勝利，從此確定了光榮革命（一六八八）之後虛君政治的局面。

從這段歷史來看，英國不但最早有大憲章，而且爲立憲所作的奮鬭亦最久。立憲的主要目的爲保障人民的權利，而所採取的手段爲限制君主的濫用權力。在奮鬭的過程中，法院多數時期與國會並肩努力。法院堅持普通法爲不可破壞的原則，由是保持了法治的精神，並由此而保持了憲政主義的精神。在英國，法治 Rule of Law 與憲政 Constitutionalism 可以說很少區別，這是它與其他國家不同的地方。它的憲法，多數卽普通法及制訂法。故能尊重法律，憲法亦就受到尊重。法院旣能保持法治精神，憲政的精神因之也得以貫徹。從這個觀點來說，英國不但有最早的憲法，而且有最强固的憲政基礎。

㈡英憲的內容　英國的憲法，普通稱爲不成文憲法，因爲它未嘗彙編成爲一部法典。英國的憲法，散見於憲章，政治傳統，普通法Common Law判例，以及制訂法之中。所謂憲章，那是指歷史上幾個重要文獻而言，大憲章卽是其中最著名的一個。其餘如權利請願與權利法案，亦很重要。這類文獻，都是反專制運動中重要的里程碑。

政治傳統也是英憲中非常重要的部門。我人嘗謂：要了解英國的憲法，至少要知道英國的政治傳統及其發展的歷程。英國的制度，不問是中央的或地方的，不問是議會、法院、或行政機關，皆深植其根基於悠久的歷史之中，並非完全由法令規章或憲法條文來創立的。因此，如果不熟習英國的歷史與政治傳統，則對英王之所以爲英王，內閣之所以爲內閣，都是不易捉摸其精神的。任何研究憲法的人，都會爲英國不規則的組織體系所迷惑。卽以中央部會而論，有的首長稱國務秘書State Secretary，有的稱第一大臣First Lord，亦有的稱部長Minister，這都是不同時代的歷史產物，沒有什麼一定理由的。至於英國的立國精神，人皆知其以民主自由爲本，但這亦不易在法律條文中找到根據。從法理來說，英王仍享有廣泛的特權，一若專制統治尙未結束者。實則王的特權，或則久已拋棄，或則已落入內閣之手，他不過是高拱的偶像而已。

上文說明政治傳統的熟習，實爲把握英國憲法精神的關鍵。但何謂政治傳統，很不容易爲它解釋。一般言之，這是政治的先例，後人予以遵守，乃成爲傳統。不過先例是很可能打破的，比如貴族不能擔任首相，自寇仁爵士Lord Curzon創立先例以來，多數人認爲已成傳統，而休謨爵士於一九六三年又予破壞。故勒寧Jeunings曾說：先例維持多久才可以稱爲傳統？這是無法確定的事情。

普通法是諾曼大帝1066以來所建立的習慣法。它所以稱爲普通法 Common Law，因爲它通行全國。這自然是王權伸張而後始能做到的。國王派遣法官，巡行各地，代平民雪冤。法官所依據者爲古老的習慣，當然亦有時候依據帝王所發布的敕令。這是依習慣法以反抗封建特權的時代。其後法官漸得獨立地位，亦常依據習慣法以反抗國王的特權。所以此種習慣法又成爲保障人權的傳統，不僅英國深受其賜，即美國亦常以普通法中的原則來衞護人權。例如陪審制度及正當法律手續等，卽是普通法中常被提到的原則。

判例是法官於判決書中所表示的意見而其後爲法院所採取者。在習慣法的國家，法官的判例一定據很重要的地位，習慣法不會很完整的，以法官的解釋來彌補習慣法的空隙自屬必要。十七世紀中，柯克 Coke 大法官曾認爲國會制訂法以不違背憲法者始爲有效。柯克的判例，似未爲以後法院所採取，倒是獨立以後的美國予以奉行了。惟於此已可見判例重要性之一般。

制訂法指巴力門所通過的法律。英國因立法權與制憲權不分，故巴力門所通過者，可能是國家的基本法，近世紀中，一九一一年的國會法 Parliamentary act，一般認爲屬於憲法的性質，而一九三一年的威斯忑敏斯德法，因它規定國協的性質，故亦屬憲法的內容。

㈢憲法的內容並不確定　如前所述英國憲法不僅沒有彙訂成編，而且內容也不很確定。我人雖謂判例及制訂法普通法皆爲英國憲法的內容。但顯然的，並不是所有的判例所有的制訂法及所有的普通法都是憲法。英國學者常以爲他們的憲法與其他國家的一樣具體而肯定，那是一種偏見。英國憲法的不很確定，這是無法否認的事情。英國的憲法，經常是憲法學者推論之下的憲法。以往的不說，白芝浩Bagehot以來，戴雪 Dicey及勒寧諸人，他們的意見對憲法內容究爲如何發生很大的影響。憲法學者之受尊重，旁的國家不能與之相比。何則？政治家是創造傳統的人，法官則職在執行法律，不能對制訂法之是否爲憲法表示任何意見，祇有憲法學者乃能憑他的客觀立場來表示意見了。

因爲憲法內容的不很確定，英國在制度上較富彈性，適應環境的能力亦較强。後文會提到十九世紀以來內閣的許多權力，都是在樞密院的名義之下運用，從沒有以制訂法來確定其規範。樞密院在舊法理的假定上是王的參贊者。而所謂參贊是極富伸縮性的一種行爲，祇要參贊者認爲合於機宜，他們就可以進言；祇要參贊的建議確屬王權範圍之內，王就可以進行。而今日王與參贊者合而爲一，參贊者自然更可自由決定一切。由是內閣創造的先例層出不窮，而內閣的權力亦在先例的建立中向外擴張。其他國家的行政機關，在這一點上都不能與英國相比。

不過所謂制度的富有伸縮性，亦卽是制度經常在作改革，而且多數改革又不經巴力門立法，但以內閣的實際行動來作決定，這當然也是很危險的事情。任何國家的政治家，不說他們都有建立威權的欲望，最少總有因利就便的習慣。利便 Expediency 一辭，十九世紀初葉的保守思想家柏克 Edmund Burke 並認爲這是英憲的基本原則。換言之，政治家於興革之際，但問是否有利及是否便宜，而不會尋章摘句的推敲法律條文的。但行政上便宜者未必合於社會公道的標準，政治家不重視公道而僅重視便宜，自然很容易流弊百出的。

所幸英國於制度上的興革雖可便宜用事，但牽涉人民權利者則法官多數堅持普通法中的正當法律手續，使制度上的興革不至違害人民的權益。我人常謂英國憲政精神之得以彰著，實有賴於他的法治精神。惟此僅於不成文憲法的國家爲然，而在成文憲法的國家，又當別論了。英國因無正確內容的憲法，對政治家興革所能予以節制者，惟有普通法中人民權利及保護此人民權利的正當法律手續了。政治興革而無害於正當法律手續者，這個興革無人可加以阻止。惟興革而有害於正當法律手續時，法官可能依舊遵守正當法律手續而不予採取。這種情形的發生，自以興革而未曾見諸明文規定者爲限。蓋所謂政治先例，原亦非法院所能執行的東西。政治家固可大膽地創立先例，法官亦能視若不見地忽略這種先例的存在。若先例而成爲法律案，法官就沒有這樣的自由了。

無論怎樣，我人不能否認正當法律手續對英國人權所作的貢獻。政治家不願亦不敢公然提出違背正當法律手續的法律案。此一正當法律手續，經法院翻覆解釋及翻覆運用者達數百年，多數人極爲了解而不容懷疑的了。過去的習慣法，政府可以因其不合時宜而予以淘汰，惟未能證明其不合時宜時，貿然代之以新的法律是不容易得到人民合作的。尤其正當法律手續與保障人權有關，大家不僅沒有覺得它們不合時宜，而且認爲這是最有效的屏障，如何能輕易改變？英憲內容雖不確定，然政府的興革，類能有利於民主，而不會退向專制的方向發展。

㈣延續與創新　歸納上面所述各節，英國憲法主要的精神是在延續中求創新，因爲它是延續的，所以它的憲法仍以憲章普通法及傳統爲其重要因素。也因爲這個關係，所以英國依舊由國王統治，所以依舊由貴族掌握司法上的最後裁決權。可是在舊的形式之後，時時有新精神灌輸進去。所以國王的統治無害於演化出向平民院負責的內閣；在貴族掌握司法權的形式之下無害於任命法律專家爲法律大臣。這兩個是比較顯著的例子。其實英憲無一處不是新舊交錯，無一處不是在舊形式之下灌注新精神。

英國的憲政，用舊瓶裝新酒來作比喻，最爲確當。它的外貌不變，這個外貌就是舊瓶，它的精神常變，常變的精神爲其新酒。英人稱舊瓶爲法理上的假設 Legal Fictives，而新酒則爲實際政治。王冠 Crown，王權 Prerogatives，樞密院令 Order in Council 等等，都是英憲中法理上的假設，都是英國憲法的舊瓶。我人如認爲這種法理假設毫無意義，那又大謬不然。不特解釋英國憲法的人還常常採用這類名詞，卽日常政治之中，也一樣會常常看到這類名詞。沒有舊瓶，新酒將無處可盛。但拘泥於舊瓶，又要爲舊瓶的招牌所欺，因爲舊瓶與實際相去甚遠了。瓶子上的招貼祗是假牌子，瓶子的內容已一變而再變。

因之，研究英國憲法的人，必須明辨虛實，而且還得新舊兼顧。不知其舊，將無以知其新。英國人爲什麼不去除僞裝而一定要在舊瓶中盛新酒？這個道理亦很簡單。英國的制度都是從專制制度演化而來的，而且它每一次演進，又都沒有起草新憲法，所以軀殼依然是舊的，雖然軀殼之內的靈與肉時時在換新的。了解研究英國憲法的人，當以研究寄生蟹的態度去剖析。貝殼對寄生蟹是有其作用的，但與寄生蟹並沒有生理上的聯繫。英國所謂不成文憲法，就是這一種寄生蟹式的組合。承襲而來的那套舊法理是它的貝殼，而日夜生長的政治傳統是貝殼之內有生命的寄生蟹。舊法理不僅使政治傳統的生長有所依托，而且也相當予以限制，正與貝殼對寄生蟹的關係相似。洛克雖早於光榮革命時代倡導分權的理論，而其後孟德斯鳩觀察英國制度的時候，亦誤認英國已實行此一制度。但事實上英國制度始終與分權制度是有其距離的。所以然者，英國在法理上承認一切權力皆從國王而來，故巴力門的權力爲「王與巴力門」King in Parlament 所有，並非巴力門單獨所有；內閣權力爲「王與樞密院」King in council 的權力，亦非內閣單獨所有；而法院爲王的判席 King's benches，又非完全獨立；因之，國王成爲三權的聯繫，不可能完全分離。

英憲所以是舊瓶盛新酒，主要的因爲它是自然生長的。這就是說，英國政治家沒有根據理論來設計一部憲法，而祇是根據實際的需要，隨時添置合用的機構。樞密院及內閣固然是在這種情形之下產生的，平民院也是在這種情形之下產生的。因爲這個關係，英國的制度不很規則，有時甚至令人有雜亂無章之感，就因爲這個道理。以它的地方制度爲例，多數人說英國是實行地方自治最澈底的國家，但這個祇是數百年以前的事情。近百年來，却已一變再變，大非從前的面貌了。後文沒有篇幅討論它的地方制度，此間不妨略作說明。

愛爾蘭威爾斯皆自成章程，其他地方制度皆不同於本部。卽以英格蘭而論，有歷史郡，有行政郡，有市，每一種名稱，均有其歷史上的原因。行政郡之下，自十九世紀初葉起，隨時設置改革區，如學校區、郵貧區、公葬區、衞生區等，各種區的疆界縱橫交錯，而且每種區皆徵收地方捐，眞是紊亂已極。而後巴力門通過地方政府法案，把這種零亂的改革區劃爲鄉區及鎭區兩等。這是英國地方政府近百年來改進的過程。而英國中央的政制，演化的時間雖較長，演化的程序則大致相類，皆是由點滴的修補累積而成。

比較研究英法兩國憲法的人都會有一種感想：法國人愛好完整，愛好對稱，他們發現原來的設計有缺憾時，一定去之而後快，然後再設計新的；英國人注重實際，貪圖便宜，他們發現原來的設計有缺憾時，祇修補那有缺憾的地方，不肯整個破壞。因之，英國的憲法猶如百衲之衣，到處有縫補的痕跡。英國人愛好此百衲憲法，說這是自然生長的，雖然破舊却異常合身。不僅英國如此，美國人傳此秘訣，對他們的舊憲法亦鍥而不捨，寧可修補，而不肯縫製新衣。

Ⅲ、王冠Crown與王King　上文曾說英憲是舊瓶中盛新酒，可以乘機說明英王在憲法中的地位，因為英王權力的演變，最足以說明舊瓶盛新酒的過程。

㈠**王冠為國家主權的象徵**　Crown原為王冠，乃君上大權的信物。在過去專制的時代，戴此王冠者為王，享有君上大權而運用著國家最高而無可限制的權力。在那種時代加冕的儀式極為重要。教皇或大主教為王加冕，即等於承認他是合法的君主。在這種假設之下，王冠為國家的最高權，它是永恆而不朽的。戴此王冠的王，則為必須腐朽的人，他雖運用最高權，但祗是片刻的，暫時的。亨利八世，伊麗沙白，以及維多利亞，均為英國歷史中極有建樹的王，但他及她們都已是塚中朽骨，而王冠則永遠有戴它的人，而且戴它的人永遠在運用英國的最高權。

在法理上，上述假設至今沒有變更。伊麗沙白二世依舊戴上傳世的王冠而稱王，依舊稱英國為「我的國家」，依舊稱英國人民為「我的百姓」，依舊住白金漢宮，而且依舊是不負任何法律責任的專制統治者。英國一向維持「王無誤」King can do no wrong的原則。王的行為，至今沒有人能討論其是非。王是公道的源泉，他的一切即是公道的準則，如何還會有錯誤或過失？法律案必須經他批准及公佈，而後始能生效。外交及軍事，都是王的特權，沒有人可以阻撓他在這一方面的決定。所有大小臣工，都是為王效命，都是王的僕役。

法理上享有這樣漫無限制的大權的專制統治者，如何能成為民主國家的元首？其間詳細的歷史過程無暇在此敍述，此間所欲說明者，王冠與王在法理上原有區別。王冠所代表者為君主大權，為國家主權；而王則指繼承大位的個人。從前的王因有實際的勢力，所以常把兩者視爲一談。以後王的勢力屢經減削，有王位者不能運用國家的主權，由是兩者之間的距離愈來愈遠。現在實際的情形是：繼承王位的人必須經人參贊，而後始能有所行動。王雖不負責任，爲其參贊者却必須負責。政府的實際權力，因之亦爲參贊者所有，王就高拱無爲了。這是英國的所謂不流血革命，也是在君主之下而能有民主的原因。

㈡王的殘餘權　王冠代表國家主權，其運用人爲王的參贊，而非王本人。那末王還有些什麼殘餘權呢？在形式上，王還是政府的總動力。其一，政府是由他組成的。每次內閣辭職之後，她就得物色繼任人。受她任命的人，進宮而吻其手指，表示已接受任命而爲政府的負責人了。儘管平民院中多數黨首領必然爲首相，但沒有她的任命，政府依然無法產生。而且平民院中有時情勢很爲複雜，例如一九二三年大選以後的情形，三黨無一能獲過半數議席，王依舊可以考慮而有所抉擇。不過英國發生這種的機會不多，而且縱使在那種情形中，王亦接受參贊者的建議以決定行動，不肯自作主張。

其二，平民院是由王召集及解散的。當然，王必須每年召開議會，因爲不是如此，政府將無施政的經費。而首相建議解散平民院時，她卽必須下令解散，不能自作主張，不然，卽等於强現內閣總辭。在平民院集會之初，她要發表「王的陳辭」King's Speech，以說明她對施政的觀點。事實上演說稿由首相擬定，所說明者亦僅爲內閣的政策。巴力門所通過的法律案，必須獲得王的核准及公佈，方能生效。惟自安娜女王以來，王事實上沒有否決此類法律案。

其三，對外締結條約或對外宣戰，必須以王的名義行之。但事實上，王雖然是海陸空三軍的最高統帥，但於軍國大計却已不能置一辭。代她負責的內閣大臣才眞正是有權決定的人物。

以上三點，名義上雖仍爲王的大權，事實均由內閣替代她運用。王所以是象徵性的元首。除此之外，白芝浩認爲她尙有若干殘餘權力，有時也可發生重要的作用。王有被知會之權 To be informed，有警告之權 to Warn，也有鼓勵之權 to encourage。這三種作用，都是王與首相發生接觸時私人之間爲之，外界很難明其眞相。內閣有重要的決策時，首相自須向王報告。在維多利亞女王時代，她猶時時垂詢政情，並亦親自主持樞密院會議。從現在的情形來說，樞密院已不在御前舉行，惟王猶有被知會之權。警告、或鼓勵，乃被知會以後的反應。蓋王如認爲內閣決策失當而將引起不良後果時，他可促請首相注意。又如內閣決定總辭，王認爲尙非其時或事有可爲，他可能鼓勵首相勉爲其難。白芝浩深信以王之富有經驗，適時的勸告及勉勵，一定可以發生作用。不過這究竟是想像之辭，而且王縱令願意爲國宣勞，聽從與否仍爲首相之事，因爲責任是首相負擔的。

總之，在我人印象之中，王的殘餘權極爲有限。就是傳統上尊重王權的保守黨，也把王權解釋爲政府權，認爲須由執政者負責行使，而不是王個人來運用的。當然，實際政治常因人物的個性而轉移，尤其英憲既如上述之富有柔性，王的作爲可能因御位者的雄才而大起變化。勒寧於此，卽曾作此論斷。但到那種時候，英國的制度就完全不是現在的形式了。從另一角度來看，這種變化的可能性是不大的。王可能由一極有雄才的人繼任，但王的對手爲首相及內閣，對手亦富有雄才，王仍不易大權獨攬。愛德華八世可能卽因其雄才而遜位了。

㈢「**王與巴力門**」King in Parliament　研究憲法者常可以看到「王與巴力門」這個名詞，這是假想中的單元，乃王權與巴力門權聯合而產生的一種作用。

白芝浩强調巴力門至上的原則時，曾說「巴力門除不能將女作男外，無所不能」。巴力門可迎立新王，如光榮革命時代之所爲者。它可以制訂任何法律，並亦有權修改憲法。它可以建立、限制，或甚至廢除軍隊，它亦可以延長自己的任期。它享有權力，的確較任何國家爲多。不過在强調巴力門至上的原則時，我人不能忘掉「王及巴力門」King in Parliament 爲不可分的單元，沒有王，巴力門的作用亦將停止。蓋王召集及解散巴力門，並亦批准及公佈巴力門所通過的法律案。巴力門而無王，它既不能行動，卽行動亦不能生效。故所謂巴力門至上，更正確的說，應該是「王及巴力門」至上。

當然「王及巴力門」的王，現在已指王的參贊，而非御有英國的伊麗沙白二世。王的參贊與巴力門聯合在一起，始享有英國的最高權。在英國的歷史中，從沒有一個時期巴力門眞正最高，王權極盛行的時代，王對巴力門權有很大的影響，而王權衰落之後，王的參贊又替代了王的地位。白芝浩所以稱巴力門至上，可能因內閣由巴力門中多數黨組成，內閣的作用，完全是巴力門所賦予，故內閣與巴力門實屬一體，從民主的原則言，白芝浩的解釋是正確的。從英國憲法的法理言，則將有差以毫釐之譏。在政黨政治中，內閣爲平民院中多數黨所組成，惟內閣之所以有行政權，確因它是王的參贊。而這個王的參贊，處處代表王，故亦代表「王與巴力門」之王，由是它對巴力門的權力也可以分一杯羹。內閣利用王權以運用巴力門，內閣的作用顯得異常機動，向巴力門負責而亦制御巴力門。從這種地方來看，「王與巴力門」的名詞，研究英國憲法者實不能不予注意。

㈣「王與樞密院」King in Council　在英憲法中另一常見的名詞爲「王與樞密院」。它是最高行政決策權之所在。但事實上王既無實權，樞密院亦早已名存而實亡，所以可以說祗是法理上虛構的名詞了。王與巴力門和王與樞密院，皆所以表示王在英國政治中的特殊地位及特殊權力。這種特殊地位和特殊權力，現在事實上均由內閣加以運用。亦以此故，英國的內閣，其職掌不只是行政，實爲行政立法與司法三者之間的聯絡者。其他模仿英國內閣制的國家，旣無國王的傳統，殊不必斤斤以此爲法的。

總之，英國是由君主專制演變而爲民主的國家。它的政治演變，沒有經過劇烈的流血革命。故在保留王的名號以及保留王形式上的地位這兩個條件之下建設民主的政體。因此王權如何轉移遂成爲英國憲政精神的一大關鍵，而且也決定了英國政體上許多特點，這是研究英國憲法者不可不注意的事情。以後數章中，不再討論英王的問題，特於這一章中略作論述。

Ⅳ、英憲近代的演進　一般人都說光榮革命時代已決定了英國憲法各方面的重要原則。自虛君政體而言，這個說法是正確的。安娜女王之後，漢諾威王朝（現在的女王亦是漢諾威的後裔）最初的兩位統治者，因不諳英國語言及政治習俗之故，大權遂致旁落。或謂這個偶然的歷史事件始確定虛君政體的基礎。其實光榮革命已把迎立君主之權置諸巴力門之手，國王已不再是事實的統治者了。故謂英國的虛君政體始於光榮革命，可以說是很有理由的。

但虛君政體不一定就是民主。治權如爲少數派系首領所有，最多能稱爲寡頭政治而已。事實上喬治一世時代的英國，寡頭政治的色彩是異常濃厚的。英國政治之所以能變成眞民主，十九世紀的演變是很重要的。

㈠選舉權的普及　在十九世紀的各種演變中，選舉權的普及恐是促成其他進步的關鍵。英國很早就有議會，但貴族院議員爲世襲，而平民院議員亦控制於地方紳士及城市自由民之手，都缺少民主的精神。不是一八三二年的大改革法，平民院不能說是民意的代表機關。以後在國會這一章中，還要說明選舉法改進的過程，此間不贅。此間所欲說明者，選舉權的普及對英國政治所發生的非凡影響。舉其最重要的幾點，以說明英國憲政在近代的進展。

其一，政黨的大衆化　選民衆多之後，原先覇持議會的派系不得不發展而爲爭取羣衆的政黨。英國到十九世紀中葉兩大黨始皆有地方黨部。爲黨而工作的幹部，一方面宣傳黨的政綱，同時亦反應羣衆的要求，俾黨成爲政府與選民之間的橋樑。從派系政治轉進而爲政黨政治，這是十九世紀的重要進步。

其二，平民院成爲主要的立法機關　在沒有普及選舉權之前，平民院不過是地主與富翁的集團，與貴族院同樣富有寡頭的色彩。在那個時期，貴族憑其門閥，比依仗財富的平民院更佔優勢。在立法的作用中，貴族院亦更具決定的力量。蓋內閣中人絕大多數爲貴族，尤其首相，沒有例外的都是貴族出身，他們自然與貴族院較爲氣味相投。選舉權普及之後，平民院有代表民意的理論上的根據，貴族院祇不過反映特權階級的自私觀點。由是內閣必須向平民院負更多的責任。一九一一年的巴力門法，就在這種需要之下通過了。

其三，政治領袖的平民化　平民院既成爲主要的立法機關，政府爲求行事的便利，首相須爲平民院的領袖。保守黨雖較守舊，但二十世紀以來，它的首領均爲平民，也是爲適應此一趨勢而促成的。現在英國的所謂貴族，很多是因對國家社會有特殊貢獻而加封的，可以說是種榮典，與血統及門第不一定有什麼關係。但被封爲貴族以後，即無選舉及被選舉權，以是他們進入政府，並非出於人民的擁護。由他們來領導政府，事實上也是不很適宜的。

上述一連串事實的發展，均與英國憲政的民主化有關。這一連串的發展，雖有人爲的努力在內，但一切都極自然，眞所謂水到渠成。研究英國憲法者，自不能因其全不費力而忽略這種演變的重要意義。

㈡社會主義的傾向 近代英國另一重要的政治演變，厥爲傾向於社會主義。英國是早期工業化的國家。此地所說的早期，指企業家尚未認識合理化的工廠管理的時代。因此之故，經濟思想家鼓吹個人主義的同時期，實際領袖亦在發動許多種社會主義的運動。因爲那時企業家固不滿於政府的干涉政策，而有心人則不滿於企業家不人道的工業管理。歐文的合作主義，早在馬克斯之前發生。揭發工人營養不足，童工女工所受不人道的待遇，也早在醫生及巴力門的注意之中。因此種種，英國是最早有勞工法的國家。十九世紀末葉，工會的力量逐漸充實，由是進一步而組成工黨，使勞動者成爲英國政治不能忽略的勢力。

二十世紀的英國走上了社會主義的軌道。工黨固然可以稱爲福利國家觀的先鋒，但保守黨也不肯落人之後，常說所有的社會政策都是出於保守黨政府的領導，兩黨均以此居功，可見它們都認爲這是人民大衆的一致要求。由是英國的憲政又走上一個新的里程。兩大黨旣對社會改造抱相同的態度，因之所有進步皆出諸立法的方式。這又一度的和平革命，對英國的憲政精神自然是大有影響的。

社會主義或福利國家的推進，事實上祇是政府施政目標的改向，對國體與政體都沒有發生什麼重要影響。但它對社會構造與經濟組織的影響極其深遠，因之容易引起富人及企業家的疑懼，英國能以和平手段獲得成果，可以說是幸事。

本章參考書：

Dicey: Introduction to the Study of the Constitution, London, Macmillan, 1939
Jennings: British Constitution
Jennings: Party Politics, Vol III, Cambridge Univ. Press, 1960

第三章 英國政黨

英國沒有在法律中承認政黨的地位。在選舉法中，祗規定候選人及其經理應該遵守的規則，於政黨則未作任何約束。但英國的政黨與其他國家的一樣，在決定英國的政治甚至英國的憲法。它們擁護的領袖可能是政府的首腦，它們決定的政綱，可能是國家的政策。是以近代研究英國憲法的權威勒寧氏，曾以其鉅著政黨政治來結束他的英憲研究。從這種地方來看，政黨雖未爲英國法律所承認，但它們是英國政治重要的一環，也可以說是英憲重要內容之一。

I、選民及選舉法

在敘述英國政黨之前，略爲說明英國選民的特點及其選舉制度是有其必要的。

㈠選舉制度 英國依平民院的席次分全國爲六百十八個選舉區。除此之外，北愛爾蘭尚有十二個選舉區，每一個選舉區，約略有五萬七千人；惟城市區稍多，鄉村區略少，而蘇格蘭威爾斯則更少。各選舉區人口的差異，其目的並不在保障鄉村的地主利益，主要的是爲管理上的方便。鄉村區地面遼濶，交通較爲困難，近六萬人的選區就不便集中投票了。至於蘇格蘭及威爾斯，則是爲滿足兩地的民族要求，使它們能在平民院中多幾名代表權。依一九五八年的新法律，選區每十年至十五年重行調整一次，由中立的劃界委員會主持其事。至於劃界的原則，由平民院立法指示之。

上述制度，卽是普通所說的單一選舉區的地域代表制。在這種制度之下，並沒有承認職業代表的價值。英國的基爾特社會主義者對此甚多批評。若干人士相信地域代表制之下的議員必然爲地方的紳士們，於工人大衆的利益極爲隔膜，惟自英國的經驗而言，這種批評是沒有理由的。議員代表那些人的利益？實決定於國家的社會結構，而並不決定於選舉制度。工業發達的國家，雖採地域代表制，議會中一樣會有許多工人的代表。在工業不發達而工運不很活躍的國家，即採職業代表制，紳士們仍然會冒充工人的代表而不爲工人爭權利。英國的工黨，卽是工運之下產生的政治組織。工黨以及工會，皆推薦職工們爲候選人。莫里遜、韓德森以及比萬等，都是工會方面著名的領袖，可見地域代表制不一定會忽略工人的利益，因此近來也不很聽到這方面的批評了。

單一選舉區的第二個弊病，乃是各黨在議會中的議席不能與其所獲選票成比例。一個選舉區中，可能有三黨或更多的政黨參加競選。候選人所獲選票，可能沒有一位能達到半數以上，而以較多數票當選者，亦許與次多數票極爲接近。由是發生某黨所獲選票較少而在平民院反佔較多議席的情形。例如一九五一年的大選，工黨獲票達一千四百萬之多，爲歷來的最高紀錄，可是在平民院僅得二九五席。保守黨獲票一千三百餘萬，較工黨少二十餘萬票，却得三二一席。是蓋工黨的擁護者密集少數大工業區，而保守黨則分布比較平均。在前幾次的大選中，工黨都因此吃虧。一九五〇年的大選，工黨雖獲三一五席，而實際的力量也不止此。

不過在各黨之中，吃虧最大的還是自由黨。一九二四年的大選，自由黨僅獲四十議席，自此一蹶不振。可是每屆大選，它仍推出上百的候選人，所獲選票，亦相當可觀，而所獲議席則微不足道。自一九二九年（婦女始有平等選舉權）至一九五九年的三十年中，自由黨所佔議席，遠較其所得選票爲少。一九二九年它獲五分一以上的選票，僅佔不足十分一的議席；一九五〇年，它幾獲十分一的選票，而所佔議席為七十分之一。自由黨的選民幾乎是平均分散於一百多個選舉區之中，而且大多較保守黨或工黨為少，因之選票也多數犧牲，大黨乃均佔其利益。這種情形，國外的觀察家很多認為不公。英國學者以及兩大政黨，對單一選區及多數代表制却相當滿意。第一，他們認為堅强的政府始是有效能的政府。現行選舉制度雖明顯的犧牲了第三黨，但議會中却因而有佔過半數議席的大黨，政府政策乃亦得順利推行。英國如採取比例代表制，此種好景卽不能保持。第二，英國選舉制度雖不頂公平，但不至阻止眞能獲得人民支持的新黨的誕生。工黨初以第三黨的姿態出而問鼎，到發展而能獲得三分一以上選民支持時，它就替代以往自由黨的地位。可見多數代表制並沒有扼殺新黨。新黨或小黨如不能獲得三分一左右的選民支持，它祇能在社會中發出聲浪，而不能在平民院中發生作用，英國人認為這是健康的現象，不應該受責備的。第三，自由黨的衰落，黨內分裂及沒有吸引多數選民興趣的政綱的原因為大，單一選區制不是它的致命傷。所以就是對自由黨來說，它不能在平民院中佔有重要地位，也不能說是不公平的事情。

在選舉制度中另有一點可以一述。二次大戰之前，英國有若干選民可投兩票。其一為大學畢業而獲有學位者，其二為從事自由職業而事務所與居處不在一個選區者。大學區代表向為保守黨所得，而自由職業者亦多數傾向保守黨。因之工黨每指責此種重量投票制為極不公平。工黨執政後，已予取消。

㈡英國選民的投票行為　近年以來，英國選民祇注意在兩大黨之間選擇，而並不注意黨的候選人為誰。有人甚至過甚其辭的說：眞是投候選人票的總數不會超過五百。所以然者，平民院中多數黨的領袖卽是首相，故選舉區所舉者雖為平民院議員，而事實上亦等於是首相的選舉人而已。這一種情形的發展，自然使政黨對議員的控制力加强，且亦有利於內閣團體責任。議員的當選，全賴黨的號召，而並不恃個人的聲望，議員的獨立地位必然會因之降低。這與十九世紀的情形有了很大的改變，十九世紀是個人主義時代，而二十世紀則爲組織的時代。十九世紀的議員，須憑自己的才華吸引選民的愛戴，而二十世紀則憑選民對黨的好感而進入平民院。

選民對第三黨及其他小黨，大多缺少興趣。他們認爲投小黨的票完全是種浪費。小黨不可能出而組閣，對政府政策亦不能發生推動或阻止的作用。這亦許是兩黨制傳統得以維持的原因。二十世紀之初，自由黨仍爲兩大黨之一，第一次大戰之後，它卽退居第三位，而在平民院中的議席，忽然亦直線下降，幾乎成爲微不足道的小黨。選民態度這樣急劇的改變，不能完全歸功於工黨的宣傳。選民習慣的願意投兩大黨的票，恐怕是更重要的原因。

英國研究投票行爲的學者曾獲一共同的結論：選民投票的傾向與其職業發生極爲密切的關係。皮休 Birch 研究格林威治 Green Wich 一九五〇年的投票情形，最低薪的工人，百分之八十投工黨的票，而投保守黨者僅百分之十七。低薪者投保守黨者已較多，惟亦僅爲百分之二十八，投工黨者達百分之六十六。高薪的經理級及自由職業者，其傾向適與此相反。皮休認爲：高薪者所獲爲年俸，短期內無失業之虞，而且有相當的假期及醫藥保障，對工黨提出的諾言不感興趣，而對保守黨的領導人才則極感興趣。低薪者情形相反，因而同情工黨。

英國選民的投票習慣相當固定。這就是說他們不常改變他們對政黨的態度。在學者們的訪問調查中，選民在十餘年內改變對大黨的態度的爲數甚少。保守的選區，轉變者甚至不及百分之八。英國雖不像美國那樣有父傳其子的政黨世家，但選民多數也不問政黨的政策政綱，祗是在習慣的支配之下投票而已。因爲這個關係，兩大黨皆有其數字極爲接近的基本票。大選的成敗，往往決定於少數可變的分子。而政黨大選期中的競選活動，也大多以他們爲爭取的對象。

上述論點，亦有不可全信之處，選民態度的改變，方式很多，不一定要改投其他大黨。比如原投保守黨的人，可以在另一次選舉中棄權或投自由黨的票，不一定要改投工黨一票的。上述訪問調查，於此點似未能注意，以是研究的結果雖說選民牢守習慣，而事實上執政黨常在易手。

在選民之中，確有一部分較爲浮動，英國學者恒稱之爲邊際的選民 Marginal Voter。這種人經常棄權，參與投票時又無一定的傾向。政黨自以爭取這一部分人的同情爲致勝的條件。在二十年代，原屬自由黨的進步分子，多數爲邊際選民，工黨的主張因與彼輩相同，被吸收的不在少數。工黨議席於一九二三年得以劇增，這是很重要的原因。惟二次大戰之後，這類選民的數量甚少，大的變動不很可能了。在戰後的數次大選中，除一九五五年的那一次外，兩大黨的選票總是相差無幾。可見邊際選民眞已達到邊際狀態了。

㈢**地域與投票行爲**　地域對投票行爲的影響，實際上亦與選民的經濟及職業有關。工業城市對工黨較爲有利，而鄉村的區域則傾向保守。在現行的選區劃分標準中，鄉村佔有優勢，故對工黨稍稍不利。以一九五〇年的大選爲例，除去自由黨所得選票，保守黨如獲百分之四十四•六的票即可佔過半數議席，而工黨則須得四十六•六的票始能達到同一標準。但並不是所有的農村區都是保守黨佔優勢。蘇格蘭與南威爾斯，都不算十分工業化的，因鬧失業問題，工黨反能領先。一九五五年的大選，工黨失去選票一百五十萬之多，而在上述兩地則有轉入。倫敦是城市區，一向爲工黨的重要據點。惟近郊的選區態度多變，工黨常因此而失敗。

Ⅱ、工黨及保守黨概況 說明選民及選舉制度之後，我人可進一步說明英國政黨怎樣在這種客觀的條件下活動。

㈠工黨替代了自由黨 英國很早有兩黨政治的傳統。十九世紀中，一直是自由黨及保守黨對抗的局面。自由黨爲維新黨的後裔，有崇尚進步及愛好自由之稱。惟十九世紀末葉，因愛爾蘭自治法案而內部分裂，約瑟夫、張伯倫派脫離而與保守黨聯合，勢力漸衰。其時社會主義思想勃興，自由黨乃與社會主義分子合作。二十世紀之初，乃又獲勝利而重握政權。惟第一次大戰期中，魯易喬治繼阿斯葵斯爲首相，裂痕又生。戰爭結束後，自由黨領袖之間各成水火，遂慘敗而退居第三黨的地位。

自由黨所以失敗，固如上面所說的因爲內部的一再分裂，同時亦因工黨的出現及工黨吸收了多數自由黨的選民。工黨於一九〇六年成立，由費邊社以及社會黨分子聯合工會而形成。在一九〇六年之前，它們實際早已有聯合競選的組織，稱勞工代表委員會L.R.C.。該年有二十九人入平民院，遂正式命名爲工黨。工黨的產生，不僅破壞了舊日政黨的均勢，並亦使英國政黨政治的性質發生了很大的變化。

工黨有確定的改革主張，而且改革的範圍，方面甚廣。它不同於一般革命黨者，它以和平的方法說服選民，使它能在議會中佔據多數而完成各種革命性的立法。費邊社是工黨的智囊並亦是爲英國人民提出社會問題的學術團體，它相信事實眞相的分析，最後必然能獲得選民的同情及支持。同時，工黨以工會爲其團體會員，而英國的工會，乃一切被雇人員的組織。例如市政員工總會及交通員工總會等，皆包容低級職員在內。工會的會員，今日已達六百餘萬人，工黨有此基本數的選民，自然是個極為有利的條件。

第一次大戰期中，工黨於一九一七年發表「工人與新社會秩序」宣言。這個宣言出於韋伯夫婦的手筆，實為此後數十年工黨政綱的重要依據。其一為最低工作條件及全面就業；其二為工業的民主管理；其三為實行新的租稅政策；其四因改革租稅政策而增加的國家收入應用之於公共福利事業，尤應推廣教育及文化的機會。這個宣言使工黨有其政治的立場，而不完全是工會的發言人了。

工黨的黨綱，較自由黨及保守黨者為進步，但一直為黨內的激烈分子所不滿。工黨曾數次清除此種激烈分子，對一個新黨來說，這是很能影響它競選的力量的。以是二次大戰之前，它在平民院的議席雖時有增加，却從未能獲得過半數席的議席。一九二三年保守黨包爾特溫解散平民院後，工黨獲一九一議席，自由黨獲一五八席，兩黨相合較保守黨的二五八席為多，由是首次在自由黨的支持下由麥唐納組閣。麥氏以原自由黨的麥爾頓Maldane爵士為樞密院主席，原保守黨的帕爾莫Parmoor為司法大臣，另一位保守黨的人為海軍大臣，可見那次的內閣完全是過渡的性質。未及一年，這個少數派的政府即告傾覆。一九二九年，工黨在大選中獲二八八席，它第一次成為平民院中的第一大黨。麥唐納重組內閣之後，即遭遇世界性的經濟恐慌，麥唐納未得同僚的同意而於一九三一年與保守黨及自由黨合組全國性內閣，又使工黨發生重大的分裂。

工黨一直為它左右兩翼的歧見所苦。自建黨以來，這種分裂現象很不容易彌縫。二次大戰結束之後它雖能在大選中獲得三次勝利，而內閧的情形始終不能得到改善，這是工黨最嚴重的病根。

(二)工黨與共黨的滲透　工黨有一特殊困難的問題，厥爲應付共黨的滲透活動。早在一九二二年，英共黨曾要求集體加入工黨，爲工黨所拒。也因爲這個關係，國際共黨也很早說工黨是忠於帝國主義的政黨。但共黨始終沒有放棄掌握工黨的企圖，因爲這是赤化英國的捷徑。它是側面的以其細胞滲入工會，希望利用工會的力量來控制工黨代表大會，並從而操縱工黨的政治主張。

在這裡可以略述工會的概況。英國全國有二千餘萬受僱人員，其中約有六百餘萬人加入工會的組織。各業均有各自的工會，其宗旨無非爲同業提高待遇及爭取福利。其後爲加强各工會的發言力量，所以成立總工會，由各業的代表組成總工會的大會，再由此大會產生執行委員會。在各業工會之中，交通員工工會 Transport and General Workers，礦工工會，以及市政員工工會的會員較多，實力亦較爲雄厚。交通員工工會原先的領導人爲皮文 Bevin，是阿特里的得力助手，亦是工黨中極爲幹練的人才。皮文入閣後，由鄧金 Arthur Deakin 繼任，亦是位卓越的領袖。而礦工領袖路透 Will Lawther 及市政員工工會領袖威廉森，皆與鄧金志同道合，常能左右工黨的代表大會，有決定工黨領袖誰屬的大權。鄧金因工會中有叫罵阿特里及皮文的聲浪，深知共產滲透的可怕，乃於一九四七年在交通工會發動整肅運動，一年中開除了九位重要的常任職員。但各工會的步調頗不一致。尤其小工會中如救火員工會及電氣業工會，幾乎爲共產黨所支配。小工會在工黨的代表大會雖沒有多少力量，但既不受工黨的約束，也不受總工會的節制，放言高論仍極自由。

從上述來看情形，工黨得到不少工會的助力，但也受工會的阻力。很多工黨的內部分裂，多少與工會的複雜情形有關。工黨的領袖，常會受工會的指責而聲望中落。阿特里、莫里遜及皮文，都不能避免這種惡運。而尙無地位的野心家，又常會利用這種激進的勢力以爭奪黨的領導權。昔年的莫斯萊是如此，現在的比萬多少也是如此。共黨本是善於利用他人的矛盾，由是藉此在工黨中翻覆離間，使領袖之間的距離日遠。

工黨除團體黨員之外，也有個人黨員。由這種個人黨員，分區組成地方黨部。地方黨部似較工會爲激烈。比萬反對西德整軍及反對英國製造氫彈時，甚得地方黨部的支持，地方黨部推舉的候選人，在平民院中常有增加。

工黨的領袖，奮鬪數十年，實亦有老成凋謝之感。一九五五年大選失敗之後，達爾頓即退出在野黨的影子內閣，並指出其他領袖中，九人已逾六十五歲，似亦應退讓賢路。其後有四人起而效法。不久，阿特里亦宣告退休，而由葛次蓋兒繼任爲領袖，惟黨內保守的勢力日衰，鄧金謝世而由激進的科辛Cov-sin繼任爲交通員工工會的秘書長後，更爲孤立無助，所以又由衞爾森繼任爲領袖了。

㈢保守黨　保守黨的歷史較工黨爲久。本世紀六十餘年中，它執政幾達半個世紀。以是它的領袖很多是爲人民大衆所愛戴的老成政治家。雖在社會主義盛行的時代，猶能牢握政權，當然不是沒有原因的。

保守黨認爲：負政府之責者即應領導巴力門及全國人民。這可以說是保守黨的憲政觀，自狄士累利以來，一直堅持這個看法。在這個觀念之下，黨的領袖及政府的首相實爲大任之所在，天然的握有決策大權。因之，國家的大政方針不是預先擬定的，端賴巨人相機施行。若問巨人爲什麼有這樣的大任？狄士累利說因爲他是自然的貴族 Natural aristocracy。狄士累利對自然貴族之應該享有這樣的權力是很為自信的。他提出普及選舉權利法案的時候（一八六七），他說：選權愈是普及，自然貴族所獲人民的信任與支持亦必愈廣。十九世紀保守黨的領袖們，就賴這種自信在爲人民圖謀福利。

二十世紀的保守黨，憲政觀念未變，但自然貴族的信念則在動搖中。他們經常要爲爭取選票而被人民領導。舉例來說，包爾特溫主張採取保護關稅政策，這是他對巴力門及人民的領導。大選失敗之後，他即視此爲禁忌，閉口不提保護關稅。直到一九二九年經濟恐慌而輿論多數主張採取保護關稅時，他才利用參加全國內閣的機會重新提出這種主張。這很明顯的說明他在受人民的領導了。在被領導的趨勢中，保守黨逐漸的改變它的傳統，使它的政治綱領實際上亦在向統制經濟轉變。保守黨的巨頭們，深知企業界早已自動的發起組合，由組合來主持合理化的計劃。工業發展到相當的程度，同業的盲目生產會引起惡性競爭，而惡性競爭又會引起倒閉等不良的現象。在這種情形之下，政府出面管理是有其需要的。二次大戰接近結束階段時，保守黨的少壯派（麥米倫爲其中重要分子之一）即要求領袖們對管理經濟作全面性的考慮。在必要的場合，甚至亦主張國有政策。至於福利事業的推廣，亦爲少壯派企求的目標。邱吉爾等老成政治家，於此雖不反對，惟雅不願於國家財政枯竭的時期作此承諾。惟一九四五年大選失敗之後，保守黨即於一九四七年通過工業綱領 Industrial Charter，把少壯派的主張均納入此一綱領之中，成爲保守黨經濟政策的基點，這又是保守黨首領被領導的一次證據。

在上述的幾個事件中，說明保守黨的財經政策，並不如想像中的守舊，它很有迎合新環境的彈性能力。惟保守黨的領袖們，於失去自然貴族的自信心之際，他們作爲的勇氣不能再如從前了。而且對內政策既日與工黨者相接近，對外政策又提不出衞護帝國光榮的有效政策，那它又憑甚麼以與工黨爭一日之短長？

保守黨也經常有新舊之爭，這與工黨如出一轍。而新派之中，力量亦未能集中。五〇年之後，領袖數易，已沒有從前安定的氣象。

㈣**兩黨皆缺少吸引選民興趣的具體方案**　英國的國力，整個的說是在衰落之中。二次大戰之後，它的國民所得、生產力、以及投資率，皆不如隔岸的西歐國家。甚至人口的結構，老年人的比例也在增加，很顯出老大的勢態。這種種現象由來已久，所以很早引起英國人的憂慮。可是在從前，總認爲這是執政者政策的錯誤所致。以是工黨乃提出福利國家的主張，很自信的認爲這是英國民族的出路。可是工黨兩度執政之後，深感對內對外皆有若干不易解決的基本問題。因之工黨的自信心也逐漸低落，遠沒有以往的凌厲之氣。

一九五一年的大選，乃工黨組閣一年後舉行的。工黨其時在平民院僅有三一五席，而保守黨爲二九八席，其餘自由黨九席，愛爾蘭民族分子二席，執政黨較在野黨純多六席。工黨內部因生分裂，它在平民院的行動很受牽制，以是欲以解散平民院的方法來解開僵局。這是阿特里自感無能爲力的心理之下所作的決定。在那次大選中，保守黨以指責生活指數的高漲爲重要標題，而工黨則說保守黨的政策會引起國際戰爭。雙方皆未提出自己的具體方案，誠不知必須徵詢選民意見的問題之所在。其實那時英國面對者爲波斯石油公司問題，而接踵而起者又爲蘇彝士運河等一連串向大英帝國榮譽挑戰的嚴重糾紛。英國到底走向何處？任何希望執政的政黨可能都不願意作正面的答覆。但是對業已發生的問題不能供解決的方案，選民自然要很感失望的。

一般的說，保守黨以衞護英國的光榮自居。但在戰後的國際風雲中，它究將如何完成此一任務，它沒有自信，亦與工黨同。一九五一年它曾指責工黨執政時期生活指數高漲，但保守黨繼起執政之後，既未能減稅，亦未能提出經濟復興的方案。我人無意於此評論兩黨施政的得失，祗是指出兩黨似乎都抱避重就輕的態度，所以它們的政綱，也沒有前一世紀的鮮明而有力了。

Ⅲ、兩黨組織　政黨的組織

㈠黨員　英國的政黨，原無所謂固定的黨員，惟自一八六七年，約瑟夫張伯倫爲自由黨建立地方黨部之後，始徵求黨員，並頒發黨證與徵收黨費，由是保守黨起而效法。據一九五六年的統計，保守黨有黨員二百八十萬五千人。工黨的黨員分兩種，一種是團體黨員，如工會、合作社、職業團體，以及社會主義團體等均是；另一種爲個人黨員，這是以個人身份參加的。兩者合併計算，約達七百萬人。有一點應該說明的，工人不一定加入工會，更不一定加入工黨，所以工人分子之中，投保守黨或自由黨票者也不在少數。以譚培（Derby）一地爲例，這是工黨佔壓倒優勢的地區，但一九五一年大選的紀錄，技工中投工黨票者佔百分之六十八，投保守黨票者佔百分之三十二。其餘的選舉區，工人投保守黨票者尚不止此數。英國工人佔總人口四分之三，他們如果集中投一黨的票，則其他政黨卽無倖勝的可能。由此可見選民的政治主張不一定隨所謂階級而定，而政黨的黨綱，也不能完全爲某些階級着想。

不過工黨究竟是一個以工會爲基礎的政黨，保守黨對工黨這個雄厚的基礎非常妬忌。保守黨雖能獲得不少工人的選票，但沒有一個工會加入保守黨的陣營。因之，保守黨常以法律限制工會的政治活動。可是這一種高壓手段，更使工會團結於工黨的旗幟之下。現在保守黨惟一的希望，是工會領袖或能自動放棄與工黨結合的既定方針，那就可以增加保守黨無限勢力了。保守黨不敢忽視工人的利益，這是很重要的原因。

自工黨來說，工會六百萬的基本票並不能使它操必勝的把握。一九四五及一九五〇年的勝利，皆得票一千二百萬以上。可見工黨之不能單從工人觀念出發，也是客觀的情況迫之使然的。

最後可以略述共產黨在英國的情形。英國於一九二〇年即有共產黨組織，但始終一籌莫展，其黨員的人數沒有超過六萬人，在大選中所得選舉票，也不過九萬左右，所以近年以來，它沒有一個候選人能進入平民院的。也因爲這個關係，英國共產黨時刻想集體加入工黨，從而分化工會，以圖掌握工人爲階級鬬爭的工具。它這種陰謀早爲工黨所洞悉，一再拒絕其滲透。莫里遜曾說；工黨同時以民主及社會主義爲目標，而且相信祇有在民主政治中可以實現社會主義，而共產黨則社會主義重於民主主義，兩者立場互異，可以說是沒有方法合作的。工黨並因而通過黨章，規定地方黨部或集體加入工黨的社會團體，均應嚴格遵守工黨年會的決議，不得自行標榜方案或政策，這樣共產分子即有個別混入工黨者，也不能發生所謂細胞活動的力量了。

㈡兩黨地方政黨組織　一八三二年大改革法之前，政黨的活動集中於國都，地方是沒有政黨組織的。但大改革法之後，各選舉區的選民倍增，政黨自然要注意爭取羣衆的工作了。不過初期的地方政黨組織，僅係保守自由兩黨熱心份子組成的選民登記協助社（Registration Society）而已。這種組織的作用，一如其名稱所指示者，旨在協助新選民列入選民名册之內，俾本黨的同情者不至漏失，以加强本黨的實力而已。十九世紀中葉以後，約瑟夫張伯倫在伯明罕市(Birmingham)組織自由黨的地方黨部，各街坊（Wards）的自由黨人選出代表，組織市執行委員會，主持平民院議員及市議員的競選事宜。這一種地方組織，使自由黨大獲成功，伯明罕區的平民院議席，均爲自由黨所得，而市議會及市教育委員會，亦均爲自由黨人所控制。由是自由黨在其他各市亦紛紛成立類似的組織，乃成爲後來其他各黨地方組織的楷模。

保守黨地方組織　現在的保守黨，分全國爲十二區（Regions），外加蘇格蘭一區，北愛爾蘭一區，共十四區，每一區的組織方式略有不同，各區可以自訂組織章程，惟須經中央執行委員會核准。大體的說，每區均有一執行委員會，由各議員選舉區選出的各委員組織之。執行委員的總數，二十至三十不等，其中一人爲主席，綜理全區黨務，諸如區內青年的組織，婦女的組織，工會的爭取，以至暑期學校的開設，均由他策劃。主席之外，中央執行委員會指派兩人爲之輔導。這兩個輔導員，必然兼任區執行委員會的秘書，使中央與區之間得以聯繫。

區之下乃是以選舉區爲單位的地方黨部，其主要活動集中於競選工作。因之，它設置若干位選舉代理人（Election Agents）以及若干位宣傳員。選舉代理人是依據一八八五年的選舉法規而設置的，爲候選人綜理會計事項，並須對中央的內政部負責。選舉代理人名義上是候選人的個人代表，但現已成爲地方黨部的常任職員。保守黨的經濟情形較爲優越，給予職員的待遇亦較爲優厚，可能較工黨同類職員的薪給高出三分之一。代理人必須熟諳選舉法規，並得熟悉區內選民的情形，其任務與美國的選舉經理人（Campaign Manager）同。不過英國大選不定期舉行，一旦國王下令解散平民院，大選即須於二十日以內舉行。故地方黨部必須隨時提高警覺。選舉代理人尤須於平時即注意聯絡與拉攏選民感情的工作，切不可臨渴掘井，到大選時才開始奔走拜託。宣傳員是英國選舉區黨部的一種特殊工作人員，不但大選時要作宣傳演說，即在平時亦須爲黨工作，甚至挨門逐戶的訪問選民，是代理人重要的助手。

工黨的地方黨部　工黨地域性的組織，與保守黨大同小異，也分區與選舉區兩級，區黨部的負責機構也是執行委員會，選舉區的負責者也是代理人。

工黨雖係比較年青的政黨，但地方黨部的活動，反較保守黨爲鬆懈，其主要的原因，係由於地方黨部職員的待遇較保守黨爲低，甚至還有許多是義務職，由工會的幹事兼任。這許多兼任的職員，雖有高度的服務熱忱，惟墨守陳規，效力不高。而有給的職員，又因待遇微薄而情緒低落，進取精神也嫌不足。一九五五年大選的失敗，工黨每歸過於此。

地方黨部與候選人的抉擇　地方黨部重要的任務，乃在於爲本黨爭取選票。因之，抉擇本黨平民院議員的候選人，也是地方黨部的任務之一。按英國的傳統，選舉區的候選人，不必爲本地籍人士，故地方黨部儘可物色客籍著名人士爲候選人。通常兩黨亦重鄉土觀念，就地取才者爲多，惟對方有極出色的候選人時，地方黨部不惜在異地物色人才，甚至要求中央黨部指派著名人物以資匹敵。一般的說，保守黨選擇候選人時注重候選人的資產，希望他能自己負擔選舉費用，甚至對地方黨部的經費能作捐獻。工黨注重於候選人在工會中的歷史，參加工運愈早者愈受歡迎。從選賢與能的標準來說，兩黨的地方黨部都是要有愧色的。

㈢兩黨中央黨部　英國政治的重心，始終還在中央機構，因爲各區候選人的決定，以至各區競選活動的進行，都要受中央黨部的審核及指導的。玆分述兩大黨中央黨部組織的情況如下：

保守黨的中央組織　保守黨的中央組織，有年會（Annual Conference），中央執行委員會，及中央幹事會三種。年會由各區選舉黨員代表參加，中常會委員亦均列席，總人數可能在五六千人左右。名義上年會是黨的決策機構，黨所遭遇的重要問題，均須在年會中予以討論。但保守黨採嚴格的領袖制，黨的方針全由領袖掌握，所以年會不過貢獻意見提供領袖參考。領袖不參加年會，但會期結束時例須發表演說，以鼓舞代表們對黨的信心。可見年會僅有宣傳的作用，並非黨的眞正重心。

中央執行委員會人數也不算少，由領袖及各顧問委員會主席，一位貴族院議員代表，四位平民院議員代表，以及每區選五位代表組織之。可是中央執行委員會祗是年會的常設機構，其作用與年會同，不能說是黨的眞正的首腦。

保守黨黨務的處理，實由中央幹事會負責任。而中央幹事會的人員，均由黨的領袖指派，這與工黨之採取選舉制完全不同。幹事會設總幹事一人，負責籌劃黨費，擬定改進黨務計劃，協調各地方黨部的人事，可以說是極其辛勞的。總幹事之外，尙設若干顧問委員會，其中有一個選務顧問委員會，專負輔導各選舉區競選活動之責，工作亦稱繁重。保守黨的習慣，各選舉區可自定候選人，選舉區無適當人才時，始請求中央指派。保守黨的宣傳文件，亦由這個顧問委員會編製印發。保守黨的宣傳品定價極廉，但並不免費供應，一方面黨可以因此而節省開支，同時亦因爲一般人對買來的刊物，比較有閱讀的興趣。另有一個顧問委員會也值得一提，它供應各種資料，可以稱爲資料委員會。這個委員會擁有極爲完備的圖書舘一所。舉凡黨作重要決策或從政黨員準備講稿，而需要參考資料時，該委員會均能爲之一一搜集。

中央幹事會的總幹事，既由領袖指派的人員充任，故幹事會實秉承領袖的意志以活動。保守黨高度之集權精神，此處有其最明顯的表現。

工黨的中央機構　工黨的最高機構，也是黨的年會(Annual Labor Conference)，由各團體黨員的代表(約五千人選一人)，以及地方黨部代表(約每千人選代表一人)組織之。年會於聽取領袖們的報告後，乃選舉中央執行委員，以及決議黨的重要策略。工黨的黨章規定，黨的其他機構及黨員，均須服從代表大會的決議，即平民院議員亦然。故代表大會的討論往往異常熱烈，不過發言激昂而博得聽衆喝彩者，不一定能在大會中發生作用，因爲一切問題都得以表決方式通過，而工會的代表，人數遠較其他分子爲多。他們雖不多講話，表決權却很大，黨的方針幾乎都得取決於他們。

年會之外，工黨有中央執行委員會，由二十八位委員組織之。二十八位委員中，一位是領袖，這是平民院工黨議員選舉的，大會祇是接受成議而已。一位秘書長，一位財務委員，五位婦女委員，任何團體均可提名，由大會選定之。其餘二十位委員，十二位由工會團體選出，七位由地方黨部選出，一位由合作社及其他團體黨員選出。所以在中執會之內，工會分子佔絕對優勢。中執會執行黨紀，核定競選人名單，權力極爲龐大，年會結束後，它是黨眞正的首腦部。

大會與中執會，均係決策機構，而日常黨務的進行，則操諸黨的秘書處之手。秘書處設秘書長一人，拉斯基教授未逝世前，即擔任這個職務。工黨秘書處的權力，沒有保守黨的幹事會那樣重大，但事務繁多則與幹事會同。

(四)院內政黨與院外政黨的關係　上文所提到的兩大政黨的中央機構，都是平民院之外的政黨組織。

保守黨的中常會與總幹事，工黨的中執會與秘書長，其負責人士未必爲平民院議員，自然亦未必能參加內閣會議。然則黨的決策，又怎樣使政府予以採納？關於這個問題，保守黨與工黨提出了完全不同的答案。

保守黨的傳統，院內政黨完全不受院外政黨的拘束，故黨中央年會所作的決議，對平民院的保守黨議員僅有參考價值，並不能命令其服從。保守黨的領袖，對年會抱超然態度，並不參與會議。而保守黨的總幹事由領袖任命，秉承領袖的意志以處理黨務，也不受年會的約束。因之，保守黨所採者爲領袖制，以領袖運用政黨的機構，並非以政黨的機構去操縱領袖。至於保守黨議員，也祇遵守院內政黨預備會議的決定，不受院外政黨的指使。

晚近以來，保守黨的領袖制亦在蛻變之中。在本質上保守黨維持其領導權的方式，是以領袖統一黨的立場，院內政黨及院外政黨，都是受領袖指揮的。然而政黨總得以選舉票來作支持的。保守黨的領袖，雖於傳統中有其崇高的地位，但爲爭取選票，自不能遠離黨的基層組織。組織步調一致的要求之下，邱吉爾等認爲院內政黨必須獨立行動始可保守國家機密的論調，也就有了限度。因爲這種關係，自麥米倫任保守黨的領袖以來，院外政黨決議的參考價值，事實上已大有增進，領袖不能視爲無足重輕了。

工黨的黨章，與保守黨者大異其趣。它規定黨的領袖，亦受黨紀的約束，而平民院之內的工黨議員，其言行更應以中央執行委員會的決策爲依歸，拉斯基於阿特里隨邱吉爾出席波茨坦巨頭會議時，曾提出警告，認爲阿特里對工黨中執會未經決議的事項，不能輕作承諾。工黨的理論，認爲黨於大選時曾對選民有其諾言，政黨對選民負有責任，從政黨員必須以黨的立場爲立場，而後黨始能負起應負的責任。

同時工黨中工會派的領袖，常懼知識分子把工黨引入激烈的途徑，而工黨在平民院中的議員，以此種知識分子爲多，院內政黨如不受院外政黨的約束，工黨前途將不堪設想。

不過工黨在執政期間的表現，並未嚴格遵守上述原則。國際以及國內的政治是隨時可以變化的。執政黨要應付這種局面，不可能時時等待中執會的指示。因之，工黨的年會及中執會，不得不承認從政的領袖有相當決策自由，惟事後須向中執會提出報告，並請其追認。

從以上所說的情形來看，保守黨與工黨，均已趨向於折衷的途徑。保守黨的院內政黨已不能完全獨立，多少也受院外政黨的影響。不過一般的說，領袖的權力比較大，領袖的集中權力，仍爲院內院外政黨發生統一作用的重要關鍵。工黨的院內政黨，現在也未必完全聽命於年會及中執會了。但工黨仍偏向於黨的民主路線，領袖不能決定黨的一切。反之，黨的決議較領袖一個人的意見更有力量，故院內政黨行動，多少還是向院外政黨負責的。

(五)領袖 英國兩大黨均採領袖制，而領袖的產生，兩大黨的方式稍有不同。保守黨的領袖，由平民院及貴族院的議員聯合選舉，選出以後，除領袖自動辭職外，終身擔任，不再重選。工黨的領袖僅每年由平民院工黨議員票決，而且形式上還要經過年會追認。故不僅任期較短，並且須向年會負責。不過從過去的歷史來看，多數連選連任，人選不常改變，與保守黨的情形很相彷彿的。

英國政黨領袖在黨內的地位很高，與美國總統當選人和總統候選人之爲兩黨領袖者完全不同。英國的地方黨部，沒有很大的勢力，領袖可予直接指揮，這與美國州黨部之各有其巨頭，中央領袖幾乎不能加以約束，此其不同者一；英國政黨的二號領袖，多數圍繞左右，成爲一密切合作的行動團體，在朝則爲內閣，在野則爲影子內閣，對領袖不致有競爭對抗的情事，而美國黨內領袖們則互樹旗幟，此其不同者二；英國政黨領袖均有相當的決策權，而美國的政黨領袖，尤其是在野黨的領袖，很少能爲政黨決定統一的大政方針，此其不同者三。

話雖如此，英國領袖在黨內也沒有獨裁者的身份。英國因有悠久的民主傳統，政黨的組織亦深受影響，不可能表現獨裁的作風。領袖在黨內是許多平等者之間的第一人，他可以領導，但並不能指揮，舉例言之，二號領袖的意見如與領袖不同，那領袖就得說服他們，而不能忽視他們。領袖有時得犧牲自我的觀點，以尋求妥協的途徑，決不意氣用事，抱唯我獨尊的態度。

英國進步性的政黨，似乎更難領導。蓋進步性的政黨，必然有其改革的主張，而改革的方案是人各有異的。至於保守性政黨，其目標在維持現狀，不致發生許多歧見。所以進步性政黨容易分裂，而保守性政黨常能團結一致。因此，進步性政黨領袖的地位較易動搖，而保守性政黨的領袖地位則甚爲穩固。自由黨過去因一再分裂而終於衰弱，其後繼的工黨，麥唐納時代已有一次分裂，到阿特里時代，比萬派又與之有尖銳的衝突，可見進步性政黨是難於領導的。

IV、政黨政治與憲法　英國的政黨政治，淵源甚長，與其他國家不同。因之，英國提供了個典型的例子，說明政黨活動怎樣的影響了一個國家的憲法。我們對這個典型的例子想略作分析與說明。

㈠派系鬭爭與憲政精神的維持　早期的英國政黨，不過是些爭權奪利的派系，即是光榮革命時代的維新黨Whigs，其動機亦不能使人肅然起敬。它迎立威廉王，並沒有得到威廉王尊重維新理想的承諾，不過借助荷蘭軍隊而已。不過維新派的政治陰謀，無害於他們的維新理想。光榮革命之後，巴力門即通過人權法案，王位繼承法案等重要的法律，把他們的理想變成憲法。其後的派系衝突，多數仍屬權力爭奪的性質。而守舊者主張維持現狀，進步者主張改革，始終是實際政治中的兩大壁壘。昔馬可黎 Macanllay 著英國自由史，嘗謂英國的守舊分子與維新分子，宛如袋鼠的前後腿，以跳躍的方式合作前進，這就是說：英國的守舊黨，保守而並不頑固；他們執政之日，恆能接受維新分子的建樹，未嘗均欲加以推翻。故維新者亦不至流於激烈，亦沒有說舊的都應加以廓淸。馬可黎的解釋自然是理想化的英國史觀。不擇手段的派系，其作爲並不如馬可黎所說的理智。不過大體的說，英國舊瓶新酒的憲法，不能不說是守舊而不頑固以及維新而不激烈等氣質所形成的。英國的維新派，雖以其觀念改革憲法，但未嘗重訂一部新的憲法。淸教革命時代，淸教徒中雖有主張制訂政府組織法 Instrument of Government 者，仍爲克倫威爾 Cromwell 及其他領袖所反對。可見維新的人也不激進，沒有重起爐灶的想法及作風。

我人試鳥瞰英國過去數百年的歷史，都鐸王朝及王國建立的時代，帝王利用黨爭來削弱貴族們的勢力。是以黨爭雖極激烈，因有王權爲重心，故國王維持了英國憲法的統一精神。司圖亞王朝時代，派系的傾軋已較溫和。雙方失敗的領袖，保守者習慣的逃亡法國，維新的逃亡荷蘭，一若各有外援。但成功而施政時，皆以英國利益爲重，可以說是民族主義維持了英國憲法的精神。光榮革命之後，憲政步入新的時代。尤其一八三二年大改革法之後，政黨政治始成爲近代的方式。不過政黨組織的方式雖變，而保守與進步協力前進的精神未嘗稍變。工黨崛起之際，許多學者認爲它將改變以往和平改進的傳統，事實上却不是如此。工黨執政之後，於執政黨所應遵守的軌道，未嘗逾分。很多工黨領袖，對常任文官的信任與依賴，甚至還超過保守黨的領袖。工黨依舊是馬可黎所謂的袋鼠的前腿，而保守黨則爲其後腿。這可以說英國今日的政黨政治，其基本精神，仍與舊日者很少差別。

㈡**競選活動**　大改革法之後，政治派系已無私人控制腐敗選舉區的可能。政治集團之把握政權者，必須在平民院中獲得多數，而候選人之欲進入平民院者，又非在選舉區獲得廣大選民的支持不可。這種客觀的形勢，不但促成近代政黨的嚴密組織，並亦使政黨的一舉一動都可以影響民主的精神。英國於一八三二年來的一百數十年中，政黨於競選活動議會活動等皆能樹立良好的楷模。而近代英國的民主政治，以憲法或法律爲之繩墨者甚少甚少，以政黨傳統爲其基礎者甚多甚多。

首先可以注意的是政黨的競選活動。競選活動最容易發生腐化及惡化的事件，而這種腐化及惡化的事件，皆足以動搖民主的根本。英國對競選活動的規範，僅有限制候選人的法律，於政黨應守的紀律則未提一字。英國所以未注意候選人的幕後操縱的政黨，不是出於疏忽，而實因政黨所應遵守的紀律不容易用法律性的文字來作規定。此將於討論美國政黨政治時論及之，此間不贅。英國政黨雖未受法律的限制，但其競選活動反較一般國家爲清明。美國學者之討論此點者，每謂英國的大選，祇是議員在各自的選舉區中宣傳，沒有美國總統選舉的富有刺激性，故在冷靜的空氣中另有嚴肅的表現。此說不無理由，但亦未必盡然。

英國兩大黨勢力相差不遠，各黨皆有執政的機會，在朝者固不能過爲已甚，在野者亦不願挺而走險，這是英國競選活動較爲清明的主要理由。美國的總統選舉，弊端亦較州內的地方選舉爲少，也可以旁證這個觀點是相當正確的。英國的競選活動，可分爲兩黨領袖的活動及議員候選人在選區的活動兩方面來作觀察。兩黨領袖的競選活動現已成英國大選期最能吸引羣衆興趣的節目。領袖們雖亦作旅行演說，但旅程不長，發表的演說亦較少，僅於競爭最爲激烈的選區爲之，以期爭取徘徊兩端者的同情。電視及廣播演說，極爲領袖們所重視，而時間則公平分配，兩黨均免費使用。英國競選時期較短，自平民院解散以至進行選舉，間隔的時間不過三星期，兩大黨卽排滿每一天的日程，亦不過上述幾種活動。大衆傳播的工具能爲合理的管理，問題已解決了大半。兩黨對廣播及電視的時間分配很少爭論，可見政府所規定的辦法相當合理。這是英國競選活動較爲清明的第二個理由。至於各選區的候選人活動，大多也是由黨的中央支配及支持。其活動的項目，不過舉行政策演說會，選民訪問及分發宣傳印刷品等三項。宣傳品由黨的中央供應，非候選人自備。候選人的活動費用，法律規定以四百五十鎊爲基數，外加城市區每選民一辨士半及鄉區每選民兩辨士的費用。至於合法支出的項目，法律亦作詳細規定，而且所有支出，均須經候選人經理簽證。這種限制，使多數候選人的費用都在規定的標準之下。這種現象，說明限制候選人的法規發生很良好的效果，對政黨不必再事限制了。

選舉能做到公平競爭的一步，兩大黨之間自然可以泯除許多惡感。而大選中失敗的一黨，對將來仍抱無限的希望，自然亦不必作激烈行動的打算。

㈢議會政治中演化出來的傳統　英國的巴力門，雖已有六百年以上的歷史，但以政黨的組織來運用巴力門，則不過一百餘年的歷史。議會中一有政黨的活動，在朝黨與在野黨必各守分際，而後始能表現政府的責任。議會中政黨活動的方式，多數國家皆在組織法中予以規定，而英國則未曾作此嘗試。在議會中，在朝黨自然的具有許多優勢。不正當的利用此優勢，可使在野黨不得伸其志；而在英國式的內閣制國家，甚至可以使在野黨沒有執政的機會。舉例來說，英國的議員選舉區每十年至十五年重新調整一次，執政黨如利用此權力而予在野黨以不利的劃界，則在野黨的議席可能因之而減少。英國把這種權力交給永久而中立的劃界委員會，因而沒有發生這樣的流弊。又如在朝黨議會領袖很自然的會當選爲議長，議長權力如果集中，又很自然的可以操縱議會的討論。英國乃形成議長中立及議長退出黨團活動及議長的選舉區成爲無競爭的選舉區等傳統，俾議長不至有政黨的成見。又如平民院的解散，其權操在政府黨之手。政府黨如經常利用在野黨的低潮時期解散議會，對在野黨也是很爲不利的。英國乃形成執政黨領袖以其解散的意向預先通知在野黨並徵詢其意見的傳統。凡此種種，說明執政黨本具有相當優勢，而英國政黨則同意限制此種優勢，以保障自由討論及公平競爭的精神。

政黨在議會政治中演成的傳統，既極繁多，並亦異常瑣細。但每一傳統，莫不與民主精神的充實與否發生莫大的關係。在同黨之中，後排議員與其領袖如何溝通意見？這是近代民主政治中的大問題。在一般情形中，英國於討論及投票時維持黨的統一立場，而黨團預備會議及黨團所設置的委員會中，新進議員得自由陳述其意見。二十世紀多數國家皆爲紛歧的思想所苦，英國亦未能例外。因爲這個關係，政黨中左右翼常自成水火，黨紀的維持，似較任何時期爲困難。工黨的比萬Bevan，曾違反黨的決定而反對氫彈的製造。保守黨的年青議員，亦常有反對老成領袖的事實。一九四一年張伯倫首相的辭職，就是由於年青議員不滿的空氣。在這一種紛擾的現象中，黨紀自然亦在廢弛之中，不過一般的說，黨鞭Whips的作用依舊很大，黨的陣容依然極爲嚴整。蓋兩黨實力既極接近，從政黨員的缺席以及投票時的異動，均可影響黨的地位。在議會不支持政府重要政策卽爲對政府的不信任的原則之下，從政黨員自然的知道自制，黨紀因而也容易貫徹了。

本章參考書：

Butler: The Electoral System in Britian, Oxford, 1958
John Bonham: The Middle Class Vote, London, Faber, 1954
Me Kenzie: British Political Parties, London, Heinemann, 1955
Mc Kenzie: Marginal Seat, Hansard Society, 1958

第四章　英國國會制度

多數學者均以巴力門 Parliament 稱英國的國會。所以然者，因英國的巴力門有許多特點，與一般國家的國會都不相同，爲避免誤會，不如音譯原文爲是。

I、英國巴力門的特點

巴力門的特點何在？最顯著者：

㈠享有原始的權力　美國國會所享有的權力出諸憲法的授權，故有一定的限度。超過這個限度，國會卽成爲違憲，其所訂法律亦可由最高法院宣判爲無效。其他國家的國會，其權力的範圍多數亦由憲法載明，亦可以說由憲法授與。當然，其他國家的最高法院未必均能依據憲法以宣判國會制訂法無效，但國會皆不能以普通程序改變憲法，則憲法對國會所作限制還是確實而有效的。所以一般國家國會的立法權爲授與權，都有相當的限制。英國巴力門則不然，它的權力爲原始權，而且是無限制的。巴力門可以延長自己的任期，可以改變憲法，也可以改變國體。尤其後一種權力，乃使英國有不流血革命的機會，常爲一般研究政治學者所羨慕。英國公法學者亦誇言此一特徵，以爲英國人富有政治天才。

考諸事實，英國巴力門之所以具有此一特徵，可謂由漸而來，並非一蹴而成。巴力門原爲貴族會議，在王權高張的時代，不過討論英王交議事項，是一種咨詢的機關。十三世紀初葉，好自用的約翰王與貴族領袖時生衝突。而其時軍費及政費日形膨脹，有非王室的私人收入所可負擔者，遂不得不仰賴貴族們資助。由是貴族乘機要挾，要求約翰王承諾許多條件，這就是英國史中著名大憲章產生的由來。自此以後，貴族會議時時依據大憲章爭權力，而最後光榮革命（一六八八年）一舉成功，巴力門且有迎廢君主之權。專制君主乃一變而爲立憲君主的政體，似乎巴力門有決定政體的大權，可以說主權在巴力門了。

上面簡短的敘述，代表了數百年歷史的演化。其間自然有許多曲折的細節，以及權力爭奪中不可少的詐術與欺騙。但大體的說，英國長期歷史的演化的確建立了巴力門主權的原則。巴力門有些什麼權力，沒有一部英國法試予列舉過。它是逐漸累積的，逐漸擴大的。在巴力門認爲有新的需要時，它即可以作新的擴張。例如第一及第二次世界大戰，巴力門又議決許多新的原則，使巴力門與其他機關又產生了新的關係，世稱巴力門無所不能，蓋亦爲此。

但是巴力門此一特徵，既不能學，亦不必學。國會職司立法，爲政府機關的作用之一，那是無可爭辯的事實。國會的議員，雖由選舉產生，但不能就說是人民的化身。何況選舉的制度可能有缺點；民選的議員可能因任期過長使之易於忘却人民的要求；或是議員缺少民主的精神而每自以爲享有特權而常常發表有害公利的主張。凡此種種，說明國會既爲政府機關之一，則其權力，自不能不予以必要的限制。沒有這一種限制，國會能否民主地運用其權力就大有疑問了。我們可以說國會權力設有限制是正常的情形，不受限制實屬反常之舉。且巴力門權力的無限，不過法理中的一項假設 Legal Fiction，事實上並不是眞的無所限制的。英國的輿論，限定了國會可以行動的方向。英國悠久的政治傳統，亦告訴巴力門何者爲其行爲的邊緣。凡與論及政治傳統的力量不如英國者，如果採取英國巴力門至高無上的原則，那眞是畫虎不成反類犬了。

㈡**絕對的掌握國家的預算權**　英國之所以被稱爲國會之母，固因巴力門成立最早，而同時亦因其能以控制預算的技術傳授與各國國會。從十三世紀起，巴力門所賴以節制國王特權 Prerogatives 者，卽此預算控制權。其後各國議會而不能效法此點者，其議會卽不能有正常的發展。例如戰前的日本，日皇而不同意國會所通過的預算案時，得以命令執行舊預算，由是日本官僚的氣焰，始終未眞正受國會的節制。

現代各國的議會之中，惟美國最能繼承英國的傳統。可是美國制度過於機械，以至國會的預算控制權常會妨害總統的行政權。美國國會的預算權，常解釋爲國會有編制預算之權，由是不負行政責任者以閉門造車的方式爲政府支配用途。有的時候不免寬濫，造成浪費的現象；亦有的時候失諸過嚴，使行政機關無從發展其業務。第一次大戰之後，美國已改革其預算制度，設直屬總統的預算局，俾總統得親自監督預算的編制，以加强總統對此重要政務的責任。但美國國會對預算還是可以任意增減，分贓及妨害總統施政計劃的弊病還是時時發生。

英國巴力門的預算控制方式，已經過好多次的演變。從現在的情形而言，它以編制的責任完全劃歸財政部，以決定權完全交給內閣會議，而巴力門所有者不過爲討論及監督，巴力門的討論，甚至可以視爲形式。蓋預算案於平民院院會討論之際，在朝黨議員皆受黨紀約束，必須支持政府所提預算案；而在平民院全院委員會審查時，人人能自由表示意見，但又不作決議，故亦不會改變預算案的內容。巴力門不過使內閣聽到各方面的批評，希望它能自動的來修正其原案。內閣如能順應輿論，自不至因預算問題而發生倒閣風潮。惟內閣剛愎自用而其政策又極端爲反對黨及其本黨的後排議員所厭惡時，預算案可能會被否決。內閣總辭職的事件就不能避免了，英國巴力門沒有分割內閣決定預算的權力，因之，它亦確定預算案如發生問題，責任應全部由內閣擔當。因爲這種原因，我們可以說巴力門的預算控制是極其機動的。它祇希望內閣人員有充分的政治能力來順應輿論。議員們的批評，最初祇是供閣員參考之用。到議員貢獻其意見而內閣作最後決定後，巴力門再作是否必須進行倒閣的抉擇。在通常的情形中，內閣於全院委員會之後即會作適當的修正，不會引起倒閣的最後結果。

又有一點必須說明者，所謂巴力門的預算控制權，在以往是由貴族院及平民院共同行使的，一九一一年通過巴力門法之後，貴族院對預算已無置喙餘地，預算案祇要獲得平民院的通過，貴族院縱加反對，亦即公佈而爲法律。不過我們不要忘掉英國政治中機動運用的精神而祇注意它法律字面的規定。巴力門法固然把貴族院的預算控制權剝奪了，但預算案仍須經貴族院討論。貴族院的意見，內閣固不必重視，惟內閣願予參考並酌予採納，自亦不爲法律所禁止。一九一一年的法律，祇是說貴族院不能公然反對平民院的決議，而並不是說貴族院不能對預算案表示意見。貴族院中不乏老成的政治家，他們的言論亦很有說服內閣的力量。故貴族院之於預算案，仍有其可能發生的影響，而不能完全忽視的。

㈢不採分權的原則　從上面所說的情形，我們不難歸納出英國制度的第三特徵，即議會與內閣不是分立的機關。以前孟德斯鳩曾根據英國的制度而創爲三權分立之說，但事實上英國的立法與行政從未分家。自政黨政治的運用言，內閣爲平民院中多數黨的首領，所以內閣不啻是巴力門執行委員會。世人皆稱瑞士的制度爲委員制，因瑞士的行政機關不過爲議會的執行委員會而已。殊不知英國的內閣制，與其精神亦極爲接近。又就政治的運用言，巴力門討論的法案多數由內閣或其閣員所提出，而內閣所執行的政策，又多數經巴力門討論及贊同者。故英國的制度，謂爲以內閣領導巴力門可，謂爲以巴力門節制內閣亦可。兩者聲氣相通，職權相聯，使人幾無法分出彼此的界限。是以巴力門雖以立法的職掌爲主，內閣雖以行政爲主，但兩者實互相滙通而並不是互相對立的。

上述特徵，說來似極平常，但英制之所以爲英制以及英制所以有相當優異表現，此一特徵是最重要的關鍵。試想美國行政機關離國會而獨立，則國會而欲節制行政部門者，自然必須盡量的增減政府所提預算，必須堅持國會的立法觀點來强行政就範。由是國會的權力，無往而不用以牽制總統。二次大戰前德、法內閣制國家，雖均以英制爲模範，然因缺少强有力的統一的政府黨，故行政當軸名義上雖亦爲議會的領袖，事實却不能得到議會中多數人的信任，由是行政仍在國會之外。國會而欲表示其權力者亦必須採取美國國會的各種手段。不然，國會就毫無作爲了。由是在德、法常因國會之節制政府而引起倒閣風潮。這種弊病，大家都已知道得很清楚了。

英國的內閣在巴力門之中，故內閣可憑在朝黨領袖的地位去領導同黨的議員。同時，因爲內閣在巴力門之中，故巴力門的一舉一動皆能使內閣受其感應。不僅反對黨的批評內閣不能無動於中，卽在野黨中不滿分子的譏刺它亦不能聽若無聞。故英國內閣的責任，皆寓於日常適應的政治生活之中，其軌跡至細至微，若不可尋。惟旣爲日常的適應，內閣自動改進的機會自然也就很多，因之不至引起政治上的大風大浪。上文已强調英國制度機動的精神，卽因巴力門對內閣的制裁在若有若無之間。沒有人可以說英國內閣不向巴力門負責，但又很少人可以描繪英國內閣怎樣向巴力門負責。所謂內閣對巴力門日常的適應，有時是內閣讓步，有時是內閣堅持其立場，或予或取，皆憑領袖們一個時期的政治判斷，旣無法律可以爲依據，也無規章可以遵循。

英國的公法學者，常以「王與巴力門」（King in Parliament）來表示英國的主權。其實王與巴力門祗代表英國整個的治權，而王與巴力門的實際形式，又祗是內閣在巴力門中；即內閣與巴力門聯合在一起方能成爲英國治權的最後動力。我們如用比喻來作說明，英國政府祗有一個動力，而其他國家的政府都有好幾處動力站。英國因爲祗有一個動力，故少阻力；其他國家因有好幾處動力站，力與力之間常常會發生抵消的作用。

㈣**跛足的兩院制**　現代國家的中央議會，多數採兩院制，這是從英國模仿而來的。英國之所以有兩院制——平民院與貴族院，沒有什麼理論的原由爲其支持，祗是歷史演化中的不得不然。原先英國祗有貴族會議，可以說是一院制。其後地主及商人財力大增，英王欲增新稅者自必徵調地主與商人們的領袖而詢問他們的意見，由是郡及市亦有代表參加議會。地主及商人們的領袖對貴族常有自卑感，不願與貴族在一起開會，因此產生了兩院制。十九世紀各國紛紛效法英國而設立議會的時候，正是英國兩院權力最爲平衡的時候。由是理論家找尋許多理論，說明爲什麼議會應該採兩院制。主要的說法，以爲立法乃國家大事，一院通過而不經另一院覆核，未免失諸草率。而且採一院制者，該院可能爲激進分子所操縱，那國家就會受盡過激法律的害處。如設兩院，則一院激烈，其他一院可能守舊，因此可以有互相調節的好處。

惟理論家正在歌頌兩院制的優點之時，英國的議會組織原則已在發生變化了。十九世紀中葉之後，英國已厲行社會立法，逐漸注意勞工及貧民的福利。每逢進行這種立法的時候，貴族院與平民院總是處於對立狀態。平民院因由普選產生，對輿論的動向很爲敏感。而貴族均係世襲及終身職分子，對時代的認識較爲遲鈍。在這個對立狀態之中，內閣的施政就很困難了。有抱負的政治家，其革新計劃雖能得平民院的歡迎，却必然爲貴族院所反對。可是抱殘守缺的內閣，與貴族院雖能和平相處，却又必然爲平民院所攻擊。英國政治既發生這樣大的困難，自然已到達窮則變變則通的時期。由是通過了一九一一年的巴力門法。

巴力門法的詳細內容，將於後文中討論。此間所應說明者，該法把傳統的平衡的兩院制改爲跛足的兩院制，一高一低，一重要一次要，於兩院制的形式中表現了一院制的精神。英國的議會，原以預算權控制內閣。今巴力門法規定貴族院不得阻撓平民院所通過的預算案，是無異說貴族院不復能控制內閣，內閣已不必再向之負責。由是貴族院雖沒有被取消，而貴族院的作用已大爲減少了。英國二十世紀的內閣制所以沒有像法國那樣經常發生倒閣風潮，巴力門法的作用是應該予以重視的。沒有通過巴力門法之前，自由黨內閣曾因愛爾蘭自治法案而屢次傾覆，內閣幾有無法穩定之勢。兩院如抱絕對相反的態度，內閣又須同時向兩院負責，眞是兩姑之間難爲婦了。

這一種跛足的兩院制，到二次大戰之後又成爲各國效法的對象。德法日意的新憲法，莫不改削上院的財政控制權，使下院成爲該等國家惟一能控制行政當軸的立法機構。這說明跛足兩院制的設計，對內閣制國家的議會制度是有其普遍影響的。

㈤**超然議長制**　英國初有議會制度之時，其議長並不超然。初時議長爲議會的唯一發言人，議會有所陳情，議長向英王陳訴之，故議長常是議會的領袖。議會與國王作權力爭奪之時，議長幾與英王處敵對地位。查理一世親至議會逮捕其所厭惡之議員時，發現問題議員均已逃逸，他很生氣的質問議長，「鳥呢」？議長很安詳的答覆：「鳥已飛逸」。此一問答，常引爲英國史中的美談。議長的地位既然如此其重要，當然有時亦會爲英王所賄買。一個有重要地位的職位很難採超然的態度，證諸英國初期的議會史是極爲正確的。

有的時候，議長應在議會中享領袖地位。例如以往政黨政治並不發達，議長如無領導權，議會將成羣龍無首的狀態，立法根本無從進行了。不過到政黨政治發達之後，在朝黨與在野黨均能對其黨員發生約束的作用，立法時自然形成一正一反的陣容。此時議長如仍採偏袒立場，必然他屬在朝黨的方面，在野黨可能會沒有充分發言的機會。議長是主持討論的人，他指定發言的次序，他決定付表決的時間，對議案的進行有相當操縱的作用。因之，英國乃逐漸形成一堅强的傳統，議長是一種超然的職位，他對政黨的立場不作左右袒。英國形成此一傳統的方法：議長退出原屬的政黨，議長爲無競爭的候選人，議長解釋議事規程時必須按照一套極爲機械的原則，議長的尊嚴應爲在朝黨及在野黨所共同維持。上述四點英國是完全做到了，所以議長乃成爲一尊嚴而沒有實權的偶像。他象徵着英國政治中公平競爭的精神。

英國這一種超然議長制，很難爲其他國家所效法。這並不是其他國家沒有英國人崇高的政治道德，而是其他國家沒有英國那樣的客觀環境。英國的政制，內閣有領導立法之責，故議會中自然有立法的把舵人，不待議長來作領導。英國的兩黨，實力皆相當强大，皆有組閣的機會，在朝黨既不敢過分把持而在野黨亦不致採破壞的行動，故議長乃易於維持其尊嚴。旁的國家，行政部門無堅强的立法領導權，議會須自有其領袖，故議長常被視爲議會的當然領袖。多黨制的國家，任何一黨對立法的進行皆無把握，是以又不得不希望議長能發生領導的作用。這是其他國家所以不能採取超然議長制的原因。

以上五點，我人認爲是英國巴力門制的特徵。

Ⅱ、平民院House of Commons 巴力門由平民院及貴族院組成，而平民院的作用遠較貴族院爲大。茲先將平民院的情形說明於後：

㈠民選的議員 平民院議員均由直接普選產生，爲英國唯一的民選機關。議員任期，一九一一年規定爲五年，惟巴力門既有權改變憲法，在需要的情況中，平民院得決議延長自己的壽命。第一次大戰時期，平民院自一九一〇年至一九一八年始行改選，第二次大戰時自一九三五年至一九四五年始告解散，都超過了法定的任期很久。從這個實際的例子，我們可以看到所謂巴力門主權的方便處，同時亦可看出此種制度的危險性。試想美國如遭遇到英國的危局而其兩院不能如期改選，將很難找到解決僵局的合法途徑。英國沒有這樣的困難，是巴力門主權的長處。然平民院如濫用此一權力，政府黨將無限期的執政，而議員將成爲終身職了。英國所以沒有發生這種混沌局面，不能不歸功於英國政治家的自制能力了。

議員的法定任期雖如上述，但英王得因首相的請求而下令解散平民院，使議員任期提前結束。十九世紀議員任期爲七年，但實際每屆都是提前結束，平均任期不到四年。二十世紀法定任期縮短了，而平均的任期還和十九世紀一樣。關於平民院的解散，以往是英王的特權之一，現在則完全由首相決定。最正常的情形，平民院任期屆滿而下解散令；其次則因執政黨提憲法性的重要法律案，爲徵詢民意而請英王下令解散平民院；更其次是執政黨提案遭遇挫折而請求解散。在任何一種情形之下，新選出的平民院中原執政黨如不能掌握絕對多數，內閣就得辭職以謝天下。學者有謂英內閣常利用解散權以節制猖狂的平民院者，這種理論是不能過分强調的。因爲每一個使用解散權的內閣，它自己亦冒着可能下野的危險。解散權的正常運用，無非爲濟議會政治之窮。內閣應該有施政的抱負，如其政見處處與議會相左，則除辭職或解散議會外，勢必成爲尸位的官僚了。此將於內閣一章詳論之。

平民院議員原無確定人數，工黨執政後始限定爲六二五人，由等數的選擧區各選一位代表。從前以歷史郡 Historical Counties 爲選擧區，人口多寡不一，現在已設四個劃界委員會，根據人口的變動進行調整，其建議案以樞密院令行之，比以往公平得多了。

平民院被解散後，大選必須於八日內擧行，故候選人的提名以及候選人的競選活動，皆須於短時間內結束。以是英國政黨，平時即須照顧選民，不然，它們很難把握選擧區的。英國政黨有中央集權的傳統，各區的候選名單，中央黨部有核定之權。地方如自有其領袖，中央當然亦不會妄加干涉，惟競爭劇烈的區域而地方又無出色人才者，中央常指定人選出馬。又英國各區候選人不必爲本地人士，中央指定人選時，無須考慮候選人的籍貫。一般人認爲英國這許多傳統，都是議員素質較高的原因。

㈡**議員的素質**　上文說平民院議員的素質較一般國家者爲高，但也有許多英國人認爲平民院的水準在降落中。這兩種說法，均嫌過於籠統，茲爲分析於後：

說平民院水準日形降落的人，無非因爲它今日已少十九世紀式的雄辯家，議場中沒有什麼精彩鏡頭，所以認爲平民院大非昔比。試以前排議員（內閣人員及影子內閣人員）爲例，那裏是入閣的以及準備入閣的黨政要人，然而除邱翁語妙天下之外，其餘都是阿特里式平庸人物，一開口便是課堂裏的講解，並不能作吸引人注意的高論。的確，現在很少狄士累利及葛蘭德斯頓那樣的偉人了。不過議員不能作驚入之論並不能說議會的水準業已降落。今日的政策，不能靠雄辯來作支持，必須有切實而正確的資料爲其基礎。二十世紀與十九世紀最大的不同，卽爲今日政策已非天才政治家的幻想。平民院風氣的轉變，實亦爲事理所必趨。

至於說英國議員水準特別高，那也是不很正確的。平民院議員的平均年齡，常在四十九與五十一之間，較英國全人口的平均年齡爲高。這就是說多數議員爲老成碩望，但也有人因此而指責平民院暮氣甚深，不足以代表年青人的意見。可見老成碩望也不一定就表示較高的素質。一般的說，英國政治家很少倖進之士，必須在平民院連任若干次才有露頭角的希望，故平民院中常有繼續服務十數年以上的老人在，而像邱吉爾那樣，繼續當選不下四十年，這是議員平均年齡較高最重要的理由。

議員的教育水準的確很高。以一九一八至一九四二那幾屆的爲例，保守黨議員半數以上受過大學教育，自由黨的有七分之三，工黨的也達九分之二。在受過大學教育的議員之中，出身劍橋與牛津者特多，兩所著名的古老學府，爲平民院培養了不少的人才。

講到議員的職業，英國雖未採職業代表制，但職業的分配相當普及。以一九三一年那一屆的爲例，議員中屬雇主及經理者一五二人；屬自由職業者二七二人；屬職工者一二五人；無職業者五十二人。職工雖未得到應有的代表名額(據Ross: Parliament Representation一書中的估計，職工僅得百分之四十的代表名額)，但總不能說平民院祗是有產階級的發言機關。而且一九三一年爲全國內閣聯合陣線大獲全勝的一年，工黨慘遭沒頂，在此後的平民院中，職工人數已大爲增加。在出身自由職業的議員之中，律師最多，教師次之，新聞記者又次之，醫師最少。英美社會一向重視法學人才，律師之所以高據自由職業的首位，這是有原因的。

最可以注意的是議員中黨籍的分配。從前平民院中常有無黨派人士當選。直到一九四五年的大選，尙有十四位獨立人士獲勝。惟一九五〇年及一九五一年兩次大選，平民院中竟無一位無黨派人士。這說明政黨的組織日益精密，凡有志從政者已莫不爲政黨所爭致。在有黨籍的議員之中，兩大黨（保守黨及工黨）均得超額席次，而第三黨的票常受無情犧牲。一九二九年，自由黨尙得五百二十餘萬票，佔總投票的百分之廿三，惟僅獲五十九席，佔全院總席次不足百分之十；換言之，它沒有得到一半的應得席次。自此之後，自由黨獲票直線下降，而在平民院中的地位竟至小得無足重輕。反過來看兩大黨，一九四五年工黨獲票不到一千二百萬，佔總投票的百分之四十八，竟得三百九十六席，幾佔全院百分之六十二的席次。保守黨於一九五五年獲票一千三百餘萬，不到總投票百分之五十，得三四五席，佔全院百分之五十五的席次。各黨所獲選票及席次這樣不成比例，學者們均歸罪於英國的多數代表制。在英國現行制度之下，每一選舉區選出一位議員，三黨競爭，得較多數票的那一位即可當選。在這種情形之下，自由黨幾乎處處做了陪客，很少幾處能獲勝利，所以它成爲犧牲者了。假如英國採取比例代表制，自由黨在議會中的力量必然大爲增加。

從以上的分析，我們雖不能說平民院議員的素質特別差，但亦沒有什麼優異的地方。他們年齡較大，教育水準較高，從事於自由職業的人士較多，有人認爲這許多都是優秀的質地，惟亦有人認爲這是平民院傾向守舊的原因。至於黨籍的分配有利於大黨，雖有功於安定英國的政治，究竟不是頂合理的現象。

㈢組織　1.院內政黨組織　上文已經說過平民院議員都是有黨籍的，故政黨常可利用黨紀來統一從政黨員的行動，俾政黨的政綱易爲議會接受而通過爲國家法律，尤其像英國那樣內閣制國家，執政黨的重要政策而爲平民院所否決時，不僅執政黨的政治主張不能付諸實施，執政黨還得被迫辭職。政黨之必須在議會內加强其組織，殆爲一種自然的趨勢。

保守黨與工黨一樣，都在平民院之內成立從政黨員的討論會以爲該黨的核心組織。惟保守黨的院內討論會有獨立地位，不受保守黨中央黨部的節制。工黨則不然，院內討論會仍須服從工黨中央執行委員會的命令。蓋保守黨採領袖制，中央黨部的總幹事須秉承領袖之命以行事，而領袖爲平民院中該黨首腦，院內黨部自無須再受院外總幹事的指揮。工黨與一般社會主義政黨相同，認爲主義重於領袖，而主義是由黨用民主的方式決定的，任何黨的機關及人員皆受主義的約束。更重要的一點，工黨的中央機構以工會人士爲其主幹，這批人對平民院內的智識分子很不信任，所以堅決主張院內討論會應受中執會的約束。工黨認爲它的組織方式較合民主精神，領袖們的英雄主義斷難在此種體系中發展。不過究其實際，工黨於執政階段中亦沒有能完全依據這個原則。執政黨之與議會，既須及時提出法案，亦須隨時應付反對黨的質詢，院內領袖如不能作機動性的適應而必須聽候中執會的決策幾乎是不可能的事情。以是阿特里於任首相時，亦曾要求中執會放寬尺度而授院內討論會以較多的自由行動。雖然如此，工黨中執會的權力還是高於院內討論會。阿特里於比萬不受約束的時候，還是把這個案件提請中執會處理，並沒有請院內討論會作最後的裁決，可見工黨仍以中執會爲執行黨紀的機構。

院內討論會的組織方式，工黨與保守黨亦稍有不同。保守黨所有該黨議員均得參加，惟黨的領袖於執政時缺席，另指定一平民院領袖爲其主席。保守黨所以作這樣規定，自因執政時首相事務過繁，無暇指導院內黨務。工黨的討論會由工黨議員舉代表組成之，人數較少，而工黨的領袖爲當然代表，不問在朝在野，均由其親自主持。工黨的院內代表，激進的智識人士常佔多數，以至院內黨部與院外中執會往往形成對立，工黨因之很容易分裂。於此我們可以看到議會政治之下政黨組織上的一個問題。議會之內的從政黨員是必須有其組織的，而且此一組織自然的享有爲黨機動決策之權，因爲黨對每一法案的態度就是黨的最高的決策。惟就黨的組織體系言，議會黨部並非黨的最高權力機關，由是黨的最高權力機關與實際享有機動決策作用的議會討論會之間，很難使它們有和諧而協調的關係。除非像英國保守黨那樣，領袖既在議會之中，而領袖又享有黨的最高決策權，那議會討論會就是黨的最高決策機關，自不會與院內黨部發生磨擦了。

除黨的討論會之外，兩黨皆設黨鞭 Parliamentary Whips 若干人，實爲院內政黨活動的靈魂。黨鞭負有傳達領袖意志報告從政黨員觀點以及執行黨紀諸種重要任務。他們參加黨的討論會，盡量的依據領袖的意志來說服同伴。他們擔任平民院選任委員會 Committee of Selection 的委員，決定本黨參與各常設委員會的分子並決定其主席。發現從政黨員有叛黨活動時，他們得從事協商，以不引起黨內分裂爲原則，惟不得已時，他們得執行黨紀。在英國，黨的支持爲競選能否成功的重要條件，故黨紀的維持尚非難事。且兼黨鞭者常爲領袖的親信，他們掌握政治恩惠的樞紐，自易發揮約束從政黨員之功。執政黨的主任黨鞭，必兼任財政部的政務次長，而這個職位，傳統上有支配人事之權，從前是英王賴以籠絡議員的角色，現在仍爲領導議會的重要人物。

2.議長　上文說明政黨在平民院中的組織，下文再分析平民院本身的組織情形。每屆平民院舉一議長Speaker爲其院會主持人。議長爲無黨派的中立人士，英國人認爲非如此卽不足以維持公平的討論。這一點英國與美國是很不相同的。美國以衆院多數黨的領袖爲其議長，並不諱言議長的政黨色彩。而英國則一旦被選爲平民院議長後，其人卽須退出政黨活動，以示對政黨不復作左右袒，故非年高德劭而無復政治野心者，不能亦不願被選爲議長。各黨爲尊重議長的中立地位，他的選舉區相約爲無競爭的區域，除議長外，各黨皆不推薦候選人，使議長能很安全繼續當選。以是被選爲議長者，除非他自己退休，他會永久擔任那個職位。

議長有維持大會秩序，解釋議程，分配各委員會工作以及正反雙方票數相同時投票以解除僵局之權。在專制時代，議長是惟一能代表平民院而向英王陳訴意見的人，故稱Speaker。此一傳統，使議長享有極高的政治地位。不過他現在已很少爲着政治目的而運用其權力。甚至他必須投票的時候，也是徵求議會書記的意見而後行之，因爲他投票的目的，不在結束一個議案，而是使議案得以繼續進行。如何投票始能達到這個目的，書記（平民院中解釋議事規程的專家）是他最好的顧問。這說明議長雖受院內各黨各派的尊敬與信任，但他的行動多依據極機械的規律，決不依一人的自由意志來處理事務。在通常的情形中，議長的責任在使在野黨有充分的發言機會，而決不像美國衆院議長那樣專想剪短反對黨的發言。

英國這種超然議長制自然是很值得稱譽的，但旁的國家很難予以效法，例如美國就不會接受這個原則。所以然者，因爲英國有特殊的內閣制。英國的內閣，實以內閣與平民院爲一家，組閣者必爲平民院的多數黨領袖，故內閣的決策，在平民院中必能獲得擁護，因此乃造成內閣領導立法的現象。在這種客觀的形勢之下，自無須利用議長的地位以控制立法的進程。美國採分權制，國會議員得自由提案，故各種提案的內容很多自相矛盾，而與行政首長的施政宗旨更多刺謬。衆院中多數黨如與總統屬於同黨，自然掌握議長的職位以利政府方案的推動。衆院多數黨而爲總統的反對黨時，自然又想利用議長的地位以通過一套在野黨的政策，以迫總統採行。因之，在美國客觀的情況之下，議長必然爲富有黨性的代表人物。

3.書記　巴力門的書記，有如其他國家議會的秘書處。他們由巴力門任用，職司記錄，是議會中事務人員中最重要的一種，英國有一古老的傳統，政客的左右常以專門人才爲輔佐，而書記的名義，向指專門人才。地方政府的實際負責人爲書記，而各級議會亦莫不設書記以主持議政。他們自始即非閒曹，由此可以想見。他們整理並保管記錄，解釋巴力門規程，並亦實際主持巴力門的行政瑣務。同時，他們的研究工作也不可忽視。

4.各種委員會　平民院設立五個常設委員會，以審查各種正在進行中的法案，但英國的委員會，又與其他國家的有若干的不同。第一、平民院的委員會除蘇格蘭委員會外，皆無特定職掌，其工作皆由議長隨時交付。委員會的名稱爲ＡＢＣＤ……不像其他國家那樣冠以工作性質（例如軍事或教育等）的稱謂。故較有專門性質的法案付某一委員會審查時，常須臨時增加特別委員，以利工作的進行。換言之，委員會的常任委員多數爲通才，其能力殊不足以審查專門性質的法律。第二、平民院委員會的組織較大，通常有四十位以上的委員。第三、委員審查的法案，均已二讀通過，大會已予原則接受。而美法等國的下院却在大會討論前先付審查。這是英美法等國委員會制比較重要的差異。在美法制度之下，委員會對提案有生殺大權，凡委員會不向大會提出報告者，該提案卽不復存在。英國制度則提案之接受與否權在大會，委員會祇作技術性的修正。因之，英國委員會的重要性遠在美法制度之下。所以形成這種差異的，可以說是議員有否自由提案權引起的。在英國，議員也有相當的提案權，惟提案而不爲閣員所同意時，多數會遭否決。美國剛好相反，部長們雖亦有政見，惟欲成爲法律案者，必先說服兩院中有力量的議員而與之合作。這就是說，美國議員的提案權較大，而英國則否。也因爲這個關係，美國議會中常會擁擠着許多提案，而且多數係未經成熟考慮的方案，如無委員會爲之淘汰，大會勢有無法應付之苦。第四共和時代的法國雖採內閣制，惟因多黨猖獗，議員亦有自由的提案權，故委員會亦須具較大的淘汰權。英國以提案的控制權交內閣會議，委員會自然不復能有美法那樣重要的使命了。又英國審查地方提案的私案委員會，其作用與美國委員會同，也在未經大會初讀前卽交審查，卽因私案未經內閣會議事先審核之故。可見委員會任務之大小，端視事先能否控制提案而定。

在常設委員會之外，平民院還有全院委員會 Committee of the whole House。這是個最重要的委員會，專負審查預算案及憲法性法律案之責。所謂全院委員會，其組成分子與大會無異。所不同者，全院委員會不以議長爲主席，而且也不採用大會的議事規則。全院委員會的作用，不在否決預算案或憲法性法律案，而旨在使在野黨及不滿於內閣的後排議員自由表示其意見。英國學者常說他們的議會是發洩牢騷的地方，無異機器中的安全瓣。自政黨有嚴密的組織之後，議員的言論大受黨紀的約束，平民院安全瓣的作用大爲減少。惟全院委員會因不作表決，議員言論仍極自由，故仍爲發牢騷的場所，這是全院委員會消極的作用。全院委員會既能使人人暢所欲言而無所忌諱，則議案必能得到充分的考慮，祇要在朝黨領袖能平心靜氣地注意批評者的意見，所爭論的問題應能得到圓滿的解決。這可以說是全院委員會積極作用。在全院委員中，批評者所抱的態度是這樣的：「你們所提的方案，我認為有這樣那樣的缺點，不過信不信由你，因為責任是你們的」。內閣在全院委員會中仍處主動地位，它如認討論業已成熟，即可提議恢復大會，藉謀結束討論。

常設委員會及全院委員會之外，平民院尚有選任委員會及特別委員會。選任委員會在討論黨鞭的時候已有說明，不復另贅。特別委員會則為研究某一問題而臨時設立的，任務終了，特別委員會即可結束，特別委員會有時是與貴族院聯合設立的，亦有的時候由平民院單獨組織，特別委員會中人選，並可包括院外著名專家，不必全由議員充任委員。英國常以特別委員會的調查研究為新立法的準備。例如制訂勞工法之前先成立工礦調查委員會，改組貴族院之前先成立特別委員會（以名學者白賚斯為主席）。特別委員會的報告書甚受英國社會的重視，因為報告書可能指示着新的施政方向。當然，並不是所有的特別委員會都能有結果的，擬議改進貴族院組織及權力特別委員會，雖然羅致了不少著名的學者，但並沒有提供可資遵循的適當方案。一般來說，英國特別委員會的制度是可以效法的。

㈣平民院如何進行工作 平民院每年必須召集一次，這是英國的不成文法。惟何時召集，何時結束，法律中並無規定，純係英王的特權，現在事實上是由內閣依成例請英王下令為之。十九世紀平民院於二月底開始一年的年會期 Session，七八月停會。廿世紀以來，平民院因工作繁重，已改在十月中開始，十二月休會若干時期，一月底或二月初復會，直到七月底乃停會。十九世紀平民院工作一百十餘日，而現在須工作一百七十餘日。

開會時間之內，每星期五下午起至星期日爲休會時間，以利議員還鄉。英國認爲議員必須接近選民，故每星期均爲之安排還歸選舉區的日子，用心不可謂不深，但在疆土遼濶的國家，這種制度就沒有意義了。開會期間，院會多數於下午二時半開始，一直開會到晚上十時半。而緊急時間，大會乃至開會通宵達旦。閣員皆須參與院會，故主席台之後尚闢有兩室，一爲在朝黨領袖會議之用，有時內閣會議即在該室舉行；另一爲在野黨領袖及其影子內閣集議之所。可見英國的政要們，在平民院中要消磨好多時間，他們甚至還在平民院中進餐及理髮，幾以平民院爲家了。星期五則上午舉行大會，重要的議員們，上午參加委員會工作，下午參加院會，可謂辛勞備嘗。

會場概況　平民院議場爲長方形，主席台據長廳之一端，其前爲書記席，書記席的兩側，其左爲在野黨首領席，其右爲在朝黨首領席，坐此者稱爲前排議員。主席台的對面爲一般議員席，坐此者稱後排議員。通常的院會，一般議員席幾空無一人，至重要提案付表決時，後排議員始擁進會場。平民院雖有六百餘議員，但僅設三百六十四個座位。戰後重建平民院時，並仍保持此一傳統。所以議員全部擁入議場時，勢必佔據旁聽席。邱吉爾對此不合理的現象曾作辯護。他認爲平時兩黨首領向空曠的會場演說是很不自然的，不如兩黨領袖面對面來作争論。付表決時座位雖嫌過少，但平時已嫌其過多，他認爲寧可座位少設，平時猶不至過分感覺冷落。

提案及議事日程　平民院所討論的議案，分爲兩種：一種爲公案，另一種爲私案。公案涉及全國性事件，固亦有議員提出者，但絕大多數是內閣提出來的。私案涉及地方法人的權益，由地方法團提出。

關於私案，平民院採用特殊的議事規程，先經私案委員會審查成立後再提院會討論，通常以星期五上午的時間討論私案，惟公案太多時，還可改變此日程。故平民院絕大多數的時間是用來討論公案的。

公案討論的先後，每一案所容許的時間，每星期排定一相當正確的日程。編列日程之權，有的國家交議會主席，亦有的國家特設一委員會主持之，英國則由內閣的立法委員會Committee of Legislation規劃。院會的時間大體上是這樣分配的：立法時間佔十分之五，詢問及檢討內閣施政方案佔十分之四，而討論預算案的時間爲十分之一。這個時間分配表極爲合理，是其他國家的議會可以效法的一點。英國以議事日程規劃之權交內閣，論者或謂可以產生行政控制立法之弊。然內閣劃定十分之四的時間任議員質詢政策，可見英內閣未嘗有控制平民院的企圖。在平民院之中，每日討論前的詢問爲檢討政府政策的固定時間。此一時間之內，後排亦告滿座，議員們之重視於此可知。議員詢問時態度亦莊亦諧，極盡譏刺之能事。政要們有時即席答覆，有時約定時間以書面答覆，莫不戒愼戒懼，惟恐失誤。英國的詢問不能利用爲倒閣的工具，這是英國議會制與第三第四共和法國議會制最大的不同之點。但英國的詢問，常能發生實際的效果。蓋所詢事件，有時是部長們沒有注意到的事件，亦有的是經常任文官按成例而簽擬的方案，經議員詢問後都可得重予考慮的機會。竊嘗謂議會之所以有助於民主，不在議員們之飛揚拔扈，而在其匡救時弊的誠意。英國議會以議事日程的規劃權賦內閣，似將使大權旁落，而英國議員則認爲施政責任應由行政機關負之，以是那一個法案應及時完成，那一個法案應優先討論，內閣理應計劃，議員不必過問，甚至反對黨亦無異議。惟政府施政而已見弊病，或政府所訂方案確知其有缺點，乃積極進言，以盡言者之責。反過來看，政府而欲維持威信者，不在盡封他人之口，而在其有積極負責的態度。英國內閣未嘗不知詢問的時間常使他們難堪，但它在規劃議事日程的時候，還是盡其所能的充裕這種時間，不問保守黨或工黨主政，這個成規不變。政要們知道任他人舉其所短就是一種負責的態度。蓋惟有任他人舉其所短才能改正其所短。從英國處理議事日程的方式來看，乃知此一國家的好處，不在它的典章，而在它的風範。

立法程序　平民院的立法程序，仍採古老的三讀一審制，卽每一提案須經三次宣讀通過並經委員會的審查者方爲完成正當的程序。此一煩瑣的程序，極爲浪費時間，是往昔立法工作輕鬆時代的產物。那時只欲立法精密，不在爭取時間上設想。今日立法工作極爲煩重，似已不能適應時代的要求。惟大體言之，初讀不過由主席指定該案提議人宣讀案由，簡單說明該案名稱及內容，無異議卽定期二讀。通常初讀時不會引起辯論，惟在野黨所堅決反對的政府提案，它可能提議「該案六個月後再議」，那就是說把該案擱置。這是在野黨表示將力爭此案的警告，因之初讀時卽須付表決，通過後方進行二讀。工黨的煤礦國營法案就遭遇那樣的命運。

二讀是整個程序中最重要的階段，原則上決定該案能否成立，提案之成敗，實決定於此際。政府黨與在野黨，常作唇槍舌劍，通常會進行二三日之久。議長覺得雙方皆已充分陳述其意見時乃付表決，獲通過者議長乃指定一委員會審查之，由是進入委員會審查的階段。在二讀的階段中，平民院中有多種終止辯論的方法，所有終止辯論的方法，都是爲便利在朝黨控制立法的時間而設。平民院中不容許美國參議院的馬拉松演說，因爲每一議員發言的時間是嚴格限制的。惟同一陣線的人輪流發言，不對提案的利病得失作分析，而祗是無意義的拖延時間，也可使提案陷入泥途。故有腰斬式的停止辯論以及預定的分節規定討論時間等方法，如能獲大會過半數的通過，即能立即停止討論，或到達約定時間後停止討論。議長對停止討論與否有甚大決定權。他如發現在野黨尚未獲得充分表示意見的機會，他可以不停止討論。平民院議長有保障在野黨充分發言的作用，這是英國的另一優良傳統。

委員會審查注意提案的內容，其立法文字是否適當，提案中所採方法是否合理，均將予以仔細研究。英國委員會不採美國式的公聽 Public hearing 制度，故無廣泛的調查以及要求作證的權力。不過委員會中常有專家在內，對提案的粗疏之處每能予以修正。而該一提案與以往法律衝突之處，亦能予以指出，提請內閣注意，故委員會的貢獻，亦是不可厚侮的。提案經委員會審查完畢而向院會報告後，該案乃進入三讀。三讀討論提案內容，通常以委員會的意見爲重，故亦不至引起激烈辯論。經三讀通過者該法案乃完成在平民院中的程序。

㈤對平民院的總印象　平民院對英國政治之作用如何，各人因立論不同，可以互異。有的人認爲自政黨政治發揮其效用以來，平民院已成內閣的群衆，其地位乃日形降落。但是大戰前後英國政治重要變動，都是在平民院中進行的。張伯倫對意大利的妥協政策，引起了一九三五年著名的霍爾賴伐爾事件。平民院詢問英政府何以不惜犧牲阿比西尼亞以鼓勵意大利的侵略後，不特霍爾個人引咎辭職，張伯倫亦不得不改變其對意大利的態度，張伯倫於一九四〇年的引退，又是保守黨院內討論會的決策所促成的。其後邱吉爾的退休，艾頓的辭職，又莫不以院內黨員的意志爲依歸。院內黨員所以有這樣大的作爲，不因爲他們是黨員，而實因爲他們是平民院的議員。因爲他們若決心不支持內閣，則內閣平日賴以順利進行的立法工作，皆將擱淺，而內閣終將成爲乾岸上的輪船，無法行動。以是院內黨員的決定，雖領袖亦必聽命。如此說來，院內黨員的作用，也應該說是平民院的作用。平民院而可以決定政府首要的命運，那平民院就不能說是政府的橡皮圖章了。

抑又有進者，平民院中有强力的在野黨在。此一在野黨，時時爭取發言機會，時時以揭發政府的短處爲職責，而且它在平民院中的行動，轉瞬卽成爲新聞資料，成爲大家討論的對象。此一制度的順利運用，自須以公正的輿論爲其後盾。全國如無是非的觀念，報章如以顚倒黑白爲務，則在野黨亦將成爲危言聳聽强是爲非的搗亂集團，殊不足以揭發政府之短了。在野黨有公正的輿論爲其後盾，一方面使其行動有力量，另一方面亦使行動負責任。蓋在野黨而濫用其發言權者，其言論不會得到同情，勢將損失它以後競選中的選票。

綜合平民院中政府黨約束其領袖的力量及在野黨揭發政府短處的作用，平民院之於英國政府，實不僅爲消極的批評人而已。它平時沒有以阻撓立法來表現它的權力，所以它沒有妨害行政機關之能。但它亦沒有因顧全行政機關之能而喪失了自己的權，因爲它依舊掌握着去不肖及糾正失誤的柄。議會之爭立法權以妨害政府之能者往往亦會藉此製造了不少關顧私利的法律，使議會的信譽受到損失。而且政府之能受議會牽制以後，反可推卸責任。這是美國議會制可作殷鑑的地方。英國利用政黨政治的作用以機動發揮節制政府的作用，使權能兼顧，這是研究英國議會制最値得體會的一點。

Ⅲ、貴族院　貴族院以前是巴力門的主體。卽在光榮革命時代，它仍儼然是平民院的領導者。甚至十九世紀的前期，首相人選仍須在貴族院中物色。蓋大改革法之前，平民院雖稱民選，然實爲少數人操縱把持的機構，其議員固無爵位，然亦爲社會中享有特權的分子，殊未能以平民的身分驕人。其後實行普選，政黨政治亦日益發達，貴族院乃有沒落的趨勢。一九一一年通過巴力門法之後，貴族院已顯然退處輔佐地位，不復能與平民院抗衡了。故英國的兩院制，實兼有一院制之長。

㈠貴族院與最高上訴法院 最高司法權爲貴族院古老傳統之一。在貴族會議的時代（十一世紀），它卽佐助英王審判案件。當時以王爲公道的源泉，最高司法權集中於王，而貴族們是他的重要助手。其後司法工作日繁，勢非分設專門機關不可，由是王家判席，平準法院，甚至特務人員的星室，受理殖民地上訴訟案件的司法委員會，前後成立，英國的司法系統，可謂極盡複雜而紊亂的能事了。然貴族院仍保留其一部分司法權，卽受理民刑兩案的最終上訴是。一八七三年，曾以貴族非司法人才爲理由而打算取消它的司法權。可是以後妥協了事，保留貴族院的司法權，而以加封法律貴族的方法來彌補它缺少司法知識的缺點。法律貴族初時僅二人，以後增加爲九人，乃就大律師及司法人員中聲譽卓著者加封之。

貴族院原以司法大臣 Lord Chancellor 爲主席。司法大臣不一定懂司法，也不一定是貴族，常由執政黨中老成碩望任之。他處理若干司法行政的事務，例如向英王推薦法律貴族及法官的名單是。他的主席職位亦沒有什麼特殊權力，不過他是最高法院院長，他與法律貴族卽可處理英國的最終上訴案件。上訴於貴族院的案件有極嚴格的限制，每年不過數件。它不開庭，不研究事實的證據，而祇作法理上的最後裁定。

以貴族院爲最高法院，這種制度是無可稱述的。名義上每一貴族均爲法官，均有發言權，貴族如妄欲包攬訴訟，爲當事人撐腰，九位法律貴族將無法行使其職權，而貴族院也會變成英國司法制度中的一大汚點。幸而貴族們沒有濫用他們權力，這個壞制度乃沒有表現重大的缺點。

㈡**貴族院的立法權**　要討論貴族院的立法權，必先了解一九一一年的巴力門法。該法主要內容有三：其一，平民院所通過的財政法案，於休會前一月送到貴族院。在此一月之內，貴族院未能無修改通過，該案逕送呈國王公布，其二，對某一法案是否爲財政立法有爭議時，由平民院議長裁定之。其三，一般的政府提案，二年內連續在三個會期中通過，貴族院雖始終予以否決，仍得呈請英王公布爲法律。上述法案的用意至爲明顯，卽貴族院對財政立法不能發生阻撓作用，而對一般立法有延擱之權。惟內閣如堅持其政策而又能繼續得平民院支持者，該政策雖爲貴族院所反對，經兩年之延擱後仍可成爲法律。在一九一一年之前，英國亦如美國，法案須經兩院通過始能成爲法律。以是兩院如有不同意見，勢必開聯合委員會協議一折衷方案。雙方若堅持成見，該一法案卽告夭折。這類僵局如一再產生，對政府的施政自然是大有妨害的。抑又有進者，英所行者爲責任內閣制，內閣如不得巴力門信任卽應引咎辭職，而政府重要提案不獲巴力門通過卽爲不獲巴力門的信任。故兩院不能有一致的立場，在英國還會發生內閣應否辭職的難題。內閣是不能同時向兩個有不同意見的議院負責的，那末內閣究應向那一院負責呢？爲解決這許多難題，所以有一九一一年巴力門法的設計。在這個法案的規定之下，內閣向平民院負責，凡重要提案而不獲平民院通過者，內閣應引咎辭職。而貴族院之同意與否，視同次要，它不必因貴族院的反對而辭職。英國內閣較法國內閣穩定，一九一一年巴力門法是很有貢獻的。

在巴力門法的規定之下，貴族院還有些什麼殘餘的立法權呢？對於財政法案，它一樣有討論權，惟討論的時間，僅有短短的一月。討論中自然仍可表示意見，惟其意見無政治的約束力，內閣如不願予以考慮時，它就徒喚奈何了。不過它的意見而能說服內閣，內閣自可自動接受，並據此而再與平民院磋商。因之，貴族院的多數黨如與內閣爲同黨，它對財政法案仍有相當的發言權。同時，貴族院的意見而有客觀的技術價值者，內閣卽非同黨，亦可能予以重視。

對於一般立法，貴族院的作用還是不可忽視的。它所反對的政策，內閣無法立刻付諸實施。一般立法而經貴族院否決者，內閣有幾種途徑可以採擇。一則知難而退，不再向平民院提出。二則繼續向平民院提出，冀平民院能爲其支持，始終不懈的對貴族院奮鬬。而於此情況下，內閣已視此提案爲它的重要政策，不幸中途亦遭平民院否決時，它卽須辭職。凡一個法案而遭貴族院否決者，平民院的在野黨無異卽佔壓倒優勢，多數不肯輕易冒險。近年以來的英國內閣，較在野黨不過多數個議席，許多偶然因素均可影響平民院的投票記錄，則貴族院所堅決反對的政策，內閣是否願繼續奮鬬，實大有鄭重考慮的必要。又貴族院所否決的法案，須平民院於二年內連續在三個會期通過者始能成爲法律，對工黨來說，無異致命的打擊。蓋一九二三年及一九二九年工黨兩次組閣，其執政時間皆不足兩年，故工黨都是沒有推行它的政策卽告傾覆。工黨第三次執政後，又於一九四九年修改巴力門法，把貴族院的延擱權縮短爲一年，卽使如此，貴族院對普通立法仍有阻撓的作用。

㈢**貴族院與政黨政治**　貴族院之成爲英國政治中的一個問題，若從政黨政治的角度來作觀察，一定更爲淸楚。光榮革命之後，維新黨長久執政，貴族院之內的維新黨分子大爲增加，與守舊黨勢均力敵，以後維新黨演變爲自由黨，貴族院中維新分子亦卽成爲自由黨分子，故自由黨的內閣對貴族院仍有其控制的力量。在那種時期，英國並沒有發覺兩院制的缺點，及葛蘭德斯頓堅持愛爾蘭自治政策，自由黨內部發生分裂，張伯倫派且與守舊黨合組聯合黨 Unionist Party，而貴族院中自由黨分子轉變者更多，貴族院遂成爲保守黨一黨的天下。這一種不平衡的發展，乃使此後的自由黨內閣或工黨內閣大感棘手，頗有應付爲難之勢。

貴族院議員可分四類。最多是世襲貴族，凡北愛爾蘭區之外擁有公侯伯子男等爵位者當然有出席貴族院之權。第二種爲教會的顯貴，大主教及教會所選的代表屬之。第三種爲愛爾蘭區貴族所選的貴族代表。第四種是每年加封的新貴族，這是內閣決定名單而由英王加封的。第四種分子內閣可以控制，用以均衡它在貴族院中的勢力。不過加封的人數不多，世襲分子如踴躍出席，新貴族實難與之抗衡。再說貴族院議員既爲世襲的或終身的（加封的爲終身的），黨紀對他們很少有約束的力量。近代國家政黨之所以能維持其紀律，有的靠整肅，如共產黨及納粹黨；有的靠競選活動中黨的組織力量，如英美的政黨；也有的恃主義以爲號召，如法國的社會黨。而最後一種方式是最爲脆弱的。英美式的黨紀，僅選舉人員方予重視。貴族院的議員既不參加競選，對政黨毫無所謂，祇是黨的政策與其觀感相同時始予支持，因爲這種關係，貴族院人士富有獨立傾向，政黨決策並不能繩墨他們的行動。而且他們所謂獨立傾向，因無須適應社會潮流，多數較保守黨所主張者更爲保守，可以說是保守黨的極右分子。以一個立法機構而充滿這樣的分子，對保守黨是一種牽制，對其他政黨則是一種障碍。自由黨及工黨之屢謀改組該院，不可謂無因。

上述客觀形勢一經造成，兩院制的弊害乃彰著而無可否認了。尤其廿世紀的政府，類多負改革社會經濟之責，而貴族院始終對此抱反對的態度，執政者屢受打擊之後，自然要去之而後快了，不過話又得說回來，貴族院雖有形成上述趨勢的傾向，而其害尚不如上述之甚。蓋多數貴族雖極守舊，却又不喜歡積極參加政治。平時貴族院幾寂寞如無人之處，惟少數執政黨的分子在那裡支持場面。它以三人爲法定人數，故很易集會，司法大臣，樞密院議長，掌璽大臣及法律貴族足可使貴族院經常進行了。但遇到意氣之爭的大問題，貴族們亦會忽然光臨，對政黨的重要政策予以攻擊。

㈣**貴族院的存廢問題**　貴族院的實際情形既如上述，則它是否值得保留自然成爲大家討論的問題。十九世紀末葉，自由黨主張予以改革，而貴族院委員會擬具的改革計劃，不過減少貴族院人數，由貴族們投票選舉他們的代表，這就是說以北愛爾蘭的方法普遍行諸英國罷了。除此之外，參加內閣的貴族爲貴族院當然議員；內閣每年得加封兩位新貴族，自由黨對這個改革計劃不感興趣，由是有一九〇九年以後的政治糾紛。這次糾紛是貴族院反對累進稅而引起的，結果是通過了一九一一年巴力門法，把貴族院的地位予以降低。以後工黨起而代自由黨，它主張根本取消貴族院，並曾把這個主張列入政治綱領之中。它認爲一個不是民選而又不能順應輿論的機構，殊不宜肩負立法的使命。

不過爲貴族院辯護的人，亦舉出若干甚爲重要的理由，堅持貴族院仍有保留的價值。第一、他們說近代立法不無躁急之弊，故另一院的審愼審核是有其必要的。這是爲兩院制辯護的古老理由，於內閣常須平民院通過急就章的今日，這個理由乃更爲動聽。第二、他們說平民院對內閣提案否決者即成爲不信任政府的表示，故平民院議員的行動受政黨的嚴格限制，平民院的態度乃失去客觀的立場。貴族院則不然，支持政府與否皆不影響政府的地位，所以它的意見較爲客觀，對政府眞能盡諍諫之責。第三、英國的巴力門兼負制憲之責，而憲法條款如亦由平民院草率爲之，影響於國本者至鉅，不如由貴族院予以延擱，使全國人民能於擱置期間之內從容表示其意見。三種理由，都可以說是持之有故。

主張保留貴族院的人，並不是說貴族院制完美無缺。反之，他們都主張加以改革的，他們亦知道以世襲的貴族來組織二十世紀的立法機關是不合理的。但如何改革，他們實在想不到任何妥當的辦法，如以民選的上院來替代現在的貴族院，則兩院的分工必更爲困難，因爲民選的上院是不願意退處輔佐地位的。然而上院如亦像美國參院那樣堅强，則內閣勢將向兩院同時負責，內閣制的運用必大生困難。在這種種推論之下，英國的上院似又非保留貴族院的形式不可。

其實英國人之留戀於貴族院，無非是愛惜其傳統的表示。貴族院在過去是有其輝煌成就的，由是不願一旦捨棄。其實它今日能否像辯護者所說的還有那許多功用，實在是一個疑問。立法機關採多院制而使之互相制衡，在政黨政治發達的今日，實無必要。

本章參考書：

Jennings: Parliament
Marshall: What is Parliament, The Changing Concept of Parliamentary Government, 1954
Bromhead: The House of Lords in Comtemporary Politics, Routledge & Kagean Paul, 1958
Laski: Parliamentary Government in England, 1939

第五章　英國內閣

I、內閣的歷史淵源

英國的政府，可以說是以內閣爲其樞紐的。英國人所說的政府，就是指他們的內閣。但說來奇怪，英國內閣是於法無據的組織。我們找不到內閣的組織法，因此也不能確實知道內閣有些什麼職務與權力。內閣完全依據政治傳統在動作及發揮功能。一個國家實際上負責的政治機構，竟無憲法及法律的根據，在今日的世界中是少見的例子。

㈠**樞密院**　所以會有這種情形，因爲內閣是從樞密院分裂出來的一個機構。至今內閣所作決定，形式上還要經過樞密院的通過，而內閣的命令，至今也還是用樞密院令 Order in Council 發布的。在英國的憲法中，祇承認樞密院的地位，而不承認內閣的地位，由是內閣經常以樞密院的名義行事。

樞密院不僅於法有據，而且是富有歷史淵源的一個機構。從前英王在貴族中擇其親信，命之參與國家最高機密，稱爲樞密院，可以說是國王的最高諮詢機關。在專制時代，一切權力爲國王所有，而施政權更視爲國王所獨享。但國王無法一個人親理萬機，所以不得不簡拔親信的人來作參贊。因之，樞密院對國王參贊，亦是向國王負完全責任的。內閣旣爲樞密院的分支機構，其法理上的職掌自然亦爲對國王的參贊 Advice to his or her Majesty。

光榮革命前夕，查理二世因感樞密院人數過多，不足以保守機密，乃復在樞密院中選擇最親信者五人在寢閣共商國是。由是這批出入寢閣的人員被稱爲內閣，而一直沒有得到法律上正式的命名。出入內閣的人，都是樞密大臣 Privy Lords，而樞密院大臣却並不都是內閣中人。演變而至今日，英王已不能憑自己的意見以選擇內閣人員，而完全由平民院中多數黨的領袖——亦即首相——來作決定。但形式上還與從前一樣，內閣人員都是樞密大臣，而樞密大臣不一定都能入閣。樞密院的人數，遠較內閣爲多。

現在的樞密大臣仍有尊號，稱Right Honorable。而樞密大臣的由來，第一類是現任及曾任內閣閣員的政治家，第二類爲法律貴族及大主教，第三類爲對政治、文化及國家有功勳而經加封者。以上人員的總數，約在三百人以上，而現任的閣員，却不過二十人左右。

樞密院的大會，僅在國王加冕或喪葬等大典時舉行。例會則法定人數僅爲三人，樞密院主席及閣員二人已可開會。內閣的重要決策，諸如宣戰、媾和，以及其他重要國策的推行，類由樞密院令宣布，那就非舉行例會不可。

㈡**內閣權自樞密院的權力而來**　我人所以在敍述內閣之前必先敍述樞密院，因爲樞密院爲內閣之父，內閣的權力都是從樞密院承繼而來的。樞密院的權力，原爲國王的參贊，在王權高張的時代，無非隨國王的意思以行事，不能說十分重要。但到國王權變成形式的時候，所謂參贊權事實上就是代行國王的一切特權。從歷史演進的程序言，樞密院當權的時代，國王權尚未衰落，而巴力門責成內閣大臣代國王負責時，內閣已有自己的地位。因之，內閣殊無繼承樞密院權力的必要。但內閣始終沒有得到法律上的承認，所以它必須假借樞密院的名義，也必須假借樞密院的權力。

內閣假借樞密院的名義與權力以行事，使英國的內閣制得到許多方便。英國無須在法律文字上推敲而詳細規定內閣的權力，它祇須根據歷史傳統承認內閣爲英王的參贊就是了。參贊二字，在英國公法中曾發生無窮的妙用，使內閣得以隨時代及客觀環境而很自然的伸縮其權力。所謂參贊，就是向英王建議。祇要建議事項確在傳統的王權之內，英王就可同意而予以推行。喬治一世之後，建議成爲形式，內閣決定則是事實，由是從前國王的特權乃成爲樞密院的權力，而也成爲內閣的權力了。因之，內閣的權力，直接來自樞密院，而間接的來自國王的特權。

上述內閣權力淵源的說明，使我人較易了解英國制度的精神。其一、內閣有許多潛存的權力，此時此地雖不予運用，而必要的時候它却又予以運用了。戰爭的時期，英國內閣不必經國會的授權，卽可採取非常手段，這在旁的國家是不容易做到的。而在英國人的設想中，從前的王權原可以在戰時作緊急措施，因之，現在的內閣既面對戰爭，自然也可以作類似的建議了。其二、英國內閣權既自王權而來，故內閣權力的運用沒有絕對遵守三權分立的原則。王權爲一切權力的源泉，最少在法律的假設上是如此的。因此內閣可假國王的演辭 King's Speech 以宣布它的施政綱領，在必要時又可解散平民院。

㈢**國務院** Ministry　在樞密院之外，另有一行政機構稱國務院，那與內閣也是有密切關係的。國務院是由國王的大臣 Crown's, Ministers所組成的，其執掌爲執行，亦是個於法有據的組織。國王的大臣人數常在百人左右，每個執行單位，皆有二三位大臣。英國執行單位的首長，名稱至不一律；有的稱國務秘書，有的稱部長，亦有的稱委員長。這種名稱的不同，並無實際的區別，皆是沿襲舊名稱而來。這許多不同名稱的首長及政務次長，皆是國王的大臣，合起來總稱爲國務院。國務院從不集會，惟與內閣同進退，於內閣總辭時全部辭職。內閣閣員除少數不管部者外，其餘皆爲國務大臣，而國務大臣中，祇有極少數能參加內閣。

國務大臣現在也由首相選拔，他們皆兼有議席，並須出席議會爲他們的部務辯護。在從前，國務大臣都是秉承王命而執行，現在則須自己決定部會的重要方針。但遇到重要的政策，部會首長應徵得首相的同意。首相認爲必要，並須提出內閣會議討論。內閣對整個政府行政負責。不入閣的部會首長，其施政亦在內閣的責任之內。

從以上簡單的分析，內閣以國王參贊的名義決策，以國務大臣的身分執行。內閣可以說是樞密院及國務院的核心組織。

Ⅱ、內閣的組織

說明內閣的歷史淵源以後，進一步說明內閣的各種組織狀況。

㈠英王與內閣　在形式上，組織政府依舊是國王特權之一。這個形式，於英王任命首相一事表現之。舊內閣總辭之後，英王卽須重組其政府。他選一位新的首相，由首相去物色其內閣同僚及其他部會的首長。

在上述過程中，英王很少有自由選擇的餘地。故其工作亦極爲單純，非第三第四共和時代法國總統可比。平民院中經常有一多數黨在，英王勢必選擇這個黨的領袖爲首相，而後政府權力始能順利運用。英國重要憲法原則之一，國王必須組織一能運用治權的政府，這是他的權力，也是他的義務。在這個原則的束縛之下，他就不能憑自己的好惡來組織政府了。例如維多利亞女王對狄士累利(Disraeli)頗有好感，對葛蘭德斯頓（Gladstone）則極爲嫌惡，但自由黨在平民院中佔過半數議席時，她祇有邀葛蘭德斯爲任首相之一途。

「組織能運用其治權的政府」，這是實際政治中很容易演繹出來的一個原則。一個時虞傾覆的政府，不可能多所作爲，國王又何必不嫌麻煩的組織這樣一下子就要瓦解的政府？因爲這個關係，十九世紀以來英國已建立很深固的傳統，過半數大黨的領袖一定是起而組閣的。

不過亦有的時候情形較爲混沌，國王似仍有自由選擇的機會。例如保守黨執政時，其首相因病辭職，而保守黨又並不立刻選舉新領袖，國王可以在幾位領袖中挑選他最喜歡的一個。又如三黨鼎立的局面之下，可能沒有一黨獲過半數議席。這種時候，國王亦可考慮何人組閣最爲合適。不過實在的說，就在這種特殊境況中，英王仍須遵循一定的途徑。在第一種情況中，英王徵詢保守黨退休領袖的意見，他們不僅有較客觀的認識，而且他們的決定亦較易爲黨所接受。在第二種情況中，原來的執政黨不應再起領導，第二大黨的領袖乃成爲必然的組閣者。

總之，英王雖負組成政府之責，但態度中立，不會介入政海糾紛。

(二)首相與內閣

首相是內閣的靈魂，亦是執政黨的靈魂。從他爲內閣的靈魂而言，他代表內閣向巴力門及全國發言，他向國王報告內閣的決策及施政方針。其實他不僅代表內閣，亦代表政府，甚至代表英國。在法理上英王是國家的代表，但事實上英王從不表示政治主張，更不會在國際糾紛中表示英國的立場。對國際而言，英國首相的態度及言論方爲舉世矚目的焦點。從他爲執政黨的靈魂而言，他是大選中執政黨全國性的領袖。英國的選舉，僅由各選舉區自舉其代表。惟近世以來，兩黨競爭劇烈，黨的中央乃不得不統一各區的競選活動，而黨綱的宣示，更屬重要。爲黨綱發言，這是領袖的權利與責任。由是兩大黨領袖皆作電視演說，皆作各選區的巡廻演講。他們的言論，皆代表黨的態度與立場。以是種種，首相與在野黨領袖成爲競選中兩大角逐者。首相的一言一行，足以影響執政黨在大選中得票的數量，其關係執政黨的勝敗，自非淺鮮。

從以上的敍述，可知首相的威權在日形增漲之中。組織內閣時，物色部會首長及閣員的是他。他爲黨內的團結，許多擁有羣衆的領袖是不能不予延攬的。但不經他邀請，沒有人可以入閣或擔任部會首長。內閣成立之後，他有權辭退任何政要。政府有所決策，他實握有牛耳。多數重要問題自然須經內閣會議討論，但首相視事實的需要及方便，有時邀集少數有關閣員商談，有時提付內閣的委員會討論。這種便宜行事之權，使他有所決定時總可以如願以償，閣員們很難加以阻止。

在二十世紀的首相中，魯易喬治（Llyod George）及邱吉爾皆能大權獨攬。而比較平庸的首相也能運用手腕，使自己安於領導的地位。前些年保守黨麥米倫任首相，政潮屢起，要求加入西歐共同市場，又爲法國所拒，眞可謂四面楚歌。然因能機警地運用首相權，猶能度過不少難關。是蓋一身繫黨國安危，他自然會有無數的崇拜者，而左右有逐鹿野心者亦不能過爲已甚，以憤大局，所以總可化險爲夷。

一般的說，英國首相尙不能與美國總統相比，美國總統由憲法賦以行政全權，英國首相未能有此。論法律的地位，他不過是國王的首席顧問，他與王的其他顧問共同負責，故必須與他人合作，而後能發揮他的作用。從客觀的形勢說，他雖有權進退閣員，但究竟不能任性爲之。閣員們爲執政黨二三流領袖，亦皆擁有羣衆。首相如不欲寧爲玉碎，自須相當容讓，而後執政黨始得團結。首相必須在衆星拱月的條件下始有光輝，與美國總統自然不同。

首相必須出身於平民院，這已是重要的傳統之一。一九六三年休謨（Hume）任首相時，似乎打破了貴族不得任首相的慣例。但休謨辭去爵位並補選爲平民院議員，事實上還是舊慣例的遵守。一九一一年的國會法通過之後，內閣主要是向平民院負責。因此之故，貴族院首領任首相是很不方便的。從前貴族院地位隆盛的時候，貴族爲首相極是順理成章，但到民主勢力興盛之後，貴族中雖有極開明者，但既未得選民普遍擁護，又不能出席平民院，擔任國家行政首長，於事理亦是不順的。

從這種地方來看，英國首相所以權重一時，一方面因爲他是首相，另一方面亦因他是政黨的首領。美國總統，大選時期一樣依賴政黨，而當選之後，每直接依賴人民的輿論，執政黨對他很少約制的力量。英國則黨始終是首相的後盾，亦始終是首相的約束者，故平民院中與內閣同黨的二三流領袖，對他的約制作用常較美國執政黨議員爲强。這是英國首相更具民主作風的原因。

㈢閣席的分配　首相組閣是種很艱鉅的任務。同黨的次要領袖，都希望有入閣的榮譽。但閣席有限，滿足了甲，可能使乙大失所望，由是引起黨內的裂痕。柏拉圖說：政治家爲巧妙的織工，能把各色線條織成和諧而美麗的圖案。不過人事的圖案是最難和協的，而組閣者第一個碰到的難關就是和協人事。

內閣無定員。從人數而言，自數人至二十餘人不等，從入閣的部會長而言，外相、財相、國防大臣、掌璽大臣、樞密院議長、司法大臣，通常都會入閣，其餘的就待首相因時制宜來作決定了。近代勞工問題甚受重視，勞工大臣乃能列入閣席。增加內閣的席次，自然是減少人事壓力的良法。不過多數人認爲過大的內閣勢必破壞內閣的工作效率，故普通認爲十二至十八爲內閣適當的人數。

在前述入閣人員之中，好幾位不兼部務。例如掌璽大臣及樞密院議長等，都無須爲部務勞神。他們均有封號，故同時爲貴族院議員，是內閣在貴族院中的領袖。同時，他們較爲清閒，可以作首相的親信顧問，對國家重要政策詳爲策劃。所以不管部的大臣不一定在內閣中權勢較輕，相反的，他們可能比其他閣員更爲重要。以是英國的不管部大臣，與其他國家不管部的政務委員是不盡相同的。其餘多數閣員皆管部，並爲平民院的議員。尤其財政大臣 Lord Chancellor of Exchequer，自一九一一年國會法的通過以後，他必須在平民院有議席，而後始能爲每年的預算案辯護。財相往往由執政黨的二號領袖擔任，因爲預算常常代表執政黨的施政綱領，能規劃預算並爲預算作辯護的人，在黨內的地位會逐漸提高的。工黨恆重視其經濟部，常把經濟部的地位放在財政部之上。財相爲政黨二號領袖的傳統，始稍有變動。

英國的閣員必須有議席，而且祇能在有議席的一院出席並參與辯論。這與第五共和法國之禁止閣員兼爲議員者剛好相反。英國這個制度，並無任何理論的根據，祇是古老傳統的沿襲而已。原先國王惟在貴族中物色樞密大臣及內閣人員，而樞密大臣及內閣人員並不喪失其出席貴族院的權利。以後雖在平民院中物色閣員，此一慣例不稍改變。演進而至今日，始發現閣員兼有議席對責任政治是很有助益的。對於這許多理論的問題，此間不多作討論。我人但說明首相組織內閣及國務院時，對同僚們在平民院及貴族院是否有議席，以及在兩院中是否均有强有力的發言人的問題，必須加以注意。

㈣**內閣的任務**　內閣在英國政府中究竟處怎樣的地位？其一，它是決策的機構，故其第一任務，當爲決策。通常來說，所謂決策，即是重要法案 Bills 內容的最後決定。政府施政，必須依據法律。若干國家，認爲立法是人民代表的事，由人民代表決定法律內容後，然後交政府去執行。這是立法與行政分立的美國所抱的憲政理想。另有些國家認爲施政是政府的事，施政所依據的法律亦應由政府決定其內容，人民代表的工作在監督，在批評，亦可以說在批准。這是英國的憲政理想。當然，兩國在實行上逃理想時常有變例，好比近年來美國的行政部門參與法案起草的工作，而英國平民院的在野黨亦曾建議重要的法律案。不過大體的說，英國的提案權是屬於內閣的。

內閣的決策，照例要在內閣會議中進行。法律案的起草者，可能是各部的常任文官，可能是內閣的委員會，也可能是政府之外的壓力團體。各部負責執行，它對業務有關的事項，如遇事實需要，自可建議新的法律案。至於利益集團，也常草擬有關法案，得關係部長的贊同後提出於內閣。不問法律案的建議及起草出於何方之手，最後必經內閣會議作最後決定。經它認可者，方提出於巴力門，而內閣乃對此類法律案負責。

從上所述，可知所謂內閣決策，並不是說整個的過程均由內閣操縱。內閣加上不入閣的部會長，總數不過八十餘人，而且他們多數僅係通才，對主管的業務，甚至是不很熟悉的，例如工黨的麥唐納 Mac Donald 曾兼任外相，自由黨的魯易喬治曾擔任財相，在他們擔任這種職位之前，未嘗諳練於此。英國的政務官，一向不以專家自負，蓋通才正有助於他們的決策。他們所考慮者，重要法案在平民院中可以引起的反應以及與執政黨的立場是否相符。以是內閣的所謂決策，實際上祇是種過濾作用，把閣員們認為不適當的法律案加以清除而已。

內閣有時不假手於人而自己決策，例如緊張外交關係的處理以及和戰大計的考慮等。這一類的決策不必提出法案，而其影響於國家，實遠超過一般的法律案。因之，在最嚴重的情況下，內閣得把他的決定通知在野黨，以便形成全國一致的政策。

決策之外，內閣第二個重要任務爲督導行政。英國以人事權集中於財政部的人事處，這是很特殊的現象。首相兼財政第一大臣，他能總理人事，自有助於他督導行政的工作。不過這種傳統事實上早已不存在了。人事處由一位常任次長主管，有相當獨立的地位，非首相或度支大臣（財相）所能干涉。內閣之督導行政，現在全賴首相的統率能力予以發揮。首相是內閣的首領，同時亦是國務院的首領。部會長多數雖不入閣，但均由首相選任，均爲執政黨二三流領袖，而且均向巴力門負責，是以部會長與首相之間的連繫是十分密切的。部會長所有重要決定，事先必向首相稟陳，故首相之能代表內閣以督率行政，殊無問題。

內閣因爲負責決策並督導行政，所以它很自然的成爲行政與立法之間的連繫者，亦可以說變成民意與政府之間的橋樑。內閣的決策，多數成爲法律案，而法律案必須送國會討論通過。它督導行政，因爲它須以行政的後果向國會負責。英國的閣員是兩棲的，他幾乎有一半時間在國會中渡過。平民院議長席之後有一間屋子專備閣員們籌商國事，有時內閣會議亦就在那間屋子裏召集，可見他們與平民院關係之密切。他們以眼睛審閱常任文官草擬的法規與計劃，以耳朶聽議員們的批評與指責，而後拿出理智來作決定。這是內閣的第三種任務。

㈤內閣的輔佐機構　近代的內閣，因其任務繁劇，非設置各種輔佐機構不可。

其一，內閣之下常設置各種委員會，協助首相考慮問題。這種委員會，普通稱爲內閣的委員會，委員會研究的成果，對外不得公開。委員會有臨時性的。例如調整薪給的委員會爲臨時的，而國防委員會是常設的。參與委員會的分子，有閣員，有樞密大臣，亦有政府之外的專家。在常設的委員會之中，國防委員會以首相爲主席，國防大臣，財相及外相亦皆出席，同時還有許多軍事專家的參與。舉凡國防計劃，動員及復員的方案，均爲該委員會檢討的問題。法制委員會由黨鞭 Parliamentary Whips 及法律專家所組成，不僅研討提案的法律問題，並亦決定提案在平民院中所應佔據的時間。樞密院議長的委員會（Lord President's Committee）於第二次大戰時創設，研討支援前線的方案，其後工黨政府則要它主持設計工作，可見它的職務是多方面的，所以參加的人員亦特別多。內閣委員會的設立，因爲內閣所須討論的大政方針，已非一星期一次的內閣會議所能結束。而同時，閣員的工作負擔都是太重，內閣並不能因問題衆多而經常集會，所以不得不分門別類成立多數委員會而僅邀請與業務有關的閣員參加。

除委員會之外，內閣又設秘書處，那是第一次大戰的產物。秘書處準備內閣會議的議程，準備討論事項的資料，記錄並致送有關備忘錄。它的工作純屬事務性質，但對內閣是有很大貢獻的。在沒有秘書處的時期，閣員們對會議的經過往往每人有不同的印象，現在不至有這樣紛歧的情形了。同時，在秘書處的規劃之下，內閣會議有了討論所需的資料，時間經濟，自不待言。

Ⅲ、內閣的責任

內閣的產生，前已言之，由於樞密院的過於龐大。惟內閣制得以確立，實自內閣向巴力門負責的那個時期開始。內閣如不能負責，它始終是英王的私器，它不會成爲一種民主的組織，也不會成爲今日內閣制的典型了。

㈠彈劾權與責任制　一個帝王的統治機構，如何會成爲向議會負責的一個民主政府，這是英國政治史中頗值得注意的悲喜劇。經過淸教革命而查理王復辟之後，專制的統治者並未受革命的教訓，依然視政府爲其私器，任用親信爲其耳目，指揮他們有如臂之使指。那時的內閣，有如一般專制國家的內閣，最多能說是帝王有效能的臣僚集團而已。可是革命之後的國會，對英王雖抱敢怒不敢言的態度，對他的僚屬却逐漸採積極的控制手段了。那時能想到的積極手段，就是一般所說的國會彈劾權 Impeachment，不過英國的彈劾，與同時的君主國家有所不同。其他君主國家監察官的彈劾，都是向帝王舉發失職或濫用權力的官吏。而英國則由巴力門的平民院提出彈劾，由貴族院審判，盡量要避免帝王對此事的干預。同時，巴力門認爲君王的錯誤亦由左右臣僚的參贊所造成，故君王的錯誤亦應由臣僚負責。這就是說，巴力門雖承認國王無誤的法理假設，却主張事實上國王是有錯誤的。因之，要追究這種錯誤，而且責成國王的臣僕代他負責。由是臣僚們雖奉有王命爲自己辯護，巴力門也可以加以處分。

彈劾權的主要目的，祇在制裁權臣，使之不能獲得國王特權的庇護。此一制度，曾受普遍的稱譽，以爲這是國會權的重要勝利。故美國獨立之後，亦於憲法中予以倣行。卽至今日，多數國家還是以國會的彈劾權來制裁高級的行政官吏。不過自十七世紀的英國而言，那時王權沒有立刻衰落，受彈劾者往往成了國王的代罪羔羊，很失公平的宗旨。因此巴力門主張以信任制替代彈劾權。這就是說：國王如能任用巴力門所信仰的人來主持國政，臣僚們既不至濫用權力，巴力門也不會有濫用彈劾權的弊病。這個原則，瑪麗女王之後的國王皆予部分接受，任國會中多數黨的首領爲首相，而由首相負責組閣，這在上文已經說過了。

(二)個別責任　在民主政治之中，責任制最爲重要而又最難學習。巴力門與王權鬪爭的時代，發明了國王的臣僚應該負責的原則。但負責者爲何事?使之負責的方法又如何?當時的人實茫然無所知。巴力門祇是想制裁「國人皆曰可殺」的權臣，多少抱着報復心理。以後國王雖任命議會領袖爲閣員了，但執政者仍然不知道他們什麼地方應該負責。他們鞏固自己地位的方法，不是迎合君主的心理，就是對國會議員利誘勢脅，使議員們爲其所用。直到十八世紀中葉華爾坡 Walpole 首相因失去巴力門的擁護而毅然辭職，方始創立一個新的原則：巴力門的逆勢投票可以强迫閣員負責。這個先例，祇說首相一人在巴力門不合作的情況之下應該引退。巴力門的不合作，是與情不洽的表示，但沒有出諸彈劾。華爾坡的知難而退，可能畏懼戀棧的結果，終於要受彈劾的恥辱。他是舊式的政治家，平日對巴力門經常使用利誘勢脅的手段的。一旦發現此等手段業已失靈，由是知大勢已去，他已無法順利施政了。他的引退，亦可謂知機之先。英國的政治史，因此而推進一步，那是他這次舉動的意外收獲了。巴力門打擊閣員所提政策可使閣員引退，則閣員向巴力門負責者爲其政策，責任的意義，自然明顯得多了。

在十八世紀，英國已有政黨，而且內閣亦已是清一色的一黨內閣。不過政黨政治尚未發揮積極作用，領袖們均自求表現，因此也個別負責。因之所行者仍是個別責任制，每人對其自己的行動負責，巴力門中在朝黨的議員，一樣攻擊他們所不喜歡的閣員，使之無法立足。而閣員們亦承認「一人作事一人當」，敢作敢爲者亦敢於負責，決不願連累他人。

內閣閣員及國務員個別向平民院負責，今日仍爲英國憲政的原則之一，但在團體責任制之下有逐漸冲淡的趨勢罷了。近世紀中，發生過好幾次閣員個人引退的事例。一九三五年，保守黨的西門(J.A. Simon）外相因霍爾賴伐爾（Hoare-Laval affaire）事件辭職。一九六三年保守黨的陸軍部長普羅佛莫

(Profumo)因桃色案及洩漏國防機密而辭職。閣員及國務員，多數管理一部，其主管業務發生問題時，小則引起平民院的質詢，大則發生個人的去留問題。而個人發生有虧官箴的事件，尤其洩漏國家機密，原爲樞密大臣及國務大臣誓言中明白禁止的行爲，自然亦會發生個人責任的問題，這是英國憲政原則中認爲應由閣員及國務員個人負責的事項。

在上述事例中，霍爾賴伐爾事件亦許值得深究。外交爲外交部主管的業務，西門外相對它應該負責可以說沒有問題。惟外交政策的決定，在英國傳統中，應爲內閣之事，最少要得到首相的默許，而後外相始能採取行動。英法聯合對意大利妥協以謀共同防止希特勒對歐洲均勢的破壞，這個政策如此重要，首相不應該毫無所聞。內閣諉爲一人個別的責任，未免有犧牲個人以保全內閣之嫌。在此一事例中，可以看到個別責任與團體責任的界限不易劃分，許多內閣應負團體責任的事項，未嘗不能以諉過一人的方式了之。

㈢**團體責任**　討論英國內閣制的精神者，莫不强調它的團體責任制。所謂團體責任，卽內閣以其一致的政策集體的向平民院以至向全國人民負責。這是十九世紀末葉一位貴族首相薩列斯伯利 Salisbury 所提出的原則。他認爲內閣應有統一的政策，閣員除辭職外，不得與內閣持相反的意見。從內閣制的運用而言，這是極爲重要的。內閣如無團體責任，必然各部會首長分別以其政策向平民院負責，平民院亦分別課各部會首長以責任。這就是說，平民院分別審查各部會的提案而爲信任或不信任的表示。在這一種情形之下，首相固無由建樹其領導權，而各部會首長亦必經常爲其政策對平民院作艱苦奮鬬，再不能以執政黨的立場要求多數議員爲後盾了，英國內閣制之不同於第三共和法國及德國、團體責任之有無恐爲重要的關鍵。德法國內閣無法建樹眞實的團體責任，故議會得對閣員們各個擊破，而一部分閣員的地位動搖，遂迫使內閣不得不重行改組。更重要的，閣員旣個別受議會的壓力，閣員們自然不重視內閣所決定的共同政策，以是內閣亦沒有所謂共同政策。內閣基礎脆弱，乃成爲德法內閣不可避免的缺點。英國內閣能强調團體責任，它與平民院乃成團體對團體的狀態，平民院不能個別的否決某一部的政策，因爲個別的否決卽是對整個內閣的否決。這樣，平民院自然不能任意否決，而必須考慮該一政策是否値得作寧爲玉碎的孤注一擲。

贊譽英國制度者，多數於其成熟的政黨政治三致其意。我人不能否認黨紀的整飭是英國內閣制得以順利運用的重要原因，惟人爲感情動物，議員們不一定能很理智的因黨的關係而抑止對某一閣員的私憤。惟確立團體責任制之後，否決某一部會的政策，卽是迫使內閣總辭，連他們熱忱擁護的閣員，亦將去職，在這種顧忌之下，黨紀始能發生作用。

團體責任制的運用，顯然要受許多因素的影響，不像理想中那樣單純，每一位首相都想建樹他的領導權，所以都很重視團體責任的原則。因之，團體責任的傳統是比較容易維持的。但組織政府的政黨，內部的團結不可能毫無缺陷，領袖的領導能力以及個人的威望，更是因人而異，故內閣所能表現的統一性也常常是在變化的。不說十九世紀自由黨內部分裂的情形，卽以本世紀而論，自由黨阿玆癸斯Asquith之於魯易喬治，工黨麥唐納之於韓德森Henderson，阿特里Attlee之於比萬Bevan，皆不能以領袖的身分加以約束。他們的內閣，表面上雖亦以統一政策向平民院負責，事實上是各懷成見，形成各自領導其徒衆的狀態。阿玆癸斯最後不得不讓位與魯易喬治，麥唐納則組織國家內閣以埋葬他所領導的工黨，阿特里亦以退休結束他在工黨中的領導權。這幾件著名的事例，說明英國內閣的團體責任制，不免因執政黨內部的裂痕而大打折扣。最特殊的例子，莫過於麥唐納的國家內閣。國家內閣為混合內閣，組成分子包括工黨保守黨及自由黨，以是內閣根本沒有所謂統一的政策。麥唐納這位首相，既不能約束尾大不掉的保守黨分子，亦不能指揮頗有歷史傳統的自由黨人，由是各黨成立「良心投票」的默契，遇有各黨不能相同的政策，閣員們在議會中得以自由投票。「良心投票」的默契，自然破壞了團體責任的精神。

國家遭遇非常，內閣的團體責任亦會不同於平時。此一世紀之中，英國曾兩次組織戰時內閣，而每一次的戰時內閣，其運用的方式，皆與平時大不相同。通常認為戰時內閣是建立於政黨休戰的原則之上的。在政黨休戰的狀態中，在野黨亦在內閣之中，故無所謂團體亦無所謂團體責任。第二次大戰初期，工黨未允入閣，用意在保留它的異議權，政黨之間似未完全休戰。惟政府決策權亦是集中於三數領袖之手，以便利內閣的行動。領袖未嘗以其意向就商於多數從政黨員，團體的精神亦不十分健旺。這是團體精神受非常時期影響的明顯證據。

由上可知英國內閣團體責任的精神，實受領袖個性，執政黨內部的團結以至內閣所處的時代而有異，未可一概而論。

團體責任的實質意義如何？簡單的可以作如下的歸納：在內閣運用權力的過程中，內閣以至國務院是一個整體，閣員及國務員不得表示不同於首相的意見。首相有權代表政府，對議會及全國國民宣布他的政策，一般人所說的首相在內閣中的特別地位，都可以說是從團體責任產生的。內閣所提出的政策而為議會所反對而投不信任票時，為表示團體的責任，內閣及國務院須集體辭職。是以團體責任的實質意義，以首相獨特的領導權始，以內閣及國務院的總辭職終。

Ⅳ、解散權 英國內閣如受平民院的不信任投票，既可總辭職以謝國人，亦可解散平民院而請選民決定爭論中的立法問題。前述方法爲團體責任精神的表示，已於前節討論；後述一種方式，卽就是所謂內閣的解散權。

㈠解散權源於國王的特權 解散權初爲國王專制權之一。巴力門態度强硬而不能附和國王意志時，國王卽以解散平民院來作對付。解散之後，他甚至長期不召集會議，藉以減少巴力門的障碍。現在內閣所使用者，仍係承繼此種王權而來。故內閣所作決定，僅是對國王的參贊，必須奏請英王下令行之。自然，在今日的慣例中，英王不能拒絕內閣的請求。因爲在今日的政黨政治之下，不利於執政黨者必有利於在野黨，英王爲顯示中立，惟有不作左右袒，聽任負責的政府裁量當前形勢以作決定。今日的解散權，較諸往古進步之處，卽解散後，三星期內必須舉行新的選舉。而選舉後又必立卽召集議會，俾巴力門的作用，不致中斷，而亦不致在長期無議會的狀態下行使政府權力。

㈡解散權的意義 在議會政治的發展中，近代解散權的表現的意義爲何如？這常是學者們爭辯的問題。哈利生 Wilfrid Harrison 教授認爲解散權有維持黨紀之效。蓋對議員來說，競選總是費錢費精神的事情。他們因恐懼不合作的行動將招致平民院的解散，故惟有服從黨的決策。此一說法，如衡諸法國的經驗，頗似可信。蓋法國第三第四共和時代內閣幾乎不能解散議會，議員乃甚爲囂張。在這種印象之下，很容易聯想到英國政治所以安定，內閣的解散權恐爲重要的原因，由是更聯想到解散權有內閣對抗國會的作用，使行政權與議會權之間得以平衡，不過這種想法，與事實是不盡相符的。平民院解散之後，內閣僅係看守性質，它的能否留任，全視大選的結果而定。無人對選舉敢信其必勝，故內閣之解散平民院者，實以喪失執政權爲賭注，不可能輕求一試，亦不可能以此爲制裁少數叛黨者的武器。更有進者，在近代的政黨政治之下，候選人均賴黨的支持。競選中金錢與精神的耗費，政黨的負擔較諸候選人個人爲多。尤其政黨的領袖，必須作全國性的巡廻、旅行及演說，其勞瘁較他人爲尤甚。故就制裁的作用而言，政黨領袖畏懼解散的程度，實較一般議員爲甚。

英國議會政黨的黨紀，的確較一般國家爲嚴明，而其原因之所在，解散權不足以爲之說明。假如解散權爲維持黨紀之道，那祗執政黨握有此項權力，在野黨勢必黨紀蕩然了。事實上並不是如此。我人皆知英國在野黨的黨紀，並不遜於在朝黨。即以在朝黨而論，派系領袖而有意分裂者，實亦難以回鄉競選來作威脅。十九世紀自由黨的張伯倫氏，與葛蘭斯登分裂後仍能當選，以後且與舊黨聯合，成爲聯合黨的二號領袖。政治家聲望的培養，非朝夕之功，而聲望既成之後，在自己的選舉區中擁有可靠的選票，政黨欲予制裁，並不容易。二十世紀以來，執政黨因內部分裂而在平民院投票中受襲擊者，少數派的工黨內閣及一九四〇年的保守黨內閣爲最顯著的例子。一九二三年工黨組閣，賴自由黨的合作始在平民院擁有可以立法的多數；迨自由黨反對它的政策，自然就無法維持，由是不得不以解散平民院爲解開僵局的途徑。但那一次分裂者爲合作的友黨，工黨不可能在那次解散中制裁不合作分子的。一九四〇年保守黨內部關係的惡化，造成二十三人投反對票及六十人缺席的局面。張伯倫於此一情勢之下，決定自己辭職，而未嘗解散平民院。此類事件說明幾個原則。其一，執政黨領袖之握有解散權者，未嘗能以此權威脅迫其同黨的議員，足徵以解散權維持黨紀之說並不可信。其二，執政黨內部發生分裂時，其領袖亦未必能藉故解散平民院。一九四〇年發生上述事件後，保守黨雖形分裂，但平民院中仍佔多數，故保守黨仍應執政，惟執政的領袖應該另易他人而已。此時張伯倫內閣如決定總辭或解散平民院，皆將造成政治僵局。蓋總辭之後，工黨不可能以少數派繼起執政，而解散平民院的結果，可能依舊保守黨佔多數而反張伯倫的派系會更形擴大。故解除此僵局之道，張伯倫個人辭去領袖地位乃最爲妥當。

㈢解散平民院所以解政治的僵局　上述種種說明，解散平民院爲解決政治僵局的適當途徑。我人如以一九二三年的工黨內閣的事件爲例，工黨如不顧一切而繼續執政，將不可能在巴力門中貫澈他的政策，必然形同尸位。他若辭職而由自由黨或保守黨繼起執政，情形也是一樣。因之，除解散平民院而由大選來改變此種局勢外，實在已別無途徑。英國的憲法原則，與其說是以解散權護衞內閣，不如說它要求有一個「能够行事的政府」。政府必須能够行事，實爲憲法中的一個重要原則，英王籌組政府時固然必須遵守，而內閣之去留，亦是以此爲準則。所以政府能行事時，自然無須解散平民院；現政府不能行事而議會中尙能產生另一可以行事的政府時，現政府總辭而由另一政黨繼起執政，亦不應解散平民院；惟現政府不能行事，而平民院中又不能產生另一能够行事的政府，這才形成所謂政治僵局，解散平民院乃成爲必要途徑。

上述原則，乃分析近六十年來英國的政治而獲得的結論。執政的政治家，在尙有可爲的時期，自然不願掛冠而去。十九世紀末葉，葛蘭斯頓的自由黨內閣因在平民院遭遇挫折而總辭，逖士累利的保守黨亦拒絕組閣。在這個事件中，葛蘭斯頓曾責備逖士累利發動不負責任的倒閣運動。不過從逖士累利來說，他知道愛爾蘭分子附和他而攻擊自由黨政府，不過爲一時的聯合，他若組閣，所遇困難必然與葛蘭斯頓同，他認爲解散平民院始爲解除僵局的辦法。英王以組成一可以行事的政府爲重任，而爲之參贊者，自亦以此爲主要的任務。故內閣於遭遇不信任投票之後，仍當爲英王找尋一可以行事的政府，不能認爲總辭即可一了百了，或以殘局强後人爲之收拾。

解散平民院之舉，在通常的情形之下，乃因平民院已成混沌狀態，不可能產生一可恃的多數黨，任何派系起來組閣皆將迅速瓦解，在這種情形之下，才是使用解散權的適當時機。

二次大戰之後，英國執政黨與在野黨的議席極爲接近，政府黨的多數，往往並不超過十席。同時兩黨內部皆有裂痕，以執政黨貫澈政策固極費力，在野黨起而替代更爲困難。因之往往拖延四年之後再解散平民院，蓋知僵持局面，未必能有所改善，而同時又不希望大選過於頻繁也。

㈣以解散權替代複決　在二十世紀中，英國內閣曾數次於平民院獲得多數支持而仍有解散平民院之舉，這又該如何解釋？一九〇九年的自由黨內閣，其累進所得稅法案在平民院獲得支持而於貴族院遭反對，由是發生了內閣向誰負責以及貴族院有否決定財務法案的權力等基本問題。其後一九二二年，保守黨朋乃洛 Bonar Law 首相因病辭職，由包爾特溫 Baldwin 繼任。新首相主張保護關稅，一反保守黨的傳統，與保守黨對選民所作諾言相背。在那個場合中，自由黨與保守黨皆決定解散平民院，以徵詢選民對於此等基本問題的意見。

在英國，一般認爲憲法修正案與普通法律案的程序相同，故制憲權與立法權之間沒有什麼區別。不過近年以來，英國似在創造新的傳統，使此兩類法的通過程序不盡相同。其一，憲法的修正，須先在平民院全院委員會討論，以獲得政府黨與在野黨的共同諒解。庶憲法不至隨執政黨之變更而變更，這在討論英國制度的一章中已經說過了。其二，憲法修正案應經徵詢選民意見的手續，這是這一節中所欲說明的。

一九〇九年及一九二二年，內閣在平民院中皆擁有可觀的多數，並沒有遭遇平民院的不信任投票，它們所以解散平民院，顯然與平常的解散權的意義不同。一九〇九年那次的情形，內閣政策雖得到平民院的支持，却爲貴族院所反對，所以亦有不能行事之苦。此時內閣如作總辭的決定，在野黨決不能獲得平民院的擁護，故建議英王解散平民院，仍爲常軌中的解散方式。惟新平民院召開之後，執政黨與在野黨的形勢未變，執政黨繼續提出其累進所得稅法案而繼續遭貴族院反對時，顯然引起一個嚴重問題，即內閣及平民院如不屈服於貴族院之前，政府卽無法安定。貴族議員爲世襲，無所謂解散，因之它的立場是不會改變的。內閣如不能獲得它的支持，雖爲平民院所擁護亦不能行事，如是，英國政治將完全決定於貴族院的態度，而人民的投票反而沒有意義了。此一基本的政治原則，如不澄清，英國的民主精神勢必喪失。此所以自由黨提出貴族院不得阻撓財務立法的根本原則，要求選民表示意見。這是一九一一年巴力門法案的由來，也是我人所以說那兩年的解散實包含着複決的意義的原因。

一九二二年的情形更爲特殊。保守黨在平民院的席次未變，惟領袖新易，且新領袖提出了有背該黨黨綱的政策。包爾德溫認爲縱使平民院及貴族院均通過該一提案，他的能否爲選民所支持仍然在不可知之數，而自由貿易政策的改變，在英國可以說是基本傳統的改變，似不能貿然爲之。所以也決定解散平民院，於新的大選後再行提出。

以解散議會爲探詢民意的方法，在許多國家的憲法中曾亦有此規定，英國可能受這種憲法原則的影響而有此創制。對英國來說，這個新傳統自然是很有意義的。它使憲法的修正有了不同的程序，而且亦能使憲法更合於民主的精神。

㈤**解散權不是行政權與立法權之間的平衡器**　世之論英國制度者，每以內閣的解散權爲一種平衡器，使內閣不至完全受議會的控制。此一觀念，與事實不相符合，前文已詳作說明。近年來內閣之所以決定解散平民院，從未欲以此節制議會。往昔王權專制時代，的確曾以解散權爲節制議會的武器，惟民主思想昌明之後，應不復有此。議會對政府的監督，已從對部會長個人的彈劾而演進爲對內閣政策責任的追究。尤其在政黨政治的運用之下，議會的作用已遍重於批評的工作，內閣殊無保持其制裁議會的武器的必要。我人所以不厭其詳而說明這一點者，蓋不能了解解散權的眞意義，對英國內閣制的精神就會有重大誤會，而於民主政治的原則也就不很了解了。

V、**戰時內閣**　上文所述，皆係平時內閣的情形。在大戰時期，英國曾兩次組織戰時內閣，其形式不同於平時，很有參考的價値。戰時的行政特別緊張而繁重，原先參與內閣的部會長，大多爲部務所迫，無暇參與頻數的會議。此內閣組織所以要作新的適應者一。戰時的決策更求高度機密，平時的內閣人數太多，英國政治家雖皆有保密的政治道德，但人數多總是可慮的事情。而且人數一多，行動亦難求迅速，此所以要作新的適應者二。平時內閣對巴力門的責任太重，閣員須分出一半時間應付巴力門的各項活動。這是戰時所做不到的。此所以要作新的適應者三。好在內閣的種種都是建立於傳統之上的，首相感覺需要時，他就可以向英王建議，得到同意後就可進行改組了。英國的不成文憲法，在這種地方使政治家得到最大的方便。

在過去的兩次經驗中，戰時內閣的人員均大加緊縮，由平時的十七八人減少為六人至五人不等。擔任部務的閣員，僅外相及財相，其餘的皆無部務。在第一次大戰時，魯易喬治並邀請南非聯邦的總理入閣，以求這個自治領能更有密切的合作。內閣會議自一星期一次而變成經常舉行。這是組織上的變動。自內閣對巴力門的關係言，第一次大戰中政黨宣言休戰，保守黨及工黨皆有領袖入國務院，擔任新設機關的首長。第二次大戰時，初期工黨雖拒絕入閣，但對政府表示有保留的支持。在這種情形之下，巴力門自然不再行使其不信任權了。卽巴力門的詢問權，因保守機密之故，事實上亦告停止。二次大戰中，邱吉爾常在平民院的秘密會議中報告戰況，以期議員們了解客觀的環境。這類秘密報告，現在已有若干文件公諸於世。邱吉爾於新加坡陷落後，因輿論頗多責難，他曾向平民院說這還不是最壞的消息。日軍如冒險向印度進攻，他相信這個遼濶的疆域是很難堅守的。他說明運輸噸位也短少的情形，因之東方的英軍祗有在原有的配備之下作戰，人力及物資均無法獲得補充與接濟。邱吉爾那篇演說是非常感人的。他們沒有掩飾任何不幸的消息，甚至還要求大家從更壞處作準備。我人無意為邱翁作贊美之辭，祗是借此說明平民院的詢問，在戰時已變成不定期的秘密報告了。

這一種應變的體制，與平時最大不同的地方，實際上還在政府黨與在野黨關係的改變。在平時，雙方因權力的爭奪而形成對立，而戰時則相忍為國，使政府的行動，減少了不必要的牽制。英國的制度本富有機動的性質，政府與巴力門之間的關係則更為活動。政府如能嚴格控制它所領導的政黨，巴力門的制衡可以完全成為形式。戰時連在野黨都充分合作了，政府的行動自然有更多的自由。上述觀點，亦許是過於理想化的說法。在野黨的所謂合作，事實上決不是毫無間隙的。第一次大戰時工黨的麥唐納曾作非戰的言論，而第二次大戰時工黨的激進派亦時常攻擊戰時政府的措置，尤其於戰爭的目標，更作嚴厲批評。不過一般來說，戰時的在野黨不能不說是合作多於攻擊。

VI、內閣與行政　英國的行政組織，以內閣爲金字塔的尖端，它僅負總指揮之責，未嘗實際爲執行的工作。至於各部會的首長以至政務次長，名義雖是單位的主管及主管的重要助手，事實上亦很少親歷日常的行政事務。內閣以及國務院中都是頂尖兒的人物，多數長於政務而不長於事務。十九世紀的潘爾馬斯頓 Palmerston 外相，才力過人，不僅實際指揮駐外使領人員，並親自草擬外交文告。不過現在的外相，不可能有那末多的時間化在辦公桌上了。部內各級常任文官，才是眞正推動政府工作的人。計劃的研究，法令的草擬，幾皆出於常任文官之手。至於下級單位的巡視督察，公營企業的經營與管理，更非常任文官不辦。二次大戰之後，常任文官已激增至三百七十萬人，可謂洋洋大觀。此三百七十萬人如何分級？如何選拔？如何訓練？如何服務？以及得到何種待遇以及報酬？這是文官法中所規定的問題，此間不欲多作討論。惟此三百七十萬人員如何能爲閣員及國務員所用？英國的執政黨經常變動，而保守黨與工黨的政綱又多少有其距離，常任文官不問生張熟魏，均能爲之盡瘁服務，這是很可欽佩的一種精神。而此一精神之所在，實亦爲英國憲政原則之一。於討論內閣制種種問題之後略予論及，諒不能視爲贅文。

㈠文官中立的傳統　英國的文官，至今被視爲國王的臣僕，國王對之有充分的進退自由。因之，文官的職位是沒有法律保障的。不過實際的說，英國文官已被稱爲永久職 Permanent Civil service，若非違法失職，殊不虞撤職降級或減俸等處分。而且高級的文官，可以升至各部會的常務次長，職權之重，殊非其他國家的文官可以想望。所以然者，雖說由於十九世紀的各種文官改革，而最重要的原因，恐怕與它文官中立的傳統最有關係。

英國把政務官與事務官分的最爲清楚。政務官於內閣總辭時全部去職，而常任文官則否，故不與內閣共進退者皆爲事務官。事務官有相當可觀的獻議政策的作用，因爲多數法案的草擬，都是出於他們之手。不過於此應爲說明者，文官奉命而草擬規程，決策的最後權力，仍在政務官手中，文官祇是貢獻他們的專門知識及經驗而已。很多工黨的理論家因高級文官中出身劍橋牛津兩學府者特多，而他們又有極大的建議權，認爲這對工黨極爲不利。工黨理論家相信文官是有守舊的偏見及成見的，對保守黨易於盡忠，而對工黨則往往會抱不合作態度。此種疑懼，到工黨有實際的執政經驗以後，很快的就消除了。文官對工黨的盡忠，與其對保守黨的盡忠一樣。文官能保持這樣的中立態度，所以雖沒有職位保障的法律，却能得到所有政務官的尊敬而安於其位。

㈡**財政部控制人事權**　在西方國家中，英國的文官制度改革最早。一八七〇年的樞密院令，規定了文官的等級以及公開考試的原則。公開考試由文官委員會 Civil Service Commission主持，由其登記錄取的各級人員並在政府公報予以公佈。文官委員會雖然享有獨立的地位，但僅負事務方面的責任，至於考試法規的草擬，考試課目的決定，各部會人員編製，以至文官的待遇及其服務規則等等，均由財政部的人事處 Establishment Department 決定。因之，財政部可以說是人事的主管機關，文官委員會不得過問原則性的問題。這個特殊的傳統，使人事制度的推行得到很大的便利。財政部掌握預算權，因之它亦控制各部會的經費，對不依人事法規而任用的人員很易制裁。不過文官委員會獨立的事務權也是很可貴的。試務不受人事處的干預，故考試不僅公開，而且是公平的。錄取的人員，各部遇缺卽補，不得任用未經考試及格的私人。

㈢**考試注重通識**　英國人事制度中另一特殊傳統，卽不因職務的需要而規定考試科目。錄取人員經任用後，亦往往轉調數部，俾增閱歷。我國文官，分簡任、薦任及委任三級。英國亦分三級，名稱雖然不同，精神則極相類似。它分行政級執行級及書記級三類。行政級由陞遷而來，不由考試。執行級由高考及格人員擔任，而高考資格，大學畢業者始可參與。書記級由中學畢業生參加之普通考試而來。高考除外交特考外，其餘的都考普通大學課程，而且與考者可在相當範圍內自由選擇科目。在這種種規定中，可以看出英人認爲文官的專長從任職後的經驗中得來，而不是在任職前訓練成功的。因爲如此，它要求公務員有廣濶的知識基礎，而不要求他們有任何專門的技藝。它認爲祇有前者方能充分的吸收經驗。

文官的素質，對內閣的任事精神自然是深有影響的。英國的文官，大體的說，才足以爲政務官分勞，所以閣員們方能集中精力於大政方針的檢討。多數學者常謂法國的日常行政，全賴常任文官爲之維持，以是政局雖然多變，而政治秩序仍井然可觀，行政亦無中斷之虞。英國的文官，在日常行政方面的貢獻，其實亦不輸於法國的文官。

本章參考書：

Jennings: Cabinet Government, Cambridge Univ. Press, 1959

Laski: Parliamentary Government in England, 1939

Graene C. Moodie: The Government of Great Britian, Thomas Y. Gromwell Co. 1934

第六章　英國的司法

I、英國司法的傳統精神　英國政治之中，最能保持舊日傳統者，恐以司法爲最。不僅法官穿法衣及戴假髮是古老習慣的遺傳，即整個的司法精神，亦復如此。

㈠司法受習慣的尊重　諾曼王朝爲使國王的權力深入地方，時常派巡廻法官，巡行郡縣及貴族們的封地，爲平民平反寃獄。那時貴族均自有法律，自設法庭，對平民多數極爲虐待。國王的法官能爲之主持公道，自然極受平民的歡迎。如此，英國的法律始逐漸統一，成爲世界兩大法系之一的普通法。這是英國司法權開始，在一早成立的時期，沒有被人民看作統治者的鷹犬，而被認爲人民權利的護衛者。

當然，我人不能認爲舊日的英國司法完美無缺。著名的哲學家培根任大法官時，爲了附和亨利八世的意旨，曾判決其好友莫耳 Thomas Moore 有罪而處以死刑。不過這是樞密院星室Star Chamber中的血腥事件，與普通的法院無關，而且培根亦因此深爲其時人所不諒。星室是專制君主所設立的特別法庭，自然容易受君主意見的影響。

在光榮革命的時代，司法界中著名人物，多數與巴力門並肩作戰。柯克 Coke 甚至在判例中說違反普通法原則的命令與法律皆不能爲法院處理案件的依據。不過說來奇怪，洛克於闡述維新憲法的宗旨時，未曾予司法以獨立的地位。亦許他認爲司法權應受尊敬，但不能獨立，因爲它的職掌乃法律的執行，與行政是不可分離的。洛克對於司法的觀點，也是現在英國人對於司法權的一貫看法。現在英國的司法權，形式上統屬於內閣中的一位閣員——司法大臣Lord Chancellor。所有的法官，或則由其直接任命，或則經其推薦而由英王任命。但司法大臣以及其他行政機關以至行政人員，從不干預或影響法官的審判。在英人的想法中，隸屬於行政並不就是受行政的節制。一般公務人員尚能獨立行使其職權，何況向受尊敬的法官？

大體的說，司法權之受尊重，可以說是諾曼大帝以來一貫的傳統。到了現在，雖有人批評法官傾向於守舊，但對司法權的尊重，現在或勝過從前。舉幾個具體的例子，法官的俸給在政界中為最高級。司法大臣的俸給同於首相，法官亦特受優待。司法權常須受理政治性的案件，其判決常會影響政治團體的利益。例如工黨因某公司於大選時刊載巨幅的反對國有政策的廣告，認係為保守黨作非法的輔助。法院因該廣告不是為某一特定候選人而發，因之沒有觸犯選舉陋弊法規。這個判決，對工黨不無影響。可是工黨執政時，從沒有圖謀改變司法的組織以為政治性的報復。英國人認為司法的判決若不能令人滿意，那是法律的問題，而非法官有什麼偏向。故應改革者為法律，而非法官的地位與職權。

㈡**普通法**　英國的法律，屬於普通法系。初有這個名稱的時候，原所以與割據性的封建法區別。封建法為地方性的特殊法，而普通法則全國一律。從普通法的性質而言，全由習慣累積而成，故亦稱習慣法。習慣法中之習慣，並非社會中一切的習慣，而僅指為法官所採取而見諸判例的部分。故習慣法又稱判例法。從這幾個不同名稱的說明，可知普通法施行於英國本部，其內容並不決定於法典，却以法官所承認的習慣為依據。這一種法律，實無特別值得稱譽之處。古老的習慣既不必適合於今日的環境，而古往今來的判例，又是多得汗牛充棟，沒有一位法律學者能全部瀏覽。英國重視律師，認為當事人而沒有聘請律師爲其顧問爲之辯護，其權益卽不能得到充分的保障，皆因普通法過於繁複及過於矛盾之故。

但普通法亦確有其優點。法官爲人民平反寃獄時，曾搜集有利於人民權益的習俗，以爲否定封建特權的依據。諸如一罪不得兩罰；罪嫌的判決應得其同級人民的陪審；證據的搜查及犯罪者的逮捕應持有當地公共機關的令狀。凡此種種，都是普通法中累積的寶貴原則。以後美國憲法統稱這許多原則爲正當法律手續。世界各國的憲法，亦均以之列入人權憲章之中。大家所以欣賞普通法，不因爲它是種習慣法，而實因爲普通法爲正當法律手續之母。這許多平實而瑣碎的手續，乍視之好像無足輕重，實施而能切實遵守時則人民的權利與利益皆得到了適當的保障。無怪國外的觀察者，都認爲這是英國特殊優異的立國條件了。

普通法雖稱爲習慣法，但其內容，却常因制訂法而更新。英國是所謂巴力門主權的國家。巴力門所通過的法律，無人能否定其效力，故制定法而與習慣法牴觸時，制訂法優於習慣法。近世爲勤於立法的時代，英國亦非例外。普通法的舊瓶，裝入大量的制訂法的新酒之後，普通法自然也不能保持原狀了。惟上述種種正當法律手續，改變的極少極少。我人若謂普通法卽正當法律手續，從今天的情形來說，實在是很正確的。

㈢**法治主義**　尊敬司法權與注重正當法律手續，兩者相合，乃成爲英國的法治主義。上自英王，下至庶民，無一人能自外於法律，這是所謂人人於法律前平等的原則，在英國是做得最爲徹底的。這個原則的建立，司法界的貢獻最爲宏偉。上文說過，司法於封建時代是對抗封建特權的一種組織，而於英王與國會相爭時又成爲對抗專制權的力量，所以到了近代，它乃成爲保持英國傳統與護衞人民權益的一個機構。封建特權與帝王的專制權皆得向司法權低頭，這就是所謂法治的精神。當然，法官的刀筆，並不能單獨來對抗封建特權與帝王專制權的。他們於對抗封建權時得到國王的支持，於對抗帝王專制權時又得到國會及人民的支持，如是而累積數百年的經驗，乃能培養司法權卓著的信譽，乃能建立尊重司法權的傳統。回顧我國，法家思想向稱盛行，惟於執法官吏，皆以刀筆小吏視之，以是所重者爲法家之術，所輕者爲執法之官，這是我們不能有法治的主要原因。

英國因强調法律前人人平等的原則，所以不容易有行政法的產生。它的著名法學者如戴雪 Dicey 輩，堅信應以同一法律管理諸色人等。政府官吏於執行職務時其行爲皆代表國家，官吏可以不負責任。惟逾越職權而有犯法行爲時，則其罪責，與他人相同。如以一種法律施之於人民而以另一法律施諸政府官吏，那就違背法律前平等的原則了。戴雪這一種意見是有問題的。行政法的目的，實爲更進一步保障人民的權利與利益，形式雖似以另一種法律施諸政府官吏，精神上則並不違背法律前平等的原則。法律前平等的原則的所以可貴，無非爲去除特權者所假借的庇護，而使特權者亦受嚴正法律的制裁。行政法如以庇護官吏的特殊地位爲目的，那行政法的確違背法律前平等的原則而是可受批評的。惟行政法的目的如不在庇護官吏而實在使受國權行爲侵害的人民權益獲有保護的機會，如何能說違背法律前平等的原則呢？

上文略論戴雪的意見，無非爲說明英國是如何的堅持法律前平等的原則。它反對行政法，當然更反對其他的特別法。這對法治的精神而言，實在是很有助益的。戰時王室中人以至國王本人，皆受物資管制法的限制，不能享受法外的優待；平時親王駕車超速，亦得受罰款的處分。凡此種種，都是新聞報導中傳爲美談的事件。這是英國法治精神最具體的表現。

於此有一點應作補充說明者，英國是憲法與法律沒有嚴格分別的國家，故所謂法治，亦卽是憲政精神的表現。尤其英國的法律，普通法爲其重要內容之一，而普通法是最重保障人民權益的正當法律手續的，故法治的意義，其重心在保障，而不單在要求人民服從。

㈣**優秀的司法人才**　英國司法傳統之中，另一爲人所稱道者，那就是它常能維持司法人員的優異水準。

英國司法人員水準所以較高，其得力之處，並不由於嚴格的考試制度。說來奇怪，英國的法官以及律師，都不經由考試，而是由法學院 Inns 發給證書的。英國的法學院，並非大學中的一個學院，乃是具有悠久歷史的獨立書院。它們是專門訓練法律人才的私立學校。封建制度崩潰而王權抬頭的時代，國王乃不在貴族中物色佐治人員而好起用新的人才。在那種時代，新人才就是明習法令的人，所以訓練這種人才的學校非常發達。這種風氣，至今沒有衰落。因爲所有的律師以及法官都是持有法學院證書的人，所以他們都是法學院出身，都加入該學校爲會員，而且還受那個學校的制裁。律師或法官而有背司法道德（實卽法學院的傳統精神）者，法學院得註銷其證書而使之不能就業。因之，法律人員的知識水準以及服務道德，都是由幾所私立的法學院來負責的。

法官的任用，以曾從事大律師 Barristers 業務若干年以上者爲條件。法官的職位愈高，其所須從業的時間亦愈久。故法官與律師，旣同屬法學院出身，且同爲法學院的會員，他們又同爲司法精神的維護者。歷史悠久的學府，常能把這個學府的道統與學統薪傳永繼，英國的法學院，可以說已經發揮這種作用了。法學院規定須大學畢業始能入學，故有類研究所的性質。收費極爲昂貴，而課程並不繁重，間或請著名學者作短期的演講。考試異常嚴格，畢業者卽獲得證書，從此卽爲法學院的會員，並開始其大律師的業務。法學院所發證書，法學院得隨時吊銷，祇要從事律師業務時有違該業道德的話。故法學院同時又是司法業紀律的維持者。其實司法業同人旣均爲同一書院的前後同學，他們爲母校的令譽，自然亦會互相督促與鼓勵。這種種情形，使英國的司法界乃能樹立其獨特的淸風亮節。學校的風氣而影響國家政治如是之深，可嘆觀止。

大律師有出庭辯護之權。從業久而信譽卓著者得由同業選擧爲絲袍大律師 Silk Gown Barristers，這是律師業中最高的榮譽。惟絲袍大律師始能加封爲法律貴族，入貴族院及樞密院的司法委員會服務。從業大律師七年以上得任縣法院的法官；十年以上得任高等法院的法官。因之法官的任命，均與律師的資格有關。法律貴族的加封，固出於律師業的選擧，卽法官任命的先後次序，實際上也是由法學院編造的。這是英國司法制度中最爲特殊的傳統。

大律師之外，尙有小律師 solicitors。他們都是學徒出身，在著名小律師處學習滿師而後開業的。他們祇能在最低級的法庭出席。通常的職務，祇是爲當事人搜集證據及介紹大律師。小律師除可以任書記官外，不得爲法官，所以在司法界的地位較低。

(五)法院無司法審評權　上文提到光榮革命時代英國有一位大法官提倡法院得依據普通法以拒絕執行與此相背的命令以及法律，所以有人認爲司法審評制 Judicial Review 由英國首倡。不過一般的說，英國的司法界均否定此一理論。一八七一年韋利斯 Willes 法官說得最爲明顯：「我人承認巴力門所通過的法案乃我國法律。…我人坐此判席，實爲女王陛下及立法者之臣僕。…設巴力門之法案不甚適當，惟立法者可予糾正及予以撤銷。法律而仍爲法律之日，法院務須服從」。這可以說是英國司法界的共同態度。奧斯汀曾謂惡法亦法，亦是此種態度的說明。法律是否適當，法理學者可予研究，輿論界可予批評，立法者可予糾正，但法官的職責祗在執行，不能有其他的作用。

法官雖無審評法案而宣判違憲法無效之權，但這不是說法官全無解釋法律的作用。在英國，法官造法的例子也是很多。蓋應用法律者爲法官，而應用法律之際，若干解釋是必不可少的。尤其高等法院及上訴法院的法官，其職掌在研究法理的疑義，解釋的機會更多。法官在解釋法律時，多數依據他們最熟習的普通法的觀點，由是英國的新法律不知不覺的爲舊觀念所中和，這是法官們對法律所可以發生的作用。

在目前的情形中，法官必然出身於優裕的家庭。法學院的學費，以及初期執行大律師業務時微薄的收入，非有恆產者不能爲此。以是法官多數有守舊的傾向，而這個守舊的傾向決定了他們對法律的解釋態度。賴斯基教授於此點曾深致其批評之辭。不過實際的說，司法界的守舊傾向，多數由於法學的訓練，不一定與出身的家庭有關。法學的訓練爲「惡法亦法」的盡信法的態度，故不肯亦不能背離法而接受新理想的指導。從理想主義者來看，這是他們的守舊態度；從司法界來說，這是他們忠於法律。平情而論，司法者並非立法者，他們不能以主觀的見解去改變法律的意義。他們的忠於法律應該說是種司法道德，而不能說是司法的守舊。

從韋利斯法官的釋例中，可見英國司法界的態度，認爲司法者職司執法，而造法是立法者的工作。

他們對巴力門的制訂法，不至有意以普通法的觀點去曲解的。

㈥沒有行政法　上文說過英人因深信法律前平等的原則，以至認爲行政法乃袒護官吏的法律，所以不足取法。以是英國始終沒有行政法規。不過實際的情形，已在逐漸演變中，與戴雪的理論已大異其趣。這須從兩方面來作說明。

其一、英國以往依據「王無誤」的法理來表示國家對它的行爲不負責任。政府公務人員依法執行職務時，卽代表國家的行爲，人民因而受到損害或損失，並無任何救濟的方法。因之，英國雖無行政法院，但一樣有因行政行爲而發生的爭議。受理此類爭議者爲普通法院，法官必須研究公務員的行爲究竟是依法的抑爲違法的，如屬違法，卽處以平民有此行爲時應負之罪責。公務員執行公務而發生究竟是否依法的爭議，必然那種行爲已在依法與違法的邊際境界中，法官無客觀的行政法可爲依據，而必須用自由心證的方式以爲裁定，當然不是很妥當的。而且法官所作判決，後人常依之爲例，所以事實上亦逐漸產生一部行政行爲爭議的判例法，我們也不能說英國沒有行政法了。祇是這部判例法由法官所創造而不是由立法者所制訂的。

近年以來，英國公營企業勃興，而公營企業所作活動，更易牽涉人民的權益，因之爭訟的機會亦更多。人民因司法程序迂緩，往往要求管轄機關從事裁定。所以行政裁定的案件愈積愈多，亦有形成一部判例法的可能。人民不服行政機關裁定者，可向樞密院的司法委員會上訴。這是英國實際的行政訴訟的系統。

其二、「王無誤」的法理已由「國家責任法」Crown Proceedings act來作糾正。在國家無責任的原則之下，祇要公務員沒有犯法或越權的情形，受害人卽將無辜犧牲。法官爲同情訴訟人的不幸處境，必然擴大解釋公務員犯法及越權的範圍，使公務員有動輒得咎之苦。法院無論採那一種立場，都會失事理之平。因之，英國不得不像其他國家一樣，正面承認國家所應負的責任。公務員依法行使職權而造成的損害與損失，國家任賠償及救濟之責。這個態度的改變，法院於解釋何謂犯法及何謂越權之際，必然會傾向於減輕公務員的責任而增加受害人被救濟的機會。如此發展下去，法院對行政訴訟所作的判例，其內容一定愈來愈接近大陸國家的行政法了。

因之，現在英國的情形，實質上有行政法，而形式上則沒有，因爲它沒有完整而彙集在一起的行政法典。

Ⅱ、司法的組織　英國的司法，自其制度而言，因係適應不同時代及不同環境的產物，故極不統一。蘇格蘭及北愛爾蘭，皆有各自的法律與各自的司法組織，與英格蘭大不相同。下文所說的司法組織，僅指英格蘭及威爾斯兩島者而言。

一八七三年爲英國司法改革年代。在這之前，它有許多特別法庭。諸如宗教法庭、平衡法庭、軍事法庭之類，皆各成系統，各有管轄權力，割裂零亂，不可名狀。改革之後，已較爲完整。

㈠司法大臣　司法大臣爲內閣閣員之一，主管司法行政。司法大臣乃一相當古老的職位，在樞密院爲國王重要諮議機構的時代，司法大臣常居樞密大臣之首席，幾如其他君主國家的宰相。現在這個職位仍極顯貴，任此職者，年俸一萬鎊，與首相的相同。他擔任貴族院議長，樞密院司法委員會主席。在國家的典禮中，他的席次，仍在首相之前。

司法大臣雖然身兼數職，工作並不繁重。他主管的司法行政，主要的爲法官的任命。全國法官不過兩百人，而法官的職位是由法律保障的，非經國會決議，不得撤免。因之，祇有法官因退休或死亡而出缺時，司法大臣方有眞正的任命權。就在那種情形中，法學院準備着推薦的名單，司法大臣仍不過依例行事而已。他對各級法院的審判，絕對不能干涉。因爲這種種關係，司法權雖若隸屬於行政權之內，而事實上是獨立的。

㈡**和平法官 Justice of Peace** 英國的法院分刑事及民事兩個系統，各自分立。玆先述刑事系統，並從它最低級的組織說起。

處理刑事案件最低級的人員爲和平法官。和平法官其實不是法官，旣不必有法律知識，並亦不受國家俸給，祇是年高的地方紳士借此爲自娛的名號而已。一縣的和平法官常在三四百人左右，全國總數在兩萬名以上。每位和平法官，都能處理些境內的輕微案件，例如無照開車或醉酒鬧事等，但所處罰金，不得超過一鎊，拘禁不得超過十四日。較爲大一些的案件，須由鄰近的兩位和平法官組成簡易刑事庭 Court of Summary Conviction 裁判之。更重要的案件，那就得由全縣的和平法官會同處理。其實全縣和平法官不常會全體出席，而實際的裁判，全由執行吏爲之。執行吏是諳習法律的，和平法官事事得仰仗他們。和平法官受理較爲嚴重的案件時，召集陪審團鑑定犯罪的證據。

英國的法治雖爲世人所稱道，但和平法官可以說是盛名之累。他們處理的案件雖極輕微，但以不懂法律的地方紳士負責，實在是不必保留的傳統。工黨執政之後，曾欲加以改革，也祇於一九四九年規定和平法官於七十五歲時强迫退休的辦法，並沒有予以廢止。和平法官很有些像我國曾在各鄉所設的調解委員，惟和平法官所處理者為刑事案件，而調解委員則注重民事方面的糾紛。

與和平法官共同維持地方治安者為地方的警察，這也是英國很特殊的傳統。英國約有一百六十個警察機關的單位，每一單位有一位警察長 Constable，由地方議會的委員會任用，但須得內政部的核准。警察長負責訓練與組織員警。警察的服務範圍及效率，內政部規定若干章程，合於標準者得受中央的補助。亦以此故，內政部經常派遣人員到各單位視察。警察長的地位，據判例的解釋，他是王的臣僕，在職責中有相當的裁量權。我人所以要提及此點，因為英國的警察有不小的檢察權，他們所提出的證據，陪審團是極予重視的。在初級的刑事案件中，警察為檢察官，和平法官為審判者。

㈢其他刑事法庭　和平法官得警察及執行吏之助，每年處理的案件在數量上是相當多的。多數的案件，經他們處理卽可終結。惟正式的刑事法庭，應以縣刑事法庭 Court of Assize 為第一級。凡刼盜，傷害，及謀殺等嚴重案件，皆以縣刑事法院為第一審。縣刑事法庭由「王的法官」King's judge 一人主持。每縣皆分為八個巡迴區，由「王的法官」巡廻受理案件。刑事案件的審判須召集陪審團。所以縣刑事法院僅有一位法官，而且須在八區分別開庭，其事務之繁，可想而知。

縣刑事法庭的上級為刑事上訴法院 Court of Criminal appeal。刑事上訴法院採合議制，須有三位法官的出席方能開庭。除得原審法官或上訴法院的同意，當事人不得請求覆審犯罪的事實，所以上訴法院是不採陪審制的。上訴法院的判決是最終判決，惟得檢察長的同意，猶可向貴族院作最後的上訴。

㈣民事法庭　民事的初級法院為縣法院 County Court。全國共有四百五十個縣法院，而四百餘縣又合併爲六十二個巡廻區，每區僅有法官一人，輪流在區內的縣法院開庭。縣法院的管轄範圍，以二百鎊以下的民訴及五百鎊以下的平衡訴願爲限。凡五鎊以上的案件，經當事人要求得召集小陪審團（八人），但民事通常不採陪審制。

縣法院之上爲高等法院 High Court of Justice。高等法院分設普通民事庭、衡平庭及遺囑檢證及離婚庭三庭，每庭皆有其特殊的管轄範圍。普通民事庭組織最大，由庭長一人及法官二十人組成之；平衡庭由司法大臣及法官五人組成之；遺囑檢證庭由庭長一人及法官四人組成之。

高院之上爲上訴法院 Court of Appeal。上訴法院由院長及法官八人組成之，受理不服高等法院判決的上訴案件。上訴法院分全國爲八個巡廻區，每區由一位法官主持。當事人得貴族院或上訴法院之同意，得向貴族院提出最後的上訴。

㈤英國司法組織的特點　上文對英國的司法組織既作簡單的叙述，玆再說明其特點於後：

各級法院均分成若干巡廻區，這是旁的國家所沒有的制度。巡廻法院爲英國極其古老的傳統，十四世紀即已盛行，那時交通不便，而國王又急欲把司法權的力量深入民間，這是最爲有效的方法。現在交通發達，是否尚有巡廻的必要，甚是可疑。在各種巡廻區中，上訴法院及高等法院，因爲全國祇有一個，分爲巡廻區尚不失便民的意義，縣法院全縣一人，好像祇爲節省法官。

第二是各級法院法官甚少，亦爲特點之一。除未能列入法官的和平法官外，全國法官僅兩百人。縣法官每人要管轄好幾個巡廻區，工作的負擔一定太重。法官的待遇與法官的素質固然高出其他國家，但繁重的負擔也會使他們不勝辛勞的。英國所以能做到這一點，訴訟事件較少，恐爲原因之一。而輕微的案件之不涉及精微的法律問題者，均由和平法官及警察處理了事，這亦節省了法官不少的時間。

刑民案件均以貴族院爲最後的上訴機關，這也是英國的特殊制度。古代貴族院，本爲封建法院之一，管轄貴族間以至國王與貴族間的糾紛。其後王權日盛，王權已非貴族院所能節制，惟貴族的犯罪事件，依據貴族須由其同級的人來治罪的原則，仍由貴族院受理。雖王家判席 King's Benches 已專負司法之責，此點猶不改變。就因這個傳統，貴族院仍保留最後上訴的審判權。貴族院須有九位法律貴族在內，這是貴族院法庭的主幹。一般的說，上訴於貴族院者，因須得原判法官及檢察長或貴族院的同意，每年受理的案件實寥寥無幾。

最後可以一說的是警察的檢舉權及和平法官的審判權。英國警察雖有很高的素質，行使職權時亦彬彬有禮，但他們究竟是隸屬地方委員會及內政部的行政人員，由他們負擔檢察工作，對司法權的完整不無嚴重影響。和平法官爲地方的退休紳士，縱有公正的令譽，但於法律知識則毫無根基，由他們主持初級的刑事裁判，亦非常之事。觀英國的司法權，不僅沒有獨立，而且也不完整。從這種地方來看，隨歷史而生長的制度，固有其自然適應之妙，但不合理不規則的地方，也所在皆是，而且在因利圖便的觀念之下很不容易作徹底的改革。我人除於英國司法保障人權的特殊功績覺得可以崇揚外，於其制度，可取的地方實在不多。

㈥昂貴的訴訟費用　英國的法治雖極徹底，司法界的服務精神雖極崇高，但得到司法保障的代價是相當高的。一件較爲重要的案件，當事人的支出常在萬鎊左右。賴斯基教授因控訴某報以誹謗罪，因而負債甚鉅。各級法院的手續費，都規定的很高，而小律師與大律師的公費，更爲昂貴。在這種情形之下，普通人都不願意入訟。法庭較爲淸閒，各級法院法官較少，這恐怕是很大的原因。不過司法所以保障人權，有了公正的司法機關，貧寒者却不能得到它的服務，這是很可以遺憾的事情。何況牽涉刑事的當事人，被控者如無力聘請律師，可能會失去正當的辯護機會，更失公平的宗旨。英國有鑒於此，一九三〇年通過一貧寒罪人辯護法 Poor Prisoner's Defense act，經律師公會證明確係貧寒之罪人，法庭得指定一小律師或大律師爲之義務辯護。一九四九年又通過一司法救濟法 Legal aid and Advice act，把上述辦法擴大而適用於民訴之當事人。

本章參考書：

Jackson: The Machinery of Justice in England, Cambridge Univ. Press, 1953

Moodie: The Government of Great Britian

第七章 西德的基本法

I、基本法及其原則 希特勒自焚之後，德國已在盟軍完全佔領之下。英美法以及蘇俄各定區域，分別予以統治。這一種分割的統治，留給德人最爲深刻的印象。盟軍各自鼓勵建立地方政權，各自整肅其境內的納粹分子，各自拆除軍事工業，甚至還各自進行其英俄法的語文教育。各國寬嚴的態度既不一致，政策更多紛歧，一時幾成混沌狀態。

這種混沌的統治如果長久繼續，德意志又將回復而爲地理上的名詞，國家的意識必將消滅而沒一點痕跡了。幸而英美爲德國的經濟重建而要求四區合作，經蘇俄及法國的拒絕後，英美乃進行兩個區域的合作。最後法國漸知反對無效，亦同意加入，而完成三個區域的合作。這是西德所由誕生的重要原因。

西德成立之後，自然要制訂憲法而完成其民主改造的工作。但西德人士深感沒有東普魯士參加的德國是不完整的。於此殘破的國基之上建立新秩序，無異捨棄其原有的疆域。尤其德國是重視法統的國家，更覺在沒有統一之前制憲是很不合適的舉動。因之，他們稱所訂憲法爲基本法，並於引言中要求全體德國人民依其自由決定完全德意志之統一。

制憲代表之中，基督教民主黨及社會民主黨兩大黨所佔席次約略相等，其餘小黨則週旋其間而發生制衡的作用。他們大多感到魏瑪民主的失敗，皆由於國會不能凝聚各黨的意見，以至成爲無韁的野馬而不可控制。其結果是內閣不時傾覆，政府顯得輭弱無能。爲收拾殘局，總統出而運用緊急權力，最後乃導致希特勒的獨裁。這種不幸的經驗，使代表們特別警惕。爲避免此種缺點，曾對聯邦政制作重要的改革，而其他方面，承繼舊傳統的地方較多。例如人民權利，魏瑪憲法曾以創造新的權利觀念聞名於世，基本法的起草人殊無另起爐灶的必要。相反的，代表們還保守地廢止了創制的直接政權，使基本法的民主精神大爲減色。所以然者，魏瑪時代的直接政權常爲極端政黨所利用，例如共產黨之反袖珍艦運動及右派政黨之反楊格計劃運動，皆曾聯署複決以打擊政府的威信。爲鞏固新政府的地位計，此類民主工具祇有暫時割愛。與社經政策有關的工作權，基本法僅謂：「人民有自由選擇職業，工作地點，及職業訓練所之權利」，與工作權的涵義相去已遠。

一般地說，基本法中理想主義的色彩，沒有魏瑪憲法那樣濃厚。

基本法有如其他戰後國家的新憲法一樣，承認國際組織對世界和平的重要貢獻，二十四條第二款謂：「聯邦爲建立並保障歐洲及世界恆永和平秩序，贊同主權的限制」。第三款又謂：「爲解決國際紛爭，聯邦願加入强制性的國際仲裁協約」。主權觀念的改變，原爲第一次世界大戰後國際間重要的理性呼籲之一，惟國家願意列入憲章並以之爲立國的原則者，仍不多見。基本法有此規定，殊爲可喜。當然憲法的實質意義，仍須由國家的其他客觀條件爲之充實。尤其國際組織及主權限制等偉大理想，更非若干國家增列幾條憲法條文就可以發生作用的。

Ⅱ、偏向中央集權的聯邦制　德國原爲聯邦國家，但它的聯邦制，殊不同於美國。德意志統一之前，極呈分崩離析之狀；而其統一，又全恃多數人旺盛的民族觀念及俾斯麥首相的鐵血政策。因爲這個關係，各邦地方觀念既極强烈，而對中央領導的期望又極殷切。俾斯麥完成此矛盾目標的方法是經聯邦的形式以行中央集權之實。他憑普魯士首相及聯邦首相的雙重身分，支配普魯士，因之亦支配聯邦的政治。原來普魯士在聯邦中任何方面均佔壓倒優勢，普魯士與其他小邦的聯合無異獅子與狐兎的聯合。那時聯邦衆院沒有什麼重要的作用，而聯邦參院又不過爲各邦官僚的組織，普魯士的表決權爲十七票，幾佔總數的三分之一，俾斯麥能運用裕如，無怪他可以得手應心的指揮全國了。所以俾斯麥時代的德意志帝國，雖採聯邦的形式，實質上與單一國家是無甚分別的。

魏瑪民主德國曾思改革此一畸形的勢態，規定普魯士在聯邦參院的代表，一半由其他地方政府派遣，一半由聯邦政府任命，用這個方法來分散普魯士的表決權。但魏瑪時代的政治領袖們，一樣是傾心於中央集權的。憲法中所規定的聯邦與邦的共有權，本來與邦分享，惟聯邦規定有法律者各邦必須以聯邦法爲準，以是聯邦對共有權極佔優勢。

西德承繼往日傳統，仍採偏向中央集權的聯邦制。基本法七十三條列舉十一項聯邦獨有的立法權，七十四條列舉了二十三項聯邦與邦的共有立法的權，七十五條又列舉五項聯邦得以發布原則性規定的權限。其詳盡的程度，不亞於魏瑪憲法。

除上述權力之外，皆爲各邦的立法權，這也是基本法七十條明文所規定的。從表面看，西德既把未賦予聯邦的權力劃歸各邦，各邦的立法自由，應該是很大的。在列舉的聯邦立法權之中，共同權力最堪注意，因爲項目最多，包涵的領域亦最爲廣泛。聯邦及邦對共同立法權的運用皆受有原則的限制。聯邦運用共同立法權時，乃因由各邦立法不能爲有效之規定，或因由各邦規定勢將損害他邦之利益；或因爲維持法律及經濟統一之目的須由聯邦立法（基本法七十二條）。而各邦運用共同立法權，惟以聯邦尙未立法者爲限（基本法同條）。上述原則的限制，對聯邦者極爲抽象，對各邦都極爲具體，可見聯邦實有運用的較大自由。凡聯邦認定應予統一規定或聯邦始能爲有效規定的立法，它就通過法律，因之各邦也就沒該項立法權，豈非各邦立法實皆受制於聯邦？

在立法的程序方面，基本法似亦予邦權以適當的保障。聯邦法律通過時，均須經代表各邦利益的聯邦參議院的審議，聯邦參議院表示有異議時，衆院須再予討論。而法律案之涉及邦權者，以及憲法修正案而可能涉及邦權者，聯邦參議院三分二絕對多數的通過更爲必要條件。再從憲法的解釋來看，邦對聯邦法有違憲的疑義時，有權提請憲法法院裁判。這許多規定的實際意義，將於後文立法機構及司法機構的兩節中討論，此間不再另贅。但可以注意者，這許多都是美國聯邦制中沒有的規定，西德各邦的分子權，應該說較美國各州所享有者更爲充實而且亦更有保障，爲什麼多數人認爲西德是偏向中央集權的聯邦制呢？

西德與美國最重要不同的地方，在於行政的系統。美國的聯邦權，以由聯邦機構執行爲原則。西德基本法八十三條規定：「聯邦法律之執行，除本基本法另有規定或允許外，爲各邦之職務」，可見西德以由各邦執行爲原則。因爲聯邦法經由各邦政府執行，所以聯邦政府對邦政府有了監督權。它督察邦的執行是否合法是否適宜，有時甚至派遣委員直接指導（基本法八十四條）。同時，聯邦亦得干預邦政府的人事，對任用條件及訓練發布統一的行政規程，甚至中級機關首長的任用，還須得到它的同意。

行政的監督是西德於聯邦制之下得以行中央集權之實的主要原因。從行政體系統來說，邦的機關，乃聯邦各主管部會的隸屬單位。儘管各邦有自己的民選議會及民選首長，儘管各部亦自己在制訂法律而交由邦政府執行，但在聯邦法的體系之中，邦的機關是在聯邦的命令系統之下的。聯邦可對各邦政府首長及其所屬機關發統一性的指令。而在緊急的情況之下，並可對某邦發布特殊的指令。

我們亦許可以這樣說，西德於立法權的劃分採聯邦制的形式，而於行政權的指揮與監督却採單一制的形式。

Ⅲ、政黨政治　與魏瑪時代比較，西德改進得最多的是它的政黨政治。基本法二十一條正式承認政黨的地位，說它有協助人民作成政見的功績。這是二次大戰前任何國家憲法中少見的文字。政黨作用既如是之大，人民自應享有組織政黨的自由。惟亦以是故，政黨應受憲法及法律的約束。極端政黨之有害於民主政治，實為有目共覩的事實，而德國已受納粹黨的蹂躪於前，於此更不能不引為深戒。二十一條規定政黨內部的組織應符合民主原則，並應公開說明其經費來源，更重要的一點，二十一條又規定：「政黨之目的或其黨員之行動欲侵害或廢止自由民主之基本秩序或危害德意志聯邦共和國之生存者為違憲。有無違憲之問題，由聯邦法院決定之」。

在上述規定之下，西德已取締德意志社會黨及共產黨，可謂業已發生效果。不過我人所謂西德政黨政治的改進，尚非指此。魏瑪時代政黨之多，幾與法國相同。國會之分歧及內閣之不易安定，亦與第三共和法國相類，這種詭譎多變的政黨政治曾為納粹專政開道，這是西德不應重見的覆轍。但政黨的多寡，非人力或法制所可以强求。而且美英法佔領當局，業已核准許多政黨。它們並因共黨為反納粹的地下勢力，甚至還扶助共產黨的發展。以是西德初期又是政黨林立，大有恢復魏瑪舊觀的趨勢。所幸基督教民主黨日形强大，常在大選中獲得壓倒優勢。而阿德諾的堅强領導，更有助於該黨的團結。由是小黨逐漸失勢，形成基督教民主黨與社會民主黨兩大黨角逐的正常狀態。

西德多黨現象的得以改善，恐怕應歸功於它的選舉法。而不能歸功於基本法取締反民主政黨的規定。德意志原採比例代表制，西德的小黨皆欲維持這個傳統，大黨中社會民主黨對此亦有偏好，由是採用了一種相當複雜的折衷制度。在新的選舉制度之下，一半議員由單一選舉區產生（一九四九年規定爲百分之六十，以後修改爲百分之五十），其餘的按各黨所獲選票比例分配，更重要的一點，一九五三年及一九五七年兩次修改過的選舉法更增加一些淘汰小黨的辦法，使國會中的政黨大爲減少。政黨所獲選票不到總數的百分之五而又沒有若干候選人在地方獲勝者（一九五三規定爲一人，一九五七規定爲三人），犧牲其比例分配議席的權利。

這個選舉法的實際效果，至可驚人，一九四九年的聯邦衆院共有十個政黨，基督教民主黨僅佔百分之三十五議席；一九五六年的衆院僅有六個政黨，基督教民主黨議席激增爲百分之五十一；一九六〇年的衆院僅有四個政黨，基督教民主黨議席達百分之五十五；一九六二年基督教民主黨銳減，惟衆院中已僅有三黨。第三黨爲自由民主黨F.D.P.，其領袖赫斯曾被選爲西德第一任總統，它並曾與基督教民主黨數度組合混合內閣。

西德的第二大黨爲社會民主黨，在衆院中經常佔三分一左右的議席。論黨員的基礎，它有六十五萬人，超過基督教民主黨的二十餘萬人遠甚。不過它早期的領袖司馬撒 Kurt Schumacher 氏，雖有反納粹的紀錄，惟久受希特勒的迫害，因之精神不很正常。他反對西德重整軍備，亦反對加入歐洲共同市場，他渴望德意志統一，甚至聯共亦在所不惜。故不能得到人民的信任，現在他的領袖爲西柏林市長白蘭德，是一位少壯的反共鬪士。社民黨於一九六〇年修正其黨綱，放棄國有政策，並以擁護聯合國爲對外政策的基點。無如基督教民主黨執政已久，而且是領導西德走上復興之道的功臣，社民黨一時談不到起而執政的機會。不過它在若干邦仍有深厚基礎的，而且控制了邦的政府。

現時的執政黨基督教民主黨員的基礎雖較薄弱，而常能獲得過半數的選擧票，足徵它的施政成果很能得到人民的歡心。阿德諾有剛强的意志，而且常能作正確的領導。他合作的誠意贏得了民主國家的合情，並因而使西德得到外援，各方面都能欣欣向榮。阿德諾的繼承人歐哈德，以建設自由經濟獲得成功而聞名於世。他曾以經濟學者的立場，評論英工黨首相韋爾遜的國營政策，可見他自信力之强。從遠景來看，基督教民主黨的組織基礎始終是它的缺憾。它的宗教觀念使自由的知識分子遠離，而它的社經政策又使工會分子決心站在社民黨一面，它祇有憑領袖們的政績來維持黨的聲譽。而領袖之間的歧見，很容易引起黨的分裂，例如阿德諾與歐哈德之間常鬧意氣，大大削弱了黨的力量。

上述政黨政治的大概情形，實爲戰後西德有安定政治的重要原因。基督教民主黨因爲常在衆院中擁有多數，它有得到衆院合作的充分自信。到現在爲止，內閣尙無須運用基本法中緊急立法事件的權力，可見它的施政方案經常是得到順利通過的。這一種內閣制之下應有的常態，魏瑪時代不可能產生，而西德如回復以往多黨的舊貌，一樣也很快會喪失現在的健康現象。

Ⅳ總統　德國向有崇拜權力的傳統，故總統一職在魏瑪憲法中佔據極爲重要的地位，而其後興登堡因經常須調停於國會及內閣之間，更使總統成爲政治的主角。西德基本法的起草人，顯然不希望西德的總統享有興登堡式的權力。在基本法的規定下，總統沒有緊急命令權，不是海陸空三軍的最高統帥，也沒有抉擇總理人選之權。更重要的一點，他公佈法律或命令時，除解散下院及任命總理的任命外，均須經總理或有關部長的副署（基本法五十八條）。換句話說，西德的總統，有如御而不治的英王，是象徵性的偶像。

為配合上述觀點，西德總統任期五年，由間接選舉的方式產生。總統選舉團稱聯邦大會，由下院全體議員及與此名額相等的各邦議會所舉的代表組成之。總統候選人僅須年滿四十的選民卽具備資格。總統連選得連任一次（五十四條第一款及第二款）。

在上面的敍述中多少可以看出西德的總統現在雖被視為虛位元首，但實在是可以因人而異的。總統的權力皆可活動運用，而其中最重要者，莫過於總理人選的提名。上文謂西德總統無權決定總理人選，因為他提名的人選，須經衆院表決通過。衆院不予接受，總統就無能為力了。在這種規定之下，衆院如有其擁戴的領袖，更具體的說，衆院如有一獲得過半數議席的政黨在，總統實沒有多少選擇的餘地。不過衆院中政黨陣容極為複雜，總統的提名權還是很有作用的。在那種情況中，總統既有在若干領袖中作一選擇的自由，並可能因之而要作解散衆院的重要決定。其實總統的個性與威望，也可以使形式上的權力成為實質的權力。例如阿德諾有意競選總統時，曾表示願提名他的財政部長愛瑞爾為總理，而歐哈德因與他外交觀點不合，所以不認為是適當的人選。阿德諾類型的人自然會把提名權看得異常重要，認為這是為國家服務的最佳機會。第三共和法國的馬克馬翁，其實就是在類似的憲法條文下運用了他的提名權及解散權。

西德第一位總統由自由民主黨的首領赫斯 Theodor heuss 擔任。他既是有經驗的政治家，又薄負文名，更兼爲人和易不好矜持，很適合偶像元首的身分。故首任屆滿之後，其連任幾乎得到選舉團一致的贊同。一九五九年，阿德諾曾宣布有意競選總統。此一舉動如果成爲事實，西德總統的功能可能會發生重大的改變。阿德諾希望決定總理的後繼人選，並謂願指導若干外交的原則。這種種看法，顯然不認爲總統是虛位的元首。以後因後繼人選難定，他決留任總理，而陸培克 Heinrich Luebke 乃被選爲第二位總統。陸培克雖與阿德諾同黨，但亦視總統爲虛位元首，與阿德諾相異。兩位所行，可能爲西德的虛位元首制建樹優良的傳統。

丁、總理與內閣

㈠**總理的產生** 總理如何產生？基本法中規定得極爲詳細。總統提名總理候選人，衆院對之不經討論而卽行投票，獲過半數票者當選。在這個程序中，說明總統有組織政府之責，惟決定權則在衆院。總統不能因其個人的好惡抉擇總理人選，必以能獲衆院多數擁護的領袖組織政府，此原爲內閣制的常軌。惟過去魏瑪德國的經驗，它的議會中不常有明顯的多數黨，故通常的組閣工作，沒有上述程序那樣順利。在小黨林立的議會中，總統雖可以任意選擇一位小黨領袖出任總理，但所組成的政府不易安於其位，而且總統的權力也顯得太大了。基本法有鑒於此，乃規定總統提名的人如不能獲得衆院過半數通過，衆院卽須於兩星期內自己選出一位能獲過半數票的人出來擔任總理。由此一方式選出來的人，總統必須立刻予以任命。衆院自選總理，須小黨能聯合而爲大的執政黨團始有希望，小黨意見過於紛歧，兩星期內無法產生一能獲過半數票的總理，基本法又有第三款選舉總理的方式。兩星期後總理仍未產生，衆院得以較多數票選出一位總理。但在此情況下，總統可以作接受或解散衆院的考慮。蓋僅獲較多票的總理，雖可勉强組成內閣，但不易持久，是以總統不妨以解散衆院的方式來解開僵局。

基本法這許多規定，設想可謂週詳。第一種情形是最正常的環境中產生的，即衆院中有一佔過半數議席的大黨在，總統乃提該大黨的領袖爲總理，總理很容易的就產生了。第二種情形是多黨的環境下產生的，總統嘗試提名一較多數黨的領袖爲總理而未獲通過，衆院各黨領袖乃多方奔走聯繫，冀能形成一强有力的執政黨團，兩星期內如獲成功，內閣亦可順利組成。第三種情形魏瑪時代經常發生，政黨形勢混沌而又無人能予澄淸，內閣乃呈難產之狀，不是以較多數票選一總理暫渡難關，即須解散衆院。所幸西德政黨沒有以往那樣紛歧，一九四九年情形較爲惡劣，惟基督教社會黨與自由民主黨聯合後，即能產生一有施政實力的政府，所以沒有產生過第三種情形。

㈡總理的地位　總理是西德內閣的靈魂，並亦爲行政的最高負責者。他的享有如此崇高的地位，乃依據基本法六十四條及六十五條的規定而來。

六十四條規定：聯邦部長之任免，由總統經總理之建議爲之。此一規定的實際意義，自然指總理得自由任免其閣員。因之，總理的地位與作用，非一般閣員可比。多數內閣制國家，對閣員的任免，其實與基本法的規定無大出入，我人不能謂六十四條有特殊推崇總理的意思。惟德國自俾斯麥建立首相制以來，向視閣員爲高級公務員，而高級公務員又向視有任命權的人爲主管。此一傳統，對總理威信的建立實大有裨益。現在西德內閣規程，猶規定閣員離開首都滿一日者，須知會總理；而告假三日以上或赴國外考察者，須得總理的批准。總理之視閣員爲僚屬，於此可見一斑。

六十五條規定：總理決定一般政策，各部長在此一般政策之下負責其部務。這個規定，大體與英國傳統相仿。惟英國的一般政策，未必由首相一人決定，多數時候須與閣員們共同籌商。基本法的用意，顯然欲糾正魏瑪憲法的缺點。魏瑪憲法曾明定：一般政策由內閣會議決定，而內閣會議中，閣員們均有其相等的表決權。更兼那時閣員不一定與總理屬同一政黨，這個一般政策須由內閣會議通過的規定，更使總理有一籌莫展之感。現在的規定則一反往日傳統，一般政策由總理一人決定，而閣員們均須稟承此一政策以施政。這自然使總理加强其統一指揮的權力，內閣亦因之而有了團體的精神。

在我人印象中，魏瑪憲法與基本法有過猶不及之憾。魏瑪憲法重視閣員們的自由創制，可是忽略了內閣的統一政策。故魏瑪時代的內閣，總理很難建立其領導權。基本法鑒於前失，未免矯枉過正，把內閣制的合議精神完全犧牲了。內閣的團體精神，須建立於責任制之上。內閣如須向議會集體負責，則其責任愈爲眞實，團結亦必愈爲堅固。像基本法那樣以規定總理決定一般政策的方式來加强內閣的一致性，似乎過分不重視閣員的地位。遇到一位個性很强的總理，閣員自然就成爲屬員。這樣，可能製造人事糾紛。基本法明定總理決定一般政策，閣員於此，不能分享權力。然則西德內閣會議的作用又何在？閣員於內閣會議敬陪末座，恭聆總理的言論，或則總理高據上座，聽取閣員們的報告，這不是內閣制而是總理制了。閣員須依總理所決定的一般政策施政，而又對其部務負責。此種責任，如何負法？團體責任的精神是在共同決定政策的條件之下產生的。今以決定權付總理一人，而責任則閣員共負，既失事理之平，亦很難使具有獨立意志的政治家安於閣員的地位。總理辭職，閣員的職位亦同時終止，顯然閣員與總理同進退而不能有固定的任期。是則閣員應在議員中選擇，而不能從文官中去物色。惟在俾斯麥以來的德國傳統中，政務官與文官界線不清，俾斯麥自視爲王帝的第一臣僕，對王帝負責而很少對國會負責。對他的閣僚，自然更以臣僕視之。那時的閣員，可以說都是高級文官。現在西德的閣員，比照文官叙薪，且規定在政府服務滿十年者享受退休待遇，仍把閣員看作文官。西德一九五四年出版的憲法教本尙謂閣員可以不從文官中選擇。從這個話裏面，可以看出西德人士尙以爲自文官中選擇閣員爲正常狀態，並沒有了解政務官的眞正意義。

就事實言，內閣中文官出身的人已逐漸減少。阿德諾第一次組閣時有四位文官，第二次僅一位文官，第三次竟沒有一位文官。歐哈德繼阿德諾爲總理後，也沒有在文官中去選擇閣員，與第五共和法國大爲不同

㈢**內閣與衆院**　總理由衆院通過或選舉，所以西德的內閣可以說由衆院決定人選的。同時，內閣也因衆院的反對而傾覆。基本法六十七條及六十八條規定：衆院如通過不信任案或不通過政府所提信任案，總理皆須辭職，而其他閣員的職位，當然亦同時終止。從表面看，西德的內閣受制於衆院，與魏瑪時代並無二致。不過細考那兩條的精神，很容易發現西德內閣所負的責任是不很完全的。

第一，衆院對內閣的不信任，須以明示的方式爲之，暗示的手段不能發生作用。這就是說，政府所提法案而不爲衆院所通過，並不形成不信任事件。政府施政，全恃向國會所提的法案爲依據，如果法案遭國會否決，實際上它的政策已受挫折，它應否留任，已大有問題。西德爲保持政府的安定計，這類暗示的不信任並不能動搖政府的地位。西德政府黨的議員，一樣對政府提案濫肆批評，例如調整薪給的法案，財長原擬提高百分之四，並力言這已超過國家財政的力量了，但政府黨的財稅委員會的主席受文官公會的壓力，竟提高爲百分之九。這類事例，說明西德的制度對政府亦有利有弊。自其利而言，政府不因法案之橫遭修改而去職；自其弊而言，議員的言論亦不負責，而且各部必須個別對衆院作戰，對內閣

集體責任的精神頗多打擊。

第二，衆院提不信任案的權力是很受限制的，它必須同時以過半數票選出繼任的總理。這就是說，衆院如不產生一位新的總理，它就不能爲不信任的表示。這個條文的意義，必須自政黨政治的實際變化中求其解釋。政府是某一政黨或某政黨集團能在衆院中控制過半數票而產生的，此一情勢不變，上述事件自無發生的可能。此一情勢縱稍稍改變，例如執政集團內若干分子因不滿政府政策而辭職，也不會形成嚴重勢態，因爲他們卽加入在野集團，仍不易產生一位新的總理。上述嚴重事件的發生，必然因在野集團變成多數，而且它們堅決擁戴一位新的領袖。在這種情形下，聯邦總統自然祇有接受衆院的決議了。不過這種情形是不容易發生的，多黨的議會，傾覆一個政府容易，而產生一個政府則非常困難，因爲多黨的複雜情形不會共同擁護一位領袖的。基本法根據此一原則以限制不信任案的條件，可以說是安定政府極爲有效的方法。

關於信任案的否決，情形也是一樣。信任案是政府提出來的，而所以提信任案，自然爲了堅持政府的立場，表示願意爲某一政策作去就爭。例如阿德諾的重整軍備方案，各方反對的聲浪雖高，政府認爲必須實施，乃要求衆院對此作信任投票。衆院未能過半數通過該信任案，總理可於三星期內請總統解散衆院。惟衆院能於三星期內以過半數票產生一位新總理者，卽不能解散衆院而惟有內閣總辭。

基本法所以設計此不完全的責任制，主要的原因爲國家不能一日無政府，而衆院濫用其不信任權會造成無政府狀態的。這是德法的慘痛經驗。因之我人可見成功的議會制度，須議員們有自制的德性，而其政治智慧，尤在能識大體，辨利害，不爲意氣之爭。我人常謂民主政治的成功，有賴於人民——最少是他們的代表——能有較高的道德與知識的水準，實卽指此。

Ⅴ、**聯邦議會**　聯邦議會由聯邦衆議院及聯邦參議院兩院組成之，爲聯邦最高立法機關，兩院之間的關係，並不平衡，玆爲分述如後：

㈠**聯邦衆院** Bundestag　聯邦衆院爲西德民選的立法機關。衆院每一屆任期四年，遭解散時則提前結束。基本法規定衆院於任期結束前三月內舉行改選。選舉是依直接秘密普及的三項原則進行的，因之，衆院議員均爲民選的代表。選舉的詳細辦法，已於政黨政治一節中討論，此間不贅。所可注意者，西德歷次選舉的紀錄，似選民已不像從前那樣愛好理論，故於政黨所揭示的標語不感興趣，而祇追求實際的福利了。小黨在這種轉變中很受打擊，因爲選民了解小黨標奇立新的主張，不足重視。在他們所看到的政黨搏鬪中，各黨理論一若南轅北轍，而行動則又很相類似。轉不如投大黨的票，政局得以安定。以是小黨很少能得到百分之五的選票，不能在衆院中佔有議席。衆院由是清靜得多了。

西德的議員，初期多數爲新手，有議會經驗者，不過百分之五。議員的職業分佈很廣，很多在地方議會或地方機構兼任職務，這是西德很爲特殊的現象。議員之中，研究法學者較多，對於立法者應該說是很好的訓練。但大會中討論的空氣單調沉悶，水準並不很高，是蓋議員均受黨紀約束之故。基本法三十八條雖規定衆院議員爲全國人民的代表，僅服從其自己的良心而不受委任或指令的拘束。事實上議員們很少違背黨的領導的。社民黨繩墨最嚴，基督教民主黨較爲鬆懈，但它的議會黨團亦規定不依黨的決定投票者，須事先聲明其立場。議會黨團的會議 Fraktinne 不僅決定對法案的立場，甚至還指定發言人。衆院的議長副議長，亦由議會政黨瓜分。議長爲執政黨的議會領袖，副議長三人，三個大黨各據其一。

議會的日程及委員會工作的分配，由議長副議長及各黨代表所組成的委員會 Council of Elders 決定。衆院分設若干委員會，其作用介於英美委員會之間。議會黨團經常選專家及利益集團的代表，充各委員會委員，使委員會對政府提案常作重要修正。委員會在秘密中進行，政府部會長及其隨從文官均有權出席說明，雙方如何獲得協議的內幕，很少對外洩漏，不過政府提案常在委員會審查的階段變更內容，可見委員會的功能殊非英國式者可比。

講過衆院的概況以後，可進而說明它的權力，衆院是戰後德國很受歧視的一個機構。魏瑪時代，衆院因受多黨之累，始而合縱連橫，頗使內閣不安；繼而內閣賴緊急權施政，沒視衆院的意見；最後希特勒出而獨裁，小黨固各個擊破，衆院亦名存而實亡。這一段苦難的歷史，實爲起草基本法者引爲深戒的前車之鑑。他們盡量加强總理的地位，已如前述，而於衆院的倒閣權，亦嚴爲限制，務使翻雲覆雨的國會議員們無所施其伎。這樣，他們認爲西德始可像英國那樣有一個行動靈便的政府。

但衆院依舊是西德主要的立法機關，法案的提出，七十六條第一款規定聯邦政府，衆院議員及參院代表均可爲之。惟政府提案，應先送參院審查，俾三星期內提供意見。不涉及邦界及邦權的法案，參院僅能擱置否決，衆院有最終決定權。這就是說，參院即有異議，衆院如能以同樣的多數維持原案，即可不顧參院之反對而成立。

法案的通過爲政府得以施政的主要根據。政府如不能控制衆院的多數，它所希望的法案卽易在議會中受打擊，內閣並可因此而垮台。衆院享有一般法案的最終決定權，其聲威似可與英國的平民院相比，然而不然。一則內閣認爲必需的立法而爲衆院否決者，內閣不特不必辭職，並可於徵得聯邦參議院同意後，宣佈該法案爲緊急立法事件，衆院縱再度否決，政府仍得公布爲法律（基本法八十一條）。惟每位總理的任內，祇能一次運用此項權力，這是相當嚴格的一種限制。

緊急立法事件與魏瑪憲法的緊急命令權有許多區別。緊急立法事件僅爲內閣貫徹某一法律案而採用的手段，而緊急命令則爲應變的一般權力。緊急立法事件的產生，無非爲內閣與衆院之間有歧見，內閣又深感某一法案勢在必行，乃不顧衆院之反對而採用此一手段。緊急命令乃國家遭遇劇變而運用的比較廣泛的非常權力。又緊急立法事件不得改變基本法，而緊急命令權可以停止一部分憲法的作用。阿德諾於一九六〇年提出緊急命令權的基本法修正案，以充實政府準備非常的權力，因社民黨的堅決反對而沒有成立。

除立法權之外，聯邦衆院尙有調查權。基本法四十四條規定衆院有設置調查委員會之權利，如經四分一議員的請求，則有設置的義務。在議會休會的時間，常設委員會並可兼行此調查權。調查權的運用，不得侵犯書信、郵件、電信以及電話的秘密。法院以及行政機關，皆須協助此種調查。惟調查委員會所認定的證據，法院沒有採用的義務，並得對之自由作評價與判斷。

復其次衆院有如英國的平民院，其議員對政府可以提出詢問。但運用的實際效果，兩國相去甚遠。所以然者，旣有制度的原因，亦與議員的素養有關。自制度言，西德詢問的時間太少，一九六〇年之前每月僅得一小時，而且詢問內容以辨明事實爲限，並須事前以書面爲之。在這種種限制之下，政府殊不以議員的詢問爲意。政府充分的準備之後，事實眞相皆可得以掩飾，答覆辭令均成官樣文章，議員們對之亦毫無興趣。舉例來說，議員問：英國牛津地圖以蘇維埃東德爲獨立國家，政府準備向英政府交涉而要求修正否？這個問題提出後，經兩星期始爲答覆：其語云謂政府早向英政府交涉，惟事屬私人及學術團體的活動，友邦政府固不得任意干涉，我國政府亦無法强人所難云云。

最後，聯邦衆院有節制內閣的權力。自總理的通過或選擧以至不信任內閣而使之傾覆，可謂有絕對的制裁權。不過它的節制作用受着嚴格的限制，這在上文已有敍述，不復另贅。

衆院在任期屆滿之前，總統有解散之權。總統的解散權，必須於下述兩種情形之下行之。第一、總理難產而有形成無政府狀態的危機時，總統可自行決定解散衆院。這是新任衆院集會之初可能發生的情形。第二、衆院沒有通過政府所提信任案而又未能以過半數票選出新總理，總理於三星期內可提請總統解散衆院。第二種情形，名義上雖是總統在行使解散權，實際上是內閣的決定。這是內閣業已組成而衆院與政府形成僵局時發生的。

(二)聯邦參議院 Bundesrat　基本法五十一條規定：由各邦就其高級人員中任命代表組成之。每邦最少可有三位代表，人口在兩百萬以上者有四位代表；六百萬以上者有五位代表。各邦的投票權，與其代表名額同。現時四邦派遣五位代表，三邦派遣四位代表，三邦派遣三位代表，共有四十一位代表。代表皆受邦政府節制，故每邦代表的投票是一致的。事實上代表們皆爲邦政府的廳處長，大部分的時間都在邦政府工作，一月不過一兩天在波昂。因此之故，代表又指定邦的常任文官留駐波昂，並代其出席。這種形式的議會，乃世界中最特殊的議會。

參議院在立法方面的權力，略遜於衆院，但還是近代國家中頗具作用的上議院之一。參院對法案的作用可分幾個階段來說明。政府提案未經衆院討論之前，先交參院審議（七十六條），審議時間可達三個星期，這因爲參院同時亦是行政顧問的原因。在審議階段中，參院不能否決法案，而祇能陳述它對法案的意見。審議階段是參院發揮其作用最重要的階段。參議員爲各邦高級行政官，實際上就是聯邦法的執行人，他們指定的代表，更爲邦政府中有經驗的資深文官，參院如以實施困難爲理由而要求政府修改若干細節，很容易得到政府的同意，而以修正過的提案提出於衆院了。參院能於沉默中影響政府，實皆有賴於此。

衆院討論法案而達成決議後，卽轉參院討論，此爲參院對法律案表示其態度的第二階段。參院如表贊同，法案卽能成立。如不同意，兩星期內可要求召開兩院代表所組成的聯合委員會，以期能協議一折衷方案。在聯合委員會中，參院代表不受各邦指令約束，俾利協議的進行。聯合委員如獲得協議而建議修改，衆院應採取這個新決議（七十七條）。如聯合委員會仍不能獲得協議，參院可以在一星期內提出異議，這才把參院與衆院的歧見表面化而公之於世。參院很少採取此一途徑以貫澈它的立法主張。參議員旣爲邦政府的高級官員，自然亦有黨籍，豈肯與獲得執政黨支持的法案爲難？而且在審議過程及聯合委員會的過程中，它已有充分的爭取其立場的機會。參議員知道得很清楚，他們在幕後易於發生作用，所以很少想把自己的行動成爲報章的頭條新聞。以是西德人士甚至有不知參院的存在，而它却堅强地掌握着立法的主舵。

除上述立法權外，參院又有許多衆院所沒有的權力。基本法五十條規定參院參與聯邦的立法與行政，可見它不是單純的立法機構。它經常要爲聯邦政府的行政顧問。上文提到的法案審議權，緊急立法事件的同意權，均屬這一類性質的權力。聯邦政府所頒發的法規命令而關涉鐵路的建設與經營，或鐵路及郵電的收費原則者，亦須經參院的同意。聯邦不滿於邦的執行，雖經指示而未能消除者，可提請參院裁定其是否違法，參院對此所作裁定，可向憲法法院上訴。

從上述情形來看，西德參院保護邦權的力量，較美國的參院爲大。

VI、司法制度及憲法法院

㈠法律哲學及司法組織 德國以長於法家精神聞名於世。蓋德人深受黑格爾思想的影響，向視法律爲國家意志的表現。法律與國家，乃一而二的同義名詞。由是以盡信法的態度造法，其法典之完備，勝過近代的任何國家。他們因爲重視法律的作用，對司法人才的訓練，亦極其嚴格。法官有其特殊的升沉途徑，與其他職業皆不可通，卽業律師者亦不能打入。大學的法科學生卒業後，可在律師、文官以及法官三途中選擇其一。入司法界者必須經過考試，及格者得試署機會，再試及格方能得正式法官的資格，這時年齡已在三十左右了。以後循一定的階梯上升，五十左右始有爲邦高等法院法官的希望。在這種嚴密的系統之中，司法界自成團體，與其他社會的接觸很少，而對社會的反應亦至爲遲鈍。

論德國的司法組織，它因採聯邦制，邦以內卽有三級制，自地方法院上訴法院，以至高等法院，似乎已完成邦司法的完全體系。惟德人求統一的意志，在司法界一樣的極爲强盛。在各邦最高法院之上，設置聯邦最高法院，以統一法律的解釋。所以聯邦最高法院，不祗爲執行聯邦法而設，邦法院與聯邦法院是混爲一體的。德國司法組織中另一特點是民刑法庭之外，設立許多專業的法院，例如行政裁量之有行政法院，財稅之有財務法院，勞工問題之有勞工法院，社會福利業務之有社會安全法院，這類專業法院自成系統，而且歸屬於各該業務有關的部會與廳處監督。行政法院屬內政部，財務法院屬財政部，勞工法院屬勞工部，而社會安全法院屬社會部。

㈡**憲法法院** 基本法爲西德創立一個憲法法院，這是相當新鮮的制度。憲法法院的法官，原先爲二十四位，以後緊縮爲二十位，其中六位爲終身職，另外的十四位由衆院及聯邦院分選。憲法法院的管轄範圍，詳定於基本法九十三條之中。甲、聯邦最高機關，或其他依本基本法或聯邦最高機關處務規則而具有固有權利之關係人，於其權利義務的範圍發生爭執時；乙、關於聯邦法或各邦法律在形式上及實質上是否適合基本法發生疑義時；丙、在這種情形中，聯邦政府，邦政府及三分一的聯邦衆院議員皆可請求解釋；丁、聯邦與各邦間，邦與邦間，發生爭議而無其他訴訟方法時；戊、其他基本法規定應由憲法法院裁判之案件，例如政黨之是否違憲。

從上述條文，可見憲法法院管轄範圍之廣，遠勝美國的聯邦最高法院。玆就已有的判例，來說明它職務的性質。第一類解釋聯邦法是否違憲一款，一九五七年社會民主黨佔優勢的黑森邦曾指責准許公司扣除對政黨捐輸的所得稅爲違憲。憲法既以平等待遇各政黨爲精神，而該法將鼓勵各公司對執政黨納捐，以是違憲。憲法法院依據社會事實，確認該法對某些黨特殊有利，宣判該法無效。一九五二年，小黨指責獲票百分之五始能在下院有席次的聯邦法違背各黨平等待遇的憲法精神。憲法法院却謂：政黨分裂有害政務的順利進行，該法爲合理的規定。從這許多例來看，爭訟者未嘗有實際的案件，法院所表示的意見亦往往逸出法理的範圍。

第二類，聯邦或邦的行動是否越出憲法的範圍，常爲憲法法院所須裁判的艱鉅案件。一九五八年，聯邦從事原子軍備，而社會民主黨努力阻止，由是社會黨佔優勢的漢堡以該案提付省內人民複決。聯邦指控漢堡逾越其權力範圍。憲法法院亦認為國防及外交乃聯邦權，邦不得干預，故漢堡的行動為違憲。一九六〇年聯邦政府謀統一全國電視網的管理，屢次與各邦協議未成，阿德諾總理乃毅然採取立法行動，邦指控其違憲，憲法法院因基本法三十條明定未賦與聯邦之權力為各邦所保有，電視網既未列入聯邦權之內，該聯邦法為違憲。

第三類，人民認為憲法所保障的基本權利受有侵害時，得提請憲法法院解釋。德國向受專制統治，一旦憲法保障人民權利，由此而發生的爭訟，數量自然很多，每佔總解釋案件的百分之八十。受理此類案件的第一庭，很有不勝負荷之苦。西德的訴訟程序法，似乎有意要掃除官僚政治的作風，凡提出此類訴訟者，不負擔訴訟費用，亦不必委託律師辯護。因為這個關係，人民皆躍躍欲試，一伸其自已認為所受的寃屈。在這類案件中，許多是幼稚而可笑的。例如妓女認為取締娼妓的規定為妨害他們的職業自由與居住自由，取締滋事的酒排為妨害集會自由，凡此種種，說明德國雖有不少著名的權利哲學家，但多數人不很熟悉權利的意義。憲法法院辛勤的工作，可能會發揮一些權利教育的功能。

第四類為西德憲法法院最特殊的職掌，它須檢定政黨組織及活動之是否民主，把有背民主精神的政黨宣判為違憲。此一條文的實際效力如何，憲法法院已受過兩次考驗。其一為聯邦社會黨S.R.P.。該黨乃納粹分子所組成，其組織的方式及宣傳的口號，皆脫胎於舊日的納粹黨。該黨成立之後，在西德北部極為活躍，於一九五一年即能獲得百分之十一的選票，聯邦政府乃依據基本法提請宣判其違憲。其二為德意志共產黨，聯邦政府於同年亦提請宣判其違憲。對於第一案，憲法法院很快獲得結論，認為納粹主義政黨正是基本法所欲防止的反民主組織，迅即宣判其為違憲。對於共產黨，憲法法院認為共產黨於一九四八年前參與政府，並有代表參與基本法的起草工作，自理論言，應非基本法所欲取締之政黨。該案懸而未決者四年。其後東西德的關係日趨惡化，而突擊搜查共產黨部所獲資料，證明共產黨有破壞國家民主基本秩序的陰謀。憲法法院乃於一九五六年宣判共產黨違憲而禁止其活動。

從憲法法院現有的效果而言，應該說是極有貢獻的。它把極右極左的政黨均宣判爲違憲，使之不能立足而無從發生顛覆的作用。但一般而言，此一制度的價値還是値得懷疑的。舉發反民主政黨者爲聯邦政府。就理論言，聯邦政府以超政黨的立場代表國家。而就事實言，它必然由執政黨組成，因之亦必有其政黨的偏私的立場。執政黨如藉憲法法院的作用以取締在野黨，其後患又將如何？政黨之是否民主，純爲一政治問題，非法律所可以解決。美國聯邦最高法院所以拒絕對政治問題作任何裁判，乍視之如逃避責任，細想之實有至理。法院而經常涉及此類問題，必然會牽入政治漩渦之中，它會因此失去獨立的地位，憲法法院除上述四種管轄權之外，尙有其他作用。選舉爭議中涉及憲法的問題；國際法及國際條約之中，何者對德國有拘束力；總統、聯邦法官以及邦級法官，經國會彈劾爲破壞憲法者，皆須由它裁判。

從上所述，憲法法院的任務實甚繁劇。它過去的工作，德國的公法學者曾有加以指責及批評者。不過他們多數相信這是基本法造成的錯誤，而法官不能負其咎。憲法法院的政治功能是基本法所賦予的任務，不是它好大喜功而妄事干預。法院於運用此類權力之際，已極盡戒愼戒懼之能事，未嘗逸出基本法所劃定的範圍。就西德所獲經驗，以政府機關爲請求解釋的主體，很易提出使法院左右爲難的政治問題。聯邦與邦未必皆掌握於一個執政黨之手，由是聯邦與邦的爭議，往往就是兩黨政綱的衝突。同時，在野黨可能控制若干邦的政府，如社會民主黨之控制黑森然。在這種情形之下，邦可以利用憲法法院來作政治宣傳。這都會使法院很感爲難的。

本章參考書：

Gerald Freund: Germany Between Two Worlds N. Y. 1961

Arnold J. Heidenheimer: The Government of Germany, Thomas Y. Cromwell co. N. Y. 1962

Edgar McInnis: The Shaping of Post War Germany, N.Y. 1960

第八章　第五共和法國

世界國家之中，論立憲的歷史，法國僅後美國十數年。但是它的憲法經常改變，制憲之勤，世界國家中尙鮮其匹。這因爲它受盡民主與專制往返革命之苦，政治缺少安定的基礎，而每一次舊制被推翻之後，必以新的憲法來建立新的秩序。大革命以迄拿破崙執政，稱第一共和。其後拿破崙稱帝，第一共和乃告傾覆。拿破崙滑鐵盧失敗後，繼之以查理十世的復辟，路易波旁的繼位，而有一八四八年的第二次革命，建立了法蘭西第二共和。不久拿破崙三世稱帝，一直到普法戰爭時拿破崙被俘，乃有第三共和出現。第三共和經過兩次世界大戰，二次大戰中又告傾覆，在德軍的支配下成立維琪政府。此時戴高樂將軍亡命倫敦，繼在阿爾及里成立自由法國政府。盟軍登陸諾曼第，戴高樂亦凱旋返法，是爲第四共和法國。戰後的法國，創巨痛深，而海外殖民地又紛紛獨立，政府更難樹立威信。同時，法國的小黨仍以倒閣爲爭奪政治地位的重要方法，政府不能以久遠的政策克服困難，遂有一九五八年阿爾及里軍人徵召戴高樂將軍組織政府的要求。戴高樂東山再起之後，以修改憲法的原則提請選民複決，經複決通過後，他即組織制憲委員會，並自任其主席。這部新憲法，世稱法蘭西第五共和憲法，法國亦因之而進入第五共和的時代。

第五共和憲法所規定的政治制度，與以往任何時代都有不同。不過其他部門，很多繼承舊的傳統。例如它未列人權憲章，而承認以人權宣言以來的成就爲其基本的原則，而國體亦仍採共和，未稍變更。

因之，研究第五共和憲法者，必須熟習法國以往的許多憲法，然後能正確地把握其精神。本書非研究法國憲法的專著，沒有篇幅詳敘過去的歷史，僅於討論現行憲法條文的時候，略提以往有關的各種規定，以示其間的演變而已。

I、制憲的經過及第五共和憲法的特點　第五共和是法蘭西的新時代。它得到前所未有的安定，國會不再囂張了，內閣不常傾覆了。由是政府有了政策，並能有效地從事多種改革。這一切，幾乎都可以說是奇跡。許多人說這種奇跡是新制度所發揮的效果，而法國的公法學者（例如蓋必當 R. Capitant）卻說建立新制的第五共和憲法是最壞的一部憲法。法國的知識人士總覺得第五共和是違背它共和傳統的，因之對新憲法亦不無微辭。

㈠政府制定的憲法　以往法國憲法，都是在國會中討論。憲法中主要問題，不僅議會中反覆詰難，與論界亦各抒所見，可以說是集合各方面的意見而形成的結晶體。第五共和憲法僅由臨時政府組織一小組委員會，雖由戴高樂親任主席，事實上由戴布瑞一人執筆。就制訂的形式而言，它缺少民主的氣氛。不過戴高樂臨危受命，曾以修憲爲要求，而組成政府之後，卽以修憲問題提付人民複決。故委員會的修憲工作，其權力來自人民，不足以爲第五共和憲法之病。

㈡不完整的憲法　第五共和憲法雖有十五章九十二條，但許多重要的制度，沒有列入。例如司法組織以及地方組織，都沒有能作任何規定。關於人民權利，僅於引言中謂：「法國人民對於一七八九年人權宣言所規定，並經一九四六年憲法所確認，而又加以充實之人權及國民主權的原則，鄭重聲明，恪遵不渝」。也極草率急就。很顯然的，第五共和憲法的重要宗旨，僅在賦總統以新的權力；確定內閣與國會的關係；以及防止國會權力的濫用。除此之外，均因時間怱促未及詳細研究，留待命令加以補充。九十二條規定：「爲建立新的政制，或在新政制尚未建立之前，行使公權所必需之立法措施，由國務會議咨詢中央行政法院之意見，以具有法律效力之條例處理之」。由是法政府在不及一年的時間中頒發了近三百條命令，如聯邦規程，選舉規程，法院組織規程，社會經濟委員會組織規程，性質皆極重要。其後總統頒佈「決定」規定聯邦制度發展的程序。國會又通過其他法律，才把第五共和的新體制眞正建立起來。其實任何國家均未嘗能把重要原則完全納入憲法之中。第五共和憲法有其疎漏，也不足以爲深病的。

㈢新創的部分　第五共和憲法曾創造若干新的原則，如內閣制之上設置賦有實權的國家元首；如劃定立法權的界限；皆將於後文詳述，此間不贅。

除上述兩點一反舊日傳統外，下述數項新原則多數學者認爲亦極重要。

甲、國協主義的建立。法國與英國一樣，戰後深爲殖民地問題所苦，它所擁有的海外領地，皆爲如火如荼的民族主義所淹沒。越柬寮三國及摩洛哥突尼西亞等先後獨立，其餘亦皆有脫幅而去之勢。戴高樂早於一九四六年的制憲演說中主張國協主義爲解決此殖民地問題的總綱領。他說：「國協的形式是逐步發展的，但其原則必須提示於第四共和憲法之中」。十二年之後，他主持第五共和憲法的起草工作，乃以此原則規定於第十二章之中。憲法僅規定國協的分子國享有自治權（七十七條）。惟法國原爲殖民帝國，本部與領地之間，關係並不平等。如何自此帝國一躍而成爲國協，必須有一定的程序。憲法七十六條曾規定：「海外屬地：一經其本身議會之考慮而明白表示其願望者，得改編爲共和國之海外省，或加入國協而爲分子國」，第八十六條又規定：「共和國或分子國議會得決議要求變更分子國之地位。……分子國地位變更之方式，以共和國國會及各該分子國議會之協議定之」。可見在戴高樂的心目中，這個國協尚在演進之中。

國協的組織形式，以法蘭西共和國總統爲國協總統，而負行政之責的總理，各分子國自行產生。各分子國總理及主持國協共同事務之部長，組成國協行政委員會，以總統爲主席。行政委員會的功能，在謀求各分子國行政上及政治上的合作（八十二條）。除此之外，還有國協參議院（八十三條）及國協仲裁法院（八十四條）。不列顚國協僅有總理會議，其他皆付缺如，法蘭西國協似較進步。惟國協參議院若變成英國過去的貴族院，而仲裁法院變成英國樞密院的司法委員會，則此一組織方式，必將引起分子國的不滿。蓋國協機構的功能過大而其宗旨又偏向共和國利益時，顯然與各分子國要求獨立的願望是相左的。

如上所述，第五共和憲法祗描繪一國協的輪廓，詳細內容猶待組織法命令甚至各分子國與共和國的交涉來作補充，誠如戴高樂所云：國協是逐步進展的，故他不願由憲法詳細的條文來局限這個國協的發展。以後事實的發展，一九五八年批准憲法參加國協的十二分子國，一九六一年象牙海岸國，達荷美等非洲國家皆主張完全獨立而退出國協。國協沒有成熟而已面臨瓦解的危機了。

乙、政黨地位的被承認。憲法第四條規定：「政黨及政治團體，在選擧中發揮它們正當的作用，組織政黨的權利及活動不受限制。惟政黨必須遵守國家主權及民主的原則」。

戴高樂雖厭惡政黨政治，而重執政權之後，於憲法中表示尊重政黨在選擧中的合理作用，並承認政黨在國家中的地位，及國民組黨的權利；對新共和聯盟之外的黨團及政黨領袖，不無綏靖及撫慰的意義。同時，對共產黨可能是種警告。共產黨是國際性的，並不尊重國家主權。共產黨又强調階級獨裁，根本違背民主原則。對這樣的政黨，必要時自可宣佈它違憲而予以取締。惟上述條文，僅為原則上的宣示，至於不遵守國家主權及民主原則的政黨，究應如何取締？憲法委員會能否宣判該類政黨為違憲，有如西德憲法法院之所為？第五共和憲法皆無具體規定。

就便我人可略述第五共和政黨的趨勢。法國原為多黨國家，而且沒有一黨能在國會中佔過半數的議席。這是它以往模仿英國制度而結果大為變質的重要原因。戴高樂東山再起之後，法國多黨如故，除蒲嘉德派外，沒有什麼黨消失於政治舞台之上。但是產生一個新的大黨，以新共和聯盟的名義，控制國會上下兩院較多數的議席，使法國的政局粗得安定，這是使法國政治得以改觀的重大事件。我人將集中篇幅以說明此一大黨的宗旨，姿態，以及可能有的變化，藉以把握法國政黨政治的前途。

從新共和聯盟的名稱，可以知道它是許多派系的大聯合，人民復興黨內部發生分裂之後，戴高樂即解散該黨，並宣佈他不再組黨。一九五八年東山再起，他仍堅持此一立場。他認為他是法國人民的領袖，而不是任何政黨的領袖。他宣稱超然於政黨利害之上，這很可能是他精神感召力大為增高的原因。但說來奇怪，新共和聯盟是以對戴高樂個人效忠的觀念聯合起來的。除此之外，這個政黨不能產生任何統一政綱。因之新共和聯盟有一共同的領袖，但這位領袖並不在它組織之內，不過是各派系共同的精神偶像而已。是以戴高樂個人的存亡以至其聲望的起落，都會影響這個聯盟的團結的。

人民復興黨解散之後，其殘餘在蘇斯泰爾及加龐德爾模 Chaban Delmas 的領導下組成社會共和黨，在國會中仍能佔若干議席，這是新共和聯盟的中堅。原來戴高樂將軍的舊部，多數對他崇敬異常，這些人未必參與政黨活動，但亦是新共和聯盟的重要基幹。除此之外右派分子也不少於一九五九年加入聯盟。法國右派勢力向稱雄厚，第三共和時代常能出而組閣。第二次大戰後，實力銳減，蓋右派很多因參與維琪政府而受整肅，遂不復活躍於政治舞台。但未參與維琪政府者尚有農民黨及激進社會黨等。此次亦與戴高樂派携手，新共和聯盟的聲勢遂可以迫人。

戴高樂被選為總統之後，決心以民族自決的原則解決阿爾及里的長期糾紛。這使蘇斯泰爾一系大為失望。阿爾及里的白人，多數為小有產者，對阿爾及里的獨立運動最為反對。他們自知無力回歸祖國，故獨立如告成功，他們將受異族的統治。而阿爾及里的駐軍，多數亦欲一戰以雪在越南等地敗退的恥辱。蘇斯泰爾深得這兩種人的愛戴，遂為叛軍的首腦。這造成了一九六一年阿爾及里的叛變。戴高樂於獲得人民信託後，以强硬手段予以解決。他應變的迅速獲得法人的讚美，可是蘇斯泰爾及其阿爾及里派成為不滿分子，新共和聯盟分裂了。

如上所述，新共和聯盟能否發生安定議會政治的作用是極可懷疑的。他內部的複雜關係，幾乎可以說是法國政黨政治的縮影。戴高樂的存亡，即可影響他的分合。

丙、憲法委員會功能的加强　第四共和已設憲法委員會。該會以總統為當然委員，並由其擔任主席。其餘的委員，由國民會議就院外人士選七人，參院選三人。憲法委員會的會議因總統及參院議長的聯名請求而召集，從事審議國民會議所通過的法律案。經憲法委員會決議為屬修憲性質之法律案，須交回國民會議依修改憲法的手續重行審議。是蓋第四共和的國會雖仍有兩院——參院及國民會議，然以國民會議爲惟一的立法機關，參院幾近備位。不過在修改憲法的時候，參院很有作用。兩院各以五分之三的絕對多數通過的修正案時，不經人民複決卽可生效；而參院反對的修正案，必須經人民複決通過始能成立。國民會議所通過的法律案參院不表同意並認爲此法律案屬於修憲性質，可以絕對多數的決議請議長與總統聯名要求憲法委員會審議。這是參院對國民會議立法權阻撓的手段之一。但修改憲法的法案究屬少數，所以憲法委員會召集的機會是很少的。

第五共和的憲法委員會，由總統、參院議長及國民會議議長各任命三人組成之。總統並任命其中之一人爲主席。它主要的任務有三。其一爲監督國家選舉及其他公民投票。總統的選舉以及公民的複決投票，皆在其監督之下進行，並由其宣布結果。在國民會議議員以及參院議員的選舉中，它是選舉糾紛的裁決者。其二，它是總統的法律顧問機構，總統於行使緊急權的時候，應咨詢它的意見。可是在這種場合中，它祇是顧問的身分，它的意見並無拘束力。緊急時期所作緊急措置，往往涉及人民權益，其措置是否必要，經一獨立機構予以研究，自然可以減少一些錯誤。但緊急權爲總統獨有的權力，緊急決定又可暫時替代憲法及改變憲法，憲法委員會的審議幾乎可以說是多餘的。

憲法委員會最後的一種功能最爲重要。國會所通過的法律案，組織法案以及政府進行的國際條約草案，於未公布及未批准前，得由憲法委員會審議其內容是否違背憲法精神。經憲法委員會決定爲違憲者，法律案及組織法案不得公布，條約草案不得批准。它的決定是最後的，不得上訴。政府及國會對立法權與命令權的範圍發生爭議，或政府對國會修改預算的提案認爲違憲時，亦可請憲法委員會來作裁決。其決定的效力，亦屬最後性質。

可注意者，憲法委員會的主要職權雖爲審議法律案是否違憲，但它不是主動的去進行這類工作。非經總統、總理、或兩院議長提出申請，它不能表示意見。這與美國聯邦最高法院不主動去審核法律是同樣的情形。惟美國對法律發生違憲與否的疑問者爲提起訴訟的國民，而法國則爲議長總理及總統等有立法或公布法律之責的當軸者。國民提起訴訟，緣於其權利受到損害。當軸者對於法律案或條約草案發生疑問，或則緣於不同的法理認識，或則緣於應有職權的受到破壞。而在法國制度的實際運用中，上述爭議是應該很少發生的。就法律案言，通過者爲兩院。兩院可能各抱歧見。在這種情形中，通過於甲者必否決於乙，根本不會產生法律案，議長又何必請求解釋？總理對法律案可能表示歧見，惟法律案可能就是他的提案，也可能是議員的提案。總理自已的提案，他不該出爾反爾；議員的提案，他於審議中已可停止其討論。議長及委員會不同意總理的見解時，雙方才有請求憲法委員會解釋的必要。總統對法律案自然也可表示歧見，惟總統有交回覆議之權，須覆議而仍爲議會通過時始有提請解釋的可能。法憲已充分發揮行政權節制立法權的作用，總理或總統所不同意的提案，事實上不容易在國會中通過。法律案之違憲與否，如僅議長總理及總統有提請解釋之權，憲法委員解釋的機會一定不會很多的。條約案則發動者爲內閣，批准者爲國會，而公布者爲總統。總統所不同意的條約案，可於他主持的國務會議中表示其意見。國會所不同意條約案，根本可以不予通過。所以也很少會發生請求解釋的情事。因爲這種種關係，憲法委員文字上的功能是加强了，實質上的功能還和第四共和時代的一樣。

從第五共和的經驗來看，憲法委員會對許多應該解釋的問題反而無權解釋。例如一九六一年戴高樂以總統選擧法的修正案提付選民複決，國會憲法委員會以至內閣的多數閣員皆認爲違背修憲的程序，可是此一舉動，既非法律案亦非條約案。憲法委員會表示的意見，不過爲總統參考之用，並無拘束力。而內閣又由總理爲之統率，總統視閣員們爲僚屬，其意見向不受重視。如是，內閣與國會互相節制，而總統則獨立運用其職權，成爲法國政治中最無拘束的一種權力。

丁、憲法的修改　第五共和憲法規定共和政體不得修改，這是第三共和以來一直保持着一種傳統。惟憲法中既未說明何謂共和政體，則制度的改變究竟會否破壞共和政體？實在是不易分辨的事情。這一類性質的憲法條文，其用意不過在宣示一項偉大的原則，實際的作用是並不很大的。第五共和憲法又謂：「凡損害領土完整之憲法修正案不得提出或進行審議」，其用意亦無非在維護領土之完整。但這項任務的達成，亦不是憲法所可以保障的。事實上第五共和成立之後已有海外領地獲得獨立，法國之承認此類國家，是否損害了領土的完整？

除上述兩項不得修改的原則外，其餘部分皆可以合法的手續予以修改。修正手續分提案、通過及批准公布三個程序，提案權操諸總統與內閣總理以及國會議員。關於總統與內閣總理一節，涵義很不明顯。第五共和憲法八十九條謂：「憲法修正案由共和國總統基於內閣總理之建議提出」。很明顯地說總統所提憲法修正案，其實質的內容應由內閣總理決定。但內閣總理原享有向國會提案之權，何以憲法修正案不由他自己提出而必須假手於總統？總統所提憲法修正案如非內閣總理的建議，國會是否可以拒絕討論？一九六二年戴高樂總統所提總統選舉的修正案，內閣曾予討論而多數人不表贊同，這個修正案能否適合「基於內閣總理的建議而提出的」規定？這種種的疑問與糾紛，皆因八十九條而引起的。

通過憲法修正案者爲國會或兩院的聯席會議。由國會審議憲法修正案時，兩院分別開會，其通過的手續與普通法同，兩院皆能多數通過始視爲一致贊同。在這種方式之下，修正案尙須經人民投票通過，方具最後確定力。由兩院聯席會議討論時，須出席人五分之三的絕對多數始獲通過。在此一方式之下，無須人民複決批准卽生效力。從上述的規定，可知國會的通過爲修憲必不可少的手續，而公民的複決並非必需。可是一九六二年總統選舉法的修改，未經國會或兩院聯席會議的通過，而逕行提付人民複決，這與憲法的規定是不合的。

第五共和有關修正憲法的各項規定，其精神與第四共和大體相同。國會的議員與行政當軸皆有權提議修改憲法，公民却無權直接創制。通過憲法的程序，兩院皆以多數通過者與普通法同，祇多一項公民複決批准的手續，剛性的程度並不很大。卽以國會聯席會議的通過程序而論，出席五分之三雖爲絕大多數，惟缺席人數如果太多，則這個絕大多數仍不足以表示對修改憲法的鄭重態度。一般的說，法國修憲手續並不過於困難。

Ⅱ、**總統** 第五共和法國的總統，可以說是法國政府的主角，這是以往沒有的現象。批評第五共和憲法的人，常以現在的總統與路易十四相比，雖屬言過其實，亦可見第五共和總統已有大權獨攬之勢，遠非以前的虛位元首可比。

第三及第四共和時代，均視總統爲不統不治的國家元首。前後十六位總統，當選時絕大多數已逾花甲之年。他們都有過議會的經驗，十位且擔任過議長。不過他們大多數沒有堅強的政治主張，更非重要的政黨領袖。所以然者，過去總統由議會選舉，議員們自然不願擁護開罪過他們而有風骨的政治家。同時，議會亦不願有一位個性剛强的總統來破壞不統不治的傳統以削減議會的地位。克里蒙梭及白里安皆以成功政治家的姿態角逐此一職位，均告落選，就因爲他們聲望太高了。克里蒙梭曾氣憤的說：「你們投最低能者一票罷」！

惟以往法國總統儘管不統不治，任務仍極艱鉅。十六人之中，三位被迫去職，兩位被暗殺、一位死於任所，兩位因制度改變而去職，僅半數能善始終。是蓋閣潮時起，總統常須爲政府的持續而操心，固亦未嘗能優遊歲月。關於這許多，不必詳述，且討論第五共和總統的種種問題。

㈠總統的選舉及其任期　新共和的總統由選舉團選舉，其詳細手續規定於憲法第六條之中。第三第四共和時代，總統均由國民會議選舉，獲過半數票者當選。這個選舉方法，常使總統難產，有時投票十餘次方有人獲過半數票。這對未來國家元首的尊嚴來說是很爲不利的，因爲投票十餘次始獲足票的人，總使人有不孚衆望之感。法國以多黨聞名，國民會議內政黨林立，總統候選人須向多數政黨領袖低頭。一位抱有理想的卓越政治家，很難做到這一點。所以舊的選舉方法，實亦是使法國總統不容易得到傑出人才的原因。這是戴高樂所不願採取的方式，但他初時亦不願意採直接選舉的辦法。法人多數不信任勞工，以爲勞工傾向偏激，而直接普選則會增加勞動者決定的作用。爲了這種種原因，乃採選舉團選舉的方式。

憲法第六條所說的總統選舉團，由國會議員，省議會議員，海外屬地議會議員，以及各區議會選出代表組織之，總人數常達數萬人，與國民會議之僅有數百人者自然大爲不同。這個選舉團，絕大多數爲區議會選出的代表。而法國的政黨勢力，集中於城市，故區代表可望不受政黨太大的支配。這樣，可以避免政黨因總統選舉而發動的拉鋸戰了。同時，鄉區代表較爲保守，市區代表較爲激烈，選舉團中鄉村代表實佔壓倒優勢，保守的總統候選人較多獲勝的希望。巴黎佔法國全人口八分之一，而在選舉團中僅有百分之七的力量。更有進者，鄉村代表之中，一千人以下鄙塞區的代表佔百分之三十八。這些代表都是三家村的學究，賴龐斯 La Pancé 笑謂他們縱非十八世紀的人士，最少應該說是十九世紀的多烘。這樣性質的選舉團，在近代國家中還難於找出第二個例子。

一九六二年，這個選舉法旋被修正。戴高樂亦深信上述選舉團很易選出庸才，而庸才是不足以行使第五共和總統的任務的。其次，海外屬地很多已成爲聯邦中的分子，它們的地方議會將選出代表參與選舉團，不但人數激增，而操縱者又爲海外的激烈政黨，已非一九五八年的形勢可比。戴高樂乃堅決主張總統直接民選，以得過半數票者當選；如初次投票無人獲過半數票，則第二次投票中獲較多數票者即可當選。他爲避免國會的干擾，逕以此案提付人民複決。複決投票中，投票率雖僅百分之六十二，修正案終於被通過了。故第五共和的第二任總統，由直接民選的方式產生。

總統任期七年，連任無限制。這是法國智識人士不滿第五共和憲法的一點。總統若享有龐大權力，則任期不應如是之久，更不應無連任的限制（按一九六五年的總統選舉，戴高樂未能於第一次選舉中當選）。

㈡**總統的平時權力**　在第五共和憲法的規定之下，總統是否爲享有實際權力的元首，實不無疑問。戴高樂平素的言論，一直主張法國應有一强有力的國家元首。他以第三共和的雷勃倫總統爲例，說明沒有實權的總統會造成歷史悲劇。當戰敗的事實迫使內閣作投降或繼續抗戰的抉擇時，雷勃倫總統內心主張將政府遷往北非，但他一直袖手作壁上觀，以爲由他擅作決定是違背共和傳統的。以一有爲之人，統率一有爲的國家，處尙有可爲的時機，而不能作有爲的決定，誰實爲之？法蘭西的虛位元首制應負其咎。從戴高樂的言論來看，他所主持的憲法應該有一位實際權力的元首。但憲法第二十條以行政權及行政決策權賦諸政府，而且政府對國會負責。此間所謂政府，以總理爲領袖，而不是以總統爲領袖。是則負實際統治之責者仍爲總理，總統在行政方面的影響，似僅能於幕後爲之。第五共和的憲法起草人，或與魏瑪憲法起草人的觀點相同，把政府權力分成平時及緊急時期兩類。平時權力由總理及其政府運用，那必須在民主的程序中進行，故必須向國會負責。緊急權力由國家元首運用，俾非常狀態中元首得便宜處置，以有效的手段渡過難關。戴高樂被徵召而東山再起之日，適値法國危急之秋，制憲者抱這種態度是很爲自然的。但仔細分析第五共和憲法的內容，總統又未嘗無平時權力。玆爲說明如後。

使人對法總統平時究竟有多大權力發生疑問者，厥爲第五共和憲法第五條的規定「總統監護憲法，使之受普遍的尊重；仲裁政府機構間關係以保證國家公權的持續。他是國家獨立、領土完整，以及遵守聯邦協議及國際條約的維護人」。監護、仲裁、維護人 le garant 等含義不明的名詞若爲表面文章，則總統權力不一定很大；若有實質的意義，却又可龐大無比。多數法國的公法學者，認爲這些都不過是名義上的權力。因爲行政權既賦諸內閣總理，總統何能進行監護仲裁等實際的工作？第三第四共和憲法皆曾有類似上述的規定，故考蒂總統亦曾說：「從我來看，我主要的職責在：保衞國家，維護憲法，以及保障它的制度和永恒的利益」。可是考蒂總統不會眞正這樣作，因爲他這樣作，內閣就無處容身了。戴高樂總統的哲學則不同於此。他認爲憲法既以維護之責交給總統，他就不能置國家榮譽於不顧，他認爲監護仲裁維護人等字樣皆有實質的意義，總統並應充分發揮這種種方面的作用。

法國總統既不管實際行政，他又從什麼地方來發揮監護仲裁和維護人的功能？第五共和憲法的設計如下：

甲、監護憲法尊嚴與咨請憲法委員會解釋之權　總統監護憲法的作用，主要在使法律及條約不至違憲。五十四條及六十一條分別載明：於法律未公佈及條約未批准前，總統如懷疑它們違憲，得提請憲法委員會解釋，憲法委員的決定是最後的，不得上訴。憲法委員會的組成，總統任命九人中之三人，而且它的主席也由總統任命（五十六條），故總統對憲法委員會不無影響力。總統此項權力之運用，無須內閣的副署。

乙、仲裁機關關係與解散國會之權　爲確保公共權力的順利進行，機關之間必要的合作是不可少的。第三第四共和法國，失諸國會過分囂張，故形成內閣的癱瘓。第五共和賦總統以解散國民會議之權（十二條），以作必要的節制。惟可注意者，過去的兩次憲法，皆曾有解散權的規定，而且都曾運用一次。第三共和以解散權賦與總統。行憲之初，馬克馬翁總統於一八七七年解散代表院，輿論譁然，以爲是專制權的復活。由是其後總統皆不敢輕試。第四共和時代以解散權賦與內閣總理。傅爾總理 Egar Faure 於一九五五年又作試驗，輿論雖未加非議，惟因缺少鮮明的政策之爭，故特別舉行的大選亦未能予政府以任何指示。可知過去的失敗，一次因爲馬克馬翁利用這個工具來支持他的守舊內閣，可謂權力的濫用；而另一次則在多黨的複雜環境下，內閣與國會皆在混沌狀態中，內閣的所以不能立足，由於執政黨團的分裂，而不是由於政策的爭論，故解散國會並不能澄清政局。

第五共和以解散權賦諸總統，與第三共和同。惟解散令無須內閣副署，亦不經參院的同意，那是有異於第三共和時代的。又國民會議經解散後，一年內不得再行解散；而緊急時期，總統亦不得爲解散之決定（十六條）。使總統不至濫用其解散權。戴高樂總統於一九六二年運用過一次解散權。那一次的經驗，表面上因彭比杜內閣爲國會所不信任而辭職所引起，好像總統在行使其仲裁權。事實上國會與彭比杜所爭者爲戴高樂總統所主張的憲法修正案，總統本人亦牽入此一爭議之內。戴高樂主張改變總統選舉法，而又知國民會議會阻撓此一修憲工作。所以不採由國民會議通過的正常的程序，而直接提付人民複決。他的決定，曾咨請憲法委員研究，並交內閣會議討論，憲法委員會認爲不合修憲程序，而閣議中若干議員亦表示其反對的意見。戴氏不爲所動，由彭比杜總理報告國民會議列入紀錄後依原定方式進行。由是國民會議以二八〇票通過不信任案，迫令內閣總辭。戴高樂總統於批准內閣總辭的同時，決定解散國民會議。故此次解散權的運用，無非爲了貫澈總統的主張。總統爲當事人之一，已失去其仲裁人的地位。同時總統以提付複決的方法通過憲法修正案，亦逾越了他應有的權力。

於此，我人不難自英美法三國的不同的制度觀察解散權的意義，英國平民院的解散由英王下令，惟實際由內閣決定。美國總統無解散權。法國則第三共和時代總統經參院之同意決定解散代表院，第四共和時代由內閣決定解散國民會議，第五共和時代則由總統運用解散權。爲什麼三國有這不同的規定？而其實際的效果又爲如何？英國內閣向平民院負責，而解散平民院的後果是內閣本身亦在選民的考驗之中，蓋解散平民院之後的內閣爲看守內閣，俟大選揭曉以決定它去留的命運。有人謂解散權乃內閣制裁議會的工具，公法學者多數不以爲然。蓋平民院議員於解散後固須重新參與競選，內閣閣員又何嘗不然？平民院議員有失去議席的危險，內閣閣員又復相同。是以在英國的規定之下，可望內閣不至濫用解散權。

美國總統不向國會負責，而國會中多數黨之誰屬又不能影響總統的地位。解散後的國會，總統同黨如佔多數，總統的政策易受國會支持；總統的同黨如仍佔少數，對總統亦不會增加更多的困難。故若賦美國總統以解散國會之權，對國會有威脅，對總統則毫無損害，因之這個權力就有濫用的可能。今法國的總統，其不向國民會議負責的情形有如美國的總統，由其單獨運用解散權，自然是不利於國民會議而有利於總統。因爲這個關係，公法學者認爲第五共和憲法總統的解散權不是種妥善的規定。

丙、咨文權　總統有向國民會議提出咨文之權，國會不得討論（十八條）。以往的總統也有咨文權，但很少運用。第四共和時代，考蒂總統曾以咨文表明態度，國民會議如不能同意戴高樂爲總理，他惟有辭職以謝國人。這是戴高樂執政前很爲著名的揷曲。而從那個例中，可以看出法國總統的咨文權，略異於美國的方式。美國的總統咨文，多數係對立法的建議與願望，與英王巴力門演辭的意義很爲接近。法國總統咨文則不許國會討論，顯然沒有使它成爲法律案的意思。它多數係對國會的警告，使輿論集中注意於國會應負的責任。考蒂總統的咨文的作用在此，而戴高樂總統的咨文亦是如此。

丁、覆議權　總統有公佈法律之權，這是一般國家的元首權。虛位元首的公布權純屬一種形式，因爲他不得拒絕公布。縱令他所反對的法案，他亦不能表示意見。第五共和總統的公布權有實質的意義。非虛位元首之公布權可比。他對國會所通過的法律案表示不滿時，可於送達後十五日內退回國會覆議，國會不得拒絕（第十條）。法總統的覆議權，較美國總統者有更多自由。美國是整個法案的覆議，而法國則可以逐項覆議。法總統對於有違憲之嫌的法律案，有咨請憲法委員會解釋之權，故退回國會覆議的法律案，總統並不一定認爲違憲，祗是法律案的內容不很妥當或與總統的政見不很相同罷了。從這個觀點分析，法總統的覆議權實不無干涉立法之嫌。

經總統覆議的法律案，國會在那種情形下可以維持原案？國會與總統對法律案的意見始終不能一致，又如何解開此一僵局？第五共和憲法皆未作詳細規定，實爲草率之筆。總統所非難的法律案，國會可能認爲妥當而且是必需的。憲法旣未規定通過覆議法案的特殊手續，俟國會的尋常多數卽可維持原案，經國會再通過的法律案，總統似乎又非予以公布不可。果爾，總統的覆議祗有引起國民注意的作用，並無其他實際的影響。

戊、提交公民複決之權　複決爲第五共和新的設計。戴高樂總統常說，這是最民主的一種工具，應當廣爲應用。就憲法的規定而言，複決應用的場合是很有限制的。政府在國會會期內所提建議，或國會兩院所作聯合建議，總統得以之提交公民複決（十一條）。是則總統提交複決的方案並非總統的主張，而爲國會或內閣的建議。建議的內容，須有關公權組織，聯邦協議或國際條約等重要問題，並不是所有問題都可以提付複決。更進一步研究，內閣的建議或國會兩院的聯合建議，很易成爲法案。而所以沒有成爲法案者，或因雙方的意見難於協調；或因玆事體大，雙方都覺有徵詢民意的必要。在這種情形之下，總統如覺得該建議並不違憲且亦不影響政府的職權，乃得以之提交人民複決。

復以一九六二年的複決案爲例，說明國會內閣憲法委員會以及總統對行使複決權的條件的各種不同意見。一九六二年的複決案乃總統選舉法的修正案，涉及公權的組織，自可成立複決案。惟旣非國會的聯合建議，亦非內閣的建議。且旣係憲法修正案，則應依正常的修憲程序進行，不應未經國會討論卽付複決。這一種程序上的爭論，並沒有能阻止總統以該案提付複決的決心。自第五共和成立以來，總統早已廣泛地運用該項權力。在總統的認識中，複決乃是他與民衆聯合以制裁小黨領袖的一種手段。

己、內閣總理的任免　在總統的平時權力中，內閣總理的任免權（第八條）亦許是最重要的。這是國家元首爲延續公權組織所必須運用的權力。第三共和憲法及第四共和憲法亦謂總統指派國務總理。惟未規定有免職權而已。內閣既須向國會負責，總理必須以能得國會的合作爲維持政權的主要條件，故總統任免內閣總理的權力，不易發生實質的意義。例如彭比杜總理，總統雖欲予以維持，而國民會議通過不信任案，總統祇有允許他辭職。決定政府去留者爲國民會議的信任與否，總統如拂逆國民會議的意思以物色總理，徒然自找麻煩，使他的政府不易安定。

第五共和憲法有許多限制國會權力的特殊辦法，將於後文予以討論。此地所欲研究者，此種特殊辦法能否使總統有任免內閣總理的完全自由？一般言之，那許多辦法是得以加强總統自由任免的權力的。例如閣員不得兼任議員，這使總統不必在議會的政黨領袖中去物色總理。總理因國民會議不信任權之削弱而有較爲安全的地位，總統更可以任用他所信任的人而不慮議會的阻撓。不過國會的最後的武器——不信任權——是不可忽視的。第五共和憲法保障內閣地位的一切辦法，皆不能强迫國民會議與內閣合作。內閣所需預算，仍須國會爲之通過。行政權所依據的法律，仍須國會爲之審議及通過。我們很難想像一個須向國會負責的內閣可以不得國會的合作而生存。內閣既須向國會負責，任命內閣之權就不會是很自由的。因爲這種種關係，我們有理由相信法憲二十條的規定，很容易使總統任免內閣總理的權力回復到舊有狀態而成爲一種名義上的權力。

庚、主持國務會議　上述種種權力，作用雖極重大，但尙沒有介入實際行政。而戴高樂總統自就職以來，實已親自指揮行政。他又何所根據而然？主持國務會議（第九條）可以說是重要的根據。過去法國也有國務會議，而且也由總統主持，但那祇是把內閣會議業已決定的政策知會總統的場所。虛位元首制的常例，元首有被報告 to be informed 之權，國務會議的作用不過在此。當然，元首於接獲報告後，也可以憑其老成的經驗，提出勸告或甚至警告。惟多數時候視爲國務會議儀式，爲奉行故事。戴高樂總統則不然，他把國務會議看作實際決策的機構，內閣會議則隸屬其下，討論總統交議的事項而已。以戴高樂聲譽之隆，威望之高，個性之强，在國務會議中幾乎是惟馬首是瞻。在戴高樂所創的先例之下，總統爲決定者，內閣爲被通知者。他甚至還不把決定通知有關部長，部長要在總統的廣播中方能知道總統新的決定。有人說第五共和受犧牲最烈者尙非國會，而實爲內閣。蓋自戴高樂主持國務會議後，總理及其內閣名義上負行政的總責，而實際上祇是總統的傀儡。總統透過國務會議以指揮內閣，由是總統實際控制了行政。

辛、其他任命權　總統有龐大的任命權（十三條）。大使、特使、審計院委員、省長、駐海外屬地的政府代表、將官、大學校長，及中央行政機關首長，特別載明須由他任命。省長及駐海外的政治代表，法國一向認爲是頗有政治勢力的官吏，今皆由總統任命，他對地方行政及屬地行政均可操縱裕如。戴高樂更利用任命權組織若干直屬總統的委員會，其中最著名的爲外交委員會。這種直屬總統的機構，皆爲顧問性質，襄助總統決策。

國家元首類皆有任命權，總統制國家的總統固然如此，內閣制國家的總統亦並不例外。但兩者有重要不同之點，內閣制國家的任命令須經副署的，而總統制則不然。第五共和憲法第十三條規定上述任命要得到國務會議的同意」，可見並非爲總統實際所有的權力。戴高樂視國務會議爲僚屬，所以不常注意「得到國務會議同意」這一句話的意義，而利用任命權以建立總統府的直屬機構。

就上文的種種情形來看，第五共和憲法中有關總統平時權力的規定，其精神極不一致。所謂總理的任命權，議會的解散權，憲法的維護權，國務會議的主持權，任命權，皆爲虛位元首可以有的權力。惟在戴高樂總統的實際運用下，已成爲得以指揮政府的大權。這一種情形能否長久保持而成爲法國的確定制度，多數研究法國憲法及法國制度的人均表懷疑，因爲這不特爲法國政治傳統所不許，而且也與內閣向議會負責的制度不協調的。在第五共和的政治演進中，有一點表示得極爲清楚：總統的行動，內閣已無法代他負責。一九六二年總統決定修改總統選舉法，而且以此修正案提付人民複決批准。議會不贊同這個決定，乃以不信任內閣總理的方式迫使內閣總辭。這在討論解散權的時候已經提到過的。在這個爭執中，彭比杜總理僅爲名義上的負責者，議會所指責的對象，實爲總統。戴高樂總統對這點也是知道得很清楚的，所以他在提付人民複決的演辭中說，「人民的決定，將告訴他是否必須及是否能够繼續他的責任」。換句話說，人民如否決他的憲法修正案，他祗有辭職以謝國人，向議會以及人民負責的是總統，總統已不能藏身於內閣責任之後了。這是第五共和在實際演變中所產生的新原則。

㈢**總統的緊急權力**　第五共和憲法的條文之中，最引起爭論者，莫過於第十六條，那是總統行使緊急權力的根據。自德國魏瑪憲法創造緊急權這個名辭以來，許多國家起而效法。二十世紀是多事的世紀，國際局勢，經濟組織，在在可以發生劇變而陷國家於混亂狀況之中。憲法中規定緊急權以爲適應，原亦無可厚非。第五共和憲法對於何謂緊急，規定的相當具體。「共和制度，國家獨立，領土完整，或國際義務之履行遭受嚴重威脅，而憲法上公權之行使受到阻礙時」，方構成緊急的狀態，因之，經濟恐慌及重大的自然災害，魏瑪憲法認爲係使用緊急權之客觀條件者，第五共和則認爲尙非緊急狀態。故第五共和的所謂緊急，較魏瑪憲法更有嚴格的限制。一九六一年，戴高樂總統使用緊急權以敉平阿爾及里的軍事叛變。在這個事件中，國會議員們認爲尙非憲法所指的緊急狀態，因爲變亂在阿爾及里進行，尙不足阻撓公權的行使。戴高樂總統與議員們有不同的看法，他認爲緊急狀態與瓦解有別，如果到了瓦解的局面，緊急權已無可行使了。

十六條之所以爲人詬病，最重要的原因，厥爲緊急權所許採用的手段毫無限制。十六條謂發生上述緊急狀態時，「共和總統經正式咨詢內閣總理，國會兩院議長，及憲法委員會後，得採取應付情勢所必需之措施」。是則內閣總理，兩院議長以及憲法委員會，雖爲總統可以咨詢之對象，但他們的意見，祗是聊備參考，對總統的行動皆無拘束力。而總統可以採取的手段，漫無限制，凡總統所認爲必要者，皆可以行之而不疑。緊急爲非常狀態，應付此非常狀態，自不能拘泥於平時節制與平衡的觀念。惟緊急時期的非常措施，必然嚴重影響國民的權益，否則憲法亦不必特別規定此爲祗許於緊急時期採用的手段了。故緊急時期雖許總統以便宜行事，但緊急狀態的承認，一般認爲應由議會決定，而不能由運用緊急權者任意宣布。更重要的一點，非常手段的採用，旨在結束緊急狀態，故宣佈緊急狀態存在之際，卽應由議會限定時間，負責運用緊急權者應在此限期之內恢復常態。限期之內尙未完成使命，寧可再由議會授權。

第五共和憲法抱着歧視國會的態度，故於上述正常的緊急權的限制，皆予廢除。它祗提到緊急時期不得解散國民會議。而國民會議既無權宣佈緊急狀態的存在，亦不得宣布緊急狀態之結束，惟有坐觀總統成功而已。阿爾及里事變發生後，戴高樂總統於廣播中宣佈緊急狀態的存在，並謂國民會議仍繼續進行其正常的工作。由是總統劍及履及的成立軍事法庭，進行新聞檢查，甚至勒令某些報紙停刊。爲便利警察的搜查工作，他並暫時停止若干保障人權的法案。這許多總統的緊急措施，稱爲「決定」Decisions，在緊急時期爲最高法，其效力且高於憲法。到戴高樂總統認爲阿爾及里事件業已順利解決，他又於廣播中宣布緊急狀態的結束，而若干「決定」的效力，卻依然存在。

從十六條的規定以及阿爾及里事件中的實際行動，可知第五共和確認應變爲總統一人的權力。從緊急狀態存在的宣布到緊急狀態的結束，以及其間一切適當而必要緊急手段的採取，皆由總統一人決定。對總統緊急權惟一的限制，厥爲議會的不得解散。而實際的說，這個限制也不成其爲限制，因爲議會既不能否認緊急狀態的存在，也不能有效的批評及矯正總統所作的決定。爲什麼總統可以運用這樣漫無限制的權力？其惟一的理由，乃第五共和憲法所說的，總統爲國家公權持續之維護人，或如若干公法學者所說的，元首居超然的地位，使他成爲國家危急時期最適當的應變者。

㈣總述法國總統的權力　從以上的說明中，不難得一印象，第五共和憲法雖以不同於前的權力與總統，但並不是所有將來的總統均能享有現在戴高樂總統的崇高地位。總統的平時權力之中，有數項無須內閣總理副署，如總理的任命，如國民會議的解散，如向國會的咨文，如任憲法委員會中的三位委員，如咨請憲法委員會解釋，如提付公民複決等，皆是所謂維護憲法以及使公權得以持續的元首權。一般的說，這許多權力均未介入行政，亦不至損害內閣的行政權。亦以是故，這許多權力常爲虛位元首所有，第五共和憲法所規定不能說是例外情形，也不能說因此而總統即有實際的行政作用。

亦許有人認爲總統可以藉任命內閣總理之權以指揮行政。無可否認的，實際政治中常透過人的關係以轉移權力的位置。總統若能自由任用其親信，則總理可能就變成他的直接僚屬。戴高樂之於戴布瑞，即以此一關係建立了他在政府中的基點。不過國民會議中多數黨如果不是新共和聯盟，總統就不會那樣方便。國會的聲譽如果不是六十年代那樣的低落，國會亦不會容許總統任用其親信。我人已一再說過，內閣向國會負責的制度使總統不得不選擇國會所能信任的內閣總理。第五共和憲法既保留此一責任的原則，則總統任命總理之權，實際上必然受有限制的。

總統主持國務會議，這是使總統得以介入實際行政的主要原因。不過法國以往的總統均主持國務會議，英國的英王在原則上亦主持樞密院會議，與第五共和憲法所規定者大體相類。可見主持國務會議並不一定能使總統實際指揮行政。內閣如能發揮其團體責任的精神，總統最多祇能從旁協助，盡其鼓勵及警告之責，而不可能發縱指使的。總統既不負責，自然也就沒有實際的權力。這是共和制度的基本原則。

總之，戴高樂總統所享有的平時權力，不能說是第五共和憲法各項條文所產生的結果。法國六十年代國內和國際的環境，戴高樂一己的個性，以及他對國家榮譽特殊的責任感，這三種因素滙合，乃產生了戴高樂式的總統職權。人物的轉移，環境的改變，都會使總統的平時權力改觀的。研究憲法的人，都會知道憲法條文的意義，常因人物而異。第五共和的第一任總統如爲考蒂，條文依舊而總統的作爲可以大爲不同的。

Ⅲ、內閣　內閣一向是法蘭西負行政總責的機構。第五共和仍有內閣，而且仍爲政府的決策者。一般人因新法國國會的作用受到嚴格的限制，都相信內閣的地位已相對的提高。但實際的情形並不是如此。

㈠內閣的組成　組織內閣的程序，先由總統任命一位內閣總理，而後由總理物色閣員，請總統任命之。就形式言，與第三及第四共和時代大體相同。不過以往被提名組閣的人，為議會各小黨的勢力所壓迫，從來無法作自由選擇。各黨加入內閣均附有條件，社會黨通常要求任勞工部，激進社會黨通常要求衞生部，不能滿足它們的條件，卽會退出內閣。法國的組閣工作一向是最艱鉅的任務，因為很少人能使各黨各派如願以償的。尤其第四共和時代，國民會議中左右兩極端黨派勢力激增，為第三共和所沒有的現象。極端分子單獨不足以組閣，它們又拒絕參加中間派內閣，以是所有的組閣者必須獲得所有中間黨派的支持。這也就是說，中間每一小黨領袖的政治價值大為提高，而向組閣者提出的條件亦益形苛刻。第四共和時代新閣常於籌組期間卽告流產，原因在此。第五共和時代這種情形已見改善。新共和聯盟幾佔議席的半數，組閣者如能獲得它的支持，卽可穩操左券，不至再有以前進退為難的痛苦。這是政黨形勢的改變，使新法蘭西組閣工作大見輕鬆。

第五共和組閣工作所以較為簡易，更應歸功憲法第二十三條的規定：內閣閣員不得同時兼任國會議員，全國性職業代表，及其他公職或專門職業之職務。此一條文的用意，表面旨在限制閣員兼職。其實第三第四共和時代，除閣員得為國會議員外，其餘的職位，一樣也是禁止兼任的。故二十三條的重要精神，實側重於閣員不得兼任國會議員的一點。所謂閣員不得兼任國會議員，並不是說總理不能在議員中物色其閣員，祗是議員而被任命為閣員者，須立刻辭去議席。法國現行選舉法，每一議員候選人必有候補人為佐，俾議員辭職時立卽有人補充。第五共和憲法此一規定，自然是違背內閣制的傳統的。內閣制為便利閣員們在議會中發揮領導作用，故英國閣員必須有議席，日本及西德新憲法規定多數應有議席。法國的傳統，閣員亦多數有議席，而且在沒有議席之一院亦能出席發言。現在一反傳統，不許閣員兼任議員，當然為解除總理組閣的困難。閣員旣不得兼任議員，總理自無須於議員中物色人選，亦無須向政黨低頭，新閣難產的事情也就不再發生了。現在法國的內閣，不復為黨團內閣，而係技術內閣，性質上似與以往者大有不同。

第五共和不以議員為閣員，固使組閣容易，但付出的代價亦很大。議員之外，堪以入閣者，似乎久任文官最為理想。法國文官以幹練著名於世。過去閣潮時生政局動盪的時期，常賴高級文官維持日常行政。所以常次級的久任文官，實為法國政府的重要基石。戴布瑞總理提升他們擔任部長，旣可冲淡政黨的氣氛，又可加强行政效能，同時，內閣的統一陣容又可因之而確保。一舉三得，可謂最理想的措置。但近數年所獲經驗，久任文官長於行政而不善決策，更缺少應付議會的經驗。他們或則以依違兩可為順應輿情的手段，或則我行我素根本不理會議員們的批評與指責。以至內閣與國會的關係上日形惡劣。戴布瑞常以局部改組的方式來和洽國會的空氣。戴布瑞辭職之日，一半人已非原班人馬，可見常任文官不宜於為閣員。

內閣沒有一定員額，總理可就需要而增損。法國與英國一樣，也設不管部的閣員，而不管部閣員可能是不好繁劇的老成政治家，也可能是應付政治環境而設的閒曹。戴布瑞組織第一次內閣時，非洲領地的土著領袖，入閣者達四五人，均不管部。組閣的工作，第五共和較以往為便利，前已言之。但以前總理完全依自己意思選擇合作者，總統無置喙餘地。現在的憲法仍以此項任務交給總理，於決定名單後始請總統任命。不過戴高樂總統事實上決定一切，總理不能有自己的主張。這亦許因戴布瑞為戴高樂的信徒而且一向有從屬的關係，所以有此現象。

內閣組成之後，以往卽須受國會的考驗，卽以新閣的名單及其施政綱領要求國民會議作信任投票，未獲通過者新閣卽告傾覆。第四共和時代，新閣因此而夭折的機會很多。現在憲法未規定新閣名單必須獲得國會的信任。惟戴布瑞為尊重傳統，新閣組成後立卽向國民會宣布名單及其一般政策，要求國會信任。當然，現在的信任方式與以往大為不同，國會不舉行投票，二十四小時內如無不信任的提案，卽視同通過。這將在後文作較詳細的說明，此間可以注意者，現在所謂的信任案，除非多數議員抱堅決而積極反對態度，很容易獲得通過。新閣不必為此而發愁。

㈡內閣與國會的關係　多數人相信第五共和的地位已見加强，那是從國會已不能濫用其倒閣權這一點着眼的。過去內閣的所以軟弱無力，皆因其數月卽告傾覆的短命現象所引起的。

如何防止國會濫用其倒閣權，這是第五共和憲法努力以赴的目標之一。多數學者認為法國國會濫用其倒閣權的方式之一，卽為它相當特殊的質詢制度。國會為監督政府的日常行政，規定時間詢問，俾議員們了解施政進展的狀況。法國之不同於其他內閣制國家者，詢問之後可提議付表決，以表示國會對政府答覆的滿意與否。而否決投票不僅可以打擊政府的威信，並可迫令辭職。第五共和憲法有鑒於此，乃於四十八條規定：「每一星期中，應保留一次會期，以作國會議員詢問及政府答覆之用」。這是集中及限制詢問的時間，以便利政府的應付。詢問之後是否可付表決，則未作說明。憲法實施之後，國會曾作恢復舊慣例的嘗試，戴布瑞總理謂此乃憲法修正案，應於徵詢民意後再作決定，他並以去就力爭阻止此一慣例的復活。到現在爲止，法國詢問的方式，已與英國者同，而詢問的時期，又遠較英國者爲少。是則國會質詢的武裝已被解除了。

其次第五共和又限制國會運用其不信任權。不信任案的提出，須有國民會議至少十分之一議員的連署（四十九條）。這項規定，不可謂爲苛求。惟第五共和第一屆國民會議中，除新共和聯盟外，僅獨立黨派，基督民主黨及阿爾及里派能單獨達到這個標準，其餘的黨派，須與其他政黨聯合，始能提不信任案。這自然會增加倒閣運動以若干困難。不信任案未獲通過時，連署人於同一會期內不能再提不信任案。這使倒閣者更不能不作鄭重的考慮。他們指責政府的題目若非相當嚴重而能得多數議員同情者，他們寧願保留機會而不肯輕求一試。不信任案提出後，須經四十八小時始作表決，能得國民會議議員過半數之贊同票者，始獲通過（同條）。這種種規定的用意，使不信任案表決之前有兩天的冷却時間，議員們可以多作負責的考慮。表決時不作辯論，也減少雄辯煽動的機會，使表決能於冷靜的空氣中進行。最重要的是最後一點，不信任案須得全部議員的過半數始得通過，把缺席者均視同擁護政府的分子，在議員們常以缺席的方式來表示模稜兩可態度的法國，對政府是很爲有利的。

從上述情形來看，國民會議運用不信任權相當困難，內閣因之有了較大的保障。不過所謂困難，決非不能之意。國民會議中過半數議員如堅決反對政府，則不信任案還是可以通過的。一九六二年，彭比杜內閣卽因通過不信任案而辭職。國民會議中黨派的複雜如故，戴高樂的新共和聯盟雖爲最大政黨，但仍未掌握過半數議席。何況阿爾及里事變以來，蘇斯泰爾派成爲聯盟之內的不滿分子，內部分裂的現象已日益顯著，政府並不能恃新共和聯盟爲有力的支持。戴高樂任滿之後，將來的內閣能否恃新憲法的規定爲保障，實大有疑問。這是多數研究法國新制度者的共同看法。

復其次，總理可向國民會議提出施政計劃或宣布一般政策。他並可就施政計劃及一般政策向國民會議提信任案，如二十四小時內無不信任案的動議，卽視同通過。議員們如不表贊同，須有十分一議員之連署於二十四小時提不信任案，依不信任案的程序表決之。這是極有利於政府的一項巧妙設計。政府認爲重要的政策，卽可以提信任案强迫國會接受，信任案的反對相當困難，因爲留給議會考慮的時間太短，一日內議會如無行動，該案已視同通過了。不過在法國的政治傳統中，這類專斷的手段祇能偶一爲之，要是經常運用，一定會惹起議會的反感。

信任案有時亦用以表示議會同意一個新內閣的名單。第五共和的憲法並沒有新內閣須經議會同意的規定，可是戴布瑞組閣之後，他覺得這個傳統是應該保持的。他在國民會議宣布新內閣的名單，並隨之宣布新內閣的一般政策。這個先例，以後的總理均予遵守。

㈢**總理內閣及其職權**　從內閣與國會的關係而言，內閣的地位確曾改善，已如上述。但內閣能否利用此一地位以實施其政策？內閣的功能，厥爲施政。如果不能施政，則地位又有何益？

第五共和特別重視總理的作用。指揮政府的活動；負責國家防務；保證法律的執行（二十一條）。他代表政府，向國會提出法案，惟所提法案，應先咨詢中央行政法院的意見，並經國務會議討論（三十九條）。是以閣員們於提案內容，並非全無參加意見的機會。但總理所不能同意的法案，決不可能由他向國會提出。故總理於統籌國家政策的一點，較以往爲强。除此之外，他於國會兩院意見不同時，有召集聯席委員會之權。在聯席委員會中，他得提折衷案。在這種情形之下，非經他同意，議員們不得再提出修正案（四十五條）。在國會審議法案的過程中，他如認爲該法案已侵越政府所有命令權的範圍，可以反對該法案的繼續審議。（四十一條）他得向國民會議宣布政府的一般政策，而要求議會作信任投票。（四十九條）從這許多條文的涵義來看，無疑的他是行政部門的領袖。

至於內閣，第五共和憲法未嘗提到它的集體作用。二十一條規定總理得以其部分權力授權閣員行使；二十二條規定：總理之行爲，如有必要，須由負責執行之部長副署。除這兩條之外，憲法甚至亦不提閣員個別的職能。閣員的權力既出諸總理的授權，就原則言，政府權力皆爲總理所有，他若不作授權，旁的部長即無權力可言。閣員之於總理，實爲僚屬之於長官，這是一般內閣制國家所沒有的現象。近代講求行政效能，內閣總理皆已增加其領導作用。過去法國內閣制的失敗，總理缺少這種領導作用自爲其原因之一。現在則又有矯枉過正之嫌，領導者成爲長官，被領導者成爲僚屬。在這種形式之下，內閣的集議已無意義。

現在法國的行政組織，有內閣總理內閣閣員而無內閣。習慣上總理及其閣員仍有會議，但這個會議是不爲憲法所承認的。憲法承認的政府決策機構爲國務會議，那是由總統主持的，總理祇有在總統特別授權的方式之下主持這個會議。就理論言，總統爲國家元首，超然於政府之外，何以要由他來主持這個政府的決策會議？國務會議的組成分子爲總統及國務委員，而所謂國務委員，又不過總理及其閣員。內閣總理及其閣員不能開會決策，而必須總統主持後才能開會決策，這是第五共和憲法的一種特別安排，在此安排之下，總理代表政府而運用的權力，又在此會議中奉獻與總統。也因爲這個關係，總統雖超然於政府之外，却又能指揮行政。

以上說明內閣與議會的關係，內閣已佔上風，內閣的地位是安全而鞏固了。第五共和的內閣已失去獨立的地位，它幾乎成爲總統的幕僚機構。憲法以行政權賦諸內閣，故向議會負責者爲內閣。惟憲法主持國務會議的權力交給總統，使總統與內閣的關係究竟如何成爲很大的疑團。

戴布瑞總理組成內閣之後，總統卽招待新聞記者。在招待會中全體閣員恭侍總統之後，戴高樂則居中答覆記者問題，高談他對當前局勢的看法。此一景象，充分說明總統視內閣爲「我的政府」。更重要的一點，總統認爲應由他宣布法國的政策，而憲法中總理向國民會議會宣布一般政策的規定不過具文。戴高樂一向表示對外交及軍事有特別興趣，而承認匪共卽出於他的決定。許多對外政策，外交部於總統廣播時方悉內容。因爲這種種關係，我人不能謂總理及其內閣乃法國的行政當軸。稱內閣爲總統府的幕僚機構之一，亦非過甚之言。就此事實來說，稱內閣爲第五共和的寵兒者，可謂謬以千里。

比較現行美法制度者，常爭辯兩國總統權力大小的問題。實則兩國最重要的不同之處，乃美國內閣不向國會負責，而法國要負責。儘管法國國民會議的不信任權已受限制，但此項儲能猶在，國民會議中祇要有過半數人堅決反對內閣，內閣殊難逃其總辭的命運。總統實際決定政策而內閣代其負責，這是第五共和法國的制度；總統實際決策而內閣爲之執行，故內閣不向國會負責，這是美國的制度。在這兩種制度中，內閣皆爲總統的幕僚，惟美國內閣易於履行其職務，法國內閣則很難於總統與國會之間週旋。或謂法國總統有解散國民會議之權，他卵翼內閣的能力較强，所以內閣雖須向國會負責，亦不至慘遭沒頂。解散權無可疑問的有嚇阻作用，使沒有倒閣決心的國會不敢妄生是非。一旦國會有了決心，此嚇阻的工具殊難使國會就範，一九六二年皮杜爾內閣的傾覆可爲明證。而且解散權也可用作總統制裁內閣總理的工具。內閣總理如依國會爲後盾而自作主張，總統可能以解散國會來作徹底的解決。在現行的法國制度之下，內閣已居次要的地位。它得之於國會者已失之於總統，而且所失遠較所得爲大。

Ⅳ、**國會**　第五共和的國會採兩院制。上院稱參院。參議員任期九年，每三年改選三分之一。其選舉方式採間接制，由省組成選舉團票選之。選舉團的分子，包括省的衆議員及參議員、省議員、市議員，以及其他地方官吏。選舉團中鄉村紳士佔壓倒優勢，故參議院中，守舊的色彩甚爲濃厚。又參議員的選舉總是在國民代表之後，有力量的地方紳士，常先競選國民代表，落選時再活動爲參議員。參議員幾成爲地方紳士的政治退路。

下院稱國民會議。國民會議代表四八二人，均由選舉區選出之。因候選人衆多，第一次投票常常無人能獲過半數票，而組織法規定須過半數票始能當選，故多數選區恒須於一星期後進行第二次投票。第二次投票較多數卽能當選。又憲法規定閣員不得兼爲國民代表，而每一位代表均有入閣可能，故選舉法規定每一位代表均須有候補人。這是法國最特殊的制度。

第五共和憲法極其歧視國會的地位。因爲在一般人的觀感中，過去法國政治的不易安定，國會的囂張及其濫用倒閣權實爲最重要的原因。制憲人爲補救此一缺點，自然一反舊有常規，有時甚至矯枉過正地努力使國會不能發生作用。所以多數研究第五共和憲法的人，都會有國會乃新法蘭西的養女之感。

㈠**會期的縮短**　怎樣限制國會的作用？第一是限制它的會期。第二十八條規定：國會每年自行集會兩次；第一個會期自十月第一個星期二開始，於十二月第三個星期五結束；第二個會期於四月最後星期二開始，延續不得超過三個月，換句話說，國會一年集會的時間，不滿六個月，除正常的會期之外，得召開臨時會。關於臨時會召開的條件及召集與閉會的方式，分別在二十九條三十條中規定。召開的條件，一爲總理的請求，另一爲國民會議過半數議員之要求。而臨時會的召集及閉會，皆須以總統的命令爲之，與正常會期之自動者不同。臨時會時間不能超過十二日，討論的事項，亦以特定議案爲限。

一九六一年，國民會議以過半數代表之聯署要求召開臨時會，藉以制訂改進農業經濟，俾當時好多省的農民風潮得以平息。從代表們來看，他們聯署的人數已超過憲法所規定的條件，集會爲當然之事，而總統的召集令不過形式而已。但戴高樂的觀點却不是這樣。他認爲憲法旣賦以召集之權，他卽有權考慮該臨時會有否需要，對不必要的臨時會，他可以拒絕召集。他說明農民的不滿與發生風潮不能爲召開臨時會的理由。國民代表不應受任何特殊利益的請託，亦不應爲特殊利益的壓力所動。他決定不准國民會議代表的要求。這是憲法第三十條第一次的應用，議員們始知總統頒布臨時會的召集令是有許多實際作用的。

㈡工作範圍的緊縮　國民會所受第二項限制爲工作範圍的緊縮。憲法第三十四條列舉應由國會投票表決的立法權凡十五項之多。論其內容，包羅似已相當詳盡。但在基本的精神上，與第三第四共和時代大異其趣。以往法國與英國同，視國會爲人民主權的代表，國會無所不能。儘管法國行政機關的命令權一直在擴大之中，但未嘗有害於國會的主權，因爲國會可以隨時以法律改變命令的內容。而現在把立法權限定於十五項目之內，十五項目之外，歸諸行政機關的命令權。（三十七條）在憲法中劃分立法權及命令權的界限，這是法憲的新創作，很值得加以研究。在十五項目之中，有七項國會祇決定基本原則。

這七項包括：國防之一般組織；地方團體之自治行政，權限及資源；教育；財產權利，民事及商事之義務；勞動，工會及社會安全；在組織法所規定之條件與保留下，規定國家之財政資源及其義務；規定國家之經濟及社會活動之目標。很明顯的，國會規定原則云云，政府對之自然有規定辦法之權。因之，國會有立法權者，政府仍可有命令權。

反觀，內閣的命令權，却又不許國會侵入，而且予內閣以適當的保障。國會已列入議程的提案，內閣如發現其逾越憲法授權的範圍，即可反對而停止其審議（四十一條）。國會對逾越範圍的命令，却無適當的處理方法。在上述的七個項目中，內閣與國會可以發生的爭議一定會很多的。何謂基本原則，何謂實施綱領，實難定其界限。國會在討論國防原則而訂國防法的時候能否規定常備員額？而國防機關頒發徵兵條例時能否決定兵役的種類與年限？凡此種種，殊非法理所能仲裁，祇能由國會與內閣實際權力的消長來作決定。憲法既保障內閣而沒有保障國會，優勢自然在內閣的一方。

即使明顯的屬於立法權的事項，內閣爲執行其施政計劃，仍可要求國會授權，在一定期間內以命令替代法律（三十八條）。但獲得授權之後，此類命令即具有法律的效力。授權的時間屆滿之後，必須以修改法律的方式始能改變它的內容。換言之，授權的命令表面上有時間的限制，實際上除非因國會反對而取消，它即取得法律的地位。

㈢**預算權的減削**　國會控制行政權的方法，要以控制預算爲本。當然，國會控制預算可以發生許多流弊，而分贓立法爲最重要的一項。法國的議員們，與其他國家的代表一樣，常常慷國庫之慨以取歡選民。內閣的施政綱領因之常受影響。蓋行政爲當局所認爲必要的設施，代表們認爲浪費；而行政當局認爲可以暫緩的建設，代表們却認爲不立刻進行就可以引起某些地區的堅決反對。在這種情形之下，內閣實無法對財政作合理的設計。第四共和憲法，曾謀防止此一弊病，乃規定預算討論過程中議員不得爲增加支出的提議。這在英國是一項極爲有效的平民院議事規程。但在法國，又由後述許多新的習慣加以破壞了。法國代表們認爲祇要不增加預算的總額，不妨爲改變用途的提議。議員們若能減削甲項用度，卽可以此款作爲增加乙項支出的提案。同時，解釋提案是否違背憲法規定之權屬國民會議的財務委員會，而委員會一向袒護議員的權利。由是第四共和憲法所作限制財政提案權的努力，幾等於零。

第五共和憲法有關國會預算權的種種，規定於四十條四十一條及四十七條之中。四十條的內容，與第四共和時代大致相同。國會議員提出的法案或修正案，若可減少國家收入，或新設或增加國家支出者，國會不得接受。但議員提案是否屬上述性質，其權不全在國會議長及財務委員會，內閣亦可表示意見。政府與議長解釋不同時，則提請憲法委員會解釋。八日內憲法委員會必須作裁定（四十一條）。四十七條限制國會通過預算案的時間，國民會議應於四十日內通過，參院應於十五日內通過，兩院合計不能超過七十日。兩院如有意延宕在七十日內未能通過時，政府得以條例公布之。此實效法日本帝國時代憲法的故智，使國會不能以延宕的方式來與內閣爲難。

這種種規定，是否能完全解除國會預算權對內閣所作威脅？恐仍未必。蓋國會根本不通過內閣所提預算案的權力仍在。政府雖說可以條例公布，但內閣大多不願採取這種最後手段。故國會作不通過的姿態時，內閣仍會讓步，不使事態過於惡化。戴布瑞內閣初期的預算案，力事節約，削去退伍軍人的津貼，大爲各方所反對。國會卽以不通過該預算案爲要挾，結果戴布瑞讓步，允許於一九五九年恢復津貼的一部分，六〇年全部恢復。預算案乃獲通過。

㈣**法國國會制度的變遷**　上述種種，爲第五共和限制國會作用的方法。除此之外，國民會議的不信任權亦受限制，此已於內閣的一節中討論；而最後總統並可解散國民會議，此亦於總統一節中詳述，皆不另贅。我人所欲研究者，在這重重的束縛中，法國國會制度究竟發生了怎樣的變遷？

從制度的觀點，第五共和較第四共和多了個參院，已恢復第三共和時代的兩院制。實施新憲法之初，很多人認爲總統將利用參院守舊勢力以節制國民會議。但以後的事實證明總統並無借重上院之意。參院除無不信任權外，其餘的法案皆須兩院通過，卽預算案亦不例外。討論法案的程序，預算案須先在國民會議提出，討論的時間，國民會議亦優於參院，其他法案則兩院有平等地位。凡法案兩院有歧見而二讀後皆未能通過時，則由政府召集聯席委員會磋商折衷案。如聯席委員會不能獲致協議，或雖獲致協議而兩院仍不通過時，政府得要求國民會議對此法案作最後之決定（四十五條）。

從國會的作用來看，較第三及第四共和自然皆有遜色。惟如不以法國的傳統爲標準，則多數內閣制國家皆有解散權，總統的享有此權力，不能說降低了國會什麼地位。預算權所受的限制，除美國國會外國，亦可以說是一般國家的常態，不信任權雖受拘束，但國會如有過半數人抱堅定的立場，國會的威力仍然是無可抗拒的。國會的多數始有倒閣的權利，少數人不得利用之爲翻雲覆雨的手段，這是第五共和所採的原則，其實亦是一般國家所採的原則。因之第五共和不同於衆的地方，以劃分立法權及命令權這一點最爲新奇。而且對行政機關的命令權還設有保障，俾國會不得逾越。在委任立法 Delegated hyis la-tion 極爲盛行的今日，實是一種大膽的嘗試。國會的職能，自以立法爲主，而立法則一般認爲係命令之母，故命令不得違背法律。今以立法權與命令權並立，行政乃可以離國會而獨立。這樣，國會的立法權在精神上實受到最嚴重的打擊。

話雖如此，一般人感覺法國的國會已到沒落階段，那還不因爲憲法中的種種規定，而實因戴高樂總統獲得前所未有的威望，使國會不得不爲之雌伏。其次，一九五八年之後，法國常在總統得以運用其緊急權的邊緣，國會自然不能故態復萌，動輒以不信任案與政府爲難。總之，第五共和的國會權力沒有以往那樣強大，但尚沒有到無用的程度。它現在的種種，尚不得視爲常例。

本章參考書：

J.A. Laponce: The Government of the Fifth French Republic, Univ. of California Press, 1961.
Dorothy Pickles: The Fifth French Republic, Fridenck A. Praeger, N. Y. 1962.
Duverger: Les Institufions de la Cinquime Republique, in Review Francais de science politique, 1959.
Duverger: The French Political System, Univ. of Chicago Press, 1958.

第九章　日本的憲法與政府

對於日本，尤其是戰後的日本，我國人似未嘗能與以適當的注意。它無知軍人的侵略政策，對我國曾造成無法計算的損失與犧牲，那是我們不必亦不能加以原諒的。不過日本遭遇的問題，大體與我國相類似。它解決這類問題的經驗，不問成功或失敗，均可引爲前車之鑑。這是日本問題值得我們注意的原因。

從明治維新的時代起，日人努力於近代化的運動，一般人還認爲它在這方面得到相當的成功。日人之於新知，採取「西學爲用」的方針，盡量的引進新的技術與新的應用科學。它的西學爲用，的確得到很大的成功。第一次大戰中，它利用技術上的成就創立繁榮的工業，因而增進了國民所得及國家的經濟力量。不過在政治的民主方面它祇做到貌似的程度。天皇神聖的迷信既未革除，建國策於輿論之上的議會政治亦從未建立，由是軍閥財閥以及官僚三者統治着日本的社會。九一八的侵略實爲它軍閥拔扈必然有的後果。而武力主義又爲迷信於天皇神權與國會無能的副產品。日人由於固有精神文化的障碍，不知爭取近代式的權利，而祇從日本維新成功的事業中沾沾自喜。因之日本人民不但沒有阻止三閥所決定的錯誤政策，反甘心爲他們的犧牲品，以爲這樣才能表現大和民族的精神，才能對天皇效忠。

戰敗投降之後，盟國佔領當局的重建工作，實側重於爲它培植民主的條件。諸如軍人之退出內閣，地方自治之建立，經濟集中之破壞，中小型企業之保障，婦女地位之提高，皆欲改變它過去半封建的面目。但是佔領者所提倡的新政策，推行起來常是事倍而功半，多數民族於外來文化有抗拒力，尤其出諸戰勝者的强迫，更易視此爲恥辱的標記，抗拒力亦因而愈大。同時，在重建日本的過程中，蘇俄對世界的威脅日形嚴重，爲安定日本戰後的社會，爲借重舊的領導力量，爲建設抵抗共產侵略的武力，許多民主化的工作不得不半途而廢。這不僅於日本爲然，於西德亦未嘗不是如此。因爲這種種關係，上述種種民主化的條件在日本能否生根，實不無疑問。

一、戰後新憲法的制訂

盟國再造日本的重要步驟之一，厥爲新憲法的制訂。明治維新之後，日皇鑒於民間要求立憲的聲浪日高，乃於一八八九年頒佈憲法，世稱明治憲法。這部憲法出於伊籐博文的手筆，大體以德意志帝國憲法爲藍本，故雖具內閣及國會等機構，實際與一般內閣制的精神大異其趣的。伊籐曾求教於德皇威廉，詢以制憲時必須注意的原則。斯坦因認爲安定政治之道，莫過於勿使國會控制國家的錢袋，伊籐深爲首肯，眞把這個觀念表現於明治憲法之中了。是以知明治憲法不僅爲一部欽定憲法，其主要的立憲精神並且是反民主的。英美議會權的得以昌盛，實因其控制預算之故。今伊籐以削減議會的預算權爲能，無怪以後日本國會不能發生作用了。

天皇的大權獨攬，普通認爲也是舊憲法的缺點之一。其實明治之前，日本的實際權力在藩閥之手。而維新之際，日皇亦未嘗有削平藩閥的力量。日皇之得以恢復其主權，不過因勢利導藉輿論界厭惡割據及嚮往於維新的要求，乃能造成歸藩的事實。維新之後，日人雖炫耀其萬世一系的古老傳統，實則政柄又操諸新興官僚、財閥以及軍閥之手。當然效忠天皇是三閥鞏固其統治權共同利用的一種傳統思想。故天皇愈尊而三者的地位亦愈隆，而天皇遂儼然成爲近代國家中亦御亦治的皇帝。

㈠制訂新憲法的經過　日本軍閥橫行而侵略吾國，及其失敗，盟軍予以佔領，並根據歷次宣言而着手建立民主秩序的基礎。而其中最艱鉅的任務，厥爲修訂新的憲法。

戰勝國代戰敗國制訂憲法，可謂史無前例。蓋外人代訂憲法，不問其目的如何正大，決不易得到該國人民的熱心支持。因之美國決策當局並不希望麥帥在制憲工作中揷手，而麥帥亦一再否認他有促成新憲法企圖。但其時國際情勢變化甚劇，蘇俄大有利用遠東委員會以赤化日本的野心，麥帥乃不得不劍及履及的要求日人迅速修憲，以確定日本的政治形態及建立新的政府，以利和約的進行。這是麥帥終於介入日本制憲的經過。

㈡新憲法的精神　從新憲法的內容來看，新憲法與明治憲法大爲不同。明治憲法爲欽定，而新憲法稱日本國民……確定此項憲法，顯然是民定憲法。明治憲法又稱「大日本帝國由萬世一系的天皇統治，」而新憲法則稱天皇爲日本國家的象徵……其地位基於主權所在之日本國民之總意。舉此一端，已可看出新憲法完全是新的創造，決非爲舊憲法的承繼。但新憲法的通過採取明治憲法中所規定的修正手續，以表示新憲法不過爲舊憲法的修正，兩者實一脈相承。麥帥所以採取這個謹愼的程序，自然爲冲淡統帥部制憲的印象。

㈢新憲法的原則　新憲法大體以英美憲法爲藍本而參酌損益之。上述虛君制度的採用，卽從英國憲法得來。天皇不僅失去神的性質，並亦自實際政治中退出。例如首相由國會選舉而不由天皇任命，內閣對國會負責而不向天皇負責，舉其大端，已可看出重大的改變。日人對此改變，最初很不贊同。他們爲傳統的思想所束縛，不能習慣於這種民主的態度。但漸漸地也就安於故常，不常有批評的言論了。最可喜的王室許多開明的行動，自己破除神化觀念，很有提倡之功。

天皇地位的變動，對日本的國體自然亦引起變動。衆院討論這一條的時候，很多人還以爲並不影響天皇的最高統治權。其實憲法既以全國人民的名義制訂，國體已爲民主，那是無容懷疑的。

㈣人民權利 新憲法最爲重視的問題，無過於詳細規定人權憲章。它以三十一條的條文（全憲共一百零肆條）規定人民所可享有的各種權利，其完備詳盡的程度，超過其他國家。論者恒謂日憲忽略國民義務而過於强調權利，很容易發生流弊。惟就目前的情形而論，這一種論斷是不正確的，日人之畏懼官府如故，仰賴政府的保育亦如故。日人的缺點，不是缺少義務觀，而依然缺少權利思想。以是知權利非憲法所可賦予，不是個人自己爭取，憲法的條文規定得再爲完備些也是沒有用的。

在盟軍當局的鼓勵之下，日本婦女的地位確已有不少改變。就憲法條文而論，僅二十四條規定婚姻必須基於雙方之同意；以及民法中有關「配偶財產繼承等事項，應本個人尊嚴及兩性本質平等之原則」。並未如共產集團國家之特別强調女子工作權等以爲點綴。可是就實質言，女子在家庭在社會的地位皆已有顯著的改變。而民法中歧視女子的條文，亦均於一九四七年依據憲法的精神修正。這是戰後日本最獲成功的一點。

人權的保障與政府官吏的濫用權力是對立的事項。官吏愈濫用權力，則人權愈無保障；反之，人權愈有保障，則官吏亦愈不能濫用職權。一九五六年十一月四日至十四日舉辦人權週，僅東京一地，官吏侵患人權的案件已達六千件之多。一九五七年增加爲七千件，一九五八年估計又增爲九千件。日本的文官，素質高而習氣深，故任事有其效率而常有凌壓人民之憾，這實在是人民權利最大的敵人。西德於憲法法院特設簡易庭，許人民舉發政府及官吏的違憲事項，比日本舉行人權週的收效爲宏。

日憲所規定的國民權利，分析言之，多數爲英美權利思想的產物。例如十三條謂：「國民的生命自由及追求幸福的權利，除違反公共福祉者外，必須予以最大的尊重」，很明顯的是美憲引言的覆述。他如言論自由，結社自由，居住及遷徙的自由，以及法律前平等等，亦無一不在英美的權利清單之中。日本制憲者並以教育家的態度，要求日人以不斷的努力，保持此類基本的人權（十二條）。權利的保持，事實確有待於國民不斷的努力，惟以之載入憲法的條文之中，尙屬創舉。

除上述基本人權之外，尙有選舉罷免及擔任公職的政治權利。罷免權在日本爲新創，選舉則舊制中早已存在，唯選民的資格、年齡及性別皆有較爲守舊的限制而已。新憲中仍無創制及複決權，但對法律命令或規則的制定廢止或修改，皆有和平請願之權。擔任公職並不是人人的權利，而祇是人人可以有的機會，國家所保障者，乃不以種族宗教信仰門第或性別的原因作差別待遇而已。

關於受益權，日憲曾吸時代潮流中最新的原則。二十五條謂任何國民皆有享受健康及文化的最低生活的權利；二十六條謂國民皆有按其能力而接受教育之權利；二十七條謂人人均有工作的權利，而工資、工作時間、休息及其他關於勞動條件之基準，以法律定之。這三項受益權，非政府努力於各種客觀條件的改進，國民均無從受益。

㈤**武力主義的放棄** 日憲曾表現一種崇高的理想，爲維護國際的和平，國家主權應受限制，而軍備更須予以廢除。這是第二章第九條著名的規定。就條文的內容言，「不承認國家交戰權」，實非一國憲法偏的面宣示所能生效。戰爭爲國際行爲，國際間除非能成立一項不承認交戰權的多邊條約，日本一國的承認與否，殊不足重視。話雖如此，日本憲法第九條倘能成爲風氣而各國憲法均作類似的規定，對國際和平的貢獻就會很大了。無如共產集團國家的新憲法皆以參加紅軍爲人民的光榮責任，願如日本憲法之宣示「不保持陸海空軍武力」者，殊如鳳毛麟角。

上述條文的規定，麥克阿瑟宣稱出於幣原首相之意。在他的回憶錄中，敘述幣原過訪詳情，並謂幣原對久戰名將贊同和平主義深感意外。但幣原於臨終時却又否認這個事實。爲什麼兩人有這樣不同的回憶？原因是日憲第九條在日本輿論界曾引起激烈的爭論，故麥帥及幣原皆不願承認是這一條文的造意人。戰後的國際環境，險惡異常，以沒有防衞武力的日本，爲三個共產國家所環伺，其不安之情，不難想像，而且日人之中，軍人多數失去其原有的地位，對新憲法自多不滿；更兼多數人於喪亂之餘雖已厭惡戰爭，惟每日有不安全的感覺時，亦批評放棄武備爲不智之事。由是修改第九條的呼聲，甚囂塵上。平情的說，第九條是戰後新憲法中所顯示的進步思想之一，惟時代沒有跟上它，以至沒有能發生實際的作用。日本現在已有直屬首相的防衞廳，其發展的趨勢顯然與憲法的精神相違背了。

㈥政制的改革　新憲法在政治制度亦作重要的改革，以配合新的民主秩序。將於後數節中詳論之，此間不贅。總之日本新憲法除含糊而偉大名詞過多，顯得政治宗教的氣氛甚爲濃厚之外，比明治憲法進步得多了。兩者相隔七十餘年，時代本已有很大的進步，更何況明治憲法又爲同時期中較爲守舊的一種，兩者精神自然根本不同的。新憲法充分注意舊日政制缺點的補救。故新憲法雖出諸客卿的手筆，但這許多客卿對日本是有同情了解的。因之，新憲法是針對日本國情而設計的。

Ⅱ、首相與內閣

㈠**戰前的內閣傳統** 戰前的日本內閣都不是政黨內閣。首相既無國會中的多數黨爲後盾，閣員亦未嘗爲同一政黨的份子。一九二〇年西園氏建議組織一黨內閣，惟一九三〇年少壯派軍人橫行，內閣均由軍人把持，政黨內閣的形式又復中止。

以往的內閣在法理上向天皇負責，能得天皇的信任是出任首相的惟一條件。明治初期的首相，卽伊籐博文亦未能得國會多數派的擁護。習慣於專制政治的國家，每視國會爲櫥窗中的裝飾品，既不重視國會的意見，政黨自然也不能表示其力量。在這種風氣之下，政治中所重乃人的因素。所謂政黨，不過派系組織，隨領袖態度而轉變其政治的立場。政友會或憲政會，幾乎如出一轍。一位善於適應的首相，尙能運用有利機會以籠絡派系首領，卽可安若泰山。故首相雖無國會多數爲後盾，仍可維持其政治地位。

日本這種客觀的政治環境，對擔任首相的人來說，有便利同時亦有不便利的地方。自其便利處言，他不必擔心選舉的結果，不必擔心派系的分合。自其不便利處而言，首相的政治命運操諸元老重臣之手，元老重臣的不歡，每能斷送他的前途。因人成事的首相不容易眞正掌握實際的權力，因之亦缺乏領導羣倫的威望。上述客觀的情形，形成日本內閣的許多缺點。其中最顯著的一個，莫過於首相缺乏領導權。大戰之前，日閣一直是無形政府與有形政府的聯絡站。所謂無形政府，指元老、宮內大臣，以至財閥軍閥們所蓄積的勢力。他們莫不各顯神通，支持或操縱內閣中一些份子，以維護其一己的利益。由是內閣反應他們的觀點而形成政策，指揮有形的政府予以實行。內閣閣員既各有憑藉，首相很難予以統一。尤其文武雙方，意見更不一致。世莫不知日本有雙重內閣，而且多數學者認爲這是武臣的帷幄上奏權所造成的。海相陸相們可以直接上奏天皇，使他們可以公然借天皇的名義來反對文治派所作決定。當日閥與世爲敵之時，居首名位者無一能加以節制，有時還會不當其意而橫遭殺戮。其實帷幄上奏權祇是使軍閥有挾天子以號令諸侯的機會，他們的所以猖狂，還因爲他們另成派系和另有背境。而且武人固不受首相的節制，文人亦是一樣。法國是閣員們挾小黨的背境以脅內閣總理，日本則閣員們挾派系的勢力以脅首相，後果則大體上相同。

㈡戰後的首相與內閣　新憲法中內閣的組織以及責任，以英國爲藍本而加以參酌損益的。第一可以注意者，首相應爲國會議員，而且由國會兩院選舉（六十七條）。這個選任首相的方式，必然使內閣成爲政黨內閣。國會議員之中，縱有無黨派的獨立人士在，其絕大多數必然是有黨籍的。他們基於政黨的立場，自然會選他們的領袖出任首相。自此以後，官僚內閣當不至重新出現。

兩院同有選舉首相之權，是否有其必要？實大有疑問。日閣的負責的對象，主要的爲衆院，因爲祇有衆院能以不信任案或不通過信任案來迫使內閣總辭（六十九條），參院殊不必共同享有此選任首相之權。兩院政黨的陣容如果完全相同，多一次投票更可表示首相人選的鄭重，原無所謂。但在多黨的國家，兩院可能立場互異。在這種情形之下，內閣可能因而難產。制憲者似亦看到這個缺點，所以又增加了一項補救的辦法。兩院沒有一致贊同的人選，召開協議會仍然未能解決者，或衆院所作提名的決議而參院於十日內尚未能決議者，均以衆院之決議爲決議。這就是說，兩院意見相左時，衆院有最後決定首相人選之權。因之十六七條的流弊也就不會很大了。

事實的情形，在自由民主黨沒有聯合之前，國會的政黨內容相當複雜。而自民黨聯合之後，國會中雖有一過半數黨存在，但黨內的派系仍然紛歧，故國會選舉首相之際，經常有一劇烈的爭奪戰。池田首相因病辭職之後，自民黨究先由黨選舉總裁抑先由從政黨員先選舉首相，懸而不決者有相當的日子。可見黨的內部紛歧，與多黨所造成的客觀形勢是很爲相同的。

國會選出首相後，日皇必須予以任命。

首相產生之後，他有選擇閣員的完全自由。因爲六十八條規定他任命國務大臣，而且亦可以任意罷免他們。但憲法亦予首相以若干限制。其一、國務大臣之中，半數以上應爲國會議員；其二、國務大臣中不得有軍人（六十六條）。第一種限制，其目的在加强政黨內閣的色彩。事實上首相爲便於領導國會計，自然會把國會中同黨的次級領袖網羅於內閣之內，閣員中兼爲議員者，很容易超過半數。第二項限制，自然是防止軍人入閣的重要規定。戰前日閣常受軍人操縱，而軍人在日本社會亦確具深厚的基礎，如果沒有六十六條的限制，軍人內閣很可能重見於今日。

首相在內閣中的領導地位，因上述條文而日見加强，內閣不至再像以前那樣呈分裂狀態。首相對國務大臣既有完全的任免權，自然不會選擇與自己政見不同的人入閣，亦不至聽任閣員鬧意氣而不强令辭職，內閣的統一陣容，自然不會發生問題了。不過內閣的團結，有賴於健全的政黨者多，首相的任免權尙在其次。如前所述，戰後日本的政黨仍不健全，每一政黨之內派系衆多，這對首相的牽制會很大的。

戰後的首相權勢日盛，不過這不是從他在內閣中堅强的領導權而產生的。日本與其他國家一樣，戰後產生了許多新的行政機構，而這類新機構多數直接隸屬首相。諸如國家安全局，經濟計劃局，地方自治局、公平商業局、原子能委員會等不下三十餘所。首相綜攬這末多的事務，爲其他國家所少見。

戰後的日本首相，雖均以執政黨總裁的身份出而擔任此一職位，但出身資深文官者仍屬多數。吉田、池田，以及佐籐，都是在常任文官的崗位中表現其能力而活躍於政治舞台的。以常任文官爲政黨領袖的階梯，這是日本特有的現象。日人重官治，而企業鉅子，又皆賴政府的保育而得到繁榮，財經機構中重要的官職，每與企業界呼吸可通。他們往往利用這種關係，於退出文官崗位後成爲政黨中最能籌措競選經費的要角。也因爲這個關係，首相的議會經驗往往是不很充分的。

以言內閣，現在由二十位國務大臣組成。十二位部長之外，尚包括副首相等不管部的大臣。內閣每星期三五於首相官舍集會，以首相爲主席。內閣會議不規定法定人數，故不必全體或過半數出席。會議採秘密方式，故其內幕，很少對外界洩漏。所可知者，閣員現在已均能支持內閣的共同政策，再不會有以前陸相海相公開表示其不同觀點的事情了。內閣因而表現了集體的責任，這是戰後的重要進步之一。

內閣設秘書處，主持該處者爲秘書長，爲現在日本政治中新的重要人物之一。秘書處保管內閣檔案，準備內閣會議所需資料，並整理會議紀錄，有如其他國家內閣的秘書處然。秘書長的所以重要，原因尚不在此。他是首相所依賴的政治聯絡人。執政黨各派系領袖的接觸，兩院中各委員會主席的聯繫，都是他的重要任務。內閣處境的順利與否，他的關鍵最爲重要。以是他雖非入閣的國務大臣，但與首相的親近則超過內閣中任何部長。

內閣的權力，就新憲法七十三條所規定者而言，有忠實執行法律，處理外交關係，締結條約，作成預算，制定政令等七項。忠實執行法律是項無大不包的行政權。惟內閣並不親自執行，它不過爲最高的領導與監督的機構而已。從忠實執行法律的權力，他得到廣大無比的任免權。除會計長之任免，須徵得衆院的同意外，其餘人員的任免皆不受國會的節制。因爲它負忠實執行法律之責，故亦有極爲重要的提案權。日本內閣的提案權尙不能與英閣及西德內閣相比，但在國會立法中亦佔重要的比例。預算必須由內閣提出，惟國會可以改變，依近年的趨勢，國會經常增加用度，而並非減削。外交政策旣由內閣決定，故首相常親自出馬，參與及決定重要的外交活動。吉田親自主持和約的簽訂，卽其實例。日本政府的命令權向來很大，因戰後日皇已無頒發敕令之權，內閣的命令權乃更爲擴大。日本國會沒有像英國那樣設置專門審議命令內容的委員會，內閣的命令權可以說漫無節制。

一般的說，內閣比戰前是重要得多了。

㈢**內閣的責任**　內閣以前向天皇負責，而現在則對國會負責。內閣對國會負責的方式，規定於六十九條之中，卽「內閣經衆議院通過不信任之決議案，或否決信任之決議案後，如十日內未解散衆議院時，應總辭職」。這可以說一般內閣制國家的通例。由是可知日閣僅向衆院負責，參院無不信任之權。戰後日新聞界勇於批評，議會因之亦發生了很大的力量。它們常常聯合行動，指責政府失當的措置。吉田曾兩次爲衆院所不信任，這是以往不易見到的現象。

爲衆院所不信任的內閣，並不一定要總辭，它可於十日內決定是否解散衆院。在討論英國憲法的時候，我人已說明內閣的解散權，應用來解決政治上的僵局，而不當用來作爲對抗議會的工具。因在對抗的意義之下，與責任制的精神是不合的。而我人所說的政治僵局，指議會中黨派紛歧，無一人能組織堅固的執政黨團以爲內閣的後盾。戰後衆院中的情況，自由民主黨常佔過半數議席。惟黨內分裂，始則吉田與鳩山明爭，繼則八系暗鬪，以至形成內閣的危機。以一九五三年而論，吉田派二〇二人，鳩山派三十五人，進步黨七十七人，執政黨團實力之强，無與倫比。但鳩山系與進步黨不願與吉田合作之後，衆院乃有不信任案的通過。在這種情況中，解散衆院不失爲解決僵局的方法，但改進的希望是非常渺茫的。改選不會使鳩山及重光葵等人屈伏而與吉田合作，吉田派亦很難增許多議席而佔過半數的地位。所以一九五四年的衆院，非吉田派人合而爲民主黨，實力稍增，吉田派則損失若干議席，吉田的地位更不穩固。直到一九五六年之後，自由民主兩黨聯合，內閣的基礎始見健全。可是自由民主黨既爲合併數黨而成，內部派系之爭甚烈，首相的選舉及首相的組閣工作常會觸及暗礁。這種客觀的政黨政治，使日本的解散權不常能發生積極的作用。

至於衆院不信任案的通過，既因派系間明爭暗鬥醞釀而成，所以叫囂的氣氛很濃，很容易產生法國式政黨政治的惡果。內閣的眞實責任，常由議會的其他有效行動而完成。例如詢問及委員會活動等等，而其中最重要者，莫過於在野黨地位的承認。英國以在野黨議員任稽核委員會及命令審查委員會主席，卽是此種精神的具體表現。這自然使政府的用途與命令的內容易於受到法律的約束。日人未能承認在野黨的正當作用，雖有迫使內閣負責的不信任權，效力恐怕是不會很大的。

不過話得說回來，戰後日本的內閣制較戰前健全得多了。而責任制的精神，亦在日益進步中。如與第五共和法國的制度比較，則一進一退，日人實有可以自豪之處。

Ⅲ、國會　新憲法特別强調國會的地位。四十一條明定它爲國權的最高機關。這與德法於戰後貶抑議會作用者適得其反。德法因議會猖狂而政局不安，日本則因議會無能而軍閥橫行，各國政治背境不同，所以戰後世界有這樣背道而馳的憲政潮流。

㈠舊國會的傳統　日本過去雖已有近百年的議會史，但議會始終是政治櫥窗中的裝飾品。天皇有無限制的的命令權，國會立法與否，可以說無足輕重。三軍的編制，條約的訂定，戰爭的宣布，都是天皇的特權，議會不得置喙。更重要的一點，政府預算，雖亦提議會討論，但議會不予通過時，政府得依舊預算施政。一般國會藉以節制政府的武器，在日本也變得毫無作用了。更兼國會沒有廣大的民衆基礎，貴族院議員均爲世襲，衆院又由有限制的選民投票產生，它的言論既不受人民重視，也不能在輿論中發生領導的力量。

明治憲法的重要精神，帝國乃天皇所有，政府大小臣工，皆應以效忠天皇爲職志，議會亦非例外。在這種傳統觀念之下，議會自然有名無實，議會而不爲人民的喉舌，那議會不過少數人爭名奪利的用武之地而已。三閥的勢力，皆深入其中而極盡操縱控制之能事。由是效忠天皇者實效忠於三閥。論爭雖烈而無關國家大計。議會中派系的分合與消長，實不過三閥實力盛衰的寒暑表而已。到軍閥悍然不顧一切而獨行其是的時候，議會早已是奄奄一息了。

㈡**新國會的組織**　戰後日本國會仍採兩院制，惟原先的貴族院則予以廢除而另設民選的參議院。參議員當選年齡須在三十歲以上，任期六年，每三年改選一半（四十六條）。現時參議院共有議員二百五十人；一百人由國會選舉區產生，其餘一百五十人則分別由各地方選舉區選出之。日人對參院的評論，激烈派則說它過於守舊，而一般人則認爲參院的組成分子，與下院大同小異，故爲不必要的重覆。佔領初期，參院中獨立人士幾佔百分之四十，而現時僅佔百分之五。現時之參議員百分之九十以上有黨籍，兩黨分配的比例，與下院沒有很大的區別。

衆院現有議員四六七人，由普選產生。戰後日人的選舉權大爲普及，選民年齡降低爲二十歲，而婦女亦已獲得選舉權。現時選民已自戰前的一千四百餘萬，激增爲四千九百餘萬。以一一八縣市爲選舉區，少者選出三人，多者選出五人，東京爲七人。日本雖採大選舉區，惟未採比例代表制，故以得票較多者當選。大黨候選人較多，選票無法集中，而小黨則集中投票，故常有利於小黨。自由民主黨在鄉鎮的勢力較爲雄厚，而社會黨則以勞工密集的都市爲基礎。現行選舉區的劃分，鄉鎮所獲代表名額超過其人口的比例，這因爲戰後工業發達，人口更向大都市集中，而選舉區又未能及時調整，所以大都市所得名額，少於它人口應得的比例。

初時，議長頗欲維持一超然的地位。首任衆院議長亦曾退出政黨以樹立良好的風範。無如執政黨常認爲議長一席乃它控制國會的利器，不肯維護此一傳統，議長的黨性乃愈趨而愈益顯著。

國會自定組織及自定議事規程。就組織言，日本國會與他國大同小異。每院均選一位議長，一位副議長。議長傳統的由政府黨人擔任，副議長則歸次大政黨。議長權力很大，大會由其主持，發言經其允許，議事規程由其解釋，而正反票相同時由其投一票來作決定。他維持議場秩序，這在戰後的日本是相當艱鉅的任務。上下兩院均曾演出全武行，議長無法控制，有不得不憤而辭職者。按憲法規定，國會有開除議員之權，不過這不是議長可以決定的，須由出席議員三分二的絕對多數通過之。議長也有決定日程及分配提案之權，故對立法頗具力量。

日本與其他國家一樣，立法的主要工作已由大會移轉到委員會手中去了。早期兩院均有二十一個委員會，現在都減少到十五個。衆院委員會例於上午舉行，以便利下午進行的大會。參院則反之，大會在上午進行，而委員會則在下午，每一議員，最少須出席一個委員會，最多不能超過三個，事實上委員會的名單都是政黨的預備會議決定的。委員會會議採秘密方式，由於它對法案有決定的作用，政黨及利益集團的壓力，乃紛紛而來。

㈢國會權力及兩院地位的比較　新憲法稱國會爲最高的國權機關。國權究竟指的是什麼？日本因已放棄戰爭，故國會無宣戰權，這是日本國會權力惟一不如他國之處，除此之外，它有一切通常所說的議會權。第一、它是惟一的立法機關，這在日本是頗足稱述的一種權力。原先天皇有命令權，而天皇的命令既可替代立法，亦可改變立法，故國會不特不是惟一的，而且是較低級的立法機關。如今既稱國會爲惟一的立法機關，卽日皇亦不能以命令改變立法的內容了。第二、國會有選任首相之權，這就是說，凡非國會所擁護的領袖，卽不能出而負責行政。此一權力，以往也是爲日皇所有，而現在則歸屬國會。第三、國會有不信任內閣之權。這一點日本與西德相同，不信任須以明示的方式爲之，政府提案遭遇挫折，不能視爲不信任案，亦不足以强內閣總辭。與衆院不信任權相對，內閣有解散衆院之權。按六十九條的規定，內閣須於衆院通過不信任案或否決信任案後於十日內始能作解散衆院的決定，惟事實上吉田首相曾於衆院未作不信任表示時卽解散衆院。第四、國會有詢問權及調查權。國務員雖非議員，亦得出席爲其提案作必要的說明，而國會要求時，國務員有出席的義務。至於調查權，其運用之廣，僅次於美國國會。調查權與彈劾權是有其聯繫的。彈劾案發生後，國會組織彈劾裁判所，對犯罪的調查，與一般法院的權力同。

兩院雖共同運用國權，但參院的地位，實略遜於衆院。這要從幾方面來作說明，第一、有關首相選舉者，爲期首相的迅速產生，規定參院須於接獲衆院的決議案後於十日內作成決議。十日內參院如能與衆院爲一致的決議，首相順利產生；十日內參院不能作成決議時，則以衆院之決議爲國會的決議（六十七條）。這就是說參院對首相人選雖可表示其意見，但當以取得衆院的協議爲之，而且不能過分在時間上作延宕。事實上現在衆院的多數黨卽是參院的多數黨，故衆院所作決議，參院不至反對或在時間上延宕。故這一條的作用如何？戰後尙無實際考驗的機會。

第二、預算案先在衆院討論，得決議後卽送達參院議長。參院不能爲相同之決議，經召開協議會。兩院意見仍不一致；或參院於收到衆院的決議案後三十日內尙不能作決議時，卽以衆院的決議爲國會的決議（六十條）。是則參院對預算案的作用，亦不過延擱時間，俾便敦促衆院再作鄭重考慮。預算案得以延擱的時間，較諸首相選舉者爲長，惟亦不能超過一月。預算爲內閣的重要提案，不僅每年的施政綱領包羅於此，卽政府的經費亦從此而出。兩院往返礙懸而不決，對政府是很爲不利的。通常因上院無倒閣權，故亦不得干與預算。日憲予參院以一月的延擱時間，對參院的地位已經相當重視了。

第三、對於普通法案，參院可能採取兩種不同方式的行動——立刻否決或擱置不予決定。採取後述手段時，延擱至六十日時亦視爲已遭否決。經參院否決的法律案，衆院如能以出席議員三分二絕對多數再予通過，卽成爲法律（五十九條）。在這個規定之下，衆院對普通立法仍居優勢，因爲它有以三分二絕對多數票維持原案的權力。惟就議席實際分配的情形看，執政黨的力量從未達到三分之二，故參院否決的法律案，衆院很難維持原案。也因爲這個關係，執政黨如不能在參院亦佔多數，政府對法律提案就很難有把握了。

從上述許多條文看，參院的普通立法權較大，而首相選舉權及預算立法權較小。它的主要作用，在於延宕時間，參院如能吸收許多老成政治家，時間上的延宕是很有意義的。因爲參院可以利用此時間要求召開協議會，俾老成政治家進行其說服工作。無如就質地言，兩院議員大同小異，參議員並不優於衆議員，所以很難在協議會中發生領導力量。

參院沒有不信任權，故內閣的責任，乃專對衆院而言。這更使參院居於次要的地位。

㈣國會的新氣象　日本國會享受前所未有的大權，它的議員曾否善爲利用，以爲日本人民造福？一般的說，日本議員的教育水準很高。以一九五八年的衆院爲例，自民黨的二九八人中有二百二十二位畢業於大學，而社會黨的一六六人中，大學畢業生亦達百人。但議場的氣氛，似仍失諸衝動，對議會權不能作適度的運用。我人於討論英國憲法時曾云：成功的議會，須於合作中作監督，這是一種相當進步的議會技術。所謂合作，不是但爲政府的橡皮章：所謂監督，亦不能但以叫囂及否決爲手段。這種進步的技術常賴政府黨與在野黨之間機動的關係來作表現。日本政黨多少有分合無常的缺點。每一個政黨內部都有壁壘甚深的派系在。因之，反對政府提案者，可能是政府黨中失意的派系。這種情形，使得黨紀失去效用而增加了議員們的發言自由，而同時亦使政府不得不利用各種政治手段以尋謀制服國會的途徑。

國會常在風暴圈內，這是關心戰後日本常常可以發生的印象。日美共同安全協定的修訂，警察制度的修訂，反暴動法，以及反獨佔法的修訂，皆引起議場混亂而不愉快的場面。觀察日本國會的人都說自民黨日益專橫，而社會黨則動輒以退席爲要挾，是以國會中缺少妥協的和洽空氣。晚近以來，自民黨在兩院中皆佔過半數議席，惟尚不能有三分二的實力，不然，它很可能提出若干憲法修正案，使民主政治爲之變色。社會黨也是一樣，它雖處少數黨的地位，猶是一切抱否決的態度，它若得到多數，專橫的氣燄也是很爲可觀的。

歸根的說，日本政黨依然停留在個人中心的階段中。所以舊政治的風氣很難有所改革，責任政治是從實際的責任中產生的。以個人爲中心的派系完全恃英雄崇拜心理或實際的恩惠爲團結的基礎，故派系的色彩濃而政黨的意味淺。這一種局勢不予改革，政治就難望有大進步了。

IV、戰後日政府的施政重心　日本地少人衆，而自然資源亦並不豐富，更兼戰後傷殘遍地，工業中落，社會問題的嚴重，可以想見。新的民主政治尚在試驗之中，政府如何進行其復興工作？自然有參考的價值。玆分節敍述於後：

㈠經濟　日本自明治維新以來，一直採取新重商主義政策。這就是說，在政府的規劃與獎勵之下，加速經濟的近代化運動。一般的說，此一政策發生很爲顯著的效果。它使日本成爲東方惟一工業化的國家。不過它亦發生不可彌補的缺憾。日本的企業家，均以得到政府的恩惠爲致富的途徑。長袖善舞的商人，多方與政府官員交往，而獨佔了高度的利潤。這一方面助長官吏的勢力，另一方面亦養成官商勾結的風氣。

二次大戰之後，在佔領當局民主化的要求之下，不僅軍閥政客須受整肅，財閥的勢力亦謀予以限制。大企業的化整爲零，使經濟界能充分發揮自由競爭的精神，一如美國反托辣斯法之所爲者，亦是佔領當局注視的目標之一。惟日本戰後經濟面臨破產之境，經濟的改革遂受阻撓。幣值的猛跌，物價的暴漲，在在使佔領當局及日政府不得不以平定經濟市場爲當務之急，由是有經濟平定局的設置。這個局以後發展爲直屬首相的經濟計劃部，設部長級的總監督一人，爲日政府中極爲重要的一個機構。

經濟計劃部爲設計機構。計劃的執行，分屬工業部、國外貿易部、農林部、勞工部等有關的部會。

同時，計劃的實施又有賴財政部及中央銀行的支持。經濟計劃部之所以直屬首相，殆亦爲此。與經濟計劃部並行的有經濟會議，亦直屬首相，由企業巨頭金融巨頭以及政府要員混合組成。經濟會議討論計劃的目標，同時，政府的希望與意願常可透過會議而向各業轉播。經濟會議與經濟計劃部之間的關係，很不分明。蓋會議非國會，其決議並不能拘束計劃部的設計。同時，計劃部的決定亦不能拘束會議。兩者端賴首相從中運用其個人的領導力以爲聯繫。

計劃部設秘書處、研究司、經濟計劃司、經濟發展司及聯絡司等五個單位。秘書處及研究司編制最大，皆在百人以上，而經濟計劃司編制最小，僅五十一人。所以然者，因計劃乃專家的工作，大的編制是毫無益處的。研究司的任務既在研究，亦在搜集各種必要的資料，有時甚至還得自己進行調查，爲擬訂計劃者找尋必要的事實根據。日本的文官，素質很高，而認眞的事業精神極爲可欽。經濟計劃部的工作成績與其他機構皆可比美。不過無可否認的，經濟計劃部仍然爲新重商主義的傳統觀念所左右，而佔領時代反托辣斯的觀念乃大受打擊。

一般的說，日本戰後的經濟重建工作是相當成功的。尤其工業方面，生產力的成長甚爲驚人。自一九五三至五八年，日本每年平均提高生產達百分之九·三。西德在同時期內爲百分之七，意大利五·九，法國四·六，英國二·九，美國二·六，日本實爲其冠。這種豐碩的成果，不能完全歸功於計劃部的設計。戰後殘破經濟的迫切需要，美國訂購契約的刺激，在在促使工商界加倍努力。而日本政府的大量貸款，實爲企業復蘇最主要的原因。換句話說，日本戰後企業的繁榮，多數在政府財政支援之下完成。而在此一政策之下農村與都市人口的不易平衡，畸形繁榮的工業造成過剩的生產，這種問題應由經濟計劃者預爲之謀。而日本戰後生產，常感缺乏市場，以至嚴重的影響了它對中共的外交政策。

㈡**工農政策**　日本憲法對勞工福利曾作近代式的保障。二十條規定人民有工作的權利，二十七條規定國家保障最低工資，而二十八條則規定勞力有組合的權利，並得藉此組合以與資方訂立團體契約。這一類性質的憲法條文，必須政府有所設施始能發生實際的意義。例如工作的權利，日本如無戰後那樣高的工業成長率，不少人將有失業之虞，又何從享受工作的權利？差幸經濟復興的工作進行極爲順利，日人工作權因而未受威脅。至於最低工資，因勞動市未見過剩，勞工的待遇常能隨物價調整。

但農民沒有勞工那樣幸運，他們的生活沒有能維持適當的水準。日本政府戰後的農業政策並無可以訾議之處，它於一九四六年提出「耕者有其田」的法案，此後且一直以此法爲農業政策的基石。這個法律原則上不許有不在地主的存在。所有放租的田地，皆由政府按價收購。同時，爲保證自耕的制度，一人所有耕地面積超過十畝者，其超過部分亦由政府收購。政府所購的土地，轉以配售缺有土地或沒有土地的小農及雇農使用。土地的價格以及土地的購售，政府均假手於農民組織的農會爲之。從上述措施，可知日本的根本問題爲缺少耕地。每人耕地以十畝爲最高限度，實在是不得已的辦法。

爲維持農家的生活水準，爲爭取國家的糧食供應，日政府曾從增加單位產量及配給食糧兩方面努力。爲增加單位產量，至一九五七年止，日政府用於改進土壤者約達六百萬美元（二二〇億日元）。糧食配給的辦法初行於戰時，戰後迄未取消。農民於收穫前自動申報其餘糧，政府則按農業的生產成本及物價指數規定價格收購，並先付百分之二十的價款。至於工農的組合權，盟軍當局初時亦頗欲藉此以推廣民主的基礎。一九四六年至四八年，工會成長的速率極高，惟此後則逐漸降落。根據一九五四年的統計，加入工會的勞工達六百萬人，約有全體工人百分之四十。日本的工會，絕大多數以工廠爲單位，未與同業聯合。每一工會之中，兼有該一工廠的技工與粗工。甚至工會的職員，其薪給亦來自資方。工會常缺少獨立性，卽是爲此。工會要求調整工資的能力，因罷工權的受限制而大爲降低。戰後初期的工會法，皆未限制工人罷工。可是政府二百萬員工因待遇菲薄而有罷工的企圖後，政府卽於公務員法及公營企業法規定政府員工不得罷工，因而對勞工亦採强迫仲裁制度，限制工會作罷工的決定。其實日本那一種化整爲零的工會，它所發生的問題都是局部性的，不難以調解的方式予以解決，很少會採用强迫仲裁的嚴厲手段。

一般的說，日本戰後的勞工政策較爲開明。它並不片面的限制工人的罷工權，而同時亦嚴格管理工廠的雇用條件。諸如最低工資的標準，工作時間的限度，工作環境的條件，皆抱積極干涉的態度。更重要的一點，日本企業在政府的協助與鼓勵之下，都是相當繁榮。勞工問題所引起的社會不安，因之也並不嚴重。

農民組織農會，政府並付托農會以賣買土地與分配土地之權。同時，政府並鼓勵農民組織合作社，以加强農民的購買能力。

㈢**救濟及社會福利**　戰後的日本，傷殘及貧病無依者幾達八百萬人。這種情形，自然嚴重威脅了當時的社會安全。盟軍當局有鑒於此，在備忘錄中要求日政府負起完全的責任。這個備忘錄並提出數項原則：其一、救濟的工作，集中由衞生福利部監督及指導；其二、全國分爲若干福利區；其三、城市的福利機構必須力求改進；其四、辦理福利工作的人員應舉辦在職訓練，以期提高行政效能；其五、公私的救濟工作應嚴格劃分。此項備忘錄，以後成爲一九五一年社會福利法的重要綱領。日政府所支出的福利經費，一九五八年佔總預算百分之八•二，不能算很高。因爲福利事業的項目很多，諸如兒童的保健，問題兒童的特殊敎育，產婦及孕婦的保健，失業的保險，疾病的保險，以及老年的退休金，均包括在內。亦以是故，日本的福利標準並不很高。以退休金爲例，半數以上達到退休年齡的老人，仍然不肯離開崗位，足徵退休金之無法維持餘年。按退休法的規定，繳納公積金滿四十年的人員，六十五歲退休時月支三千五百十元；未繳公積金的人員，七十歲後僅月支千元。

社會福利的基礎主要的仍在健全的國民經濟。而日本大工業的工人收入最豐，農民則相差甚遠，貧農雇農之有待救濟者五十八萬家，以是多數人營養不足，雖有進步的醫藥，仍無補於多數人的健康。以上的說法，不免有求全責備之意。一般來說，日本社會部的服務精神極爲篤實，在遠東堪稱最具成效者。它男子的平均年齡爲六十四•九，女子爲六十九•六，死亡率亦降至千分之七•四。與戰前相比，在在均有進步。

本章參考書：

Allan B. Cole: Japanese Society and Politics, Boston Univ. Press, 1956.
Jerome B. Cohan: Japan's Post War Economy, Univ. of Indiana Press, 1958.
Ardath W. Burkes: The Government of Japan, Thomas Y. Growell Co. N. Y. 1964.

第十章　美國憲法

美國憲法（一七八九）是世界中第一部成文憲法。論文字的簡潔，原則的明顯，以及運用時富有伸縮的彈性，近世新憲法尚少有勝過它的。遙想一百八十年前制憲諸賢，在並無樣本可資參考的情形下，居然有這樣的成績，實在難能可貴。近代憲法學者如皮爾德 Beard 教授，自經濟史的觀點分析制憲諸賢的家庭境況，認爲美憲乃富人維護其經濟利益的產物，殊失公允。任何種政治會議，苟無謀國的熱忱爲之支持，成果是不會很大的。當年討論的經過，固有不少人根據地域觀念及經濟利益發言，但終於讓步，終於妥協，可見並非完全出於階級的偏見。

I、美憲的特點

㈠聯邦憲法的誕生　美利堅獨立成功之後，其初期的邦聯組織殊不足以應付新國家所發生的許多問題。最感困難的厥爲財政。它既沒有自己的稅收，而攤派各州的款項又遲遲不繳，全靠公債的發行以爲維持，以至邦聯債台高築，公債停付利息，幣值貶落，眞到了無法維持其信用的境地。士兵常因欠餉而滋事，有一次竟威脅到邦聯會議的安全，迫使遷地集會。在這種情形之下，邦聯的制度若不求改進，新國家實有瓦解的可能。

同時，十三州的州際關係也有改善的必要。對英抗戰結束之後，州際貿易隨之激增。但每一州皆有歧視他州的傾向，這是在各自爲政的情形之下極難避免的事情，爲解決商務的糾紛，有關各州恒互派代衰落，商談解決方案，一七八六年，佛琴尼亞與馬利蘭又因糾紛而召開會議。與會代表深信層出不窮的商務糾紛非州際代表們協商所可永久解決，一致結論應於翌年邀集十三州代表修正邦聯條款，以爲一勞永逸之計。

該一建議佛琴尼亞首先響應，經邦聯會議採納後，即號召各州推舉代表赴會。並推派華盛頓、麥廸遜（Madison）及蘭道夫（Randolph）三人爲代表。由於華盛頓的信譽，其他各州州議會亦作同樣行動。一七八七年五月，除羅得島州外，十二州的五十五位代表集議於費城。由於各州代表人數不等，他們建議每州祗有一個投票權，並公推華盛頓爲主席。會議原以修正邦聯條款爲目的，但代表們立刻發現他們必須起草一部新的憲法，因爲他們所將採取的體制，與舊的是根本不同的。

關於聯邦憲法制訂的詳細經過，殊無敍述的必要。會議進行時雖然困難重重，但在容讓與妥協之下，終能擬成草案，規定獲得四分三州議會批准後生效。對新憲法熱心的人士，並出版聯邦主義通訊 The Federalist 的刊物，解釋憲法中重要原則的意義，以求輿論的同情與支持，這個刊物成爲獨立時代的著名文獻，大法官們每依此爲解釋憲法的根據。

(二)以政治傳統爲基礎的成文憲法　美憲雖以第一部成文憲法著名於世，但支持它的政治慣例與傳統之多，實非其他國家的成文憲法所可比擬。隨便舉幾個例來作說明：

美國憲法規定總統由選舉人投票產生，故爲間接選舉。但自傑克遜領導西部民主黨之後，由黨代表大會產生黨的總統候選人，藉謀打擊佛琴尼亞巨頭們所控制的國會預備會議。其後由維新黨演變而來的共和黨亦起而效法，形成兩黨總統候選人對壘角逐的形勢。由這個政治傳統，使選舉人投票與直接選舉無異。又如聯邦最高法院的司法審核權，從一八〇三年的判例而來，而判例之受到尊重，實亦出於傳統。這類例子太多，而且後文中常會提到，不必多作重覆。有一點在這裏應該說明，憲法中許多名詞的意義，根本都是從英國憲政的傳統而來。諸如追溯既往的法律 Expost Facts Law，褫奪公權的法律 Bill of attainder，正當法律手續 Due Process of Law 等等，均沿用英國傳統下的名詞，對英國傳統若無認識，幾乎不能懂得這類術語的意義。霍爾姆斯 Holmes 大法官解釋憲法時曾說：美憲是「從英土地移植而來的有生命的機體。它的特徵不在形式而在活力」。霍爾姆斯認爲美憲的基礎爲英國傳統，但移植之後依舊繼續生長。

因爲上述原因，我人常以爲美國憲法實介於成文與不成文之間。借用霍爾姆斯所說的話來形容，成文是它的形式，而不成文是它的活力。美國行憲已有近兩百年的歷史，漫長歲月中，自然有許多傳統產生以爲憲法的扶助。就是在憲法制成之初，它已經與英國傳統結合在一起而不能分解。這是美國特殊的政治歷史所形成的現象。但這對美國憲法的順利生長是很有幫助的。美國憲法的內容如果完全是新奇的原則，美國人對它可能會產生很大的排除力量，它就不容易生根了。

在美國憲政史中，最值得注意的，厥爲它成長極其迅速而又能堅守憲法的原有精神。美國的聯邦制度，國會與總統之間的關係，聯邦最高法院的作用，以至社會經濟的發展，無一不在成長之中。今日的美國，與獨立時代相比，可以說沒有一點是完全相同的。各方面的成長情形，我人將於以後有關的章節中論列，此間不贅。於此所欲討論者，所謂成長，其形諸於外者皆爲變。然則何以如此大變而美國人沒有感覺他們的憲法受到損害？何以他們還常以爲美國憲政精神最爲發達？是蓋美憲最基本的精神應爲民主它的聯邦組織是爲民主，三權分立是爲民主，保障民權是爲民主，故憲法中雖未提到民主一詞，都是以民主爲其基本精神。在憲法的成長過程中，皆是爲民主而變，由是雖變而又能堅守憲法精神。舉例言之，總統領導地位的增高，林肯始倡之，威爾遜繼之，到羅斯福時代已是第三度予以擴張。林肯利用强大的總統權平定內亂，其目標在爲堅固聯邦的基礎，在廢止奴隸制度，可以說無一不是爲了民主。威爾遜領導美國參加第一次世界大戰，所標榜者又是爲民主的安全而戰。羅斯福初則爲解除經濟危機，繼則爲參與第二次世界大戰，所以要求各種廣大的自由裁量權。而解除經濟危機時採充分就業政策，參戰時又是站在民主陣線的一邊，皆無背於民主的原則，更重要的一點，他們要求領導權的同時，都沒有抹煞國會的地位，都沒有破壞三權分立的原則。以是種種，總統領導地位的提高祇是舊憲法原則的新適應，祇是種生長，而不是憲法精神的破壞。

多數採用成文憲法的國家沒有美國那樣幸運。同時多數國家實施新憲法以後，大家都從文字去解釋憲法的意義，由是反而忽略了憲法的精神。在這種國家，感覺憲法不便者輕率地要求修改憲法，而這個所謂修改，往往是憲法原有精神的破壞。這種極端行動很容易激起另一部分人的護憲，而護憲者反從文字狹義的解釋憲法，更使憲法缺乏適應新環境的能力。從這種地方來看，多數行憲國家缺少像馬歇爾John Marshall 那樣具有通識的法學者，使憲法的精神從刻板的文字中解放出來。

但美國法院何以獨能廣義的解釋憲法？這又是它的傳統有以致之。我人認爲稱美國成文憲法的確不很妥當，它的憲法處處以傳統爲其基礎，爲其枝葉。欲深知美國憲法者，不能單在它的條文上尋求答的。

(三)**剛性憲法**　世之爲憲法分類者，總是把美國憲法歸入剛性一類。美憲爲自己規定了幾條修正的程序，這是很有眼光與很有胸襟的舉措。制憲者往往會把自己所規劃的大經大綱視爲萬世不變的法則。尤其獨立時代尚無成文憲法的先例，美國制憲者更會對這史無前例的創作當做經典。但他們沒有如此，他們知道憲法不可避免的要經修正，他們胸襟的濶大殊不可及。亦許美國制憲過程中的艱難的經驗使他們了解到當時許多規定祇是暫時的妥協，將來可能還會有更妥善的解決方案，所以毅然決然的加上幾種修正的手續。

美國憲法的修正要經過提議及批准兩重手續。憲法的制訂其實也經過上述兩個程序，對修正案作同樣的要求，殊不能謂爲過分。修正案的提出，除國會每院以三分之二的絕對多數通過外，亦可經三分之二州議會的要求，由國會召集制憲會議以三分之二絕對多數通過之。現有的二十五條修正案，均由國會通過，州議會尚無要求修正憲法者。批准亦有兩個途徑，其一經四分之三州議會的通過；其二經四分之三州制憲會議的通過。除第二十一條修正案經州制憲會議批准外，其餘皆由州議會批准。在上述手續中，有若干疑點須由法院解釋。其一，批准方式有二，州於獲知憲法修正案後，究應在州議會討論抑召集制憲會議？各州如自由行動，勢將不能獲得結果。最高法院解釋，州應一致行動，而採何一途徑，國會有決定的全權（United States V. Sprague,1931）。其二，國會通過的修正案，是否尚須送請總統簽署公佈，法院認爲無此必要（Hollingworth V. Virginia,1798）其三，國會的三分之二絕對多數，究應如何計算？法院解釋爲出席人的三分之二。（National Prohibition Cases,1920）。關於批准的時間是否應有限制？憲法條文中並無規定。第十八修正案附帶提到七年內獲得批准者該修正案方爲有效，最高法的解釋，認爲七年是合理的時間。自此以後，修正案都附帶有時間的限制。

以上所述美憲的修正手續，較通常的立法手續自然要困難得多。美國國會立法皆以過半數通過，而修正案的提議須由三分之二通過，而且此後還得經四分之三州議會的批准。美憲修正須經這樣困難的手續，所以多數人認爲這是剛性憲法，因爲它的改變是不容易的。不過就事實而論，自一七八九年以來，美國已通過了二十五條修正案，也不能說少了。在兩大黨的政黨政治之下，通常一黨不易在國會掌握三分之二的絕對多數，故修正案而僅得一黨支持者，很少有通過的希望。必須修正案爲迫於事實的需要，且與兩黨共同觀點相符，而後通過與批准才不會發生很大的困難。因之，我們也可以說美國的憲法剛而不剛：如一黨欲憑一己之見任意改變，這是不容易做到的，美憲可以說富有剛性；但有實際的需要而兩黨共同諒解時，修改不太困難，又可以說美憲並不剛硬。

在二十五條修正案之中，關係人權者最多。一至十條普通稱爲美國的人權憲章，於一七九一年一次加入。十三、十四、十五三條皆於內亂之後增入，主要的要禁止歧視種族的立法；一九二〇年的第十九條修正案規定婦女選舉權；一九六四年的第二十四條修正案，又爲禁止因人頭稅的原因而歧視選舉權利，皆與人權有關。因之二十四條修正案之中，有十五條爲人權而設。

除此之外，尚有十條修正案，四條與總統有關。一八〇四年的第十二修正案因在原規定之下，總統副總統並不分別投票，兩人很易獲得相同票數，無法分出誰爲總統誰爲副總統，故修正成爲由選舉人分別投票。一九三三年的第二十修正案，規定總統任職的起迄期日，及總統缺位時的繼任方式，並把國會每年始會之日自原來的十二月的第一個星期一改爲一月三日。一九五一年的第二十二修正案限制總統連任的次數。一條關係參議院議員，那是一九一三年的第十七修正案，使參議員改由各州公民普選。一條關係稅制，修正憲法第一條第九節第四款使聯邦得以徵收直接稅。一條確定某些問題的司法管轄權，凡他州公民或外國公民控訴某一州的普通法或衡平法者，聯邦政府無權審理。兩條關係禁酒，事實上十八條規定禁酒，而二十一條又予以廢止。一條關係哥倫比亞特區的選舉權利。

在上述許多修正案中，有關人權的各條，性質皆極重要，惟十條爲憲法在州議會批准階段中制憲人預作的諾言。另三條又爲內亂後解決黑人問題而設。人權修正案之外，多數爲解決制度上所發生的實際困難，總統連任的限制以及參議員的普選，自然是很大的革新。但總統連任一次，原爲過去重要的政治傳統，經羅斯福總統打破之後，方有提修正案的必要。參議員普選，目的在加强該院的民主基礎，自屬需要，而到一九一三年方能實現，較一般國家上院的民主化已覺落後了若干年月。

修正案之中，不容易看出美國近百年來各種驚人變遷的痕跡。當然，歷史是由社會及人民書寫的，不一定都見諸筆墨，更不必皆見諸法令規章。但既有修正憲法的方法，爲什麼許多變遷的大原則都沒有規定於修正案之中？聯邦權的擴張，既促進了美國社會的近代化，亦改變了原來的放任思想，而憲法則於默認的方式之下任其演化，無人願以修正憲法的方式來作明確的規定。這說明美國憲法的修正，多數不以正式的手續爲之。法院的解釋，總統的言論，國會的立法，在在有變易憲法意義的可能。尤其新舊政治傳統的消長，習慣觀念的改變，諸如政黨的採行直接初選，一般人對總統看法的不同，對憲法的影響更大。這都是美國憲法剛而不剛的原因。

從上所述，可知美國憲法的值得重視，因爲它歷史最久而又變動最少。所謂變動最少，又僅指正式的修正而言。至於實際的變遷，其實亦已很多。如起十八世紀的制憲偉人於地下，他們一定不會相信今日任重致遠而龐大無比的聯邦政府，乃是他們所設計的一種體制。是以美國憲法有少變的外形，而有常變的內容，這可以說是它特徵之所在。它所以能屹立不動者在此，所以能雄視他國憲法者亦在此。

美國憲法的不變而變，應爲研究憲政者最值得注意的問題。一般衞護憲法精神的人，常以膠柱鼓瑟的態度解釋憲法，由是政府的行動有無往而不違憲之苦，由是進一步就想修改憲法以便利政府的行動，由是所以衞憲者適所以破壞憲法。美人，尤其是聯邦法院的大法官們，獨能承繼馬歇爾所創立的傳統，對憲法文字作廣義的解釋，由是政府在新環境的需要下有廻翔餘地，由是美國憲法的精神常新而無須動輒修改憲法，以適應新的政治勢態。

使憲法的精神常新，這是美國憲政成功的秘訣。林肯進行的南北戰爭，威爾遜從事的第一次世界大戰，羅斯福厲行的新政，都是美國史中社會經濟發生重大變遷的界石。三位總統於應付此重要事件的時候，不僅要求異於平時的權力，並亦領導國會進入新的立法權的領域。林肯是以修正憲法的方式來解決其需要的。黑人公民權的獲有保障，國會於戰爭結束後通過了三條修正案，惟於南方諸州所提出的退盟權的憲法問題，却始終不作正面的解釋，僅由南北戰爭實際的結果來作答覆與解釋。威爾遜與羅斯福總統皆因實際的需要而敢於大刀濶斧的樹立新作風。他們的行動，皆以輿論的許可與否爲其南針，因之也沒有發生違憲與否的問題。他們沒有以修改憲法的方式來配合他們的行動，這是與林肯時代不同的地方。

我人謂聯邦法院的大法官們對憲法條文作廣義解釋，實爲美國憲法精神常新的秘訣。但亦有許多時候，美人曾嫌大法官們守舊與保守，甚至有人批評他們護衞特殊利益。當州議會及國會通過各種勞工法以改進工人的工作條件時，聯邦法院均以妨害契約自由的理由宣判其違憲，使法院的信譽大爲降落。這是一八九〇年至一九三七年那個時期中所表現的現象。不過一般來說，大法官們對憲法生長的貢獻最大，就是三位偉大總統的所作所爲，恐亦不能與他們相比。

Ⅱ、美憲所宣示的重要原則

㈠民主原則　美國憲法可以說是世界中第一部民主憲法。法國革命在美國宣佈獨立之後十三年始行爆發，而美國之前的英國雖於十七世紀已有光榮革命，但獨立時代正值喬治三世當政，稱它爲君主立憲都很勉强。在這樣的時代中，美憲能以聯邦權賦諸國會，而且規定衆院議員民選，參院議員由州議會選舉，總統由各州的選舉人投票，對民主政治可以說是深具信心了。但說來奇怪，美國憲法中找不到民主這個名詞。它祇提到聯邦對各州保證它採共和制度，而共和的意義如何，沒有作任何具體的解釋，那我們又爲什麼說美憲是第一部民主憲法？

美國的民主原則，由序言充分表達出來。序言中說：「美國人民……制定並確立此一憲法」。可見美國人民乃國家的主權者，並不祇是被統治的百姓。而且制定這部憲法的目的，乃爲「增進一般人的福利，使我們及我們的後代享有自由的幸福」，民享的宗旨，實已昭然若揭。美憲的序言，乃基於獨立宣言上而產生的。威廉倍基 William Tyler Page 於美國信條中曾說：「我們相信美國政府是一個民有民治民享的政府，它的權力是經過被統治者的同意的；它是一個共和國中的民主政治」。憲法序言中簡單的文字，無不與此信條吻合。

因為這個關係，憲法雖未提及民主，而每一個美國人皆深信他們的國家為民主的國家。當然，十八世紀人士的民主觀念，與今日者或大異其趣。制憲人士如以他們所認為崇高的理想，詳細的規定於憲法之中，到後來恐怕反會成為民主進步的障碍。從這種地方來看，憲法表達其民主的志趣而不落痕跡，實在是很聰明的辦法。那一時期的所謂共和或民主多數側重於民享，於民治則尚抱懷疑的態度。獨立時代的偉人，祇有極少數的人信任人民，多數人則認為民智未開，人民被領導尚屬必要。就事實言，當時的美國人多數為文盲，教育極不普及，與他們現在所責備落後國家的情形很少差別。是以制憲人士於總統任期的久暫，人民選舉權之普及與否，都是爭論得很利害的問題。就因為這許多問題難於得到結論，所以能妥協的妥協，不能妥協者乾脆付諸闕如，乃留後人許多發展的餘地。

主權在民與共和等名詞，不僅憲法未作解釋，即最高法院亦認此為政治名詞拒絕解釋。但美國總統，則常於適當場合中為之闡明。林肯總統葛推士堡的演說 Gettysburg Address，威爾遜總統的十四點原則，羅斯福總統的四大自由，在這一連串歷史性的文件中，不難看出民主一詞在美國演進的程序。有人常說美國總統對憲法的生長也有其貢獻，在這種地方得到最明顯的證據。法院謝絕其解釋政治性名詞之權，而推讓總統來擔當這個任務，一般來說是很聰明的行動。民主的意義經常在推進中，如果時時要以修憲的方式來確定民主的新意義，不特會引起激烈的論戰，甚至還會引起激烈的運動。由法院來作解釋，法院自知不能勝任。獨由總統選擇適當的機會來發表他民主的見解，對輿論有深刻的影響，而又不致流於偏激。

㈡分權主義　普通都說美國政制採三權分立的原則。不過從憲法條文來看，它從沒有提到三權分立的字樣。它祇於第一條以立法權賦國會，第二條以行政權賦總統，第三條以司法權賦聯邦最高法院及國會隨時設立的聯邦低級法院。這種分別授權的方式，乃各國憲法中常見的制憲技術，並不能認這就是分權。若以聯邦憲法與麻州憲法（一七八〇）相比，麻州很明顯的採分權主義，而聯邦憲法則很含糊。麻州憲法規定如後：

此一共和州的政府，立法部門不得行使行政及司法權或其中之任何一權；行政不得行使立法及司法權或其中之任何一權；司法不得行使立法及行政權或其中之任何一權；其宗旨在建立一法治而非人治的政府。

聯邦憲法所以沒有規定得這樣具體，麥廸遜於聯邦主義通訊第四十七號中曾云：孟德斯鳩說立法權與行政權集中於一人或一機關則無自由，可是他並沒有說此機關不得部分代理或節制他機關的權力。足見制憲者因顧到三權之間可以有互相制衡與互相代理的情形，所以沒有把分權原則說的過於刻板。不然，麻州憲法早已創例於前，制憲者大可取法於它了。

但制憲者重視分權原則是沒有問題的。麥廸遜於同一通訊中又說：集中立法行政司法等一切權力於一處，——這簡直就是專制政治的定義。其後解釋憲法的大法官們，都尊重制憲者的用意，所以一貫的把分別授權方式解釋爲分權主義。獨立運動以來的重要人物其實都是孟德斯鳩的信徒。早期的幾位總統，自華盛頓以至孟祿（Monroe），幾乎無一例外，都能熟讀孟德斯鳩的名著——法意。所以他們所建樹的政治傳統，也都在加强三權分立的精神。

制憲者認爲三權分立的原則無害於互相制衡的作用，上文已曾提及。聯邦憲法賦總統以咨文、覆議、任命法官及大赦等權，都不是純粹的行政權，使他與立法及司法兩權自然的發生了混合的作用。而且因為這種混合的作用，又自然發生了互相節制的作用。國會與聯邦最高法院，其情形也是一樣，就像麥廸遜所說的，一個權力，常常代理並亦節制其他部門的權力，這在後文討論各部門的組織及權力時尚須論及，此間不贅。我人於此尚欲略作說明者，在其後美國的政治演進中，三權之間的界限較憲法所定者更不分明。例如國會的調查權，國會委員會得要求任何人出席作證，被調查人有答覆各項詢問的義務，拒絕答覆者犯「藐視」Contempt 罪。這類性質的調查權，似乎已侵入了司法權的領域。又如各部會的公共關係室，常與國會議員連繫，提供國會所需要的資料，有時甚至代議員起草有關法案。這種情形，似乎行政部門介入了立法的工作。誠如塔夫脫院長所說：「三個部門的完全獨立與分離是不能做到的，而且也不是憲法所希望的」。各部門權力的自然發展，祇要沒有流入專制之途，大體上說是不會受到美國人民及最高法院的責難的。

㈢**聯邦主義** 中央與地方的關係，美憲採聯邦的組織方式，這在十八世紀完全是種新創。就形式言，聯邦制度不過是邦聯的改進，多少增加一些中央的權力，使各州於滿足其自主的願望之餘，尚能有一統籌全局的聯邦政府。這種改進，說來容易，得來却困難異常。各州既習慣於獨立自主的政治生活，雅不願對中央作任何權力的讓與，尤其各州的人才及實力甚為懸殊，小州很怕大州壟斷中央，對强大的中央更抱着戒愼戒懼的心理。制憲者們終於能超越其地域主義而採取聯邦制度，不能不欽佩他們有濶大的胸襟。

聯邦憲法之中，其實從沒有提到聯邦的名稱。所謂聯邦主義，不過於第一條第八節把若干立法權賦予國會而已。憲法對中央政府的授權，包括下列項目：徵稅、擧債、鑄錢、維持陸海軍、主持外交、管理州際及國際貿易。在這許多中央權之中，徵稅權及擧債權實際上爲中央與地方所共有，中央所獨享的權力可以說寥寥無幾。對此寥寥無幾的聯邦權如採嚴格解釋主義，聯邦權很難伸展，聯邦政府也斷難有今日的規模與格局。在獨立的初期，不少人從州權的立場主張嚴格解釋聯邦權。幸馬歇爾院長獨排衆議，他在好多判例中表示聯邦權應發揮其完全的作用。他一則云：聯邦權雖受限制，惟在所有的範圍內是最高的。再則云：聯邦負對外交涉及以軍力自衞的重務，豈有負此重務者它所有的權力尙不能有效地運用？他否認憲法對聯邦權有任何嚴格解釋的企圖。

憲法一條八節第十八款的規定，常被利用爲擴大聯邦權的根據。該款曾賦國會以較富伸縮性的其他權力，那就是「爲貫徹上述權力，國會得制訂一切必要而適當的法律」。「必要而適當」一辭，涵義極不明確。但也幸而有此含混的字句，使聯邦權有伸縮的餘地。聯邦最高法院「應予包涵」Implied Powers的原則，也就是從這個含混的字句演繹出來的。

上述幾項簡單的中央權，從十八世紀末各州領袖的心理來說，已是州的重要讓步。但從廿世紀的美國來說，當然不很充分。不過它在法院寬大解釋及自然發展之下，居然使聯邦政府得以管理這樣複雜而高度工業化的社會，實爲不可思議之事。

各項聯邦權在一百八十餘年中均有擴張。以軍事權爲例，空軍以及原子武力的維持是明顯的新項目。以鑄錢權而論，不久因紙幣的發行而隨之有銀行設立，金融管理及信用管理等等權力。在各項權力的伸張中，州際貿易管理權恐怕是最重要的一項。聯邦最高法院的釋例中，也以解釋州際貿易的文獻最爲繁多。聯邦政府管理近代工業的權力多數自州際貿易管理權而來，此一聯邦權力的擴張情形，將於討論國會權力涉及，此間不贅。

聯邦權雖在日形擴張之中，但美國與單一國究有不同，蓋美憲絕無偏向聯邦權的意思，從上述列舉聯邦權的情形中已可知之。以後第十條修正案又明白規定凡憲法所沒有列舉的事權，歸各州及人民享有，這是著名的餘權在各州的原則，使州的地位及權力更獲得充分的保障。在州權之中，一般認爲公安權Police power最爲重要，州常賴此以保護及推進人民的公共衞生、安全、道德以及一般的福利。其餘如學校的設置，遺囑檢定及親屬法的規定，一般也認爲是州的獨有權。當然，聯邦憲法以規定聯邦事權爲主，州權是以並未列舉。上述州權力的主要內容，也是由美國的實際政治來決定的。

除此之外，憲法又特別規定州政府得以參與聯邦政府的許多事項。例如早期的參議員由州議會選舉，參議員不啻州的代表。因之，參議員的許多特殊權力，如同意總統所任命的人選，如條約的核准，皆是經參議員之手以使州對聯邦有所節制。他如憲法及憲法修正案的批准，州議會都享有重要的否決權，更使聯邦不能任意改變州的地位。

就是像馬歇爾那樣的聯邦主義者，他亦承認聯邦所有的權力皆來自各州的讓與，而各州所有者皆爲其原始權力。因是凡非憲法明文授與聯邦的權力，以及憲法沒有明文禁止各州使用的權力，各州均得自由運用。州不僅有自己獨立的徵稅權，而且也有自己獨立的預算權。在聯邦不課所得稅之前，州的稅源且優於聯邦。在很長的時間之內，聯邦以關稅爲收入的大宗，而各州則稅源衆多，惟自第十六修正案通過之後，這種情勢又爲之改觀。

同時，州權恐亦深受十四修正案的影響。十四修正案爲保障各州人民自由財產以及生命權而設，故於各州立法權具有限制的作用。尤其正當法律手續被法院廣義解釋之後，州的立法常要受到司法的審查。不過州權在這方面的犧牲，並沒有相對的加强聯邦的權力。

Ⅲ、人民權利的保障　讚美或批評美國的人，都會提到它的權利保障。讚美的人，自然說它保障的設計最爲精到。批評的人，又說這一種保障過於傾向個人主義，甚至有時會偏於既得利益的保護。這一類讚美與批評的話，都過嫌籠統，與人權所依據的法理以及所表現的事實都有些距離。美國有美國的特殊國情，因此，有些問題它能圓滿解決，有些問題却意外困難，解決之時非常棘手。

一般的說，美國在英國的傳統中去認識權利問題。洛克重視生命、自由以及財產諸權利的觀念，對美國人很有影響。獨立宣言中，列舉生命，自由，追求快樂爲造物賦予人類的不可剝奪的權利，與洛克不同者，僅以追求快樂替代財產。而在憲法修正案第五條中，又恢復財產的權利，不談追求快樂。凡此均說明美憲的權利思想，實淵源於英國。不過它們與其他觀念一樣，事實上是隨時生長的，故在今日社會中，並非都是兩百年前的舊物了。

普通都說一至十修正案爲美國的人權憲章，因爲它們是一七九一年同時增入，其目的在補充憲法原文之不足。不過十條修正案之中，第十條規定餘權在州，與人權無關。第九條說明憲法中的規定，不能用以排斥其他權利，雖與權利內容得以生長有關，但並沒有正面規定權利的內容。第二修正案人民保有武器的權利，第三條規定軍隊不得强佔民房，在現在的美國已無多大意義。而第十修正案之後，十三、十四、十五、十九及最近的第二十四修正案，均與人權有關。除修正案外，憲文本文中亦有人權的重要規定。例如第一條第九節二款規定人身出庭狀不得停止，三款規定國會不得通過追溯既往的法律，不得以法律褫奪公權；又如第三條第三節對於叛國罪的規定，第二節規定犯罪事實須經陪審團的審判；其重要性皆不在修正案之下。因之，美國人權憲章的內容相當複雜，玆為分類說明如後：

㈠生命權的保障　生命權應亦包括身體的自由在內。對於這項權利的保障，憲法本文及修正案均有詳細的規定。憲法第一條第九節第二款云，除對外戰爭或內亂等特殊情形外，不得停止人身出庭狀。出庭狀為法院三大令狀權 Writs 之一。人民如遭公私機關的非法監禁，或遭公共機關合法拘留而超過一定時間，受害人或受害人的家屬得要求法院頒發出庭令狀，違背令狀而拒不交人者犯藐視法院之罪。這對於身體自由是很大的保障。在美國，平時沒有停止出庭令狀的事情。在戰時，憲法原亦視為例外情形，允許軍事當局以停止出庭令狀之權，不過這種非常措置，人民常認為非事實所必需，故要求法院糾正。內亂時期，林肯總統下令停止人身出庭令狀。馬利蘭一位富翁滿蘭曼 Merryman 因反聯邦言論而為該區軍事司令所拘捕，滿蘭曼申請該區巡廻法院頒發人身出庭狀，聯邦最高法院院長但尼 Taney 適輪值該巡廻法院的首席，核准其申請而命軍事司令將人犯提解法院，司令以獲有總統命令拒之。但尼又命司令出席法庭說明理由，因法警不得入礮台而無由送達法院的文件。但尼無可如何，乃以其惟國會始得停止人身出庭狀的意見函送總統，林肯未作答覆，而以滿蘭曼移送法院，以叛國罪提起控訴。內亂終止後，國會在南方設立軍管區並設立軍事法庭以事整肅，因之，常發生身體自由失去保障的爭訟，聯邦法院均以對軍事法院無管轄權以逃避這個現實的問題。直到一八六六年的米里根案（Ex Parte Milligan）法院表示國會無設置軍事法院之權。此一判決公佈後，國會曾以減少大法官的人數至五人為答覆，而國會的南方諸州的重整計劃，依舊進行。

第二次大戰時，一九四一年日本偷襲珍珠港後卽以夏威夷島置於軍事政府的管制之下，停止人身出庭狀並組織軍事法庭以管轄一切民事案件。直到一九四四年，該島始恢復文人的統治。該島長期的軍事統治曾引起很大的不滿，尤其中途島一役(一九四二年)之後，日本襲擊的威脅業已解除，殊無軍事管理的必要。聯邦法院直到一九四六年的鄧肯案Duncon V. Kahanamoku始表示其譴責軍事法院越權的意思。

除人身出庭狀外，憲法第三條第三節對叛國罪的規定，於人身自由也有很大的貢獻。叛國罪限於「與美國進行作戰，或與美國之敵人合作，予敵人以協助或便利」，這就是說，其他犯罪行爲皆不得謂爲叛國。叛國者的財產，其後人仍有承繼之權。

此外，憲法修正案中所規定各種正當法律手續 Due Process of Law，對人身自由的保障有其貢獻，對其他權利也有無比的價值。修正案第四條規定人犯的逮捕及贓證的搜查，必須持有法院所頒發的搜捕狀。這不僅防止了濫捕，並亦限制了法院所可以採用的證據。最著名一件案子，一位私酒商的電話由人竊聽而成爲他犯罪的主要證據，最高法院卽因該項罪證未經正當法律手續的搜查而推翻原判。修正案第五條規定，不得强迫當事人自證其罪。修正案第六條規定：被告有權要求獲悉被控之罪狀及理由；有權要求原告證人對質；有權要求法庭頒發命令狀强有利於被告的證人出庭作證；有權要求由律師協助辯護。修正案第八條規定：犯罪者不得處以殘酷而反常的刑罰。修正案第四條至第八條規定的各點，構成了有名的「正當法律手續」的主要內容。當然，在法院的解釋之下，每一正當法律手續的含義都較文字所表達者爲廣泛而複雜，爲篇幅所限，不及一一尋求判例以爲說明。

大體說，生命權的保護，在平時問題較少，在戰時則一樣會發生很多的困難。二次大戰期中，七萬歸化的日本公民以及四萬日僑的後裔，均撤出太平洋沿岸而集中管理。從國家安全的觀點，這亦許是必要的措置，但從保障人身自由的觀點言，無疑是種違憲的行爲。可是Korematsu一案中，最高法院確認政府措置爲合於憲法的精神。以國家安全爲第一要義的時期，法院自亦須配合行政與立法的行動。

(二)自由的衞護　關於自由權的保障，主要的有修正案第一條的規定：國會不得確定宗教或禁止信教自由；不得剝奪人民言論及出版之自由；不得剝奪人民正當集會及向政府請願之權利。這一條的意義，最高法院一向認爲僅聯邦立法受其限制，至於各州，州議會仍可視需要而制訂限制自由的法律。爲杜塞這個漏洞，所以又有第十四修正案的規定：無論何州，不得不經正當法律手續而剝奪任何人之生命，自由，或財產；亦不得否認州內任何人法律上平等保護之權利。除此之外，修正案第五條亦提到：「人民的生命自由或財產，不經正當的法律手續，不得遭受剝奪」。上述三修正案都提到自由的保障，惟第一條把自由分析爲宗教信仰自由、言論自由、出版自由及正當集會的權利，其餘兩條僅籠統的稱自由。最高法院的解釋，第五及第十四修正案的自由，亦卽指第一修正案中的各種自由。又第五及第十四修正案均有「未經正當法律手續」一語，似謂經正當法律手續者得以限制自由。換言之，自由並非絕對權利，聯邦及各州皆得加以限制，但限制的時候，必須注意正當的法律手續。此間的所謂正當法律手續，是否卽上文人身保障中之正當法律手續？而且正當法律手續的限制爲對法律的執行而言？抑爲立法時亦須注意正當法律手續？而立法時之正當法律手續，又何所指？凡此種種，均爲文字上的疑點。

在諸種自由權之中，宗教自由可以說是一個獨立的項目。在獨立時代，宗教問題相當嚴重，蓋移殖新大陸者，雖爲逃避宗教迫害而來，而到達新大陸後，被迫害者對人亦未嘗能抱寬容的態度，以是州內州際，都因信仰的紛歧而發生分化的作用。第一修正案謂國會不得確立宗教，使任何宗教不得假國家的勢力以欺凌其他宗教。在無國教的條件之下，而後進一步追求宗教的自由，使人人有自己的信仰。政府公職，不得以宗教信仰爲其條件，則政治與宗教自然分離。在這種種規定之下，宗教問題乃獲解決。宗教信仰亦得到了相當充分的自由。當然，在宗教自由這個要求之下，百餘年亦發生了不少爭訟。例如utah教主張多妻，州法律之取締多妻者是否妨害宗教信仰自由？最高法院解釋：宗教信仰不應妨害國家社會的善良風俗，國家社會皆以維持善良風俗爲其責任，不能因宗教自由之故而放棄維持善良風俗的義務。宗教儀式中固有以活人爲祭品者，國家能否爲宗教自由之故而容許以人爲犧牲的行爲？又例如若干人士認爲向國旗敬禮爲偶像的崇拜，而有些宗教是禁止偶像崇拜的。有一位小學生拒絕向國旗行敬禮而被除名，因之引起了妨害宗教自由的訟案，對於這類案件，最高法院的判例前後有不一致的意見，最初說規定須行敬禮的州法律是違憲的，以後又說公民應崇敬其國家，任何宗教理由不得否定對國家的崇敬。

言論自由，出版自由，及和平集會的權利，在第一次大戰之前，很少引起實際的案件，聯邦最高法院因之也沒有什麼釋例。第一次大戰之後，美國因對德宣戰而必須抑制非戰及替德國宣傳的言論，而一九一七年所發生的赤色革命，使美國社會亦受其影響而時有激烈言論的傳播。由是聯邦國會及各州議會，常有通過間諜法反工團社會主義法及反無政府主義法者。第一修正案雖於言論自由出版自由及和平集會權利未加正面限制，但在合理的推論之下，這許多權利皆非絕對而屬相對的性質。文生 Vinson 院長在鄧匿士案中 Dennis V. United States 即作如是表示。憲法既規定國會不得剝奪人民言論及出版的自由，而國會又爲社會安全的理由而通過取締某些言論的法律，法院何去何從，當然是極費躊躇的事情。霍爾姆斯Holmes曾於一九一九年慶克案中Schenck V.U.S.規定「明顯及立刻危險」的原則，以鑑定法院是否應該執行此類法律。在那次的案件中，慶克以社會黨秘書長名義投函已受徵召的人民，敦促他們堅守人權的立場反對徵召，因而觸犯間諜法。最高法院認爲此類行動足以引起明顯而立刻危險，應置之於罪。同一年中的其他兩案件 Debs V.U.S.，Abrams V. United States，一爲反對戰爭，另一爲攻擊美國參戰，皆因觸犯間諜法而受刑，惟未援用明顯而立刻危險的原則。

一九三〇年，胡士Hughes繼任聯邦最高法院院長，一反一九一九年以來的態度，認爲除非公共利益的需要，否則限制言論，出版，以及集會的自由皆爲違憲。大法官陸德爾琪 Rutledge 於托瑪斯案 Thomas V. Collins 中亦說：「個人自由何處而止，國家權力何處而始？這是我國制度所賦法院的責任而須爲決定者。在這個邊境上作選擇，現在與以往一樣，總是異常艱難的。……法院認爲自由的領域應得優先的保障而不容許國家的侵入。任何限制此類自由的企圖，必須證明公共利益確受明顯而立刻危險的威脅」。

陸德爾琪的釋例，雖然提到明顯而立刻危險的原則，但他强調各種自由優先受保障的立場，由是立法常受法院的考驗，與傳統的法官立場頗有差異。聯邦最高法院雖有宣判法律違憲之權，但法院的基本態度，與其他國家同，認定法律都是合理的，祇是在發覺法律與憲法牴觸時始拒絕執行該法律。而陸德爾琪則認定限制諸自由的法律都是違憲，除非能被說服該一法律確出於公共福利的必需。這一種態度上的變動，使司法權逐漸會失去其中立的立場。無怪另一法官法蘭克福特 Frankfurter 表示不能同意。

第二次大戰使聯邦最高法院的態度有另一次的改變。尤其二次大戰之後，赤色顚覆陰謀日益猖獗，而冷戰又經常在進行中，由是國會通過了好幾種防止共黨顛覆活動的法律。在這之前，國會原已於一九四〇年制定外籍人民登記法（普通稱史密斯法），對擁護納粹主義的人予以約束。該法並可以同樣適用於共產黨徒。一九四七年通過塔夫脫哈特萊（Taft-Hartley）法，規定工會職員須宣誓非共產黨徒；控制法及國家安全法，規定同情共產黨的組織須在司法機構登記；聯邦政府機構不得任用共產黨黨員。各州議會，亦通過類似精神的法律，以取締無政府主義或工團社會主義的思想與活動。

文森主持下的聯邦最高法院乃採取「明顯而可能發生危險」clear and probable danger 的原則，以爲認可此類法律的理由。可見近年來美國司法界的態度，正在向限制自由的方向發展。

總之，諸自由非絕對權利，這是歷來聯邦最高法院共認的原則。在需要的情形之下，國會得制訂限制性的法律。惟需要如何確定其意義，大法官們也認爲這是相當艱難的問題。

(三)財產權的保障　保障自由權的憲法修正案，同時亦均提到財產權的保障。第五及第十四修正案均規定非經正當法律手續不得剝奪人民的財產；而第五修正案並强調不經正當補償，不得徵收人民的財產。憲法本文第三條且規定叛國罪者的財產，其後人仍有繼承權，可見所謂財產權的保障，並亦包含保障財產繼承權的意義在內。

在上述條文中，正當法律手續與正當補償的規定，很費解釋。法院若認爲依法行事即是按正當法律手續，法院的責任較爲輕微，而財產權事實上完全在法律的操縱之中。聯邦法院如不推卸責任而願進一步研究正當法律手續的意義時，常自保障財產權的精神立言，凡法律而違反此一目的者，法院即認爲它沒有按照正當的法律手續。可是在這一種情形之下，法院將成爲太上的立法機關，凡法律之不能滿足法官心目中的公道觀念者，他們都可以宣判爲違憲。這是一般人批評美國司法審評制最重要的原因。

大體的說，聯邦法院自一八九〇年至一九三七年約五十年中，大法官們深受放任主義的影響，幾乎把財產權看成一種絕對的權利，州議會欲於此加以限制，他們就會根據第十四條修正案而宣判它違憲。在這個階段之前，大法官們自普通法的傳統解釋正當法律手續。那就是說：重視手續 Procedure，而不很注意正當二字的意義。一八九〇年的密爾華蓋鐵路公司案 Milwaukel and St. Paul R. R. Co. V. Minnesota 的判例中，大法官們始强調正當法律手續的實質意義。判例中說：鐵路票價的合理與否，一方面是對公衆而言，另一方面亦爲對公司而言。由州的委員會決定票價的標準，很容易忽略公司的立場，有背以正當法律手續保障財產權的意義。這是以合理的原則去解釋正當法律的手續。聯邦法院亦常從自由契約的原則來解釋財產權與正當法律手續之間的關係。例如規定最多工資的法律被判違憲，卽因法院認爲第四修正案所說的自由，亦包括選擇職業的自由在內，而職業自由亦卽是契約的自由，故規定最低工資的法律妨害契約自由，亦卽妨害了職業的自由。法院在講契約自由的時候，形式上在保護職業自由，其實際的意義與否定由政府機關來管理鐵路票價是相同的。

總之，自法院對正當法律手續作廣義解釋以後，美國聯邦以及各州的社會立法與勞工立法很受嚴重的打擊。而亦在這個時候法院的司法審評權受到多方面的指責。

從以上所說的各種情形來看，美國憲法中有關人權的各種規定，其後在司法解釋之下所發生的實際意義，都是有其優點，亦有其缺點。對於生命權及身體自由權的保障，在正當法律手續之下有最爲正常的表現，較一般國家爲妥善。自由權的保障，因社會安全的要求而時有變動。可見這個問題常與安全問題發生聯帶關係。在實際政治之中，無法在文字上或甚至在理論上具體而正確地確定其內容。在美國是如此，在其他國家也是如此。對於財產權的保障，正當法律手續一辭的解釋不同於身體自由之下的正當法律手續。在這個問題上，法院最少有一個時期是偏向爲既得利益作辯護的。以是美國社會立法與勞工立法的進展極爲迂緩。衞爾於其憲法原理中認爲這是政治性名詞發生的流弊。我人不很能同意這種看法，正當法律手續一辭，在身體自由的保障中解釋極爲具體，而在自由權及財產權的保障中較爲活動，可見不能肯定說這個名詞爲政治性的。十九世紀後葉，美國放任思想特別興盛，這是它特別的社會背境之下的產物，其問題不在憲法文字，亦不在司法審評。

(四)公民與選舉權　美國的公民，與其他國家的國民有同一意義，僅表示其有國籍而已。解釋美國憲法的人，早年均認爲國籍原始於州籍，卽謂於州享有公民權者卽爲聯邦的公民。一八五七年最高法院的判例（Dred scott Case）卽曾作如是解釋。惟內亂平定之後，國權主義者自然不能同意這種看法。第十四修正案明定：「生於美國或歸化美國者爲美國公民並爲其所居住之州的公民」。自此以後，國籍先於州籍的原則乃獲確定。至於歸化，其法律由國會制訂，並爲國會的專有權。故歸化的條件與歸化的允准，均爲聯邦權力。歸化分集體歸化及個別歸化兩種。集體歸化是擴增領土時的措置，類由國會通過單獨的法律處理之。個別的歸化依照普通的歸化法，由移民局執行。很少因此而發生爭訟問題。惟一九二九年有一史維滿案(United States V. Schwimmer)，一位年齡五十歲而抱和平主義的婦女，因拒絕宣誓願爲保衞美國而戰，故不獲歸化。大法官霍爾姆斯表示其少數意見時曾云：「憲法原則中最須堅持者，莫過於思想的自由——並非同於我人思想的自由，而亦是我人所恨的思想的自由。我認允許進入這個國家與生活於這個家之中，應同樣的依據此一原則」。霍爾姆斯理性的呼籲，並沒有影響他同僚的意見。二年之後，聯邦最高法院又於兩個案件中（United States V. MacIntosh 及 United States V. Bland）否定同類情形的兩個人的歸化。不過一九四六年，在另一案中最高法院却認可了吉羅德（Giro-ard）的歸化。吉羅德入籍宣誓中曾表示願在軍隊中從事非戰鬥的工作，以從事保衞美國。惟爲宗教信仰的理由，不能從事戰鬥。大法官道格拉斯陳述法院意見云：不能戰鬥非卽表示對國家缺乏忠順。這種人對國家一樣可以有積極的貢獻。似乎霍爾姆斯的少數意見又佔上風。

在美國，有公民資格未必卽有投票資格。投票權是由州法律規定的。到現在爲止，美國公民投票資格的規定仍多紛歧。卽以選民的年齡限制而言，喬治亞州因第一次大戰時年滿十八歲者卽須服兵役，因之把選舉資格亦改爲年滿十八歲以上，而其他多數州則規定爲二十一歲。他如在州內居住時間的限制，或爲半年，或爲一年。又如教育的限制，有的規定必須識字，有的要經教育測驗，有的沒有任何限制。這種紛歧的現象，實爲各國所少有。原因所在，實因憲法以此項權力賦與各州。憲法第一條第二款規定在州獲有選舉州衆議員的資格者，得選舉聯邦衆議員。其後第十七修正案規定聯邦參議員在各州普選時，亦採同樣的原則。又總統及副總統選舉人的選舉，其方式由州決定之。這是由州規定選舉資格的依據。十四、十五、十九，及二十四修正案，對各州這方面的立法權加上若干限制：一、不得因種族、膚色或原先被奴役情形而剝奪公民的選舉權利；二、不得因性別的原因而剝奪選舉權利；三、平等保障；四、不得因人頭稅的原因而剝奪選舉權利。這許多限制的目的，均在糾正因紛歧而產生的歧視黑人選舉權的現象。

林肯總統平定南方的分離運動之後，不幸遇刺身死。國會中極端的共和黨人，謀以軍事佔領的方式改組南方政治。這種高壓政策，使南方人受很多的犧牲與痛苦。這不僅使南方永成爲堅定的民主黨派，並亦使南方永遠歧視黑人權利。憲法修正案所欲改進的各點，多數在南部人技巧的運用之下失去作用。這是美國政治中最不幸的事件。一九四七年總統所設置的民權委員會報告中曾說：「若干州除以立法的方式剝奪黑人選舉權外，經常還採用恐怖及恐嚇的手段，使造成一種空氣，黑人非有極大膽識，絕不敢前往投票場所」。以法律的方式歧視黑人投票權，聯邦最高法院得依據十四、十五及二十四修正案宣告他們無效。例如一九一二年 Oklahoma 通過一條法律，公民須經過一項測驗（書寫或誦讀該州憲法的任何一節），通過者始有投票權。惟其祖先在一八六六年之前獲有投票資格者，無須經過測驗。這因爲該年之前黑人尚無投票權。此一法律，於一九一五年即在一個案件中 Guinn V. United States 被判爲違憲。又如德克薩斯州白人初選法，以黨爲民間團體的理由圖規避十五修正案的約束。但一九二三年的案件中 Nixon V. Herndon 聯邦最高法院仍宣判其違憲。是以在法律上歧視黑人的選舉權，不是項容易的。但像人權委員會報告書中所提到的以威脅的方式嚇阻黑人參與投票，雖亦可根據修正案平等保障的原則予以糾正，惟威脅而成爲風氣，那就不都是法律所易爲力了。更何況州政府與地方人士的心理相同，不顧積極貫徹憲法的精神，問題就更爲複雜與困難了。

平情而論，美國對種族平等所作努力遠超過其他國家。即以憲法修正案而論，二十四條中竟有四條（十三、十四、十五、二十四）皆爲此而發。往昔民主黨同情南方人士的主張，而執政之後，也已一變初衷，第二十四修正案的通過，民主黨居主動地位。無如種族偏見業經養成之後，再欲革除，眞是困難萬分，此爲本文題外之言，但欲對美國選舉權問題作深入了解者，黑人問題的認識是很重要的。

本章參考書：

Benjamin F. Wright: The Growth of American Constitutional Law, N.Y. Houghton Mifflin Co. 1942
Beard: The Living Constitution in the Annals Vol. 185.
Tresolini: American Constitutional Law, Macmillan, N.Y. 1959.

第十一章　美國的政黨

I、**兩黨制**　每隔四年，美國民主共和兩黨必唱一次對枱戲。雙方鑼鼓喧天，生旦淨丑，各盡其妙，眞是十分熱鬧。直到大選的結果揭曉，落選者向勝利者致電道賀，這個民主戲方告閉幕。這所以美國之有兩大黨，幾成爲人人皆知的事實。但兩黨如何形成，有什麼不同的主張，各有些什麼根據地，實力上有什麼差別？且爲作簡單的敍述。

㈠**民主黨**　民主黨是哲斐遜（Jefferson 1801-1808）一手創造的。當時的總統，依憲法由選舉團投票產生，而選舉團則由各州人民舉總統選舉人組成之。此一選舉方法，如無事先的聯繫，自然會有難產之虞。尤其那時交通困難，消息阻塞，很少人的令譽能超過州的界限，選舉人更會更易各選其本州領袖，選票是無法集中的。由是國會中的領袖們互相連絡，成立少數集團，更以此集團聯繫州的領袖們，以集團的力量去操縱選舉團。所以華盛頓雖諄諄告戒勿以政黨分散國人的力量，而政黨却很自然的產生了。

民主黨的對手爲漢彌爾登 Hamilton 的聯邦派，很早因其領袖死亡而勢力衰落。故民主黨一直把總統的職位掌握在它手中。不過政黨的發展，逃不出一個定律，在位太久則內部腐化而易生分裂。一八二四年，民主黨三位派系領袖出而競爭總統。其中一位爲傑克遜 Jackson，原來得票最多，惟未能超過半數。他的兩位對手携手合作，所以在衆院投票時失敗了。他氣憤之餘，改組民主黨而與其餘的份子分裂。他創議以黨代表大會提名總統候選人，以避免國會預備會議的操縱。他當選爲總統之後，以聯邦的職位獎勵黨的幹部，所以民主黨又能操縱聯邦政治者數十年。十九世紀的前五十年，除唯新黨的哈立遜一度問鼎之外，幾乎全是民主黨的天下。

南北戰爭（1861）之後，南方十一州受軍事管理，民主黨的勢力乃大受影響，一直居於劣勢，僅克利夫蘭 Cleveland 於一八八四年出而主政。所以十九世紀的後半期，又成了共和黨的天下。二十世紀民主黨轉運，威爾遜於一九一二年進入白宮，一連兩任。一九三二年羅斯福創導新政，因有復興經濟之功，民主黨繼續獲得優勢，除艾森豪擊敗史蒂文生之外，白宮一直爲民主黨的領袖所佔有。

從上面的話來看，可見哲斐遜、傑克遜、威爾遜以及羅斯福是民主黨的四大偉人。當哲斐遜創立民主黨之時，他抱着農業民主的理想，標榜州權，偏向農民的利益，故甚爲南方人士所擁護。到現在爲止，南方的十一州還是民主黨的大本營。西部開發之後，中西部因利益一致，也爲民主黨的勢力所掩蓋。這是民主黨在地理上所佔的優勢。羅斯福的新政，農業復興法案仍對農民有益，可以說是民主黨傳統政策。惟工業復興法案，擴大聯邦權，與舊傳統相背，可是因此而得到工人團體的支持，在選民的數量上又獲得優勢。惟一使它發生困擾的是人權法案。南方人多數反對黑白人權利的平等，而北方人則認爲勢在必行。因之一九四八年南方民主黨自提總統候選人，以與杜羅門對抗。

㈡**共和黨**　共和黨由漢彌爾登以聯邦派的名義開創基礎，惟漢氏身故後，此派勢力衰落。在民主黨內鬨的時期，起初傑克遜與其對手均自稱爲哲斐遜的信徒。傑克遜勝利之後他的一派稱民主黨，而他的對手稱爲維新黨 Whigs。維新黨雖亦由民主黨分裂而出，但與聯邦派及一力反傑克遜的派系聯合，故有了新的傳統。一八五六年，維新黨改組而爲共和黨，一八六〇年在林肯領導之下大獲全勝，以後繼續主持白宮幾達半個世紀。

共和黨一直主張擴大聯邦權，同時亦比較傾向於關顧企業家的利益。漢彌爾登曾謂聯邦應與企業家利害與同，而後聯邦始有鞏固的基礎。漢氏講這句話的時候，其實祗指設立聯邦銀行以吸收富人的存款，使富人更能愛護聯邦。惟自此之後，共和黨更得到企業家的支持。二十世紀新政的時代，共和黨爲反對聯邦政府對企業自由的干涉，乃放棄主張擴大聯邦權的傳統，反而採取民主黨舊日的口號，在政綱上調了一邊，可以說是美國政黨史中最奇怪的事情。

共和黨僅有凡檬 Vermont 一州可以絕對控制，惟在康納的克 Connecticut、愛達華 Idaho、麻賽諸塞 Massachutt、密契根 Michigan、明內沙達 Minnesota、威斯康辛 Wisconsin 等州，佔很大的優勢。

㈢**大黨所以不至消滅的原因**　從上述兩黨的歷史來看，它們都曾有過長期失意的時期。共和黨之於十九世紀前期，二十世紀新政時代之後，民主黨於一八六〇年之後，皆有數十年不能進入白宮。這種情形如在其他國家發生，可能會使長期失意的政黨瓦解。美國因每個大黨均有重要根據地，失意於白宮者仍能在若干州保持絕對優勢，因之並能在參衆兩院佔有可觀的議席。一九一二年之前，民主黨久失總統的寶座，但在南方諸州仍是獨覇的局面，所以很能偏安一時。共和黨雖沒有民主黨那樣大的根據地，失勢之後，一樣還有不少州長及州議會可資活動，不至過於寂寞。

大黨既均有重要根據地，執政的時間長達數十年，爲什麼又會忽然易手？選民態度的改變當然是重要的原因，而黨內部的分裂，又爲導致選民態度改變的主因。政黨於勢力穩固之後，往往任意提名「寵子」Favorite son爲總統候選人，政治漸趨腐敗，引起有爲之士的不滿；再說不能分一杯羹的其他領袖自然也會憤憤不平，發生分離的運動。共和黨於一九一二年有進步共和黨產生，就是很顯著的例子。賴福萊 La Follette 及老羅斯福等人，滿懷理想，主張以更民主的方案醫治民主之病。他們提出不少改革計劃，並在不少州獲得實施。但當以此理想向塔夫脫總統建議時，總統不以爲然。由是共和黨繼續提名塔夫脫爲總統候選人後，進步分子即在支加哥另行召集進步共和黨的代表大會，並提名老羅斯福爲候選人。那次大選的結果，老羅斯福獲四百餘萬票，塔夫脫獲三百餘萬票，民主黨的威爾遜獲六百餘萬票當選，使民主黨於長久消沉後重獲執政機會。

一九四八年民主黨發生南方民主黨 Dixiecrates 運動，情形很相類似。一九三二年至一九四八年，民主黨繼續執政已達十六年。黨內躍躍欲試的領袖，如參議員咯富佛，乃以揭發聯邦政府的貪墨爲競爭總統寶座的口號。南方的領袖們，於羅斯福的盡量擴大聯邦權亦已有所不滿，而於杜魯門繼羅斯福的遺志而提出人權法案更爲忿怒。民主黨的代表大會提名杜魯門爲總統候選人後，南方的代表即另行集會，「建議」（有意避免提名的字樣）以修檬 Thurmond 州長爲總統候選人。南方人士的想法，三角競爭的結果，必然沒有一位能獲過半數票，在衆院投票的時候，他們可以壓迫杜魯門放棄人權法案了。結果大出南方人士的意料之外，杜魯門大獲全勝，他們沒有施行壓力的機會。這一次的分裂，沒有結束民主黨的執政地位，可是一九五二年的大選，却予艾森豪以打入南方的機會了。

㈣**其他小黨**　美國雖說是兩黨政治的國家，但民主共和兩黨之外，尙有其他許多小黨。以一九五二年的大選而論，角逐總統者竟達十七個政黨之多。兩大黨之外的小黨，美人統稱之爲第三黨。第三黨既無當選的希望，爲什麼經常的出現於選舉票上？它們對大黨的作用是什麼？對於這一點不加說明，則我人於兩黨政治的意義會不很清楚的。

小黨有好幾種類型。第一類從大黨分裂而生。上述共和黨於一九一二年老羅斯福與塔夫脫分裂而組織進步共和黨，一九四八年南方民主黨爲抗議人權法案而另行建議總統候選人，均屬此類。政黨內部分裂總是兩敗俱傷的事情。兩大黨得票相差不會太多，分裂的政黨各得原有票之半，自然雙方都會失敗。一九一二年的記錄，共和黨得票較民主黨爲多，但共和黨由兩人分得，由是得票少的民主黨反而當選了。故痛定思痛，分裂的兩方常會重修舊好而仍然聯合起來。不過分裂派的抗議，對大黨常有刺激的作用。例如老羅斯福雖然失敗了，他得票超出一般人的想像，迫使威爾遜不得不考慮他的進步主張。老羅斯福的政見，反在民主黨總統的任內予以實施。

另有的小黨是因新理想的流行而產生的。例如因爭取女子的公民權而產生女權黨，因禁酒的要求而產生禁酒黨。這一類的小黨，常爲大黨所吸收。蓋小黨的主義而大受選民歡迎時，大黨爲爭取選票，自然把這種主義也列入它們的政綱之內。在這種地方，小黨有如壓力團體，把它們的理想提出於選民之前，迫使大黨接受。

在這類小黨之中，可略述綠背黨、人民黨及進步黨的歷史，以說明小黨的興廢原因。

美國的工業人口佔最大比例，而農業人口亦不在少數。這兩種人常感在政治中沒有得到應有的地位，所以常欲自組政黨。一八七五年，農村經濟很不景氣，中西部的農民領袖主張增加紙幣的發行，俾刺激市場而恢復農產品的價格。時兩大黨均相信緊縮政策，不爲所動，由是組織綠背黨，並於一八八〇年提名韋佛 Weaver 爲總統候選人。韋佛於大選中僅獲三十餘萬票，極其令人短氣。惟農民的聯合繼續展開，南部者稱南人聯盟，北部者稱北人聯盟，分別轉移其目標於爭取地方議會的議席。一八九二年，農民領袖更與工會的領袖聯合，組成人民黨，仍提名韋佛爲總統候選人。此次他獲一百餘萬票，並獲科羅拉多 Colorado，愛達華，肯薩斯 Kansas 及尼萬達 Nevada 四州二十二位總統選舉人票，這是小黨從來沒有的成績。可是一八九六年因與民主黨提名同一人選爲總統候選人，大受打擊。從此一蹶不振，一九一二年宣告解散。

一九二四年的進步黨是許多小黨的大聯合，惟仍以農工份子爲主。它提名威斯康新的賴福萊爲總統候選人，並提出黨綱，主張鐵路及水力的公有，總統的直接提名及直接選舉，州法官的選舉，以及勞工組合及團體契約的鼓勵等等。進步黨因無地方基礎，祇有在不同的州以不同的名稱登記，故雖獲四百餘萬票，而僅得威斯康新州十三位總統選舉人票。表現雖不平凡，但沒有基地的缺點是很不容易補救的，所以祇好知難而退，翌年卽告解散。

從上述小黨的興廢史來看，可知美國的農工未嘗不欲自組政黨。惟新黨沒有據點，在聯邦政治中很難發揮作用。它們可以在一市或一州獲勝，但不易於半數以上的州佔第一或第二的位置，因此永遠祇能得十數選舉人票，不足以影響大選的形勢。其次，在實施新政之前，農工的政見未受大黨的重視，故農工組黨的願望不肯終止。羅斯福執政之後，此種政見已列入民主黨政綱之中，恐怕不再會有類似的小黨活動了。

Ⅱ美國政黨的特點　美國的政黨，亦以爭取政治權力爲目的，這是與其他國家政黨相同的地方。但除此之外，它們還有許多特點。

㈠沒有全國性的領袖　美國的兩大黨，均以競爭總統的寶座爲它們最高而且是最後的目標。所謂在朝黨，即指其候選人能進據白宮的政黨。大選之年，兩黨眞是全力以赴。自黨召開代表大會起始，至大選之日結束，兩黨皆動員全部人員，無臥無休的做着爭取選舉的工作。但說來奇怪，總統在黨裡並不佔重要的地位。至於提名總統候選人的代表大會，出席者雖均爲各州的知名之士，但他們都是抬轎子的而不是坐轎子的，會期一過，代表立卽星散，這個機構立卽結束，連象徵性的權力都是沒有。

被推爲總統候選人者，不問當選與否，名義上卽是該黨此後四年中的領袖。可是這樣人物，多數在黨裏面沒有什麼基礎。威爾遜之於民主黨，艾森豪之於共和黨，與黨的組織皆甚疏遠，這是很顯著的事實。據豪斯上校的記載，他於晤見威爾遜後方知他的爲人，而他爲威爾遜奔走時，民主黨的巨頭們對他都不很清楚。至艾森豪，大戰時功勳卓著，共和黨的巨頭自然都知道這位將軍，但他對共和黨極少淵源，那又是無法否認的事實。其實就是甘乃第以及其他著名的總統，都不是政黨組織中人。

黨於物色總統候選人時，注意這個人的得票能力，而並不注意他的黨性。除非一個黨有絕對勝利的把握，它才會任意的提名黨的巨頭爲候選人，否則黨寧可在圈子以外尋覓人才的。因爲這個關係，名義領袖多數無法領導實際領袖，雙方必然保持若干距離。

兩黨的領袖既有當選與落選的區別，當選者春風得意而大權在握，他多少對他的黨會有些領導羣倫的作用。一則他可以安插一些人事，使攀龍附鳳者有一顯身手的機會；二則他爲一國之尊，不特黨的聲譽賴以提高，卽國家的樂利亦賴以伸張。另一位落選的政黨領袖，完全是備位式的人員。史蒂文生曾感喟的說：沒有比落選總統更爲象徵性的領袖了。他境況的落寞，可以想見。

總統對他的政黨不能實際領導，對黨的統一性以及對總統權力的運用來說都發生不可盡言的損失。不過美國的政黨乃產生總統的機構，而並不是供總統運用的機構，所以這種關係恐怕是很難改變的。

兩黨均有中央委員會，委員百人，每州舉男女各一人組成之。中委會並設主席一人，由總統候選人指定人選。這個中委會及其主席，名義上是黨聯邦級的幹部組織，但實際上祇是大選時期的助選組織。他們對競選費用的籌措亦許有些幫助，對總統候選人在各州的循迴演說可能有些策劃，而對日常的黨務是不能過問的。他們於決定下一屆黨代表大會召集的日期與地點時集會一次，除此之外，聚集一處的機會都是沒有的。

從上面所說的情形來看，政黨聯邦級的機構可以說形同虛設，與其他國家黨的中央有重要指揮權者完全不同。

㈡地方領袖爲黨的中堅 上文說美國政黨沒有全國性的領袖，這不就是說它們沒有領袖。相反的，它們都有不少領袖。這許多領袖，皆以市或州爲據點，一面霸持地方，一面大肆合縱連橫的手段，圖謀在聯邦政治中爭取最大的利益。政黨之內的實力派，多數屬此類人物。

美國不僅政黨的領袖是州級的市級的，卽政黨的組織，亦以州縣市的爲中心。所以然者，自然有其傳統上的原因。在獨立的時代，美國不過是閉塞的農村社會，多數革命偉人，都是些有鄉曲之譽的人物，除華盛頓以元戎而著名於十三州之外，其餘的很少能名播數州的。因爲這個關係，領袖人物多數是州內的，而非州際的。其後此種被推爲衆議員或參議員而必須有政治組織時，這個組織也是以州爲基地。更何況美國的選舉，除大選外，皆以地方爲單位，候選人並須有當地的籍貫。在這種種傳統與選舉制度的影響之下，黨的組織與領袖很自然的會以地方爲基礎的。

地方領袖約略可以分爲三類。第一類是有心參與聯邦政治角逐的人物。他們很少是黨的工作同志，更不能利用黨來圖謀私利。著名領袖之中，杜魯門總統擔任過民主黨的基層幹部，但這種例很不多見。多數人祗是黨部的財務支持者或幹部的關顧人，藉此與地方政黨聯繫。他們的政治目標，不是州長，就是參衆兩院議員，而後再進一步爭奪總統候選人的身分。這一類的領袖不在少數，共和黨的杜威、尼克森、高華德等，民主黨的羅斯福、甘乃第等，都是他們所居住的州的領袖。

第二類的地方領袖爲黨魁Boss。黨魁是美國環境所產生的特殊性質的領袖。他們多數以大城市爲根據地，對這個城市的歸化公民有很大的控制力。他們自己沒有政治地位的野心，但對選舉則頗有操縱的勢力。他們就憑這種力量作政治上的買賣。他們向必須與之合作者索取政治的報酬，諸如公共建築的承包權及地下事業的庇護等。黨魁所在之地，政治總不會清明。

第三類的地方領袖是黨部的幹事們Party machine。黨的幹事是黨的工作者，自街坊幹事以至州委員皆屬之。他們對黨很具熱忱。在他們的心目中，他們的黨既具歷史，而且對國家最有貢獻，所以他們爲黨服務，就是爲國家服務。這種人在黨的選舉中雖能直上竿頭，有不少上進的機會。但自己出馬競選爲參衆議員的事情是很少發生的。他們經常是研究美國政黨政治者批評的對象，因爲他們操縱提名，使政治家及選民，都爲他們所左右。在旁的國家，地方黨部爲黨的中央所控制，地方黨部雖亦有提名之權，究竟要受黨中央的審核，地方黨部實不能任情爲之。像英國那樣，一旦被提名爲候選人，即永遠爲該黨在那個選區中的候選人，使黨部的提名權更受限制。美國的地方黨部沒有上級爲之指導，所以大家覺得他們的提名權過於專斷了。而地方幹部之亦成爲黨的領袖，原因亦在於此。

黨魁以及黨部，這是關心政黨的人所欲改革的兩件大事。改革的方法，若干州規定直接初選制，而推行市經理制的市及少數州並實行無黨派的投票，以避免黨魁及黨部的從中操縱。直接初選制乃黨員直接提名的方法，而無黨派選舉則候選人不標明黨籍，用意皆在使人民直接抉擇人選。不過在多數人並不關心黨國大事的客觀環境中，黨魁及黨部的勢力還是不容易根除的。

㈢政黨皆爲多頭怪物　美國各州的兩大黨，既各有土生土長的領袖，各領袖自然都有很深的地域觀念。他們都以瓜分聯邦利益爲取歡本州的方法，最少他們必須維持本州的立場，不肯爲聯邦而少作犧牲。地方政黨名義上是統屬於大黨之內的，事實上則我行我素，並不是大團體中的一個分子。說得苛刻一些，兩大黨皆是多頭怪物，在一面大旗幟之下覆蓋著無數各自爲政的小團體。大選之年，這個多頭怪物爲爭奪總統的寶座，步伐似亦相當整齊，合作似亦相當密切，總統候選人獲得各地黨部的熱烈擁戴，儼然一個統一的政黨。但大選一過，各單位又忙着自己的營生，各不相干。政黨內部權力之分散，沒有一個國家可以與之相比。地方黨部的人事，經費，以至政治的立場，可以說是各自獨立的。美國南部民主黨堅決反對黑白平等，與北部民主黨的立場剛好相反，最足以說明美國政黨並無統一的立場。其餘東部西部以及中部，其實都各有主觀的要求，與其他區域同黨的人都不相同。

美國的政黨，其實是聯合選舉事務所，完全依選舉的事務以分工。聯邦級的選舉，兩大黨始成爲對峙的集團。州級的選舉，因州各別的情形而不同。在一黨獨霸的州，該黨即分成許多派系，州黨部缺少統一的力量。而在兩黨競爭的州，兩黨又各成堅固的集團。惟在這一級的選舉中，州黨部總是處於指揮的地位，中央委員會無置喙餘地。縣市的選舉，又由縣市黨部負責，州委員會也不能控制。尤其大城市如紐約市支加哥市之類，其市黨部不但有獨立地位，有時且可支配州的選舉。選舉的事務既依這個標準分工，政黨自然會變成散漫的集團。

㈣缺少鮮明的政綱　政黨類多標榜其獨特的政綱，理想主義者且認爲這是政黨必須有的功能。政黨而無政治目標，對內無以鼓舞其幹部，對外無以取信於人民。但美國的政黨，形式上雖亦有政綱，而且每逢大選之年，黨的代表大會必須通過一政綱，以表明黨此後的政治立場，但事實上則很少人重視這類政綱。因爲美國政黨的政綱都是聚寶盆式的，把選民喜歡聽的話堆積一起，由是兩黨的主張從沒有太大的區別。選民欲由政綱來選擇他所信托的政黨，他一定會有無所適從的感覺。

許多人亦許因此而譏諷說美國的兩黨實爲一黨的兩翼，最多有左右之分，而不能說是各具主義的兩個政黨。不過了解美國政黨各種客觀條件的人，就會知道政黨是不能有鮮明而獨特的主義的。從黨的內部而言，各地領袖皆有因其地域而產生的各種成見，政綱如傷害這類成見，黨的內部即會分裂。上文提到一九四八年民主黨因人權法案而南方領袖幾乎要另行組黨，就是此類事例的最好說明。從黨的對外關係而言，政黨所以發佈政綱，無非欲爭取選民的支持及擁護。選民的利益也是紛歧而互相衝突的，過於鮮明的政綱，得於此者必將失於彼。不是面面俱到，沒有一黨能獲得勝利而使其候選人進入白宮。爲爭取選民中各階層的同情，也惟有說些八面玲瓏的話了。

理想主義者亦許認爲政黨應據領導的地位，但實際政治家則以爭取選舉票爲第一目標，兩種觀念何得何失，我人不欲於此深論。但在美國，政黨縱使標榜其獨特的理想，黨的工作者仍然會因地制宜的去迎合地域觀念，反而顯得政綱是言不由衷的表面文章。政黨旣不能作統一的領導，聚寶盆式的政綱可以便利各地區的工作者各自自圓其說，這是不統一中求統一的惟一方法。政黨政綱是於大選年決定的，針對當時的政局，說些黨對此政局所抱的觀點。但政黨很少願意對爭論中的問題表示意見，總祗炫耀過去的光榮傳統，指責執政者的過失或指出現政府的成就，表明貫徹共同信念的決心，而於爭持的問題的模稜兩可不爲左右袒。這是美國式的政黨綱領。因之，美國式的政綱，其惟一的意義，可以說是美國人意見的指標。這就是說，它把美國人的共同信念昭告於世人。把民主共和兩黨過去十數年的黨綱來看，它們的共同的信念爲反共產主義，反極權主義，以及增進全民的福利。反共產主義聲中發生了麥加錫主義，主張以極端的手段整肅公務員及教師之間的嫌疑分子，這引起了輿論界擁護及反對激烈的爭辯，政黨則旣不擁護又不反對，以免受累。

至於根據此政綱而在各州發言的參衆議員候選人以及其他的工作者，其意見更是形形色色五花八門。民主黨人亦許說了些共和黨的話，共和黨人亦許說了些民主黨的話，但這皆無害於黨的統一立場。各黨中皆有左右派系，民主黨的左派，與共和黨左翼的意見較爲接近，右派亦然。

Ⅲ、美國政黨特徵對政治所發生的影響　美國地方分權的政黨，決定了它政治許多的形態。

㈠總統成爲國家的精神領袖　美國憲法僅以總統爲行政首長，惟在各種客觀的形勢之下，他非居全國領袖的地位，卽不足以推動行政。而在所謂客觀的形勢中，政黨的分權恐怕是最重要的一個。行政必須有立法爲之配合，而立法機關之內都是些各抱成見的地方領袖，他無法以政黨領袖的地位爭取他們的合作。他必須呼籲輿論的支持，始能以輿論的壓力强使國會通過希望中的法律案。不少總統表示他是國家的領袖，而不止是一黨的領袖，雖爲提高自己身價的說法，實亦勢迫出此。

一般的說，總統與國會領袖往往爲不同類型的人物。總統較有開朗的性格，且有民主及進步的想法。而議員——尤其是資深的議員，則比較守舊與頑固。所以然者，政黨於物色總統候選人之際，均在人口衆多的十大州之內找人。二十世紀以來兩黨十七次的代表大會中，十二位總統候選人出生於紐約，十八位爲其餘九州的人士，僅四位爲小州出生。此蓋紐約等四個最大州的總統選舉人已達一三八位，佔總數的四分之一强。在大州物色候選人，卽易在該州獲得勝利。大州工業人口最佔優勢，非開明之士不易得到他們的擁護，所以政黨不得不顧到這方面的要求。至於參議員及衆議員的選舉，鄉鎮人口較佔優勢，故兩院議員亦以出生鄉鎮爲多，尤其資深議員更是如此。一九六二年的參議院，沒有一位委員會的主席是十大州的人士。大城市當然也能選出參議員的，但他們多數不易連任很久，因爲大城市選民的態度是較易轉變的。惟小州如內華達者，它的參議員才能多次連任。

總統的性格與政治觀點，旣與國會領袖者有異，他自然不願意成爲政黨的俘虜，以免受國會領袖們的牽制。他以國家領袖自居，旣可多得國民的支持，又可使國會中反對黨的進步人士也爲他所用，這是一舉兩得的事情。政黨方面，對於總統這種超然的作風，也並無可以遺憾之處。政黨是常以該黨所有的偉大總統爲炫耀的。民主黨以有哲斐遜、傑克遜、威爾遜及羅斯福而自傲，共和黨以有林肯而自傲，不問這幾位總統與他們現在階段的政治立場是否相合。政黨的其他領袖，事實上亦都在自我表現，又何能單獨責怪總統？所以總統未必依遵黨的政綱以行事，未必自視爲政黨中人，美國傳統中從不以此爲怪的。

㈡國會中的混亂立場

一般的說，國會中任何法律案如不得衆院議長及參院多數黨領袖的首肯，通過的希望是不大的。分享此領導權者爲各委員會的主席。至於少數黨的兩院領袖，亦享有相當的否決權因爲少數黨如能團結一致，即可利用多數黨的不滿分子，很有左右大局的可能。這是討論美國國會制度的人很容易得到的議會領袖專制的印象。但究其實際，兩黨議員不常依政黨的立場投票。南方民主黨的議員，對人權法案就不會遵守黨紀。中西部共和黨的議員，說什麼也不會贊同艾森豪農業輔助的政策。議員以選舉區的利益爲利益，黨綱對他們是無關宏旨的東西。因此之故，國會領袖的威權事實上是很有限度的。

在國會的投票記錄中，很可以看出兩黨立場紛歧的情形。甘乃第總統時代，國會中的所謂進步派，乃指贊同總統的下列各項政策者：發行公債以救濟不景氣的區域；增建國民住宅；增加教育協款；以及對外援助等。能完全依照上述立場投票者，衆院中民主黨議員九十一人，共和黨一人；參院中民主黨議員二十四人，共和黨一人。民主黨的南方議員，多數反對上述各案，而大城市的共和黨議員，對增建國民住宅及增撥教育協款則甚爲支持。

衆院議長如與總統同屬一黨，議長自然要與總統合作，最少他對新聞界必須如是表示，不然，對黨就會有很不利的影響。事實上議長多數屬黨的中間派，故能居間作妥協的工作。議長深知每一議員的需要，一般法案他都能相機應付，以滿足對手的需要爲條件而湊足通過某一重要法案的多數。不過碰到某些議員所堅決反對的法案，他對總統就愛莫能助了。上文已經說過，委員會主席多數屬頑固派，議長最難應付的就是這些巨頭。他們旣操法案的生殺大權，而又各有特殊的地域觀點，議長很難進行說服的工的人能否以交換條件來爭取相當人數的支持。任何法案的命運，多數要看對它有興趣每一位領袖都有自己的立場，都憑自己的實力來要求對方讓步。任何法案的命運，多數要看對它有興趣作。政府法案所遇阻撓，亦以此般人的力量爲最大。熟悉國會內幕的人，總以羣龍無首來對它作形容。

黨紀不能約束議員，實有各種客觀的理由。美國的議員都得自己應付各種複雜的環境。黨的提名不過是它參與政治競爭的起點，而且黨的提名多數是有條件的。議員而不能自己籌募經費，州委員會是不願予以提名的。而大州的參議員，其競選費用有高達一百八十萬元者，這筆經費的籌集，對普通人來說，一定是頗費張羅的。一旦競選成功而進入國會之後，他得償還人情以及經濟方面的積欠。同時又得爲未來選舉打基礎，由是不得不敷衍鄉黨以及友好的請托。總之，美國議員的地位是獨立的，他得不到政黨的幫助，所以也不受政黨的約束。在政黨有統一領導權的國家則不同。政黨以全力支持議員，故議員亦受政黨的約束。英國平民院有明顯的兩大陣營，蓋卽爲此。

㈢**壓力團體的乘虛而入** 壓力團體的種類極爲繁複，而性質亦極不一致。人民以某一理想而組成團體，希望以此團體的作用推動國會；工人，農人，以至退伍軍人，爲爭取本身福利而結成會社，此類會社自然亦盡其全力包圍國會；企業家們爲反對或盼望某一法律的產生，也施其壓力於國會。凡此種種，學者常統稱之爲壓力團體。

任何國家的政府及立法者都會受壓力團體的影響。但壓力團體勢力之大以及政府對它讓步之多，美國皆稱首屈一指。舉一顯著的例子，英國的退伍軍人，不能從他們的政府獲得像美國那樣多的福利，而英國退伍軍人協會，其發言亦不像美國的那樣咄咄迫人。美國的議員沒有政黨爲之屏障，爲之作緩衝，所以總是直接感覺到壓力團體的勢力。在英國，壓力團體必須說服在朝黨，然後方能達到目的，影響少數議員是沒有用處的。政黨當然不一定就能抵抗這種壓力，但政黨先有確定的政綱在，多少要考慮接受壓力團體的要求是否會改變自己的立場，是否會予在野黨以口實？有了這種種考慮，壓力團體的腐化作用就可以減少了。美國則不然，它國會中雖亦有多數黨，但因領袖們意見紛歧而無確定的政綱。每一法案，仍須以合縱連橫的手段結合有利於該一法案的人數。壓力團體乃乘虛而入，利用種種複雜的因素以製造有利於己的形勢。大集團大多掌握不少選票或輿論勢力，這對議員來說皆是種威脅，故不肯對之開罪。而且議員投票是自由的，並不顧忌所屬政黨的立場，當然就容易成為壓力團體的俘虜了。

壓力團體的乘虛而入，不一定就能說是政治上的腐敗力量。民主政治的基本精神，原為各種意見相互自由影響。壓力團體有其意見，自亦有其表達的權利。議員予以重視，亦可以說是尊重輿論的應有態度。所不幸者，議員們沒有自己的方針，全憑各種壓力團體的力量為之推移，就很容易發生不合理的情形了。

美國學者之研究本國政黨政治者，多數舉述黨魁及黨部覇持的種種劣點，而於上述三點，評論的却是很少。總統之以國家領袖自居，有其好處，亦有其缺點。蓋此種形勢成為習慣以後，總統益發不能領導其政黨，政黨亦不監督其領袖，於政黨政治的健全運用，最少是有損失的。至於國會的混亂，壓力團體的聲勢迫人，則缺憾更多。這種現象都是美國客觀的環境所形成，對憲法的精神是大有影響的。

Ⅳ、美國選民的投票行為 政黨作風的形成，很多受選民投票行為的影響。同時，選民投票行為當然亦受政黨作風的影響。兩者關係，至為密切。在說明美國政黨與其影響之後，有一述選民投票行為的必要。

㈠美人對政治的冷淡　美國人對政治的冷淡，似爲世界之冠。總統選舉吸引的選民最多。一九五二年因艾森豪參與競選，共和黨鼓動「我愛艾克」的狂潮，投票率打破歷來的記錄，但也不過百分之六十二的選民參加投票。這與實施强迫投票制的比利時及澳大利亞固不能相比（兩國投票率各爲百分之九十），較英國的百分之七十八及加拿大的百分之七十五也遠爲遜色。不過從美國而言，總統選舉的確還是大家最關心的事情。單獨選舉參衆兩院議員的時期，一九四六年的投票率爲百分之三十九，一九五〇年爲百分之四十二，一九五四年爲百分之四十三，一九五八年爲百分之四十四，沒有一次能有一半選民到達選舉場所。

美國人對政黨，興趣亦在衰退之中。吳德華特 Julian Woodword曾調查八千位公民的政治活動，發現四年內參與助選活動者不過百分之十一，對黨曾作捐輸者不過百分之七。公民現在已不大談到自己的黨籍，而且他們常投分裂票，以甲職位選民主黨人而以乙職位選共和黨人，表示他們不願忠於一黨。因爲這個關係，白宮主人與國會不常掌握在一個政黨之手。自一八七二至一九五二年八十年間，一個院操在總統的反對黨手中者達十六年，兩院均掌握在反對黨手中者亦及八年。

這類現象，許多人或以爲是美國人厭惡民主政治之故。這實在是皮相之談。美國投票率所以低落，原因很多，不可一概而論。例如它有太多次的選舉以及太長的選舉票，即是許多原因中的一個。市長及市議員，州長及州議員，總統及參衆議員，除此之外，許多州還規定法官，廳處長，甚至地方救火隊隊長，都要由人民選舉。在實施直接初選制的州，候選人提名時又有選舉。選舉職之多，沒有一個民主國家能與美國相比。美人一年中總有好幾次要去投票場所，那得不令人厭煩？而且選舉票太長，選民既不認識票中所載的張三李四，而職務亦不頂重要，自然不會認眞考慮孰賢孰不肖，甚至不考慮候選人的黨籍而任意圈劃了。

棄權的選民之中，並不全是不關心政治的人。因病因生產而不能達到投票場所的，爲數當不在少。因短期旅行或因業務而出差無法趕回原籍投票，人數一定亦很可觀。再加上其他不可盡舉的事實而缺席的，據估計當在百分之十與十五之間。

再說美國定期定時舉行大選，與英國因特別事故而解散平民院而不定時舉行大選者很爲不同。美國大選之年，不一定提得出重要的問題要求選民抉擇。政黨爲求選民踴躍參加，不得不誇大其辭，把每一個大選年說成歷史上的轉捩點。說的人心中暗笑，聽的人自然亦不相信，選民不關心政黨並亦不關心選舉，乃成自然現象。

最後而最重要的，人民對政治的態度，多數在不滿意時則批評萬狀，滿意時則「你們好好的幹罷」，事事放心而不再過問。這種態度是不健全的。惟選民之富有惰性，確亦爲事實。雖如美國教育之普及，國民知識水準之高，亦未能免此。從這種地方來看，美國投票率之低，正表示它政治的安定及政治的上軌道。據一九六三年的民意調查，美人之滿意其現狀者爲百分之六十八，法人之滿意其現狀者僅百分之四十八，而英國亦不過百分之五十四，無怪美國的投票率低於兩國了。

㈡**選民重人不重主義**　政黨、政綱以及候選人三者之間，美國人究竟重視那一個？答覆這個問題，必須分別情形來作說明。

在兩黨競爭相當激烈的各州及各市，美人最重視者爲政黨，這就是說祇問候選人的黨籍而不問候選人爲誰。美人常覺政黨較個人的信譽更爲可靠。不過這亦不是說選民祇投習慣票而從不改變他們的態度。在大城市中，上一屆民主黨人當選爲市長並且在市議會亦佔多數，但下一屆忽然劇變而把民主黨人全部轟下台去。選民常對沒有成績的政黨施以懲戒性的報復。在各州，類似的情形也常會發生。惟在全國政治中，選民態度較爲固定，兩黨均有其基本的擁護者，甚至若干家庭的政治傾向是父子相傳的。此一情形，近來亦有重大的改變。邵德 Salter 教授說他是共和黨世家，但亦常投民主黨的票。與他情形相同者，自然亦不在少數。工業社會是多變的社會，大家的心理亦受影響而多變遷。政黨對習慣票的依賴也不能像從前那樣可靠了。

美國南部原屬邦聯派的十一州，向爲民主黨的大本營。在這許多州的地方選舉中，共和黨多數不推候選人，可以說是民主黨一黨的天下。民主黨由是派系林立，經常會有五六人出而競爭一個職位。選民亦不復能選黨而祇好選人，能注意候選人的主張者可謂寥寥無幾。所謂選人，也不是從人的才具着眼。據凱氏 V. O. Key 的研究，地方報紙中常見的名字比較容易得票，所以報紙成爲臧否人物的主要工具。而曾任公職的人也被選民視爲要人，著名球手或足球員更爲許多人所愛戴。鄉誼與友誼也爲南方人士所重視，候選人有在居住區域得絕大多數票而在他區竟不能得一票者。因之，住過幾個地方的候選人很佔便宜。總之，一黨獨霸的區域，選民投票雖說重人，竟亦可以說沒有什麼標準。

若干採取市經理制的城市，爲便於此一制度的推行，其選舉採無黨派的方式。除此之外，明內沙達 Minnesota 等少數州亦採無黨派投票的方式。採無黨派投票的州與市，其情形與南方的州相同，候選人衆多而選票不能集中。採無黨派投票制的原意，無非欲去除黨部對選舉的影響。但實際的情形，選民並不能因此就有自由的選擇。地方報紙、工會、農會，以及商會等，皆起而替代了政黨的作用。選民依賴成性或者是說選民對候選人毫無成見，這是黨部所以發生力量的眞正原因，其罪過不能由黨部單獨負責。

在總統的選舉中，兩黨均標出政綱，競爭至爲劇烈。但學者們調查一九五二年艾森豪因什麼而當選，發現他個人的聲望是最主要的因素，與共和黨及共和黨的政綱無關。其實政黨的巨頭們早已發現這個原則。他們經常詳細考慮候選人個人的得票能力，而於黨綱的內容，反認爲是次要的事情。在競選的標語中，都是想把候選人製造成偶像人物。甚至副總統候選人的作用，亦在幫助總統候選人的得票能力。所以在聯邦選舉中，人的因素最爲重要。

從上述分析，可見競爭劇烈的州選黨，一黨覇持及無黨派選舉的州市選人，而聯邦的選舉亦是選人，因政綱而決定投票傾向的竟是寥寥無幾。此一客觀的事實，使多數知識上的領導者樂於棄權。因爲他們知道他們的選舉票是不會發生力量的。當代的知識人士常有其誰我與的孤獨之感，美國亦不例外。

㈢**厭棄小黨**　上文已說到美國亦有許多小黨，小黨之中，也有氣勢甚壯而予大黨以不少威脅者。例如進步黨的賴福萊初次出馬卽能獲得四百餘萬選票。但小黨都是難以爲繼，因爲它們是地方性組織，不能在多數選區立定脚跟。人民黨初次獲二十餘總統選舉人票，第二次卽未能獲得一票。這種種經驗，使其後小黨得票更爲不易。蓋選民之投票小黨，初爲懲處大黨，其後卽不會繼續支持小黨，尤其看到小黨在總統選舉團中所佔力量，決不足以影響兩大黨的均勢，興趣乃更爲之降落。

多數的選民，對小黨不會有任何信任之心。它沒有歷史，沒有任何表現，僅以新異的政綱爲號召，而大家對政綱又是最不關心的。除激進的知識人士之外，對小黨是不肯予以支持的。多數選民這種心理狀態，對美國的兩黨制是有其貢獻的。

V、競選費用及法律對它的限制　美國政黨的競選費用，常爲研究政治者所熱心討論的問題。美國政黨對黨員並未規定繳納黨捐的義務，那末黨的經費從何而來？兩黨於選舉時期支出如此之鉅，究竟如何用法？這許多金錢會否在選舉中發生腐化的作用？法律對競選費用又有些什麼限制？凡此種種，皆爲關心政黨政治者不能忽略而必須解答的課題。本文因篇幅的關係，無暇詳述，僅集中注意力於總統選舉的經費問題。

十九世紀的競選費用並不太大，林肯不過化費十萬元卽進入白宮。以後歷有增加，每黨亦僅百萬元左右。一八九六年的大選，兩黨爲自由白銀問題激烈競爭，共和黨用了三百三十五萬元，首開驚人記錄。其後競選費用直線上升。共和黨於一九二〇年的費用爲五四一萬，一九二四年稍減爲四〇二萬，一九二八年爲六百萬，一九三六年爲九百萬。民主黨較共和黨爲少，一九一六年爲二二八萬，一九二四年爲一一〇萬，一九二八年爲五百萬，一九三六年仍爲五百萬。上述數字，尙不包括提名的費用，兩黨於大選年費用的總和，已經超出千萬。不過學者指出這個數字還是依公開的報告而得到的，比實際的支出要小得多。據美國新聞及世界報導雜誌所作估計，一九五二年兩黨實際的支出當在八千萬至一億元之間，而那年的公開報告則不到一千萬元。可見政黨必須文飾其賬目，它的報告是不可全信的。凱內教授 Kalnay說福特汽車公司每年的廣告費總在三千萬左右，兩大黨才四年一次的支出近億元的政治教育費用，也不能算是過分。

競選費用有其正當的需要，這是沒有方法否認的，但問題是經費的來源如何？理想主義者亦許認爲應該採集腋成裘的方法，向關心政黨的大衆勸募。但有經驗的政黨的工作者都知道這個方法必須出動大批的工作人員，耗費的精神甚多而所得亦許很少。更重要的一點，大選年工作人員已極辛勞，再不能加上這個負擔了。因此之故，政黨經費多數由富人的捐輸而來。從政黨的公開報導，千元以上的捐款人所輸送的，佔政黨經費百分之七十左右。惟一九三六年及一九四〇年，羅斯福的新政大爲一般人民所關注，人民踴躍解開荷包，大額捐款遂降至百分之四十五及百分之四十二。這是極例外的情形。

至於捐輸者的動機何在？美國政治學者對政黨的研究雖極稱詳盡，獨於此一問題未作調查。是蓋深知卽作調查，其結果是不會正確的。沒有人能知道大企業家對政黨究竟捐輸了多少，當然更沒有方法知道他們爲什麼捐輸。他們可以舉許多堂而皇之的理由，但與實際的動機相去可以有千里之遙。事實的眞相既不可知，猜測之辭乃隨之而興。卡爾遜 Carlson 曾云：候選人能從愛護他的大衆得到些銅幣，從友好及親故方面得到些鎳幣，從痛恨他的對手的人得到些銀幣，而從有所希冀於他的人得到金幣。所謂有所求於候選人的捐輸者，可能是郵政局長，可能是希望出任大使的人，也可能是爲了公司與企業的利益。以上是極其印像主義的說法，無非說明捐大錢者都是有所希求的。

在政黨經費公開的來源之中，有一部份爲地方黨部的貢獻。例如一九四四年共和黨中央委員會自三十州黨部收入一百二十四萬九千餘元，而資助一個州黨部一萬四千元，純收入達一百二十三萬之鉅。民主黨州黨部不很殷實，故收入不多。它幫助十九州參衆議員的競選費用爲十四萬八千餘元，自二十二州黨部收入二十七萬餘元，純得僅十三萬元。州黨部的收入，也自募集而來，而募集的方法，與中央委員會所採取者實在是大同小異的。

競選費用如何分配？一般的說，用之於不合法的活動者甚少甚少。這固然因爲法律限制甚嚴，同時亦因對手者亦是强有力的組織，耳目旣廣，制裁的力量亦大，故政黨不得不謹愼從事。據一般學者分析的結果，用於廣播及電視者，常佔總經費的百分之十五至百分之二十。大衆傳播事業發達以來，政黨卽視此爲最重要的宣傳工具，而美國是利用廣播與電視最早的國家。一九三〇年，支加哥一個電台十五分鐘的支出卽達七五〇元。這是指事先安排的時間，競選緊張而臨時要抽出時間時價格增加百分之五十。據紐約時報的估計，一九五二年共和黨爲艾森豪競選所用的電視費達二百餘萬元，而民主黨爲史蒂文生所化的電視費亦達一百四十二萬餘元。除此之外，報章雜誌的廣告費亦很可觀，而黨部印刷及散發的小册子，其費用亦頗驚人。至於人事費用，如包括中央委員會及州委員會的全部支出在內，數字當然很大。但政黨公開的賬目，僅列臨時任用及義務助選人員的旅費食宿費，已是一筆可觀的數目。

對於前述種種，我人可有一總的印象。美國競選費用雖然大得可驚，但自其用途而言，反覺是必需的，不可少的。競選經費之最發生問題者，厥爲來源問題。一般人民，因不很關心政治，故於政黨不很作熱烈的支持，使政黨不得不仰賴於少數巨頭。此一現象之所以造成，於上文選民投票率中已有說明。多數人民在安定中是不關心政治的，惟到不能聊生時始知政治的重要，始對政治作嚴厲的批評。此固爲事理之常，但結果是很不幸的。人民不願分擔的政黨經費，少數巨頭願意輸助，由是黨的決策權，未免移轉到巨頭手中去了。美國政黨之所以未能完全爲企業家所操縱，全因政黨同時需要選舉票之故。人民是以其選舉票去平衡金錢的勢力，使政黨不得不顧到並盡其所能的去尋求人民的要求與希望。不然的話，政黨卽無一是處了。此項原則，雖不規定於美國憲法之中，却爲美國的重要精神之一。美國是以人民的選舉票來奠定民主基礎的。

競選經費可能發生的弊病，其實立法者亦很早注意。州議會以及國會，一直在設法予以防範。紐約州於一八九〇年通過選舉陋弊法規，其後有四十五州亦採取同樣的步驟。陋弊法規的主要用意在防止賄選及恫嚇等不法行爲，對此懲戒極嚴。對於其他陋端，亦加列舉，惟責罰較輕。其次，各州亦皆限制選舉費用。多數採限額制，卽規定每一選舉職可以使用的費用，不得超過定額。

聯邦採取防止選舉陋弊的行動，其一爲一九二五年的選舉陋弊法規，其二爲一九四〇年的哈去法 Hatch Law。這幾個法規的用意，與各州的法律相同。其一爲規定各類選舉費用的限額。衆議員的選舉費用定爲二千五百元，最高不得超出五千；參議員定爲五千元，最高不得超過萬元；而黨中央委員會的競選經費，以三百萬爲限。聯邦法對經費來源，很是注意。私人捐款，每人不得超過五千元，惟一人可對數個委員會捐獻。公司商號，不得對黨捐助，工會及農會亦然。政黨不得向政府官吏捐款，亦不得要求政府官吏代爲勸募。

上述各種法規，當然不是盡善盡美的。政黨需款甚切，而願意捐納者又類多有重要的動機，雙方出於願意，自然有很多逃避法律責任的方法。例如政府官吏而由政黨或政黨領袖的原因而得到位置者，可以於哲斐遜日、傑克遜日（民主黨的節日）或林肯日（共和黨節日）購買宴會劵或其他黨的紀念品以代捐款。工會農會，可以義務助選的方式替代輸助，而公司商號自然就以董事長或董事私人的名義協助政黨。至於費用的限額，於參衆議員未包括政黨爲他們的用費，於總統則僅限制政黨而未限制候選人個人的經費。因爲這種種的關係，法規沒有能發生多大的效用。政黨及候選人事實上所用的錢，遠較法律的限額爲高。

Ⅵ、**結語**　據上所述，美國政黨最重要的特點爲地方分權，以至政黨既無統一的領導，亦無統一的綱領，這與聯邦制的精神亦許是極其吻合的。惟二十世紀以來，聯邦權發展甚速，在聯邦的形式之下逐漸以聯邦政府爲國家的中心。在這發展趨勢中，散漫的政黨是很大的阻力。至於一般人所譏刺的政黨腐敗現象，如黨魁的惡勢力，如黨部的覇持提名，多數國家皆有同樣的問題，而美國還比較是勇於改革的國家。

本章參考書：

Ranney and Kendall: Democracy and the American Party System, Harcourt Brage and Co. Inc 195[illegible]

Rossiter: Parties and Politics in America, Cornell University Press, 1963.

以上兩書討論一般問題，叙述精細而詳盡，讀之可知美國政黨之全貌。後述各書亦有參考價值。

David A. Truman: The Congressional Party, John Wiley and Sons Inc. 1959.

Cotter and Hennessy: Politics Without Power, Atherton Press, 1964.

Schattschneider: Party Government, Hoit, Rinehart and Wintson, 1942.

第十二章　總統

一、總統制的精神　美國的政治制度，普通稱爲總統制。這個名稱，很易使人誤解，以爲美國總統有特殊强大的權力。我人於討論美憲所規定的總統權力以及法院對這種規定的解釋之前，應先說明總統制的意義以及總統在美國的實際地位。

(一)制憲者所想像中的總統權力　第一次世界大戰以來，美國總統成爲舉世矚目而最有權力的人物。這當然不是說所有的美國總統都有偉大的人格，但一個人而得以運用美國全部雄厚而不可測計的國力，以爲其決策的後盾，自然這個人一舉手一投足都會影響世界的安危，都會影響美國境內的榮戚。他所以爲舉世矚目者在此，所以受美國人民的崇拜者亦在此。在美國的政治傳統中，不可能產生一位以國家爲私器的總統，但是他的榮耀、他的權力很可以與朕卽國家的君主相比。

說來奇怪，在制訂聯邦憲法的時代，很少人想到他們要有一位勢力無比的總統。除漢彌爾登醉心於領袖式的終身職總統之外，其餘的偉人都對總統的職位抱着異常矛盾的心理。他們都體驗到邦聯時代軟弱的行政會發生不幸的後果，但對强大行政權始終抱着戒愼戒懼的心理，不願它過於强大。因此憲法以聯邦權賦與國會，總統則不過享有依據法律以執行的權力而已。但行政權最富彈性，因它所須處理者皆爲動態社會中所發生的變動不居的事項。是以制憲者雖欲以法律來規範總統的行動，事實上總統的行動不能都以法律來繩墨的。由是總統的實際權力，與制憲者的想像是不相同的。尤其在應變的時代，行政權更富動態，總統的權力因之亦更多變化。

總之，就美國憲法的規定而言，總統不是聯邦政治的重心。惟因行政權的本質極富彈性，在實際運用中乃能日形擴大。

㈡**人物、時代、與總統的實際權力**　總統的實際權力，其實因人因時而異。人的因素相當複雜。有意競選爲第一公民的人，按常理來說，必然具有相當領導能力而好圖事功的人。惟第一大黨擁有雄厚的優勢而無慮於在野黨的角逐時，黨內要人亦可屬意於平庸的人才，以便利他們的幕後控制。這種情形，二十世紀中葉以後很少發生，因爲美國總統同時是世界所重視的領袖，政黨不至再抬出黑馬來了。但在十九世紀，這種情形是常常發生的，那時有許多總統不長領導，而且甚至是被領導的人。而就是善於領導的人，因其性格的不同，毅力的差別，以及精神與體力的互異，其領導的方式以及領導權所受到的阻力都會不很一樣。威爾遜富於理想，氣魄雄偉，但不善處人，使人容易發生專斷的印象，以是與國會及內閣齟齬至多，最後因國聯計劃受挫而抱恨以終。富蘭克林羅斯福的理想主義與威爾遜相近，但長於應對，「爐邊閒話」時親切感人，聞者動容，而內閣會議中又風趣橫溢，雖決斷一切而閣員們不覺其專斷。更兼他有驚人的毅力，新政雖時受非難與挫折，終於順利渡過經濟恐慌，且能領導國家走向復興與繁榮。他因功業極盛，所以受到公衆的崇拜。不僅使他一人的榮譽達到顚峯，即美國總統的地位，亦因他的聲望而提高許多。

老羅斯福與塔夫脫一樣是白宮的主人，後者認爲總統祇能做憲法所允許做的事情，而齊與圖羅斯福則認爲凡非憲法所禁止，卽可大膽爲之。兩人重視憲法的觀念相同，但一則保守謹愼，一則敢作敢爲，兩人所實際享有的權力自然亦大不相同。這種種情形，都說明總統的人物不同，因之他們的權力亦不相同的明顯例子。

至於時代不同，總統的權力因之而異，更具有客觀的理由。非常的時期，人民多數希望有強大的領袖及強有力的政府，庶能表現效率及克服危難，在這種時期，國會及聯邦法院，皆能與總統的行動相呼應，不復以制衡爭地位。林肯在內亂時期，威爾遜及羅斯福在大戰時期，國會皆是惟總統馬首是瞻，總統的政策及政略皆能暢行無阻。在這種時期，總統幾可與專制獨裁相比。但在承平時期，總統很難享有同樣的權力。甚至同是一人，戰時威望甚著，一到復員時期就動輒得咎。威爾遜能領導美國獲得戰爭的勝利於前，却不能領導美國參加國際聯盟於後，可爲明證。林肯與羅斯福，皆在大難方過時身死，沒有親嘗權力低落的滋味，而繼續他們任務的副總統，安得利約翰Andrew Johnson且受到衆院的彈劾；杜魯門雖未受同樣的折辱，而國會隨時爲難，處處表示國會的獨立立場，與第一次大戰後的情形完全相同。是蓋美國國會原不受總統操縱，非常時相忍爲國，勉予順從。一到非常時期結束，自然不肯再作屈伏，甚至還會矯枉過正，更向壓制總統的方向發展。

一般的說，美利堅開國初期，總統的權力都很微弱。這其間雖亦有哲斐遜及傑克遜等人極圖建樹功業，但他們能做的事情，與二十世紀保守的總統都不能相比。內亂時期的林肯第一次擴大總統的權力，他做了許多以前總統所不敢做的事情。林肯的繼任人爲國會所牽制，凡非國會所同意者，總統即不能有任何政策。這時國會主張以軍事佔領的方式整頓南方諸州，約翰總統雖加反對，但佔領方案依舊在國會決議之下進行，國事幾乎完全由國會決定。其後的總統與國會的關係雖較好轉，權力又恢復開國時期的狀態。二十世紀之初，齊奧圖羅斯福始把握經濟發展的機宜，力圖推行反托辣斯政策。而於國際政治亦表關注，常欲仲裁國際糾紛，施爲較多。第一次大戰使美國改變了它的孤立政策，同時更改變了美國總統的地位。總統能運用全美力量以爲政策的後盾，這是美國史中第一次，而這第一次的經驗，實使總統職位的性質亦爲之劇變。

㈢**總統成功的必備條件** 從以上簡單的分析，可知總統未嘗有確定的權力，實因人因時而異。在人的因素中，他的個性、學養、宗教熱忱等皆有關係，而更重要的是他取得國會合作的能力，這在總統制國家是基本的一個因素。總統制之所以爲總統制，吾國學者常重視總統單獨行使行政權的特徵，這自然是正確的看法，但同時我們亦得承認另一總統制的特徵爲國會的獨立行使立法權。因之總統制實質的意義，實決定於美人對行政權及立法權的具體解釋。美憲以列舉的聯邦權皆歸屬國會，因之，總統的行政決策最少不能違背法律案的宗旨。總統如欲獨行其是，他不易得國會的合作，也就不能有很大的作爲。上面已說過：總統權力的消長，多數決定於他與國會之間和洽或衝突的關係。總統可以運用政黨的橋樑，可以利用輿論的壓力，可以用種種理由說服國會領袖，但在任何情形之下，他必須國會立法在前，而後他始有行動的機會。羅斯福的新政，是基於國家工業復興法案而施行的。近代國會常作授權立法Delegated legislation允許總統於一定範圍內得以自由裁量。這是總統得以有大權的原因之一，但授權還是從國會方面得來的。

如此說來，總統而不得國會的合作，無論他個性如何堅强，時代對他如何有利，他是不能發展抱負的。他在各種能力之中，必先有靈活應付國會的智慧。這不僅說明了總統成功的秘訣之所在，並亦說明總統制實際精神之所在。乍視之總統制似與內閣制完全不同，但仔細的觀察，我人卽可知總統制之下的行政，一樣的受國會的節制。國會不能强總統辭職，但可限制總統的行動。總統制的國會節制是消極的，但其確實性仍無可否認。

對於美國制度的正確認識，我人僅能謂在行政權中是惟一的領袖，沒有人可以分享他的權力或代他決定或分擔他的責任，但在美國政治之中，他不是惟一有權力的人，他的受制於國會，與內閣制極爲相似，英人白賚斯常謂美國總統極少第一流的政治家，這是他看到十九世紀及二十世紀初美國的情形而有的結論。其實英國首相如不得巴力門的合作，其不能積極表現，其不能成爲第一流的政治家，與美國情形是完全相同的。

II、總統的選舉與任期

㈠有名無實的間接選舉　美國總統由四年一度的大選產生。民主及共和兩大黨固盡其全力以求競選的勝利，而多數選民亦對未來領袖誰屬的問題表示最大的興趣與關切。無怪大選年要舉國若狂而有許多緊張熱烈的鏡頭了。不過說來奇怪，憲法起草人是盡力想避免這種狂熱的運動的。他們設計一種間接的選舉，各州選民投票產生選舉人，而後再由選舉人冷靜考慮何人最能勝任這樣重要的位置。選舉人所投的票密封寄參議院議長，由參院議長在參衆兩院議員之前開票，獲過半數票者當選爲總統。所以採用這種間接選舉制，一方面因爲制憲者不信任人民有選舉適當總統的能力，另一方面亦怕野心領袖對人民作劇烈的競爭，一定會發生各種不良的影響。十八世紀末葉，尙未看到拿破崙叔侄利用人民直接投票來造成他們帝業的事實，已能理智的考慮到這類非常現象，可謂有先見之明。但是他們沒有預想到政黨組織可以發生作用，所以政黨產生之後，間接選舉制的意義完全變質了。

華盛頓總統堅拒第三屆總統的職位之後，聯邦派與共和民主派卽發生激烈的競爭，兩派均利用國會中的黨團會議Cacus來聯絡決定出馬競選的人物，更由黨團會議聯絡各州巨頭，以控制各州的選舉人及選舉人的投票。一八〇〇年的選舉，黨團的控制力已極有效，所以共和民主派勝利時，哲斐遜和其副領袖會得相同的票數。當時以衆院的投票來解難題，以後不得不修改憲法，由選舉人分別投總統及副總統的票了，不能像已往那樣選舉人選兩人而不分別註明何人爲總統何人爲副總統了。到傑克遜反抗民主黨佛琴尼亞派的覇持而採取政黨代表大會選舉該黨的總統候選人時，政黨的活動已公開化，人人皆知黨支持什麼人，而投該黨票時卽等於投該黨候選人的票。從傑克遜時代以至今日，這種情形愈益明顯，間接選舉制可以說徒具形式了。現在許多州的選舉票上，根本沒有選舉人的姓名，而祇有兩位總統候選人的名字。選舉人的決定是政黨內部事情，人民對此已毫無興趣。

從現在的實際情形來說，總統的產生要經過好幾次劇烈的競爭，第一回合須獲得黨內提名的勝利，而後始能在全黨的支持之下出馬與其對手角逐。黨的提名在黨代表大會中進行的。每一大黨總有不少位知名之士想獲得第一公民的榮譽，所以在黨代表會召開之前，黨內要人早已接觸頻繁地在爲自己或爲友好安排機會了。有的人在直接預選會 Direct Primary 爭取高額的選票以先聲奪人，亦有的人暗中以某種條件要求他人合作。到黨代表大會正式決定某人爲該黨候選人後，卽進行第二回合的角逐，與另一政黨的領袖在大選中爭勝。在大選中，各黨皆是全力以赴，黨的幹部以及擁護總統候選人的義務助選團體，都會用盡方法去爭取人民的選票。憲法中未嘗於選民資格有所規定，而於政黨及競選活動的規則，更是隻字未提。凡此皆由州法律或聯邦法律規定，故很少引起憲法問題。

㈡**總統資格**　總統資格：一須爲出生於美國的公民而居住美國境內十四年以上；二須年齡在三十五歲以上。對總統這樣重要職位而言，這種資格限制可以說是最簡單的了。在實際政治中，出馬競選總統的人，必在社會中有重要的建樹，其爲人及能力最少已能爲政黨的巨頭們所認識者。有這類地位的人，年齡多數在五十歲以上，五十以下的青年總統，甘乃第是打破傳統的惟一人物。至於公民資格及居住資格，對歸化公民及長年在國外營生者似有歧視。惟就實際而言，歸化公民不可能在政治圈中佔有地位，而長年僑居國外者亦自然的脫離了祖國的政治圈，他們不會有做這種政治角逐的野心。實際政治會在憲法的限制之外產生各種傳統，使不合於傳統的人不易在競選中獲得成功。在甘乃第總統之前，一般人相信天主教的宗教信仰對總統候選人是很不利的條件。美國雖爲宗教極自由國家，但新教佔絕對優勢，對舊教的領袖有相當的歧視。甘乃第能打破這個傳統，一方面說明他在其他方面有驚人的吸引力，另一方面說明美人宗教信仰的觀念在今日已更淡薄。教育的水準，開國初期極爲重視，所有總統都受過高等的教育。傑克遜總統打破這個傳統，以西部英雄的姿態受到人民的崇拜。其後林肯亦未受過正常的學校教育。沒有受過高等教育而能努力上進的人，似乎更能得到人民的歡迎。不過話亦得說回來，威爾遜幾乎是學究式的人物，不僅做過大學校長，在政治學界上亦很有名，他獨能於民主黨長久失勢後一躍而起，足見教育界人物亦並未受政治圈的歧視。

至於總統過去的職業及家庭門第，在過去的紀錄中，沒有富商，亦鮮企業鉅子。多數總統在政治上有過建樹，或爲著名的參議員，或爲州長，或爲國務卿，原爲方面人物，更上一層就可以叩白宮之門了。可能戰爭中的著名將軍，在英雄崇拜的心理之下很易獲得選票。傑克遜、馬金萊、及艾森豪都是顯明的例子，初期總統皆擁有相當資產，堪稱高門華族中人，傑克遜之後，自己創業的人更受重視，賴祖宗餘蔭者很少有成功的機會。

㈢**任期**　憲法僅規定總統任期四年，對連任問題隻字未提。所以如此者，並非出於制憲諸君的疏忽，而實在是沒有方法作更詳細的規定。當時有力量的政治意見，一派為哲斐遜，主張任期一年，他著名的言論為一年一選制終止之日，專制立卽開始。哲斐遜雖出使在法，但制憲會議中不乏他的同調者在。另一派為漢密爾頓，主張總統任期終身。漢密爾頓自政治效率的觀點立論，亦頗持之有故。他認為總統任務重大，須經長期的訓練始能得手應心。而且總統所持政策，亦須長期努力始能有成。任期過短，不足以發揮這個重要職位的功能。兩派極端意見，自然未易協調，最後能折衷為四年的任期，已非易事。如再要加上連任的規定，必然要為哲斐遜派堅決反對了。

以後事實的演進，華盛頓首創謝絕第二次連任的傳統，哲斐遜追隨其後，連任一次之後堅辭第三次提名，大家以為這是美國不成文憲法中的重要原則了。以後的總統，縱使經過間隔，想競選第三任總統的都沒有成功。直到福蘭克林羅斯福總統二次大戰發生於他第二任總統將滿的時期，由是又連任兩次，把以往的傳統整個打破。共和黨對此自然頗有批評，而一般輿論亦認為此風不能長，因為哲斐遜所强調短任期的主張更合民主的精神。第二十二修正案乃正式規定總統連任以一次為限，惟副總統繼任為總統者，如繼任時間在兩年以內，則他可擔任總統十年。

一般的說總統任務繁劇，成熟的政治家年齡不會太輕，擔當這個職務，實亦不宜超過十年。第一次大戰之前的總統，雖亦爲行政權惟一負責人，究竟還算清閒。而一九三二年之後，勞碌的情形，殊非常人所能堪，修正案的規定，自較合理。

㈣總統的繼任 憲法規定：總統因免職、亡故、辭職、或不能執行總統的職權時，由副總統執行總統的職務。所謂免職，乃因彈劾案成立而發生的。辭職應出於總統本人的要求，總統應向何機關或何人提出辭職書？總統一經辭職，是否立卽去位？凡此憲法皆未作明白規定。總統辭職的事情尙未發生過，所以也沒有遭遇這類令人困擾的問題。所謂不能執行總統職權，究何所指？像威爾遜總統那樣，長期臥病牀褥，是否應視爲不能執行總統職權？威爾遜沒有因久病而辭職，而且也不肯去位，在這種情形中，究應如何使國家的行政不至發生停頓的現象？凡此憲法都沒有作詳細的規定。

以往的實際情形，總統繼任都是因總統死亡而發生的。總統中曾有三位被刺身死，也有幾位死於任所，都由副總統宣誓繼任，至該屆總統任期終了之時爲止。副總統繼任爲總統後，副總統卽成缺位。惟繼任的總統如又因故不能視事，一九四七年已有總統繼位法規定後繼的順序。第一後繼人爲衆院議長，第二後繼人爲參院臨時主席，第三後繼人爲國務卿。

Ⅲ、憲法所賦予總統的權力

㈠元首權 憲法中未嘗規定總統爲聯邦的元首。但總統享有赦免之權，這當然不是因爲是行政首長而可以有的權力。一般的說，赦免權乃專制王權的殘餘。英國古時固有國王爲公道源泉的觀念，其他國家專制時代其實亦莫不如此。法律本須嚴格執行，惟特殊情況中覺得背乎人情。例如殺人者償命，古時認爲合理，惟孝子因報父讐而殺人時認爲情有可愿，執行償命的法律卽不足以勸孝了。在這種情形之下，由國王予以赦免，似乎更合公道原則。民主國家中，任何個人不能說是公道的源泉。但是法律所不能適應的特殊事件還是可以有的，然則應由何人行使赦免權？如由司法機關行使赦免權，司法人員豈不將任意玩弄法律？如由立法機關行使赦免權，等於法外生法，也不很合理。但行政機關一樣也沒有行使赦免權的理由，它亦不過法律的執行者而已。代表國家的元首，在法律專家的顧問之下，謹愼行使此一權力，庶不至破壞法律的尊嚴而又能維持衡平的精神。美憲之後的成文憲法，多數規定由國家元首行使赦免權者，都是爲了這個原因。

總統的赦免權受有若干限制。其一、總統赦免的對象，僅以觸犯聯邦法者爲限，觸犯州法而由州法院判刑者，其救濟由州長爲之，不在總統的赦免範圍之內。其二、控訴案不在赦免之例，蓋被控訴者或爲總統本人，或爲總統的部屬，且係國會就特殊案情而作的審愼決定，不會發生法律不能適應的情形，故不能再作赦免。在過去的經驗中，很少因赦免權而發生糾紛。赦免原所以救法律之窮，總統自不至濫用此權以干擾司法的獨立。在禁酒修正案實施時間，一位酒販雖經法院頒發禁令而依舊出售存酒，法院乃處以藐視法院罪，罰款之外，並加拘禁。總統赦免其拘禁處分時，法院認爲藐視罪非聯邦法，故不在赦免之例。最高法院不同意該法院的觀點，極力說明赦免的用意本在救濟過嚴的處分。而藐視法庭罪不經陪審，不經通常公平的審判程序，很容易失諸偏激，正是需要總統來作赦免的對象。

總統不僅有赦免權，並有接見外國大使公使之權，故外國的國書也是由他接受。接見大使公使，不能視爲單純的外交活動，而實代表國家主權與他國家主權的接觸。有接見之權，當然就有消極的拒絕接見之權。拒絕接見，對原有邦交的國家而言，可能因對使節人選不滿，亦可能爲表示兩國外交關係的惡化；對尚未建立邦交的新政權而言，拒絕接見即是不承認的表示。接見大使或公使爲總統單獨享有的權力，故與友邦關係的持續與否，以及承認新政權與否，均由總統一人決定，無須經參議院的襄贊與同意，即兩院的聯合決議，亦不能改變總統的行動。

在總統享有的權力之中，赦免權與大使公使的接見權，都應該說是元首的權力。一則代表國家主權，對法律不能適應的事件爲特殊救濟，一則代表國家主權與他國主權相接觸，都是代表國家的行爲而不是通常的行政行爲。也因爲這個關係，我人說憲法雖未以元首稱總統，但事實上又承認了總統元首的地位。

在憲法中美國總統並未享受元首的豁免權。英國「王無誤」的傳統觀念，自不易爲獨立革命人士所接受。惟元首既代表國家，其尊嚴應爲法律所承認，不然，總統一人的受損將使國家的榮譽受損。所以最高法院在解釋總統權力時，總是採寛大主義，盡量使之完整。法院所採理由，或則從三權分立的原則着眼，或則從事實的觀點着眼，皆未嘗因總統爲國家元首而重視其豁免權。這說明美國的公法觀念中，至今未承認總統的元首的地位。可是事實上，總統的確享受了其他國家公法所稱的元首權。

這一觀念的辨別，對美國總統權力的了解是很重要的。總統因兼有元首及行政首長的身分，故其權力，在憲法的規定中異常含混。憲法僅謂行政權屬總統，並謂總統監督法律的忠實執行。對這一種含混的規定，每一位總統均可施展其想像力，以建立他一己的總統權力的輪廓。本文所說的總統的權力，若干爲憲法明文所列舉，亦有許多是從總統實際的行動歸納出來的。

(二)總統在立法方面的作用　美國雖爲三權分立的國家，但行政與立法之間，實有解不開的紐結，勉强使之分離，雙方的工作都會因之而無法推動。制憲者有鑒於此，使兩者仍有溝通的機會，所謂互相獨立之外復有互相節制，而使之互相平衡。

總統對國會有咨文權 Message ，實際上是他對國會作立法的建議，敦促國會採取行動。就憲法的規定言，總統之提出咨文，是他的義務，亦是他的權利。總統應隨時向國會報告聯邦政府的情形，這是他的義務；他以本人所認爲必要和適當的政策向國會建議，這是他的權利。國會立法不能在想像中進行，而必須依據並針對國家各方面實際的要求以制訂法律。而國家各方面的實際要求，總統知之較爲眞切，所以他有隨時向國會報告的義務。總統的職務爲總攬行政，而負行政總責者無可否認的會有他的政策，羅斯福總統的新政固建立於他的若干重要政策之上，其他的總統也一樣有他們的政策。總統若不能推行他認爲是的政策，而惟以推行國會所決定的法律爲務，總統就變成機械的執行人員了。因之，總統如有所見，必須有貢獻這種意見的機會，他應該有建議他所認爲必要和適當的政策的權利。

咨文權在實際的運用中，自然因人而異。有的總統受輿論的擁護，而且在兩院中皆有過半數的同黨議員。亦有的總統已爲輿論所冷淡而在國會中又充滿了反對派的勢力。同時，咨文權的作用也可因時而異。在非常的時期，輿論視總統爲主宰國家命運的人，他所主張的政策，國會不能不予重視。但在平時，尤其强有力的總統卸任之後的階段，國會往往抱着節制行政權的決心，總統的咨文很難引起國會的良好反應。羅斯福得人和得時宜，他在咨文中甚至可以作某一政策勢在必行的表示。他有一次建議國會廢除管制物價的法律，結論中謂：「除非國會制訂適當的法律，爲國家的利益着想，余將負起責任而採取必要的行動」。不過這一種强硬的語氣，在咨文中是少見的例子。其他總統的咨文，多數語氣溫婉，且亦不敢表示總統有單獨行動的權力。

總統的咨文權，與內閣制國家的政府提案權極爲相似。所不同者咨文不在國會列入議程，而內閣制之下的政府提案必須優先列入議會議程。以是咨文之能成爲法律案，尙有待於議員的提議。咨文既不在國會議程之內，同情咨文而提案者仍爲議員的個人行動，此一提案如在國會受到挫折，自然也沒有譴責總統的意思。此與內閣制國家否決政府提案卽爲對政府不信任者有異。這也是兩者大不相同的地方。

除咨文權之外，總統尙有覆議權 Veto Power，他所不贊同的法律案，在尙未公布之前，可退回議會覆議。經總統要求覆議的法律案，國會兩院須各以三分二絕對多數始能維持原議。一般的說，總統很容易在國會中獲得三分一以上議員的支持，所以他退回覆議的法律案，多數會被打消。總統的覆議權也受有相當的限制，其一、國會所通過的憲法修正案，他不能退回覆議；其二、他必須覆議全條法律案，而不能覆議法律案的某些部分；其三、他的覆議權須於法律案送達後十日內行之，不能把法律案擱置太久而不予公佈。國會閉會前十日內所通過的法律案，送達總統後已無從退回覆議者，總統對不贊同的法律案得不予公佈，稱爲袋中覆議。

覆議權對國會立法很有節制的作用。總統的咨文，國會可以不加理睬，而經總統覆議的法律案，國會却亦很難堅持原議，經總統覆議的法律案，一定成爲輿論注視的問題。在通常的情形之下，國會自不願過爲已甚。更何況總統可以利用各種方法以個別影響議員的意見，使他所反對的法律，不易在國會中獲得通過。安得利約翰時代國會的激烈共和派佔壓倒優勢而又堅持一己立場，故能反抗總統的覆議而維持原案，除此之外，就很少有類似的例子。總統的覆議權既據有這樣有利的形勢，故逐漸演化的結果，總統不特運用此權以爲事後的節制，並常利用此權以爲事先的警告。國會方討論某一總統認爲不適當的法律案時，他如公開表示將覆議此一法律案，國會自然會愼重考慮總統的意見而修正原來的提案。

㈢**軍事權及外交權**　就憲法的規定，美國總統是陸海軍的總司令；國民被徵召時，亦是國民兵的統帥；得到參議院的同意後，他任命各級的軍官。這一種規定，如在虛位元首制國家，皆不過是象徵性的權力。惟美國總統爲實際元首兼行政首長，這項規定的意義就完全不同了。聯邦政府的三軍部長，都是總統軍事方面的助手，惟總統之命是從，故總統實際決定軍略並指揮軍事行動。

軍事可以是國家日常的行政，亦可以是國家非常的行動。當國家進行戰爭之際，國會以至聯邦法院，多數會支持總統的決策，不至採制衡的原則以削弱總統的力量。因之軍事權的範圍如何，由戰爭的實際需要來作決定的。在第一次及第二次世界大戰時間，總統自由裁量權至大，例如全面管制物資與人力，例如宣佈夏威夷戒嚴以及停止那里的人身出庭狀，集中管理日籍僑民及美籍日本人等，皆爲美國史中罕見的事例，這都是總統運用軍事權而後始可以有的舉措。在戰爭時間，總統是美國獨一無二的權力，平時所加於他的節制皆降至最低限度。

戰時的軍事權，在任何國家都是龐大無比的。至於平時，總統軍事權的範圍如何？在美國也很難有確定的解釋，往往因總統之行動而轉移。總統可以發動「僅次於戰爭」的軍事行動。由是他的軍事權，很與宣戰權相接近。美憲以宣戰權賦國會，原所以節制總統的軍事權，使之不能單獨發動對外的戰爭。惟軍事權必然包括軍令權，即調動部隊或艦隊的權力。由是總統得命令艦隊進入發生爭議的危險區域或到友邦作示威性的訪問。凡此種種軍事行動，可以造成實際戰爭，使國會不得不繼之以宣戰，以維持國家的尊嚴。近年以來，民主國與極權國之間進行冷戰，經常會造成法理上無戰爭而事實上有戰爭的局面。在這種狀態中，總統更能充分運用其軍事權以貫澈他的外交目標。韓戰越戰，都是這一類性質的軍事行動。杜魯門總統及詹森總統，皆曾爲之極盡智慮，在一人負責的狀態中決定和指揮這種行動。韓戰中麥帥建議轟炸鴨綠江以西的戰略地帶，杜魯門拒絕麥帥的建議，並因此而解除麥帥的職務，這是舉世皆知的事實。而越戰中詹森總統所負重任，實亦與杜魯門相同。

對國內政治而言，總統的軍事權也有極其重大的作用。州內發生變亂，經州議會或州長的要求，總統得派遣國民兵或聯邦軍從事敉平。這是憲法中的規定。但總統如認爲勢態嚴重，雖未經州議會或州長的要求，也可以爲社會安全的目的而採取軍事措置。對於這類事件，法院因其爲總統的政治決定，不願作司法上的解釋。

總統的外交權，憲法所列舉者約爲三項。㈠接受外國使節的到任國書，並接見外國的大使公使。㈡締結條約，並於獲得參院三分二絕對多數的參贊與同意後批准及公告之。㈢獲得參院的襄贊及同意後任命駐外的公使大使及領事。一般的說，總統的外交權極其充分而運用時又相當自由。聯邦最高法院在寇蒂斯出口公司一案 United states V. Curtiss-Wright Export Corp. 中所表示的意見最值得重視。大法官沙森蘭 Sotherland 認爲：外交權非其他聯邦權可比。聯邦權原爲各州所有，故出諸憲法的授與；外交權原非各州所有，在未獨立前屬英王，獨立時代則由大陸會議運籌，實爲聯合體的原有權力。因之，國會如無條件地以外交裁量權授與總統，不能視爲違憲之舉。再說外交事件的處理，事實上有保密的需要，國會因之亦不能對總統節制過嚴。在廣大的對外領域中，面對重要複雜而精微的各項問題，惟總統有權力代表國家發言。

上述最高法院所表示的意見，可能是美國多數人對總統外交權的共同看法，外交的靈活運用，實爲國家福利甚至是安危之所繫。國會既不能事先指示政策，亦不可能預擬手段，廣泛的授權乃成爲理論與事實上的必需。由是主持外交政策的總統甚至不透過正常機構，直接親自處理或派遣個人特使以從事各種機密的外交活動。威爾遜任命豪斯上校爲特使，奔走英法德諸國之間，希冀終止大戰，這是歷史上著名的事件。羅斯福也派遣許多特使，奔走於盟邦之間，以期解除盟邦之間的歧見。兩位總統又同樣的親自主持國際巨頭會議，俾迅速決定盟國的共同政策。

外交獲致結果而須締結條約者，憲法規定應經參院的參贊，並獲得其三分二絕對多數的同意始得成立，此一規定中的所謂參贊 Advice，原意參院議員不過二十餘人，應能實際爲總統外交事務的顧問。但在華盛頓總統時代已知以參院爲外交的參贊殊不可能。二十六人雖爲很小的團體，但各人的意見很難一致，築室道謀，不可能爭取時間。而且參院亦自始不欲居參贊的地位，以分負總統的責任。因之條約的進行，向由總統一人裁決，訂有草約後，再提參院討論表決。參院很重視它的條約同意權。重要的條約常因不能獲得它三分二的同意而中止。國際聯盟條約的未獲批准是參院此項權力的最高表現。也因爲這個關係，美國經常遵兩黨外交的路線以決定它的外交政策，因爲在野黨所堅決反對的外交政策，在參院中很難獲得三分二絕對多數的擁護。兩黨對內政策容或有異，而兩黨實際的外交主張總是很爲接近的。

條約雖須經參院三分二的同意，而行政協定則甚至不必經參院的參贊，更無須經三分二的通過。行政協定是憲法中沒有提到的外交行爲，而是齊奧圖羅斯福創立的外交途徑。其後最高法院的解釋，認爲行政協定的效力與條約同，應視爲聯邦法律，各州及全國人民皆受其約束。此例一開，其後總統乃盡量採用行政協定的方式，以便利他的外交行動。

除行政協定之外，總統亦可經兩院聯合決議的方式來支持他的外交行爲，此例開始極早，哲斐遜總統（一八〇〇——一八〇八）已利用聯合決議來實現他購買路易西阿那的願望。

行政協定以及聯合決議，都是總統利用以減少參院牽制的方法。

㈣任免權　在總統許多權力之中，任免權也很重要。因爲從總統行政首長的職位而言，這項權力有督導所有聯邦官吏的作用。尤其聯邦政府所任用的人員，已自獨立時代的三百人而激增爲三百五十萬人，其重要性亦非往日可比。

憲法中僅提到總統的任命權，於免職權則未嘗涉及。而任命權中，大使、公使、領事、最高法院的法官及日後依法而有的高級政府官員爲第一類，總統有權提名，並於取得參院同意後任命之。第二類爲低級官員，無須參院同意卽可任命；但國會可制定法律，把這類官員的任命權授給總統，或授給法院，或授給各行政部門的首長。

憲法所以特別規定法官的任命的方式，目的在保障法官的獨立地位。憲法第三條第一款並規定：法官如能盡忠職守得終身任職。足徵總統雖有任命法官之權，但並不能任意予以免職。外交人員中之大使公使及領事由總統任命，以是美國的職業外交家，常爲幕後智囊，而大使公使反是獲勝政黨酬謝「肥貓」（Fat cats 指對捐獻頗多的富豪）的職位。其他的所謂高級政府官員，實際上並無正確的劃分標準，可以說是很含混的名詞。在慣例中，部長、部長級的官員以及高級將領，總統須於獲得參院同意任命，而各種委員會委員的任命，亦是一樣。

低級官員一樣是含混的名詞。他們的任命，總統如有興趣，大體的說都有很大的決定作用。因爲部長們既由總統任命，自然都要受總統的節制。法律縱以低級官員的任命權授給各行政部門的首長，總統還是可以示意安排的。傑克遜總統所建立的分贓制度，即指低級官員的任用而言。競選獲勝的政黨盡量以政府職位分配與有功的幹部，這是十九世紀中葉美國最腐敗的政治風氣。惟一八八三年通過考試法之後，這種風氣也已爲之丕變。美國現在已有富於獨立地位的文官委員會，負責規劃考試任用以及考績的各種制度。大體的說，它把文官分成兩種，一種是分級的文官，一種是不分級的文官。分級的文官皆規定任用的資格，而且要經過考試。不分級的則不然。不分級的官吏之中，少數屬高級的專門人才，多數爲無須經過考試的雇用人員。

從上面的分析，可見在三百五十餘萬的聯邦官員中，眞由總統任命的官員爲數不多。各級的文官，雖由部會長或軍部武官任用，但必須符合文官委員會所規定的資格，而其薪給亦須依職級的限制。高級的不分級文官，在部會中常佔重要地位，其待遇亦較優厚。這是部長們樂於支配的職位。

總統任命的人員，既不如想像中那樣的衆多，爲什麼任命權在美國政治史中成爲爭論的問題？傑克遜總統倡導分贓制，凡欲改革此一風氣者，莫不欲減削總統的任命權。同時，國會之嫉忌總統者，亦欲以限制總統任命權的方法來削弱總統的權力。憲法暗示國會對任用問題得隨時立法。機關的設立，須由國會通過，故國會規定機關的編制時，自然可以限制該一機關人員的任用方式。而且低級聯邦官員的任用，國會又可以授與總統、法院，或行政部門的首長。故低級人員的任用法，亦可由國會隨時立法。十九世紀末葉，國會常規定委員會委員的固定任期，有的長達九年，少的亦達五年，使該類機構享有半獨立的地位。林肯總統遇刺身死，副總統約翰Audrew Johnson繼任，這是總統與國會交惡最烈的一個時期。國會因於一八六七年通過一任期法 Tenure act，規定經參院同意而任命的官員，免職時亦須獲得參院的同意。約翰認爲這個法律破壞了他的行政權，退回國會覆議，國會又以三分之二的絕對多數維持原案。約翰又說該法違憲，決定不予執行。由是國會發動彈劾，參院以一票之差沒有通過。這不但是美國史惟一的由國會來彈劾總統的案子，並亦是美國政治史中對總統任用權圖謀節制的重要事件。

約翰與國會雖成僵持狀態，但沒有發生實際案件，因之聯邦最高法院對此沒有表示它的意見。直到一九二〇年，威爾遜免除一位郵政局長米爾 Myeres 的職務，米爾因總統未經參院同意，故違反一八六七年的法律，聲請賠償。一九二六年聯邦最高法院解釋云：免職權從總統的一般行政權產生，因之是總統獨有的權力，一八六七年的任期法實係違憲。自此，總統有相當的任命權，並有絕對的免職權。不過米爾案的釋例，以後法院又作補充。亨勿萊 Humphrey's Ecutor V. United States 一案中，把官員分爲普通的及準立法與準司法的兩種，前者總統有完全的免職權，後者則受若干限制。所謂準立法 Quasi-legislative 與準司法 Quasi-judicial 的官員在政治學中是常見的名詞，在法律文字中很少採用，因爲這是很難作正確解釋的。美國的州際貿易委員會文官委員會等等，其委員皆有固定的任期。這一種制度的建立，上文已有說明，乃因國會希望這類機關獨立於總統權力之外。亨勿萊爲聯邦商業委員會的委員，一九三一年由胡佛總統獲得參院同意後任命。聯邦商業委員會組織法規定委員任期七年，非有不勝任、失職、玩忽職務等過失，不得免職。一九三三年羅斯福總統深感該委員會不能合作，願有政見相同的人出任委員，故諷令亨勿萊辭職。亨勿萊不允，遂予免職。亨勿萊堅持他未犯法律中所列舉的過失，故有權利繼續任職。他在不得薪俸的情況下繼續執行職務，一九三四年病終任所，他的遺囑執行人乃向訴願法院要求聯邦政府償還一年中的薪給。訴願法院請最高法院解釋兩點：一、聯邦商業委員會組織法所規定的免職條件，總統是否受其限制？二、該法是否有效？聯邦最高法院說：聯邦商業委員規定固定的任期，卽所以使他們的工作不受總統的干預。商業委員所推行者，並非「純粹的行政事務」，故非總統的手足或耳目，與米爾案中官員的性質迥異。法院從該組織法討論的經過，說明國會本意「不欲委員會受制於政府……而僅受制於美國人民」。

亨勿萊案的釋例，雖亦承認總統有完全的免職權，「惟以純粹的行政人員」爲限，而準立法及準司法人員，總統不能任意免職，須受法律的限制。

㈤**行政督導權**　憲法賦予總統的權力之中，行政督導權的性質最爲廣泛而無從確定其界限。總統在國內所行使的權力，多數從這一項產生。什麼是行政權？本來不是一一可以列舉的。上文業已指出，行政爲政治中最富彈性的一權。消極政治思想的時代，並沒有多少行政項目，而積極政治思想的時代，又是什麼都能歸入行政一欄。總統常利用此廣泛的行政權以主持對內的施政。不過這方面的權力雖極廣泛，受到國會及法院的牽制亦較多。總統對內政策的建議，國會並不能有求必應，而且得到國會允許之後，法院可能又會起而非難。因之，總統對內的施政權，絕不如他的外交權與軍事權那樣得到放任。

Ⅳ、總統的輔佐及其所領導的行政機構

美國總統，任重事繁。因之，他必須統率一極爲龐大而又極有效能的行政組織，而後始足以完成監督法律忠實執行的使命。

㈠總統的輔佐人員及機構　佐助總統處理業務的有很多種機構，一種是白宮人員，助理及秘書屬之。助理的任務日見重要，他們常是總統與部會之間的連繫人。他們亦常與國會議員接觸，甚至代議員起草法律案。助理與秘書之下，並又配屬各種工作人員，幾達三百人之多。

除白宮人員之外，有許多直屬總統的委員會，襄助總統爲重要的決策。安全委員會預算局及經濟顧問委員會屬之。

安全委員會　安全委員會的出席人員，多數爲重要的部長，由總統決定人選。副總統經常在委員的名單之內，故亦得參與國家的最高機密。聯邦情報局長、國務卿、國防部長，通常均在委員的人選之內。從安全委員會的組成分子來看，即可知安全委員會所討論的對象，與內閣會議不同。它研究的對象爲國防爲外交，亦爲社會的安全問題。因之，這個委員會的機密性，遠勝內閣會議。

預算局　預算局襄助總統編製年度概算。預算局於一九二二年之後始予設立。原先財政部有一司主管編製概算，因各部及國會皆不予重視，故效率很低。而國會互惠立法 Rog-rolling 的弊病日形顯著之後，大爲輿論所非難。蓋議員皆欲衞護地方利益，以至不顧公共需要，朋分公帑，浪費財力於地方不很迫要的興建工作。在財政赤字日益嚴重的情況中，這種現象自然要成爲輿論指摘的對象。改革此種弊病，一般認爲應加强總統對預算的統籌權。由是設置預算局，直屬總統之下，俾預算局有控制各部經費的實際力量。預算局既直屬總統，它自然不是獨立的機構，局長必須秉承總統的意思以編制概算。

美國的預算制度，與英國有幾點不同，美國預算局屬總統，而英國則屬財政部，這是形式上最易區別的一點。英國首相雖兼財政委員會第一大臣，但究非財政部的主官。預算局對各部有所要求，僅能由財政部備文咨商。美國預算局因直屬總統，預算局所定規章，均於得到總統的核准後以總統的指令為之。從表面看來，美國預算局的效能應高於英國。但事實上不是如此，一則預算局長所能得到總統的信任，不一定超過各部部長。故局長所定預算限額，可能因部長們的堅持而打破。再則預算的決定，美國以國會為主，故預算局的決定作用，不如英國。這兩種制度孰優孰劣，英美學者恆有不同的觀點。美國學者强調他們的制度較為民主，因是預算較為合於各方面的觀點與要求。國會自國民納稅能力來審查及決定預算，各部自實際需要要求經費，預算局則介於數者之間，以為週旋。英國學者則自經濟及效能的觀點為他們的制度辯護。

經濟顧問委員會　羅斯福總統時代增設經濟顧問委員會，襄助總統經濟的決策事宜。顧名思義，這個委員會是種專家組織，其主要任務在搜集各種經濟資料。總統每年例須向國會提國情咨文，而咨文中有關經濟情況的分析，多數皆為經濟顧問所提供的意見，因之經濟顧問對國家決策的影響力是很大的。例如新政時代的農業復興法及工業復興法等，雖經由國會議員動議，但構想的來源，却為羅斯福總統所提出的經濟國情咨文。從這種地方，我們可以看出搜尋事實的專家機關，對美國的行政與立法皆有其重要作用。總統左右並亦設有其他的專家機構，例如國家安全資源委員會，本亦極為重要。主持經濟顧問委員會的人，認為委員會不介入政治，而祗提供總統以決策的資料。主持國家安全資源委員會的人，認為服務於委員會的專家，應同情總統的政見，協助總統完成他的政治主張。國會歡迎經濟顧問委員會的態度，所以不久就裁撤安全資源委員會了。

㈡半獨立性的許多委員會　上述各種委員會，皆直接隸屬於總統，襄助總統決策，它們都必須秉承總統的意思行事。除此之外，另有若干委員會，最高法院曾稱之爲準立法與準司法的機構，不受總統行政權的支配而享有部分獨立地位者，可以說是美國行政體系中極爲特殊的一種機構。州際貿易委員會，聯邦商業委員會，以及文官委員會皆屬之。這類機構的委員，任期固定，如遇出缺，亦由總統得參院的同意後任命。惟在任期之內，非因不勝任怠忽職務等法律所列舉的過失，不得任意免職。上文提及一位聯邦商業委員，羅斯福總統因其政見不合而予以免職，該委員無給繼續到職，死後由其遺囑執行律師要求賠償任內的俸給，在那一次的釋例中，聯邦最高法院採用了所謂準立法及準司法的機構的名稱，認爲此類委員，非有組織法中列舉的理由，不得免職。聯邦最高法院並說明此類委員會組織法的立法要旨，即在使之超然於總統權力之外，因爲它們的工作，務求中立客觀。最高法院所以稱這類機構爲準立法與準司法性的，以示它們的工作並非純粹的行政，故不是總統的耳目與手足，總統不應對之絕對操縱。

國會設立這類半獨立性的委員會時，固如最高法院所云，因爲這類機構的性質不同於一般行政機構之但在這一種組織的方式之下，國會對它們的控制力倒是加强了。它們的預算也獨立於一般行政機構之外，由是委員會的經費，直接受制於國會，故國會實亦有控制此類機構的目的。預算局初成立時，國會頗欲以之與非純粹的行政機構並列，因爲這樣可使國會對預算局更多控制，國會的預算權亦可以更爲完整，以後因爲各種實際的困難而改變了。可見國會設置半獨立性委員會的目的，並不如最高法院所說的那樣單純。

㈢純粹的行政部門　美國聯邦的行政權，雖完全屬於總統，而日常行政的處理，又非總統可以親與其事，故不得不分設各部以專司其事。憲法中對此類機關的組織，未嘗以專款予以規定，僅第二條第二節第二款規定總統任命權時提到「本憲法未有明文規定的政府機關」一句話而已。在各國憲法之中，對中央政府的組織規定得如此簡略的，可以說是絕無僅有的例子。該款又提到「政府日後依法而有的一切官員」一語，說明憲法雖未規定行政組織的方式，但日後因需要而分別設置時，必須逐一提出國會而經國會通過組織法始可。也因為這個關係，國會對行政機關的設立，實皆有相當的控制作用。美國聯邦行政機構性質極為複雜，與一般國家較有統一完整性者頗為不同，這未始不是重要的原因。例如上述半獨立性機構的產生，很多出於國會歧視總統行政權的心理。

國會認為直屬總統指揮的部，始是純粹的行政部門，至於這許多部門的首長，形成一個內閣，那完全出諸傳統，在憲法及法律上都是沒有根據的事情。

聯邦政府共設十個部，其中國防部又分設陸海空三部，其設立先後的次序如下：國務部、財政部、總檢察長，及陸軍部（現合併於國防部之內）等四部，於一七八九年最早成立。一七九四年增設郵務部，一七九八年增設海軍部（現亦合併於國防部之內）；一八四九年增設內政部；一八八九年增設農業部；一九〇三年增設商業部；一九一三年增設勞工部；一九四七年增設空軍部，並與陸軍部海軍部聯合組成國防部，以增加軍事的合作，惟陸海空三部仍由部長級人員主管；一九五三年又增設衛生教育及福利部。關於各部詳細組織以及它們工作的情形，此間已無法加以敘述。此間所欲說明者，這十個部的首長與總統之間的關係究竟如何？上文已經說過，最高法院曾認為純粹的行政部門皆是總統的耳目及手足，換句話說，都要受總統的指揮而不能依自己的意見行事。這是從憲法中行政權屬總統這一款的規定演繹出來的理論。行政機構的設立，須有法律的依據，故國會對機關的設立亦有不少的控制作用。國會如認爲沒有需要，縱總統認爲是必需的設置，亦不得產生。華盛頓總統很想組織一個內閣，使他的施政有一得力的諮詢機構，但國會拒絕考慮，終於不能依法組織。他以後祇有利用「總統得徵求每一行政部門的高級官員有關該部門的意見」這一款來召集部長會議，而這個部長會議雖傳統稱爲內閣會議，但既不能使之合法化，也不能正確規定它的功能與執掌。到現在爲止，內閣的功能時時隨總統的意見而改變。有的總統重視內閣，每遇有重要政策須待決定，總統向內閣提出，而且很能尊重多數人的意見。有的不重視內閣，像威爾遜總統那樣，甚至有相當長的時間不召集內閣會議。

內閣會議是總統正常行政的顧問機構，與白宮人員之處理總統個人的事務或爲某一類政策的專門顧問者不同，而與非行政的獨立性委員會又有區別。內閣會議所討論者，一般言之，應爲日常行政中的重大問題而與多數部發生關係者爲主。不過美國的內閣會議，與十九世紀英國的內閣會議同，既無議程，亦無紀錄，所以它討論的內容究竟是什麼，外界很少了解。在內閣會議之外，部長們經常進見總統或被召見，與部務有關的重要事項，多數在這一種面談中決定的。因之，內閣會議不可能成爲決策會議。美國的行政機關無提案權，各部所主管的業務，其有立法的需要者，多數利用部長與議員的私人關係或透過部內公共關係人員與議員的接觸而推動議員在國會提出的。內閣會議因之並無討論政府提案的必要。從上述情形，可見總統的獨任制並未能避免政出多門的弊病。各部之有求於國會者，或利用部長出席作證的機會，或利用與議員的關係，各提方案，各自表明立場，而又往往沒有顧到他部的利害。尤其三軍各部，爲爭取一己的經費，未免有各自作自我宣傳的情形。其後爲避免這種弊病，規定各部有向國會提案者，須先在預算局立法諮詢處 Legislative Reference Bureau登記，俾免互相衝突與矛盾，總統沒有利用內閣會議來調整提案的紛歧情形，而反利用預算局，其最重要的理由，無非爲節省總統個人在這方面的可能浪費的時間。

總之，聯邦的正常行政，由十個部來作推動。而十個部的部長形成一內閣會議可能不止十位部長，預算局局長現在亦被邀出席。因爲這是法外的機構，其組成分子由總統決定的。

V、副總統

㈠**競選伙伴**　副總統以往不很受到重視，多數人稱之爲總統競選伙伴，利用他來調節政治上的平衡關係。美國地方觀念很深，尤其南北之間歧見更深。故總統候選人多數爲北方的巨頭，由是在南部或臨近南部的區域物色一位人物，來作陪襯，比較容易獲得南方人的同情。在黨代表大會決定副總統候選人時，須於總統候選人業已揭曉而由他來作決定的。總統候選人作此裁決時，自然有許多計較，如何使黨內因副總統的適當人選而更易團結是主要的考慮對象，人望能力，恐尚在其次。

副總統在政治中有一極難處的地位。憲法以全部行政權交給總統，副總統對行政不能表示關切，以免瓜分總統的領導地位。他祇是參議院名義上的議長，因爲他沒有參議員的身分，自然沒有發言的地位。當然，一位有經驗的政治家，或是曾有參議員經歷的副總統，在幕後亦能發生不少作用，以爲政府與參議院之間的橋樑。在多數情形中，總統不很希望他的副總統過於活躍而成爲新聞界所注意的人物。因是種種，十九世紀的副總統甚至不常住華盛頓，以避免政治上的許多困難。

副總統平日雖無重要任務可言，但總統一旦死亡，副總統立刻繼任爲總統。甘乃第遇刺之日，詹森於飛往華盛頓的飛機中已作就任的宣誓，使美國的元首不至虛懸。二十世紀民主黨有過五位總統，而其中有兩位最初是以副總統繼任的，可見總統在政治中權勢日重，而心力交瘁及遭遇意外的機會亦日益增加，因是副總統繼任為總統的可能性亦在增加之中。以一位可能繼任為總統的人，平日不能多在政治上閱歷及不能多了解國家的機密，當然是不很理想的。近年來的總統，似乎都在努力補救這個缺憾。羅斯福於大戰中常派遣副總統華萊士為特使；艾森豪之於尼克森亦復相同，上文已經說過，安全委員會以副總統為委員，俾副總統了解一般國情，這對他是種很重要的訓練。不過對副總統的重視，恐怕亦至此為止，不能有更進一步的作用了。

㈡從副總統的地位論總統制的特徵　副總統是可以為總統分勞的人，從聯合競選的日子開始，在選民心目中，他們應該是合作無間而互相信任的伙伴。但當選之後，副總統每格於形勢，不能在實際政治中插足。於此可一述總統制的特徵，以為本章之結束。從總統的輔佐機構來看，行政首長助手之多，能如美國總統者，殊不多見。但討論總統制的人，每謂總統寂寞而孤獨，眞像食前方丈而無可下箸的人一樣。在總統左右有成百的專家，有成打的政治幹才，均欲為總統之助，以成事業。在這許多欲成事業的襄助人物之中，副總統亦是其中之一。但就決策而論，始終是總統一人。誠如美國憲法所云：行政權為總統一人所有，旁人可以為他分勞，但不能為他分負責任。這是制度的問題，不是任何總統一人胸襟廣狹的問題。為總統分負責任，不僅為總統所不喜，抑且為制度所不許。在美國的法制中，行政上負責者為總統而非副總統及其部屬。故副總統名義上雖然是總統之副，但亦不能分得一部分的領導權。副總統更不如各部部長，因部長尚有固定的部務，而副總統是沒有專職的。副總統而活躍於政壇之上，他就的確會分去總統的權力及聲望的。尤其總統四年一選，副總統如爲未來的競選打算，處處與總統立異，那更可以造成政治上的不幸局面了。

本章參考書：

Corwin: The President; Office and Power. 1948.
H. J. Laski: The American Presidency, 1940.
J. P. Comer: Legislative Functions of Administrative Authorities.
W. E. Binkley: The Powers of the President, 1937
Frank A. Magruder: American Government, 1953.
Carter and Rohlfing: The American Government and Its Work, 1951.

第十三章　美國國會

I、國會的權力及其限制　美國雖以總統制聞名於世，但就憲法的規定而論，實以國會爲聯邦政府的主體。主要的聯邦權，憲法均授諸國會。制憲者重視國會的地位，可說是當時最自然的想法。他們不願再見大陸會議時代無權作任何決定的邦聯議會，同時亦不願像英國那樣的行政專制，加强國會的作用，乃成爲必然有的傾向。

在制憲者的設計下，聯邦權必須經過立法然後方能付諸執行，而立法權是國會所專有的執掌。由是徵稅、錢幣的鑄印、外交、海陸軍的維持，以至洲際及國際貿易的管理等等聯邦所有的權力，國會如果沒有通過法律，總統卽無從執行，而法院亦無裁定與制裁的標準。憲法對總統及法院雖亦作直接授權，祇是要總統任命各種聯邦官吏，並督導行政機關忠實執行法律，以及要法院行使司法權而已。對總統與法院的授權如此簡略，而對國會的授權又如此之詳盡，重視國會地位的態度已可見一般。憲法以第一條規定國會，而以第二條及第三條分別規定總統及法院，實又表示了三權不同地位的次序。

不過話又得說回來，國會地位雖高，它又不能取行政權或司法權而代之。換言之，它既不能自己執行，也不能自己來作審判。同時，國會的權力雖高，所受限制亦多。詳爲說明如後：

㈠**徵稅權**　徵稅權列於國會立法權的第一個項目。美國制憲的時期，英國巴力門已因握有徵稅權而迫得王權屈伏。這一個歷史經驗，美國人自然是知之甚熟。但憲法所以把徵稅權列爲國會的第一項權力，其用意似不僅在節制行政權，更重要的還在鞏固聯邦政府的地位。過去邦聯沒有獨立的徵稅權，以致財政完全依賴各州。各州抱自謀不暇的態度時，邦聯立卽陷入破產的絕境。這種慘痛的經驗，不得不使制憲者認爲徵稅權是聯邦權中最基本的一項了。

徵稅法案應由衆院提出，但參院對之可提出修正案，與其對其他法案的權力同。這一款的規定，使美國制度有異於一般國家的情形。稅率的高下決定於用途的多寡，蓋國家財政，莫不以「量出爲入」爲原則，與私人經濟之量入爲出者不同。用途以行政的支出爲大宗，故行政部門知道得最爲淸楚。因之，國家的收支，由行政部門規劃最爲適宜。多數國家均以預算的提案權歸行政，而以審查權及節制權歸國會。美憲規定徵稅法案均應由衆院提出，國會乃强調提案權亦歸國會所有。其次，徵稅法案雖均由衆院提出，而參院對之有修正權，這也是與二十世紀以來多數國家財政立法的經驗不很一樣。現在多數國家均以富有代表性的一院作爲財政立法的主體，其他一院處於輔助的地位。美國參院恒視修正權爲任意改變的權力，故兩院對財政立法權完全立於平等地位，不是兩院取得協議，財政立法卽無由成立。這也是美國憲法所加於財政立法的特殊負擔，要改變這一點，恐非通過憲法修正案不可。

以上是就徵稅法案通過的程序，說明美國憲法中的幾個特殊規定。

徵稅權是邦聯時代中央所沒有的權力，現在以之賦其聯邦，各州自然會抱各種猜忌的態度。爲解除此種猜忌，由是又爲國會的徵稅權加上幾種限制。其一，不得徵收出口稅。這是爲使南方諸州安心而有的規定。南方以棉花及煙草等農產品的出口爲財源，深怕由北人操縱的聯邦政府對農產品出口橫加征斂，故堅持出口稅不在聯邦徵稅權之內。其實現在北方工業成品的輸出額，遠較南方的農產品爲多，這亦許是南方人士始料所不及的。其次，聯邦的直接稅必須按人口分配於各州，這又是爲保障人口稀少的各州而設的。這一款的限制，使十九世紀末對所得稅是否爲直接稅的問題引起激烈的論爭。所得稅如係直接稅，卽應按人口分配各州。聯邦最高法院曾根據這個理由宣判所得稅法爲違憲，終於不得不以第十六修正案來解決這個難題。其三，關稅、國產稅，以及其他稅收，均應全國一律。這一款的意義，最高法院解釋爲稅律必須全國一致，而並不是說不得爲累進稅的規定。例如所得稅法依收益之高下而變動其稅率，並不違背全國一律的原則。最後，稅收必須用以增進國家的一般福利。這一款限制稅收所作的用途。窺其原始用意，不過謂聯邦不得以國家收入特別來發展少數州的建設。在各州互相歧視的時候，這亦許是必須規定的一點。但國家施政，縱使其目的爲一般福利，受益者可能是少數州的人民，這種支出，能否視爲增進國家的一般福利呢？「國家的一般福利」爲美國憲法中另一偉大而含糊的政治名詞，以此爲衡量國家用途的標準，誠如英公法學者衞爾所說的旣增加法官們的困惑，亦增加了法官們自由裁量的領域。一九三三年的農業復興法案，因該法案受益者爲農民，因之違背一般福利的宗旨 United States V. Butler, 1936。這一種釋例，殊有研究的餘地。

因徵稅權的解釋，聯邦最高法院又創設若干原則。聯邦設立於各州的機關，是否可以爲州的徵稅對象？這在以規定聯邦權爲目的的憲法中自然是不會提到的。一八〇五年麥克洛克一案中（McCulloch V. Maryland），馬歇爾院長發表其大膽的理論。他認爲徵稅權必然包涵若干摧毀的作用，若聯邦機關（指聯邦銀行）容許各州徵稅，則此類機關將無法立足。因之他說：聯邦機關在各州皆豁免其納稅的義務。其後一八四二年的都賓案（Dobbins V. Commissioners of Erie county）中，服務於聯邦機關的公務員，其薪給亦免除所在州的徵稅。其實徵稅權如果眞正包涵着摧毀的作用，州的機關似亦應豁免其聯邦稅，不然，聯邦就可以任意摧毀各州的機關了。但馬歇爾院長等熱心爲聯邦作辯護，於州的地位未嘗顧及。直到一八七一年的徵稅員案（Collector V. Day），始承認各州法官的薪給免除聯邦稅。聯邦與州機關及其服務人員互相豁免納稅義務的原則，在今日已不能完整維持。一九〇五年南卡羅里那案（South Carolina V. U. S.）聯邦法院認爲南卡羅里那的酒公賣局實係營業性質，不得因州政府經營之故而免除其聯邦稅。而在一九三八年的喬其亞大學(Allen V. Regents of University of Georgia)一案中，並謂大學獎學金的獲得者亦應繳納聯邦稅。是蓋近代地方政府的公營企業日益發達，機關與企業之間的區別難於確定，法官對這類問題自然不能有一定的意見了。徵稅的目的，可以爲肆應政府的用途，亦可以爲管理禁止或調整社會的關係。對於此種性質的稅法，法院有時採寬大的態度，認爲稅法的規定既在國會徵稅權之內，稅法的目的法院可不予研究。例如一九〇四年的麥克刻蘭案（McCrag V. U. S.），對國會歧視染有黃色的植物油的稅法認爲有效，因爲「一切賦稅，其原始目的均在財政收入」。但一九二二年的蓓蘭案件中（Bailey V. Drexel Furniture Co.），法院又建立另一原則。它說一九一六年的童工法旨在懲罰，故越出賦稅權之外。上述兩個釋例，其理論互相衝突。在新政時代，法院左右逢源，於它贊同的法案則採麥克刻蘭案的判例，於它反對的法案則採蓓蘭案的判例。

在上述分析中，可知徵稅權的複雜情形，多數由它的聯邦制度所引起的。國會徵稅權的限制，皆是爲顧全各州的利益而設。這種種限制，從今日的情形來看，對州的利益已不很重要，但既形諸憲法的文字，要改變就得經過正式的修正手續，既未引起嚴重弊病，祇好予以保留了。法院的司法審評制，也使徵稅權時時發生新的問題。對於徵稅目的之審核，我人認爲法官們享受的自由裁量權似乎過分。

㈡**鑄印錢幣與發行公債之權**　與徵稅權目的相同者爲鑄印錢幣與發行公債的權力。三者結合，乃成爲國會强有力的財政金融權。在制憲時代，這三種權力都用以供應聯邦的收入，政策性的目的是很少很少的。在今天，金融與流通的管理可以成爲管理經濟社會的重要工具。惟因錢幣鑄印權及公債發行權而引起的法理糾紛並不多見。在實際政治中，白銀政策或綠背政策可以成爲兩大黨的重要口號，但法院對此類政爭是不置一辭的。所以然者，憲法中對鑄印權及公債權均未加任何限制，故國會於運用此類權力時並沒有違憲的顧忌。惟一可以發生糾紛者，憲法雖以印鑄權及公債權賦予國會，但並未禁止州運用類似的權力。那末這兩種權力究爲聯邦的獨有權呢？抑爲聯邦與州的共有權呢？關於此類問題，法院曾間接表示其意見。一八六六年國會通過對州發行的紙幣徵收百分之十的聯邦稅。這一條法律，顯然欲驅逐州紙幣於市場之外。聯邦最高法院在萬聚銀行案 Veazie Bank V. Fenno 中說聯邦得立法以禁止州紙幣的發行，故徵州紙幣以聯邦稅並不違憲。是以法院視鑄印權爲聯邦的獨有權。至於公債發行權，州以及州內的市法人，亦均享有此一權力。

徵稅、鑄印、以至發行公債，皆所以供應財政的來源。有此收入以後，當然會發生用途問題。但憲法未嘗以明文規定國會有撥款權。憲法曾規定國會有維持陸海軍之權。陸海軍的維持，自屬用途範圍，但聯邦政府的用途，並不以維持陸海軍的經費爲限。這個所謂用途權，即一般國家的預算權。從國會的功能而言，這雖不能說是國會惟一的權力，但總可以說是一項重要的權力，美國憲法的國會權中獨獨缺少這一項目。在殖民地時代，殖民地議會皆以徵稅權及預算權的控制監督行政，何以制憲諸君忽略這個權力呢？惟一的解釋，在英國的傳統中，徵稅權包括預算權，故二者爲一而二二而一的權力，舉了徵稅權，不必再提預算權了。美國承繼這個傳統，所以美國憲法沒有特別提到國會的預算權。在美國的實際政治中，國會一直保持着它的預算權。在衆院與參院中，撥款委員會亦皆爲最重要的委員會。

㈢**建立陸海軍及予以維持之權**　對於國會的軍事立法權，一條八節諸款中有關的條文最多。玆爲列出如後：

第十二款：募集及維持軍隊，但一次撥充該項用途的款項，其期間不得超過兩年；

第十三款：配備及保持海軍；

第十四款：制定管理陸海軍的條例；

第十五款：準備召集國民兵以執行聯邦法律，鎭壓叛變，及擊退侵略；

第十六款：規定國民兵的組織、裝備、及訓練，並規定國民兵爲國家服務時的管理辦法，但允許各州保留軍官的任命權及依照國會規定以訓練國民兵的權力；

第十七款：……………用以建築要塞、火藥庫、兵工廠、海軍船塢及其他必要建築物之地方，國會握完全立法權。

對於國會軍事立法權規定得如此詳細，在憲法中爲少見的例子。

英國一向視軍隊的設立爲巴力門權力之一，蓋非如此不足以限制王的專制權。美國承其遺風，無怪也要把海陸軍設立及維持之權詳細列明爲國會的權力了。何況邦聯時代，大陸會議因財政支絀而大爲士兵的索餉所苦，更深感軍隊的設置應由國會來作決定。制憲人士當然沒有夢想到以後會有空軍及原子裝備的發展，關於這一類武裝部隊的建立，皆隨時代的進步而進步，沒有因憲法中未嘗提及而發生爭論。好像憲法的主要精神，在於國會應掌握武力設置之權，祇要能得國會的同意，發展任何種類的軍隊都是可以的。

憲法特別提到國民兵的組織裝備及訓練，皆由聯邦國會的立法規定。這說明各州雖得設立國民兵，惟其編制及訓練，應全國統一。且因總統同時爲國民兵的統帥，所以聯邦並得藉總統的統帥權以調遣各州的國民兵。這一款的規定，旨在滿足各州的地域觀念，同時又可以避免地方割據的弊病。不過認眞的說，各邦如無建立國民兵之權，南方的獨立運動可能不致發生，爲滿足地域觀念而所付的代價可以說很大了。南北戰爭之後，國民兵未再形成問題。它名義上雖然在州長的指揮之下，但服裝補給以至經費，皆來自聯邦，不能說是地方的部隊了。

㈣宣戰權 與軍隊的設置與維持權有關的爲宣戰權。國家對外關係破裂之際往往訴諸戰爭。在美國制憲之前，多數專制國家均認爲這是君上大權。英國雖久有限制王權的憲政運動，但仍承認宣戰權屬諸王及樞密院 King in Council。美國能獨創先例，認爲這是國會之權，可謂明智之舉。自茲以後，立憲者皆以宣戰權交國會，成爲最流行的辦法。戰爭是影響國民權利與利益最深的一種舉措，如不經人民代表審愼討論而輕率爲之，則侵略的戰爭可以經常發生，而國民亦經常要爲滿足少數人的虛榮或衞護少數人的利益而犧牲其生命財產了。國會的決議不一定是最合理的，但多數人的討論總較少數人冒險的決定爲審愼爲妥善。

國會的宣戰權與總統的軍事權常成犬牙交錯的狀態，有不可劃分之勢。所謂宣戰，有時祇是對已成事實作法理上的宣布而已，此已於總統一章中論之。不過我人不能因此而認爲國會的宣戰權祇是形式上的權力。總統行動如不能得國會的同情，他的行動勢將以軍事行動爲止，而不能發動以全國命運爲賭注的戰爭。大規模的戰爭，其動員，其戰費的支援，皆來自國會，國會固不僅掌握宣戰的形式上的權力而已。

㈤**州際貿易管理權**　各項聯邦權之中，州際貿易管理權的發展最爲可驚，而有助於聯邦權的發展者亦最多。大法官史東 Stone 曾云：州際貿易管理權是使各州眞正聯合而成爲一個國家的一項權力，可見其意義之重大。去除州際的貿易的障碍，原爲制訂聯邦憲法的目的之一，但制憲者多數不會想到此項權力以後能有這樣輝煌的作用。在憲法的文字中，僅云國會得制訂法律以管理州際及與印第安人之間的貿易。至於何謂州際？州際與州內有何界限？以及何謂貿易？都沒有作詳細的說明，這所以要留待聯邦最高法院來作解釋。

何謂州際貿易，在制憲時代亦許有其當然的解釋。那時既無輪船，亦無火車，交通非常困難，所以州際貿易與州內貿易的區別是很清楚的。十九世紀初葉，汽船發明，由是汽油船的管理是否在州際貿易管理權之內，首先發生問題。馬歇爾院長於琪朋斯一案的判例 Gibbons V. Ogden 中曾爲貿易下一著名的定義。他說：「貿易是交通」。蓋貿易的進行，必須利用交通工具，如交通在貿易範圍之外，貿易也就無從管理了。馬歇爾的解釋是否確當，我人不欲深論，我人應注意者，這是州際貿易權擴大的第一里程碑。

琪朋士案的判例的意義自然是十分重要的。它認爲州際貿易不止是州際商品的賣買，並亦包括州際的交通工具在內。由是州際運河州際航行以至在州際航行公司服務的人員，無一不在聯邦管理權之內。其後州際交通自內河航行發展爲鐵路運輸、汽車運輸、飛機運輸，聯邦權亦卽隨這種事業的發展而發展。到一八八七年，聯邦政府乃設置州際貿易委員會來管理州際水陸兩運的運輸價格。不過這一類貿易權的發展，實際上祇是禁止各州作這方面的管理，仍未能發揮貿易管理權的積極作用。

一八九〇年，國會通過反托辣斯法 Anti-trust act，圖謀打擊經濟界的兼併現象。國會所以通過這個法律，因爲它相信大企業集團所經營者皆爲州際貿易，國會因管理州際貿易而管理這種壟斷性的企業，可謂名正言順。最高法院最初在娜愛特公司一案的判例（United States V. E. C. Kinght Co. 1895）中頗有不利的解釋，認爲製糖工業不在州際貿易之內。該一判例，深受輿論批評及攻擊。一九〇五年另一司備夫脫公司的判例中 Swift And Co. V. United States 最高法院乃改變它的態度，認爲肉類包裝業的組合爲違法的獨佔事業。在司坦福一案中 Stafford V. Wallace，塔夫脫院長謂：近代的商業發展，其中心現象爲貨品的來往川流不息，而此一中心現象，不能不謂爲州際貿易及國際貿易管理的對象。在這類判例中，把工業亦包括在貿易之中，因而聯邦得以進一步積極管理工業。這是州際貿易管理權發展的大體情形。

㈥**調查權**　國會之有調查權，可謂由來已久，但憲法沒有明文授國會以這樣的權力。國會所以運用調查權，不外下述兩個理由。其一、國會既須制訂適當的法律，充分的資料自不可少。而欲搜集第一手的資料，調查權是極端重要的。其二、國會有彈劾權，而在進行彈劾之前，也得調查各種證據。因之，調查權是附帶在立法權與彈劾權之內的。社會方面，因調查權自然會發生監督政府的作用，而且調查內容的公佈，於輿論的刺激與領導也有無上價值。所以一般的說，社會大衆多數贊許國會的調查工作，很少因此發生糾紛。

惟近年以來，國會的調查權很引起爭論。推原其故，調查權運用得過於廣泛，以至與立法權、彈劾權一無關連。而且主持調查委員會者，往往爲一己政治目的，或則欲誇大某些事實以打擊反對黨，或則欲藉此吸引羣衆對他的注意而增加他個人的聲望。更重要的一點，調查方法不很公道，而被調查者又缺少合理的保障。調查之後，往往未經審判而許多人名譽受損害及職業被犧牲。因之，很多人主張改進調查程序，而且建議國會調查時應遵守證據法，不能先有成見。

調查是由委員會主持的。兩院皆有調查委員會，亦有的時候兩院聯合組織一個委員會。無論在那種情況之下，委員會須經國會一院的決議或兩院的聯合決議而後始能成立。在決議中，必須指明授權的範圍。通常的說，調查的對象不是過於廣泛的。惟馬加錫的非美活動調查及富季佛的黑社會調查，幾乎變成普遍的偵查機構，往往逸出範圍。

最高法院對國會的調查權，一向抱謹愼的保守態度，從不肯妄事批評。以是輿論界的批評雖極激昂，並沒有發生重要的結果。

(七)其他權力　以上分別說明了國會若干種權力，但尙非國會權力的全貌，它全部的權力，猶有後列各項：

制定全國一律之歸化法及破產法；

制定偽造聯邦證券及通用貨幣之罰則；

設立郵局並建築郵政道路；

規定著作權及專利權，以獎勵科學文藝；

規定公海上之海盜罪與重罪，及違反國際法之犯罪；

制訂海陸捕獲之規則，並頒發捕獲許可證；

制訂執行上述一切權力而所需之法律。

關於這許多國會權，後述一項甚為重要，已於美國憲法一章中論述，不擬分別敍述了。

㈥委託權不得再付委任 Delegata Potestas Non Potest Delegari 討論國會權的時候，最後必須一述「委託權不得再付委任」的原則。如上所述，國會權皆係憲法所委託，因為憲法是人民制作的。在英國普通法的傳統中，認為受託權並非一己所有，故受託者不能再以之轉託他人。國會權是否也受這個原則的限制？若受限制，則所謂委任立法均為國會的越權行為，因之是沒有效力的。

提出這類問題的人堅持兩個理由。其一，美國為分權的國家，立法、行政及司法皆為憲法的受託者，而且皆有專職。受託者如許可再委托，則分權原則勢必破壞無餘。其二、委任立法 Delegated Legislation 的事項一多，不僅行政部門代行了立法的工作，並亦使總統的權力急劇增加，殊失立憲的本意。聯邦最高法院對此原則，常持兩可的態度。它曾根據此原則而宣判一九三三年的國家工業復興法案為違憲。該法曾特別設置一復興執行機構，並授權該機構會商企業家而擬訂一解除經濟恐慌的辦法，執行機構在此授權之下，乃詳定縮短工作時間提高工資以及增加就業的方案。這是新政時代最大膽而牽涉最廣的一個法案。最高法院所持口實，責備工業復興法案授權及於企業團體，殊與憲法精神不符。它說，政府機關本係中立，彼此再委託已屬不可，私人企業之利害有關者而付託以擬訂辦法之權，自然更不許可。

最高法院在其他判例中，又曾許可委任立法。早在一八二五年，馬歇爾院長於魏曼判例中Wayman V. Aouthard，表示國會規定重要原則而授權其他機關規定詳細辦法是合理的舉措。一八九二年，於另一判例中Field V. Clark，法院又承認授權總統便宜變動現行關稅的法案爲有效。第二次大戰時，委任立法極爲普通，而聯邦法院亦從沒有否認它的效力。

因之，國會究竟能否以其立法權再委任其他機關，從過去的釋例來看，並無一定標準，聯邦法院常可作自由的解釋。所以然者，國會有立法權的事項，許多是國會不能或無從詳細規定其內容的，例如一八二五年發生問題的法律，乃因國會無從詳細規定訴訟程序，故委託法院爲之。而近代管理經濟的法律，國會議員缺少專識，不能作詳細的規定。故委任立法乃勢所難免。禁止再委任不過普通法中的一項原則，憲法既未予明文接受，國會沒有受其限制的理由。一般的說，法院如無其他理由，不會單獨依據這個原則來宣判一個法律案違憲的。

Ⅱ、參議院　美國國會，分參院及衆院兩院。茲先說明參議院如後：

㈠參議員　參院代表各州，州不問人口多寡，面積廣狹，皆有參議員二人以爲代表。現在美國共有五十州，故有一百位參議員。採聯邦制的國家，地方單位皆抱猜忌之心。尤其弱小的單位，猜忌心更大，深怕加入聯合體後自己會逐漸消滅。因之，聯邦組織中必須有一機構能保持各地方的平等地位，使每一地方不但不感覺受到欺壓，而且還覺得它能控制聯邦的組織。美國的參議院，就是聯邦政府中能發生這樣作用的一個機構。

在起初，參議員由州議會間接選舉。這一種間接選舉的方式，亦使參議員受州的控制而更富州代表的色彩。惟第十七條修正案通過後，已以州爲選舉區，由州公民直接普選。在間接選舉時代，參議員不僅受州議會的控制，往往亦爲黨魁所操縱，成爲特殊利益的發言人。聲名狼藉，常成爲輿論批評及攻擊的對象。十七修正案的通過，不僅所以迎合民主的潮流，實亦所以糾正這個弊病。現在參議員既由州選民選出，代表的地域自較衆議員爲廣大。

參議員任期六年，他們的當選資格，年齡須滿三十歲，爲美國公民滿九年，其餘別無教育財產等條件的限制。這樣低的資格限制，一方面看出制憲者的民主修養，同時亦可看出制憲者並沒有希望參院成爲保守的上院。參議員每兩年改選三分之一，一方面使議員有適當的新陳代謝，同時又能保持熟練的經驗與老成的領導。在這個規定之下，每屆衆院改選，亦必有三分一的參議員改選。

一般的說，參議員的素質相當優秀，在政界的聲望，恒較衆議員爲高。多數參議員是州政黨的巨頭，在州內有極大的控制力。因之，參議員常有出馬競選總統或副總統的。杜魯門、甘乃第、尼克森、高華德以及詹森，皆是參議員出身，可爲明證。由參議員而出任最高法院院長的亦頗不乏人。從這種種情形來看，可知參議院常爲政治家薈集之所。而對政治有較大野心的人，莫不以參議員爲重要的進身之階。

(二)參議院的特殊功能　參議院除一般的立法權之外，憲法又賦參議院以若干特殊的功能。其一爲總統任命的同意權，其二爲條約的參贊與通過權，其三爲彈劾案的審判權。若干學者認爲參院的這種特殊功能是它享有崇高地位的原因。不過一般的說，制憲者所以付以這種特殊權力，因爲參院乃小議會之故。成立聯邦時期美國僅有十三個州，參議員不過二十六人。這樣小的小團體，很適宜於參贊的工作。在當時制憲者的想像之中，總統別無內閣或專家委員會這類的顧問團體，由參院來作參贊，大可加强各州對行政的節制作用。不過參院成立之後，一直放棄它的參贊工作，所以參院兩棲性的作用並不顯著了。

參院的特殊功能，當然亦增加了參議員特殊的權力。以任命的同意權而論，他們沒有因而干預總統的人事權，內閣閣員以及大法官等，總統的提名多數不會受到拒絕。但總統亦報之以禮貌，各州聯邦官吏的任命，總是聽該州參議員的推薦。

條約的批准權，使參院的外交委員會得參與外交的機密。美國的外交政策總是建立於兩黨的共同綱領之上，執政黨甚少堅持一己的主張。是蓋條約須得參院三分二的絕對多數通過，一黨單獨的政策很難滿足這個條件。雖說外交未必皆須締結條約，但執政者爲求外交的順利進行，參院的合作甚爲重要。

關於參院審判彈劾案的權力，那是須在衆院成立彈劾案之後進行的。參院不如英國的貴族院，並無法律貴族在內。惟美國國會精通法律的人才特別多，爲一般國家議會之冠。參院之內亦然。所以參院組成法庭來審判被彈劾的人員，可謂勝任愉快。在過去的歷史中，一位總統數位部長及法官曾被彈劾，參院審判時，未嘗以法理爲重。議會究竟是政治的集會，即有精通法律的議員，法理亦無用武之地。

㈢**一般立法權**　一般的立法權，參院堪與衆院匹敵。財務立法憲法規定須先由衆院提出，其餘的法律案則兩院的議員有同樣的提案權。許多重要的法律案皆爲參議員的提案，例如塔夫脫法案等，凡冠以參議員的大名者，都是先在參院提出及討論的。就是財務立法——包括撥款案在內，參院的發言權及決定權還是很高的。衆院雖獨佔提案權，但不得參院通過，即不能成立。預算案自衆院送達參院後，參院的財務委員會往往大加删削，使其面目全非。參院通過財務委員會的修正案後，送回衆院討論，衆院如能接受此修正案，則以修正案送總統公佈，如不能接受，則兩院召開聯席委員會解決兩院的歧見。

美國的制度，一般說來，使立法浪費了很多的時間。尤其預算案，總統於一月初提預算咨文，衆院常須在五月甚至六月始告結束，參院再事推敲，年度開始時，往往尚未完成。總統於所提預算受衆院打擊後，尚可請參院援助，把減削的部分重行列入，這是美國制度的惟一長處。但使預算權分裂，預算局、衆院及參院無一能有眞正的控制作用，實爲其最大的缺點。美國學者曾爲辯護云：美國制度的優點在民主精神，它的預算制度亦然。它的預算，是在各方面表示意見以後決定的，不僅預算局衆院及參院得參與其事，即要求撥款的各部，因撥款而受利的各企業，以至納稅人的代表，在兩院委員會審查時亦得列席作證。也因爲這個關係，美國的預算不至忽略任何有關方面的意見。這是它預算較爲合理的主要原因。本書非專論預算制度的著作，略陳所見以爲學者的參考。

參院對一般的立法的作用如此之大，自非其他國家的上院所可比擬。在上面所提及的各國憲法中，其立法機構皆採兩院制，但沒有一國兩院眞有平等地位，美國實爲特殊的例子。在十八九世紀，政治學者多數贊同兩院制。蓋立法爲國家大事，不能不以審愼的態度出之。兩院分別討論，則一院的熱烈感情，可因另一院的考慮而冷却，感情用事的可能性就比較少了。無如二十世紀以來，一則政府爭取行動的速度，二則避免兩院因各懷成見而形成的僵局，對兩院制類多有其修正。美國獨能爲中流砥柱，可算難能之至。但認眞的說，美國亦有其爭取立法速度之術。兩院皆以委員會代全院大會，省却的時間不能算少。失於此者得於彼，與原來兩院制的精神也很有出入了。

㈣**組織**　參院的組織，雖亦有議長及委員會，與衆院大同小異。但一般來說，參院因人數較少，全院會議的機會較多，每一議員對各種問題均能自由表示其意見，與衆院之工作重心在委員會者不同。

參院以副總統爲議長，這是憲法賦予副總統的一種任務。議長除主持會議外，在正反同票時得投票以解除僵局。他不得憑政黨的作用控制會場，與衆院議長的權力不能同日而語。除議長外，參議員又互選一位臨時議長，於議長因故缺席時代行議長職務。當進行彈劾案而被彈劾者爲總統時，議長迴避，由最高法院院長主持。

參議院亦設許多常設委員會，惟一九四六年之後，已減少爲十五個。在十五個委員會之中，財務、撥款、外交、司法、軍事、以及國外及州際貿易等六委員會最稱重要。每位參議員祇能擔任其中之一的委員，但除此之外，還能在其他九委員會中兼任一個。委員會主席，由參院中兩黨黨團分配決定，資深者優先。資深優先純係政黨政治所造成的傳統，並非法律的規定。但兩黨恪守不逾，有時且發生很不好的後果。第一次大戰時，史頓 Stone 參議員因資深任外交委員會主席，但他同時是著名的親德派領袖。第二次大戰時，雷諾爾 Reynolds 參議員又因資深而任軍事委員會主席，他是納粹主義的同情者，對租借法案及禁運案阻撓不遺餘力。這兩位人士，如無資深的條件，很難在戰時擔任委員會主席，亦很難發生那樣大的作用。

參議院之內也有黨團的活動，一般的說，民主黨者較共和黨的爲强，兩黨黨團均選出自己的議場領袖Floor Leaders，政策委員會及選任委員會等。民主黨於一九〇三年規定經黨團三分二絕對多數決議的政策，民主黨參議員須採一致行動，違者開除黨籍。一九三三年爲支持羅斯福總統，又規定總統的主張而爲黨團多數接受者，民主黨參議員不得持反對言論。共和黨獨立作風較甚，地方的觀念重於黨的立場，黨紀沒有這樣嚴明，這亦許是共和黨長久在野所造成的傾向。

Ⅲ、衆議院　衆議員一向直接民選，故衆院不僅代表人民，而且是兩院中更具民主基礎的一院。

㈠衆議員　衆議員的名額，憲法中並未確定，僅謂每三萬人選一人，按各州的人口分配。總人口的增加固增加衆議員的人數，而各州人口的變動，亦可影響各州的分配名額。在制憲當年，人口二字因奴隸問題很引起爭論。奴隸無選舉權，故北方認爲不應計入人口之內。而南方則認爲有意減少它們的衆議員名額，很不公平。最後折衷，非自由民的人口以五分之三計算。其後十五修正案規定不得因種族膚色剝奪人民的公民權，黑人皆爲自由民，人口的解釋自不再發生疑義。其次，以三萬人爲選舉商數，以後事實上不能維持。蓋美國人口自四百萬人激進爲今日之一億數千萬，勢非提高商數不可。一九二九年的法律，規定總衆議員名額爲四百三十五人，其商數依據人口總數除四三五得之。

因上述人口分配名額的規定，憲法規定每十年一次的人口總調查，這是衆議員選舉所加於聯邦政府的特殊負擔，美國因之最早有正確的人口統計。人口總調查之後，第一步卽重行分配各州應得的名額，第二步是各州依其應得名額重新劃分衆議員選舉區。是以衆議員選舉區並不固定，與州的行政區劃並無關聯。操縱州議會的政黨，常以不規則割裂的方式使反對黨之勢力集中於少數選區之內，這是美國劃分衆議員選舉區時可能發生的弊病。

衆議員選舉的投票資格，憲法僅規定須具有各該州州衆議員選舉人的資格，缺少統一的標準。所以然者，良因獨立初期各州對公民權的看法頗不一致，對此作統一規定勢將引起難於解決的糾紛，從現在來說，各州大體一律。

衆議員的當選資格，較參議員爲低。年滿二十五歲以上，而居住美國滿七年之公民，其當選卽爲有效。每屆衆議院集會之初，須組織資格審查委員會，所有的選舉糾紛，由這個委員會來作解決。衆議院偶而有在憲法規定之外另作資格限制者，例如多妻主義的教徒，某種激烈思想的黨徒，亦曾謀拒之於議會之外，不過這類舉動極爲少見。

衆議員任期二年，每逢雙年改選。不過連任並無限制，以是衆院中資深的衆議員一向不在少數。

衆議員原定於當選後（十一月舉行）次年之三月就職，而每年會期，則於十二月的第一個星期一開始。因此新當選的衆議員，要在一年以後才參加會議，而落選的衆議員，却仍爲人民的代表。這種不合理的現象，至第二十修正案而始予糾正。現在衆議員選舉於雙年的十一月舉行，翌年一月就職，會期亦於同時開始。

㈡**衆院的地位**　在制憲人的心目中，因爲衆院更具民主的基礎，自然極予重視。徵稅案須由衆院提議，實卽表示了制憲者重視衆院的心理。十八世紀末葉，徵稅爲代議機關最重要的一項權力，已如前述。衆院對此有優先權，足徵衆院地位亦優於參院。在開國初期，衆院人多勢衆，於國會的總統的提名預備會議中更佔壓倒優勢，故衆議員亦確爲政治領袖們最欲爭取的名位。不過好景不常，自政黨以代表大會替代提名預備會以後，衆院就失去此種優勢。而自參議員改爲直接選舉以後，它又失去了惟一的人民代表機關的資格。它的聲望，似乎在降落之中。

衆院與參院相較，它有幾個不利的形勢。其一，它人數衆多，大會討論的作用日形減少，由是它對公衆的吸引力漸小。議員在議場中的重要發言，報紙每載爲頭條新聞，而委員會所採行動，缺少這種轟動的力量。其二，衆議員任期較短，政治領袖每無意角逐，而參議員任期六年，爲美國選舉職任期最長的一種，自然能刺激政治領袖們的興趣。我們不能說衆議員中沒有第一流的領袖，但是有的話，年齡一定比較輕些，在他們資望培養好以後，總想競爭另一院的寶座。其三，衆議員選舉區的地域不很固定，因之這一級的黨部，僅與衆議員選舉有關，缺少基層的群衆。由是衆議員在黨裡面的地位，也不能與參議員相比。

衆議員的待遇，雖略遜於參議員，但相去不多。他們已自開國初期每日出席費而調整爲一九四六年的年俸一萬二千五百元。另外還有聘請書記的費用一萬二千五百元及其他郵費電話費等等優待，較一般國家的人民代表已較豐厚。他們又享有豁免權，例如他們在院內的言論對外不負責任，非得議會的允許，他們不受逮捕，與參議員同。所以從待遇來說，衆議員與參議員是很爲相同的。

㈢組織　衆院任用若干職員，例如書記速記牧師警備長門丁收發以及其他次要的職員。這許多職員的任用，均爲衆院多數黨的特權。

憲法規定衆院以大會爲決議機構，而大會開會，須以過半數議員的出席爲法定人數。開國初年，衆議員僅五十六人，雖較參院爲多，但過半數僅二十九人而已，不算是困難的條件。現在已激增爲四百三十五人，過半數爲二百十八人，困難較多。而且立法雖說是國家的大事，但討論的過程中，許多人拖泥帶水的馬拉松演說也很難强聒以爲聽。尤其院內的黨團作用日見嚴密，討論常成形式，更難吸引多數人的參加。這是近代議會政治的最大問題，原非制憲者始料所及。近代議會爲適應此種趨勢，莫不降低其法定人數，例如英國平民院爲四十人，加拿大下院爲二十人，澳洲聯邦的下院爲三分一議員的出席。美國獨由憲法規定爲過半數的出席，使它不得不把討論的工作責成常設委員會進行，而大會祇作例行的表決。

話雖如此，大會的議長依然爲衆院最重要的職位，議長必然爲衆院多數黨的領袖。每屆衆院集會之日，舉一位最資深的議員爲臨時主席，進行議長的選舉。事實上多數黨早已推定人選，由是一人提議而其他人高聲歡呼，議長乃告產生。議長當選後並不像英國那樣退出黨團活動，他仍積極領導黨團以維護黨的利益。一九一〇年之前，他一個人決定大會的議事日程，並亦決定各委員會的名單，可以說是衆議院的霸主。一九一〇年的改革，使議長失去這兩項特權。不過議長還是美國政壇中極有聲勢的人，他在討論時能發言，他的意見經常最受輿論注意，而且也最爲受同黨議員所擁護。

上文已經說過，衆院的重要工作不在大會進行。十九個常設委員會，才眞正決定法案的命運。一九四六年之前，委員會不下五十，經合併後仍在一打以上，而且每個委員會又分若干小組委員會。委員會之多，衆院首屈一指。委員過多，對立法會引起很多的流弊，最顯著的是法案之間缺少協調。委員會，甚至小組委員會，皆各自爲政，很少顧到其他委員會的行動，由是外交委員會所贊同的援外計劃，撥款委員會亦許減削其所需經費，使政策的執行人有無所適從之苦。

委員會的所以繁興，上文業已說過，由於大會的不能長期進行。現在的大會，等於是聽取各委員會的報告而循例通過，故委員會的重要性乃日見增加。委員既成爲立法的主體，委員會自然就各自發展其傳統，對其他委員會的不同觀點，每視爲侵犯了它的職權。這是政治機構發展的自然趨勢。在現有的情況中，法案由議員提出而在衆院登記以後，其命運卽操諸委員會之手。委員會如否決而不予報告，大會甚至還不知道有這樣的提案。委員會的專斷如此，如何會與其他委員會合作？

當然，美國的委員會制有其民主的一面。委員會的決定，多數依賴公訊中 Public Hearing 所得的資料。所謂公訊，乃委員會聽取與法案有關的各方面人士的意見。美國議會中盛行壓力團體的活動，學者們認爲這種壓力團體形成議會走廊中的第三院，對立法大有作用。實則這種壓力團體是納入制度之中的，各企業則利用律師或專家爲它們陳情，政府機關則由公共關係人士說項，紛紛向委員會說明贊同或反對或修正的意見。所以委員會對衆院雖極似專斷，但所有的決定都是輿論的反應。

多數國家的議會均利用委員會制，其中似以丹麥的最爲合理。丹麥的情形，議會兩院分別開會，而委員會則聯合舉行。委員會的數目祇有四個，分工不細，所以每個委員會都能知道些全部立法的情形，不至過分的各自爲政。經委員會通過的提案，在兩院討論時不至受太大的阻撓，但兩院亦沒有完全受委員會的操縱，在這種分工合作的方式之下，議會的功能既沒有完全由委員會替代，而委員會又確能節省大會的時間。美國因立法工作過於繁重，自不易採取丹麥的方式。

Ⅳ、國會發展的趨勢　美國國會今天發展的情形，有許多是在制憲者想像之外的。

㈠國會與總統權力的消長　美國憲法詳定國會的權力，原期國會成爲聯邦政府的中心。但政府的功能，必待行政而始顯，這是種必然的現象。不問採取那種制度，行政機關終將最受重視。尤其在行動的時代，行政權更易趨於國會之上。憲法賦總統以督察聯邦行政及忠實執行法律之權，憲法學者認為只此一項，已可演化為各種龐大無比的權力，實非虛語。行政權是種動態的作用，法律無論怎樣為之劃定疆界，在實際需要中必然一再引伸而成為原起草人不能想像的東西。在行政權引伸的過程中，國會權相對的就會顯得降落。美國史中擴大行政權的三位總統——林肯、威爾遜與羅斯福，都是在實際需要中引伸的。以往研究美國政府的人，常說國會是不甘雌伏的。行動的需要一旦解除，國會一定重張旗鼓，以與總統對壘。林肯總統的後繼人，深受國會的阻撓，而威爾遜總統則於最後兩年大受國會的打擊。蓋國會為國家的利益，雖不得不暫時作廣泛的授權，事後決不肯再事放縱，以降低自己的地位。這種推論似祗能用之於林肯及威爾遜的時代，第二次大戰之後，國會未嘗能重為主婦，依舊在受總統的領導，這亦許因五十年代的國際政治一直動盪不安，聯邦政府經常有行動的需要，故總統的領導權始終不衰。不過這種形勢既經造成而又長久保持之後，是否尚能恢復原狀，實在是很有問題的。

總統的領導地位加强之後，政黨的橋樑作用亦隨之而加强，而輿論的注意力，亦自國會而轉向白宮。這種種的轉變，都是水漲船高的自然狀態，研究制度及憲法的人甚至還沒有覺察。而這種轉變，造成總統與國會之間的新均勢，再欲加以改變，就相當困難了。說現實一些，美國國會與總統之間的均勢，實因國會領袖政黨意識的强烈與否為轉移。國會領袖自恃其地方巨頭的身分，則國會加於總統的負擔甚重，而立法權的作用亦日趨活躍。國會領袖如自感為聯邦政黨中的一分子，應受全國領袖的領導，則總統的領導權提高。目前的各種客觀環境，使總統最少成為執政黨全國的領袖，而且國會領袖亦深具同感，國會自然處處以配合總統的行動為務了。

㈡國會立法工作的分析　總統領導權的提高，所以會影響國會的地位，無非因行政須以立法爲基礎。總統於推行新的政策之際，必須要求國會作立法上的配合。羅斯福新政時代，國會如不通過工業復興法案農業復興法案之類的法律，總統當會有縛手縛脚之感。國會中民主黨的黨團由是決議凡總統的主張而經黨團接受者，民主黨議員反對者視爲違反紀律。這才使總統暢行其志。

國會的立法，大別之可分三類。其一爲政策性的法律；其二爲預算案；其三爲私案。政策性的法律，與行政部門的施政有關，雖亦有由在野黨或議員私人提出者，如有關工會的塔夫脫法案，惟多數爲總統的主張而經政府黨議員提出者。這類性質的法律案，在其他國家皆由行政首長直接提出，美國則尙須推動議員爲之，但事實上亦沒有增加多少困難。國會常設委員會，皆操縱在國會多數黨的手裏，在朝黨如能同時在國會中佔據多數，可以說順利無比。至於預算案，其編制權已掌握於預算局之手，而預算局是直接隸屬於總統的。預算案提出於衆院之後，可能會有相當重要的改變；經衆院議決而送達參院之後，可能又會受第二度的重要改變。這種種情形，在上文已有說明。預算案的控制，可以說是今日國會對總統的最大控制。但總統因掌握編制權，最少有一半的決定作用。最後說到私案，數量不能說少，惟缺少重要的意見，那是由國會自己決定的。

上述意見，自然亦不能過於强調。美國既無中央集權的政黨，國會領袖又各受其選擧區的壓力，總統的意見不常爲國會所尊重。更重要的一點，國會議員均憑獨立的地位以爲要求他人合作的資本，非他人所易影響。這都在政黨一章中詳爲說明，不必贅述。議員們既各自獨立，國會在立法方面的獨立地位自然亦因之而增加。最低限度，美國的國會非英國的平民院可比。英國的制度雖以議會政府名，但議會的地位實已居於次要地位；美國雖以總統制名，而國會常可與總統抗衡。名實不符，莫此爲甚。

㈢國會與輿論　一般議會均稱爲民意的代表機關，但於民意反應之迅速，似乎都不能與美國的相比。這亦許與美國大衆傳播事業特別發達有關，但最主要的，應與議員任期較短有密切的關係。議員而不須回選舉區，議員是不會關心民意的。美國議會不僅須回選舉區，而且衆議員兩年得回鄉一次，參議員每兩年亦有三分之一要重選，對民意自然不能漠不關心。美國議員與英國議員又有不同，政黨對他們的幫助少而又少，全恃議員自力更生，這對於黨紀是種很大的打擊，惟於議員之必須時刻注意民情來說是很有益處的。

一九三七年，羅斯福建議改革聯邦最高法院，以便利新政的推行。討論這個法案時，民間抗議的函件雪片飛來，同情羅斯福政策的人也就噤若寒蟬了。總統當選的初期，國會與總統之間例有一蜜月時間，這也是國會尊重民意的表示。當選的時期，總統新受人民付托，國會對他的尊重，就是對民意的尊重。兩年之後，政府黨如在選舉中受挫，那表示人民對總統的施政不甚滿意，國會卽不能像從前那樣恭順。

總之，議員有各種主觀及客觀的理由，對民意的反應極爲靈敏。國會的尊重民意，有其優點，亦有其缺點。自其優點而言，國會立法能順應輿情，使立法爲人民所歡迎，國家的政治乃日益民主。自其缺點而言，各種團體皆組織民意以影響國會，各團體的力量如果不很均衡，國會也會因之而失去公正的立場。美國是民間團體很爲發達的國家，企業界的聯合與工人的聯合堪稱勢均力敵，故沒有發生流弊。如在其他國家，所謂輿論的壓力，可能變成强有力者去支配國會了。

㈣國會與民主　在上文的各種說明中，表示二十世紀的國會的地位似在衰落之中。二十世紀爲行動的時代，討論的機關總因之相形見拙。不過到現在爲止，美國國會依舊是民主的堡壘，在聯邦政治中所能發揮的作用是不可厚侮的。它對總統以及行政的節制，仍以預算的控制爲最主要的手段。總統藉預算局之助，雖已較有統籌財政之權，但除戰時外，國會從沒有完全接受預算局所編製的概算。而預算的變更，政策自然也會隨之而變更。不問外交上的援助政策或軍備的擴建政策，經費減削之後決不能照按原計劃進行了。國會對預算的控制，可受批評之處很多，諸如互惠立法及上文所列舉的各種缺點，但在這許多弊病之外，仍有其最寶貴的貢獻在。行政當局深知國會對預算的態度，因而從沒有敢任意支配財務。一切機關的用度，不得不依據預算法案而爲支出。國會在這方面所發揮的功能，足可彌補它所有的缺點。

在討論政黨的一章中，我人已詳述國會議員未必完全依據政黨的立場投票。這種情形，從立法效率的觀點來說是有其缺點的，但同時亦使執政黨對它毫無控制的把握。美國國會所表現的獨立立場，在近代國家中是鮮有其匹的。

本章參考書：

H. Walker: Law Making in the United States, 1934
L. Rogers: The American Senate, 1926
M.E. Dimock: Congressional Investigating Committees, 1929
E. E. Dennison: The Senate Foreign Relations Committe, 1942
W. F. Willoughby: **Principles of Legislative Organization and Administration, 1934**

第十四章　司法權與聯邦最高法院

I、獨立的司法權

美國普通被稱爲三權分立的國家。在三權分立的原則之下，司法權應具獨立地位，並與其他兩權發生制衡作用。但司法機關的設立以至法官的任用，在在受制於立法權與行政權，它的所謂獨立，究竟指的什麼？

聯邦的司法機關，包括最高法院，上訴法院，以及地方法院 District Court 三級。其中僅最高法院見於憲法，其餘皆根據第三條第一節國會隨時制定並設立低級法院一語而產生。其實就是最高法院，大法官的人數以及待遇等等，憲法皆略而不談，完全由制訂法爲之規定。可見就是最高法院，多數問題皆有待國會爲之決定。至於低級法院，更不消說，卽設立的決定權亦掌握在國會手中。至於法官的任用，不問等級，憲法中皆規定由總統商得參院的同意後任命之。從這種種情形來看，聯邦各級法院的地位，與一般國家的法院相同，沒有值得特別提及的所謂獨立的身分。

聯邦憲法曾提到法官的職位及薪給的保障，那也是第三條第一節中所規定的。其一，法官如克盡職守，得終身任職。其二，法官得按期收受薪俸，作爲服務的報酬，俸給數額，在任期內不得減少。這兩種保障，在一般國家的憲法或法院組織法最少在形式上都會有同樣的規定，也沒有特別值得稱許的地方。法官的終身職，在「克盡厥職」during good behavior 的條件下始獲保障，而「克盡厥職」一詞，當然可以作多方面的解釋，在不良政治風氣下，甚至以服從上級命令爲克盡厥職的條件，那司法獨立的精神不知要從何說起了。

聯邦最高法院在解釋它工作的性質時，常常謹愼地指出它對行政權及立法權，實際上沒有強制的可能。在密西西比一案（Mississippi Johnson 1867）中最高法院自問：「國會如通過一違憲的法律，最高法院能否頒發禁令Injunction，要求總統不執行該一法律」？它答覆說不能。因爲總統如拒絕接受禁令，法院無疑地卽無能自己執行。如果總統接受法院的禁令，總統與國會之間可能因之而引起衝突。國會可能因之而彈劾總統。在這種情形之下，法院能否發出禁令，要求參院不作彈劾案的裁決？當然又是不能。故法院而對總統或國會發出禁令，將造成最可笑的境況！塔夫脫院長於克羅斯曼 Eckarte Crossmaun（1925）一案中曾云：三權分立並不是三權互不依賴。就司法權而言，誠如一般人所說的，它是三權中最弱的一環，不是其他兩權的合作，它不能完成它的任務。克羅斯曼的案情如下；克羅斯曼犯藐視法庭罪而被處徒刑一年，並科罰金千元。總統認可其罰金而赦免其徒刑，地方法院法官拒絕釋放，因總統祇能赦免觸犯聯邦法的罪行，而克羅斯曼所犯者爲藐視法庭罪，總統如予赦罪，將影響司法的獨立地位。最高法院說司法獨立不能這樣解釋，憲法規定除彈劾案外，總統可赦免一切觸犯聯邦法的罪犯。赦免權之設立，卽爲救濟刑罰的過當。藐視法庭罪不經陪審而法官又易於矜持司法的尊嚴，因之而處罰失當，總統自然可以運用他對藐視法庭罪的赦免權的。

從上述判例中，可見最高法院對於司法獨立的觀念是非常持平的。它不主張司法人員神聖不可侵犯，它並進一步要求司法從業人員對行政與立法抱赤誠合作的態度。以後我們還要提到，最高法院雖常審評國會所通過的法律，但在基本態度上，以尊重國會爲前提，故對國會立法決不吹毛求疵。不是明顯的違背憲法精神，它決不宣判法律無效。

美國的司法權，於嚴格的自律之下發揮獨立的精神，這是我人對它三權分立制首先應該有的認識。聯邦全部的法官，並沒有超過四百人，它沒有因爲司法獨立之故而要求擴大其編制。它所重視的是審判的獨立，它甚至要求法官勿受騷動的輿論的影響，它認爲受輿論的威脅卽有失公平審判的宗旨，這種判決是應予撤消的。

Ⅱ、聯邦法院的組織　上文已經說過，聯邦法院分三級，最高法院爲憲法所規定者，它是本章所欲說明的主要對象。而上訴法院及地方法院，乃國會通過法律後增設的。

地方法院　地方法院級位最低，人口少的州，一州祇有一個地方法院；人口多的大州，可以有幾個地方法院。現全美共設八十六個地方法院。除州之外，在波多黎哥及哥倫比亞特區，亦各設一地方法院，並在關島、巴拿馬運河區及維爾京羣島設類似而地位略遜的地方法院。除最高法院有原始審判權者外，一切觸犯聯邦法的案件皆歸地方法院初審。地方法院法官自一人至十八人不等。每個地方法院，工作多數極爲繁重。

上訴法院　上訴法院現設十一所，因之幾個州始有一個上訴法院。上訴法院法官三人至九人不等，審判時以二人合審爲原則。上訴法院採巡廻制，因爲轄區既廣，法官又少，祇有在巡廻的方式之下始能便利人民的訴訟。在最早的時期，大法官還得兼巡廻的上訴法官，現在因最高法院本身的工作已很繁重，不能再兼上訴法院的工作了。上訴法院受理不服地方法院判決的上訴案件。

最高法院　最高法院的各方面均須作較詳細的說明，玆先述其管轄範圍。最高法院享有若干原始的管轄權，凡以大使、公使、領事、及州爲當事人的案件，直接由最高法院受理。不過這類案件爲數甚少，因爲大使公使及領事皆享豁免權，事實上很少訟案。除這少數原始管轄的案件外，其餘它所受理的均爲上訴案件。上訴案可能來自州法院。那一類的案件州法院已作最後的判決，惟因該判決認定某些條約的或聯邦法違憲而否定其效力者，或對州法律是否違憲發生爭議而州法院承認其效力者，當事人不服，得上訴於最高法院。上訴案亦可能來自聯邦的低級法院，地方法院的案件，其性質特別重要者，得不經上訴法院而直接上訴於最高法院。所謂特別重要以下列各種情形爲限：甲、地方法院判決國會所通過的法律違憲者；乙、地方法院否定聯邦所提起的刑事控訴者；丙、地方法院對聯邦所提出要求執行反托辣斯法州際貿易法州際交通法而已作判決者；丁、地方法院頒發禁令 Injunction 或拒絕頒發禁令的案件，這一類案件，都是對聯邦法州際貿易委員會及聯邦商業委員會的命令發生問題，是以最高法院應爲迅速處理。就上述情形來看，最高法院受理的案件可能很多。但事實上却很有限制，國會曾通過法律，允許最高法院對上訴案有充分的自由裁量權，大法官們認爲缺少重要聯邦性的問題 Want of Substantial Federal Question 最高法院得便宜行事。近年度中，五十件上訴案中有三十七件經最高法院於會議後宣佈其缺少重要聯邦性的問題而未作判決。

在聯邦低級法院中，尚有聯邦特設法庭 Federal Legislative Court 如租稅之有稅務法庭，賠償之有賠償法庭 Court of Claims 名目很多，這類法庭皆有其特殊的管轄對象，且亦不常涉及憲法問題，故不在正常的司法系統之中，其法官且不受憲法所規定的任期保障與薪給保障。惟這類法庭的案件而牽涉重要聯邦性問題者，當事人亦得上訴於最高法院。

除受理最後上訴案件外，最高法院又可採用其他方式來作審判。其一爲調卷複核 Writ of Certioras。所謂調卷，由當事人聲請，得大法官最少四人的同意爲之。這類案件，本不得上訴，除非牽涉重要的憲法原則，最高法院通常不會允准調卷。其二爲低級法院請求作確定解釋 Certification 。這須在處理案件遇有憲法解釋的疑難時始可爲之，當事人不得爲確定解釋的申請。調卷複核與確定解釋，這都是不常採用的方式。但在憲法事例中，不少重要原則是這類案件所產生的。

其次，略述最高法院的人事。

院長及大法官　美國司法獨立精神的得以有優越的表現，最高法院的功績實不可磨滅。而最高法院所以有崇高地位，又以大法官們傳誦一時的判例爲之關鍵。馬歇爾院長一八〇三年的判例，奠定了最高法院有宣判違憲法無效之權的基礎。從這個例子，已可看出大法官們卓越的才華對法院地位的關係是怎樣的重要了。

最高法院置院長一人，同僚大法官 Associate judges 八人，這是一八六六年以來確定而沒有變動過的編制。在這以前，編制常變，最少僅五人（一八〇一年），最多十人（一八六三年）。可見大法官員額，國會常視需要而可以增損的。大法官由總統商獲參院同意後任命之；而其去職，須衆院過半數的決議，參院三分二的裁可，成立彈劾案而後罷免之。事實上僅蔡司大法官Samuel Chase（1796—1811）受過彈劾，惟未經參院裁可，所以沒有成立彈劾案。院長與大法官既皆由總統任命，所以人選的抉擇常含有政治的意義。馬歇爾院長的任命，卽因聯邦派欲借重他的才能來抵制州權主義的過分擴張。很少總統任命異黨的人爲大法官，而參院司法委員會審議大法官資格時也着重於政黨的立場以及政治的觀點。艾森豪總統任命華倫 Earl Warren 爲院長時，因民主黨的長久執政，共和黨分子已二十年沒有進入最高法院了。院長及大法官的任命既重政治立場，所以他們雖有若干司法的經驗，但都不是久任的法官，也很少是法學方面的權威。他們多數是很活躍的政治人物。州長、參議員、國務卿，以及卸任的總統，常有充任院長或大法官的機會。這許多政治人物被任命爲大法官以後，居然沒有破壞司法獨立的傳統，這不能不說是件幸事。亦許因爲美國的所謂政黨立場 Partisanship 不是種偏狹的成見，所以他們對憲法問題表示意見時，仍不乏持平之論。

若干學者甚至說：大法官們政治性的任命，對提高最高法院的地位很有助益。聯邦最高法院不很重視瑣碎的細節，每能從大處立論。因之，在它的解釋之下，憲法乃能隨時代而日新，不拘泥於小節，這是普通的法律訓練之下不容易培養出來的素質。大法官們因出身政治，所以才能有那樣濶的眼光。這種說法是否正確，必須在更詳細的分析與研究之後始能證實，此間不欲深究。不過有一點是很明顯的，大法官們因深具政治經驗，對施政的實際困難每多同情了解。塔夫脫於審議任期法時，深感它會影響總統的行政督率權。因之，憲法既以行政權賦總統，他的免職權就不能受國會的限制。塔夫脫與威爾遜屬不同的政黨，所以他沒有偏袒威爾遜總統的意思。不過於他自己的政治經驗中，了解到沒有免職權的首長是無法指揮他的僚屬的。他從這種角度來解釋行政督率權的意義，自然就抱着廣義解釋的態度。又如馬歇爾院長雖爲著名的聯邦派人物，但他解釋修正案第一條時，却說州立法並不受它的限制，因爲他知道一至十修正案爲一般人恐懼聯邦立法侵犯個人自由與權利而訂立，至於各州，已由州憲法規定人權憲章，故不在修正案限制之列。

上述許多事實，均說明政治性的任命，未嘗影響最高法院獨立的地位。這亦許與任期保障與薪給保障的制度有關的。院長與大法官依據憲法的規定，在忠誠服務的條件下爲永久職。實際的情形，他們非經國會彈劾成立，不得免職，故大法官都能久於其位。馬歇爾連續任院長三十五年，但尼任院長二十八年，霍爾姆斯任大法官二十年，史東任大法官及院長前後二十餘年，都是明顯的例子。七十歲之後，他們可以退休，並獲退休金的待遇，無怪他們對黨爭與政治恩怨都無甚興趣了。復其次可一述最高法院處理案件的程序，它每年度的庭期於十月的第一個星期一開始，自此卽接受各種案件，到翌年六月停止。七月至九月爲大法官們的假期，非遇特殊重要的案件，院長不召集會議。上述案件須由上訴人具呈四十份節略，說明上訴要旨、事實，及原判中所採用的法條及法理等。法院書記視節略的性質分別登入上訴類原管轄類或其他類，而後分送大法官及大法官的助手們，經他們詳細研究後，乃決定是否尙須舉行庭訊。庭訊時無須全體大法官出席，祇要達五人卽可。開庭之日，兩造各爲一小時以內的口頭說明，有時大法官亦詢問若干問題，澄清原未注意的各項要點。經過研究及庭訊後，院長乃召開會議，院長作簡略報告，有時亦說明他處理案件的意見，而後逐一按資深的程度詢問各人的意見。會議是秘密而自由的，院長縱表示其個人的意見，對大法官們沒有約束力。各人均表示過意見後，乃進行投票。投票的次序與發言次序相反，資歷最淺者先投，資深者在後。開票結果，多數派意見爲法院的意見，而後休會。休會期間，事實上是大法官撰寫判決書的時期，故會議之後，常須休會兩星期。會議日的晚上，院長致送各大法官以備忘錄，並在備忘錄中，分配各人的工作，何人主稿判決書主文，何人主稿補充意見，何人主稿反對派意見 Dissenting opinion，每人所撰文稿皆分送其他大法官傳閱，以免重複，休會期滿後星期一，最高法院宣讀其判決書。

最高法院的判決書，通常包括主文、補充意見及反對派意見等三個部分，這是美國特有的例子。主稿補充意見的人，其結論雖與多數派同，但導致此結論所持的法理都有異於主文。主稿少數派意見的人，所持結論不同於多數派，故亦稱反對意見。在法院判決書中容許這許多紛歧的立場，這充分表現了美國人的自由精神。對研究政治及法理的人來說，補充意見與反對意見可能是更有興趣的研究對象。因爲這類意見或則表示了政黨不同立場，或則指示了社會活動的新方向，在在是了解動態政治的有力資料。若干年之前的反對意見，亦許就是今天多數派的主張，這又表示了法理學發展的新趨勢。

最高法院的會議雖由院長召集及主持，但院長並無任何特殊的地位，他的意見不能約束任何人，而且也祇有一票的投票權。因之，院長也常會屬於少數派方面。院長意見屬少數派時，多數派中最資深的大法官執筆草擬判決書。院長意見如屬多數派，他有權指定一人執筆，遇有重要的案件，他亦自己執筆。

院長的投票權雖與其他大法官同，但他的行政權則高於其他大法官。他任命最高法院的職員，他召集並主持會議。在國家的榮譽地位，他僅次於總統，而高於衆院議長及參院臨時議長。一位優秀的院長，經常能得到同僚的尊敬。著名的院長常常是美國的歷史人物。馬歇爾名垂不朽，不因爲他是亞當斯總統的國務卿，而因爲他是傑出的院長。林肯總統時代，但尼院長 Roger B. Taney（1836—1864）爲衞護人權而所作奮鬪，也是美國人喜歡提到的史績。大法官之中，也有不少著名人物，霍爾姆斯白蘭第 Louis D. Brandeis（1916—1939），皆曾以其進步的思想轉變憲法的意義。

Ⅲ、最高法院與憲法解釋　上文曾一再强調憲法解釋對憲法成長負有極重要的使命。這個制度，實導源於美國，而到現在爲止，運用純熟而且能發生極佳效果者，很少國家能與之齊步。憲法的意義，原所以保持制度上的傳統，故其流弊，可能因之而阻止進步。憲法的正當解釋，使憲法中的傳統隨時代而生長，由是憲法雖未領導進步，却亦沒有阻止進步。但正當解釋不是頂容易的事情。多數法學者，很容易如馬歇爾院長所說的，抱了一部字典來解釋憲法，由是使憲法精神僵化，憲法再亦不能適應時代，以至憲法時刻需要修正。但過分的想當然爾，憲法的涵義是活動了，而憲法亦再不能有保持傳統的作用。美國的憲法解釋，常能得乎其中，因之常能發生最佳效果，美國人之富有政治藝術，這種地方是他們的重要表現。

美國憲法雖欲建立三權分立的原則，但於司法權的功能，實未嘗作明確的規定，祇是簡單的說「司法權屬最高法院及國會隨時制訂並設立低級法院」。司法權指什麼？最高法院如何來運用這個司法權，完全留待將來的國會制訂法及法院的判例爲之說明。

司法權通常均包涵解釋憲法的作用。但所謂解釋，多數僅限於條文有疑義時始予運用。美國於一八〇三年馬歇爾院長的判例中，因憲法的解釋而進一步宣判違憲的法律案無效，這才建立了解釋權的新意義，由是美國遂以司法審評制 Judicial Review 聞名於世界。從此以後，最高法院經常依據憲法而審查和評論國會所通過的法律，究竟它們曾否背離憲法的精神？如果發現法律與憲法的精神不符，它們說這種法律是無效的。十九世紀初期，英國正盛行議會主權的學說，而模倣英制者也多數宗奉這個學說。它們都覺得馬歇爾所採手段十分新奇，而且也過於大膽，司法權是不能有這樣作用的。

美國名憲法學者如柯文 Corvin 及皮爾德 Charles A. Beard 等都說制憲者當時本有這個意思，他們並引聯邦通訊七十八號漢彌爾登的論文以爲證實。我人無意替司法審評制作考據的工作，我人祇想說明此一制度所產生的實際結果。

在司法審評制初創的時代，祇覺得最高法院有衞護憲法之責，使國會的立法不至任意去破壞憲法的精神。這在美國，多數人覺得是很爲需要的。美國的聯邦權皆爲授與權，國會如超越其權限，未免要侵入州權的界限。且憲法又曾明白禁止國會運用某些權力，如無司法權爲之監護，這一種禁止就沒有任何意義了。美國因有這種種特殊的國情，司法審評制很容易得到州及人民的同情與支持。不過自馬歇爾創立先例以來，最高法院宣判了近八十件聯邦法無效，而州法律被宣判無效的數量，遠超過這個數目。所以霍爾姆斯大法官說過：最高法院如無宣判國會制訂法無效之權，美國聯邦仍能保存；如無宣判州法無效之權，美國聯邦就很有破裂的可能了。可見監護憲法精神的結果，所以保障聯邦權者較多，所以保障州權者較少。

最高法院在作司法審評的時候，許多時候也在創造新的憲法原則。這是司法解釋權容易產生的結果。在英國，法官有接受制訂法的義務，但因有解釋法律之權，已有法官造法的現象。美國最高法院的憲法解釋權，遠較英國法院爲大，所以造法甚至造憲的機會，自然亦較英國爲多。我人於討論美國憲法的一章中，曾提到聯邦權的得以擴大，最高法院所創立的「應爲包涵的權力」 Implied powers 的原則貢獻最大，大法官胡奇士 Charles E. Hughes 也說：法院使憲法精神與國家成長的情形相配合，遠較其宣判違憲法無效的權力爲重要。

上述幾種作用，諸如宣判違憲的聯邦法無效；宣判違憲的州法律無效；以及活動的解釋憲法使之能配合國家發展的環境；都是司法審評制可以發生的作用。它們之間，究竟那一種最爲重要，見仁見智，自然各人可以有不同的見解。最高法院因有這樣重要的作用，所以最高法院在三權中地位並不最弱。而有的人甚至認爲美國的憲法祇是大法官心目中所承認的東西而已。

不過實在的說，最高法院解釋憲法常常依據客觀的立場。十九世紀前期，大法官們常找尋制憲者的意思去解釋憲法。因之，聯邦通訊 The Federalist 等類著名文獻常被引用。這個方法，很容易取信於人，因爲這不是大法官們主觀的偏見，而是制憲者筆下的記載。但這個方法不易使憲法隨時代而進步。尤其有關聯邦權的解釋，著憲者根本沒有想像到近代所發生的事情。例如空中可以有飛機，在以前是不可思議的，那末他們所說軍事權是否應該包括空軍的統率權在內？在這種地方，如必以制憲者的意見爲意見，憲法的解釋就異常困難了。由是大法官們又採取了合理的原則來解釋憲法，這是他們擴大憲法精神最重要的武器。州際貿易管理應包涵州際交通的管理在內，就是在合理的原則之下，演繹出來的結論。平情而論，在有火車與輪船等交通工具之後，不得管理交通而欲管理州際貿易是不可能的。尤其管理州際貿易之目的原在防止各州商業上的互相排斥，那交通如在管理的範圍之外，各州運輸價格的上下即可形成互相的歧視與互相的排斥。以是州際交通的管理雖不在憲法的文字規定之內，但合理的說，必須包括於州際貿易管理權之中。從採取合理的原則以後，憲法的解釋活動得多了。二十世紀以來，大法官們於若干困難的案件中又常創造其他新的特殊原則，這上文在討論美國憲法時已有提及。憲法保障言論自由及集合自由等權利，而戰時以及東西冷戰時事實上又必予以若干限制。限制言論自由的許多法律，人民如感覺其違憲而發生爭訟時，最高法院究竟應該採取什麼態度？憲法所說的「不經正當法律手續」的含義究竟如何？在解釋這類問題的時候，霍爾姆斯認爲有「立刻而明顯的危險」而予以限制時無背於憲法的精神，文森院長則說有「可能的危險」時卽可予以限制。

IV、最高法院的自律原則 最高法院在美人的心目中，地位固極崇高，惟其所任職司爲監護憲法及解釋憲法，對總統及國會常增加他與它們行動的困難，所以很容易形成不愉快的局面。羅斯福總統的新政，若干政策所依據的法律案被判違憲，使羅斯福甚至要求修改最高法院的組織法。杜魯門總統接管鋼鐵工廠的命令，最高法院因其未經國會授權而宣告無效。在那個案件中，最高法院固認爲接管是部長的行動，它宣判命令無效並沒有損害到總統的尊嚴，但事實當然打擊了總統的決策。又如林肯總統時代，但尼院長因總統停止人身出庭狀而憤然提備忘錄，要求總統不忘就職時忠於美國憲法的誓言。這一類的例子很多，眞是不能盡書。最高法院的任務旣如此艱鉅，大法官們週旋於國會與總統之間，殊亦不易。他們不能任情表示其批評的態度，更不能置身於四戰之境。馬歇爾一八〇三年的判例，亦許可以再度引用，以說明院長與大法官們必須具有的機智。一八〇三年的案件，乃亞當斯落選以後，於其未卸任時要求國會通過法律，設置哥倫比亞區和平法官，以安置他的黨人。馬白蘭 Marbury 爲新任命的一位和平法官，任命令已由總統簽署，但在國務卿馬歇爾的公文櫃中尙未發出就趕辦移交了。新任總統哲斐遜命令其國務卿麥廸遜扣發該任命令，所以成爲訟案。馬歇爾爲著名的聯邦派，如於該案件中發出令狀 Mandamus，要求麥廸遜送出任命令，一定會形成僵局。由是他避輕就重，不問馬白蘭的任命令的效力問題，轉而硏究一八〇一年司法組織法的效力問題。他說該法第十三節違憲，因而無效，最高法院自然不能依違憲的法律而發出令狀。他推翻亞當斯總統時代的法律，却正面確定最高法院有審評國會所通過的法律之權，既避免與新總統之間的衝突，同時又加强了此後對國會立法的控制，眞可謂匠心獨運。

馬歇爾的先例，告訴最高法院須在避免與總統及國會衝突的條件下建立司法權的威信。自此以後，最高法院乃演繹出若干自律的原則，使司法審評制減少了許多發展的障碍。

美國聯邦法院怎樣自律呢？

其一、必須有實際的案件法院始予受理　上文已經說過，聯邦法院於解決本身職務上的困難始能運用司法審評權。故法院並不主動的批判國會所通過的法律。就是政府機關要求聯邦法院對某一法案表示意見，聯邦法院亦以它非法律顧問的理由予以拒絕。此一立場的遵守，不僅使法院確保中立，並可使法院不致爲國會或總統所忌刻。蓋聯邦法院宣判國會制訂法違憲因而無效，其權力雖極崇高，但法院並不採主動立場，必當事人深信他的權利受到破壞，而且深信破壞他權利的法律條文是違背憲法原意的。故實際訴訟案件之發生，一定若干人民已懷疑法文的效力於前，甚至在輿論界也已引起重要的爭辯了。法院因此案件而表示其意見之時，自然不能說是以司法權去干涉立法權。

其二、聯邦法院不對政治案件表示意見　聯邦最高法院常常說，它是司法機關，對政治性的問題不得表示意見。因爲對政治性問題作決定，那是總統與國會的權力。聯邦法院的這種態度，使它避免了許多困難。同時，它更因之而表現了超然的立場。它祇對職務內的法理感覺興趣，並不想侵越其他機關的權力。

但何謂政治性的問題？那是無法有確定的解釋的。從以往的判例來作歸納，下述諸項爲政治性問題

：外交權範圍如何？州有些什麼主權？戰爭及叛亂已否結束？何謂共和政府？可是亦有些時候，聯邦法院對總統是否有完全的免職權以及總統不經州的請求能否派遣軍隊敉平州內暴動等問題表示它對憲法的解釋。

其三、判例對法院有約束力 Stare Decisis 法院如不能尊重以往的判例，將使人有不知所適從之感，而司法審評制亦不能繼續下去了。因之，法院確認判例有約束力的原則，使法院對憲法有其一貫的觀點。不過話亦得說回來，法院有時亦會改變態度。例如對限制工作時間的法律，法院曾有過不同的判決。美國最高法院的判決書，主文之外，並附少數派的意見。所謂少數派的意見，就是九位大法官之中四位以下法官的觀點，與多數派抱不同的主張者。這種少數派的觀點，過了若干時期，可能變爲多數派的意見。所以研究美國判例的人，對少數派的意見異常重視，常有引用他們的文字來替當前的案件辯護。尤其近年以來，最高法院的立場常變，因之有人譏笑最高法院的判決書有如當日有效的車票，過了些時候就一無價值。這是由近年法律思想轉變而引起的。同時，也因爲美國面臨世界劇變，司法界也不能不隨之適應。這說明憲法與政治事實上是不能分割的。

其四、尊重國會有謀國的忠誠 法院對國會立法不能抱吹毛求疵的態度，而必須出之以適當的尊敬。這是福祿辛漢案件 Frortingham V. Mellon （1923）最高法院所表明的立場。國會立法事實上也是相當鄭重的，草擬法條時亦充分考慮憲法對立法權所加上的限制。故法院對審評法律時，必先承認法律的效力，祇在發現有明顯的牴牾時始予懷疑。法院抱這樣的立場，而後它始能鄭重將事，而後它的判決始不會引起國會的反感。

其五、法院自律的其他原則　聯邦法院除遵守上述三大原則外，尙恪守其他許多限制。法院對法文違憲的部分，雖宣告無效，但其他部分，如其違憲條款可以分離，它仍維持其效力。換言之，法院原則上主張縮小審評的範圍，而並不想擴大它的權力。其次，法院對行政機關的行政裁定，雅不欲推翻其處分。美國雖無行政法院，但行政爭訟一樣是常常發生的，而行政爭訟是由機關來裁定的。例如州際貿易委員會等半立法半司法性的機關，對運輸價格等等常作裁定。法院因這許多裁定都屬專家的工作，與法理毫無關係，所以它也不願置議。

上述的幾個自律原則，對美國司法審評制的卓著成效是深有關係的，尤其一二兩項原則，更爲重要。蓋司法審評而離開實際的案件，則聯邦法院可能成爲政府的法律顧問委員會了；而聯邦最高法院若對政治問題發生興趣，它又將牽入政治漩渦之中，那聯邦法院不免要爲反對者所攻擊，從而它的聲譽也將爲之受損。

V、美國司法審評權所引起的爭論

自一八〇三年以至今日，整整過了一個半世紀。在此一百五十年中，司法審評制固曾得到許多贊許，說它是憲法精神的護衞者，說它防止了國會與總統的濫用權力，甚至有人說它是美國民主政治最重要的基石。但在這樣漫長的時期中，司法審評制亦曾形成若干不愉快的事件，使人懷疑聯邦法院究竟是否應該有這樣大的權力？

在所謂不愉快的事件中，所得稅法案，限制童工法案，以及農業復興法案的被宣判爲違憲是最有名的。所得稅法案因其未依各州人口比例分攤而違憲；限制童工法案因其非聯邦權及有背合法手續 Due

Process 而違憲；而農業復興法案則以支出未以全國福利爲目標而違憲。從法院來說，它都是言之成理持之有故的。但從輿論界來說，這幾個法案都是順應時代而且爲今日社會所急迫需要者。因之，法院從法理而所得的觀點與社會因公道或需要而所得的觀點之間有相當大的距離。在這種時候，人們自然會問：法院如何可以違反社會的要求？國會是民意代表機關，法院能否審評國會的制訂法？聯邦最高法院大法官會議採多數表決制，大法官共九人，五人意見相同，卽可決定一切，而與他們持不同見解者，尙有四人，一人之差，是否能決定這樣重要的問題？凡此種種責難，是美國輿論界中常常可以聽到的評論。

㈠司法審評的性質　司法審評雖係根據憲法精神以評判制訂法是否與此精神相牴觸，似乎純爲解釋的工作，應由法院運用是沒有問題的。惟實際運用審評權時，難免發生法官造法的現象，使人驚奇法官何以竟能代國會立法？舉例來說，馬歇爾院長著名判例所確定的原則，已屬造法性質，不能謂爲單純的解釋工作。又如以後法院經常採用所謂「包涵權力」Implied Powers 的原則，那個原則認爲憲法所列舉的聯邦權力，其範圍應較文字所指陳者爲廣。無論是軍事權或外交權或舉債權或其他聯邦權。總以使該權力能有效運用爲度。故所謂州際貿易管理權，可能包括運河及運河兩岸的森林管理權在內（法院確實曾這樣廣泛的解釋州際貿易權），因爲祇有這樣，州際貿易才能有效管理。這個著名的原則曾使近代聯邦權得以大量擴張。而法院於宣佈此一原則時，的確可以說在造法，而並不是單純的在解釋憲法。

故美國所謂司法審評，竟使法院參與了立法的工作。大法官都是總統任命的，並非民意的代表。如何可以代國會立法？也因爲這個關係，許多人主張大法官民選。這樣，他們才可以順理成章的運用司法審評權。

不過法官們認爲他們並沒有造法。上述的幾個著名原則，對美國政治雖有深遠的影響，但究竟祇是法官們對憲法條文表示意見而已，並不眞是有意造法。在美國的政治經驗中，法官民選並不是好的制度。因爲民選的法官有固定的任期，而且選舉時必須參與競選，無法維持法官的獨立地位，所以卽使法官有造法之嫌，法官還是不應該民選的。

㈡**法官有守舊的傾向**　法官因學養關係，使其易於有守舊的習性。法律教育須有要較長的學習階段，故習法者多數爲世家子弟，對進步的政治思想是格格不合的。更重要的一點，法學的知識，多數有賴於記憶，理解的工夫往往下得不深。法官的職業，使他與社會易於隔絕，故於社會進步的趨勢，往往不很了然，凡此種種，都是美國輿論指摘司法審評制的原因。蓋法官旣習於守舊，而他們又掌握解釋憲法的大權，豈不憲法的精神，將來愈不合於時代的潮流？

當所得稅法案爲聯邦最高法院宣判違憲時，這類的批評響澈雲霄。不過就事實而論，美國大法官中不乏進步人士。像霍爾姆士那樣，簡直可以說是思想界的領導者。法官所以宣判所得稅法案及禁止童工法案違憲，上文已經說過，實在是言之成理持之有故的。而且法官並不是反對這類的法律，祇是憲法未修正前，他們認爲這類法律違憲而已。法官如亦人云亦云，惟以迎合輿論爲事，那也無需他們來解釋憲法了。大家所以重視司法界，正因爲他們守正不阿，可以希望他們爲社會的中流砥柱。

㈢**多數決的問題**　有的人因聯邦法院以五對四的多數決定一切重要案件而深感不滿。司法審評的作用旣這樣重大，有時且等於造法，則聯邦法院的裁決方式應有所變更。有人建議聯邦法院必須三分二的絕對多數始能宣判法案無效。亦有人主張經聯邦法院宣判爲無效的法案，如重獲通過，聯邦法院卽不能再予評斷。可是這許多建議，迄未爲國會所採納。

㈣新政與司法審評　在羅斯福厲行新政時代，因若干重要法案爲聯邦最高法院宣判違憲而引起輿論的激動，其中最著名的是農業復興法案的被判違憲。所謂農業復興法案，乃是減少農產過剩以維持農產價格的方案。羅斯福政府要求農民於農場內採取土地更番休息的制度，凡農民之接受這個原則者，政府補貼因土地休息而所受的減產損失。這個法案，許多人認爲侵越州權，而聯邦法院則認爲因此種補貼而所需的支出，不能謂爲一般福利的用途，殊違背憲法中所規定的財政目的。聯邦法院這一個裁定，使羅斯福的新政大受打擊，所以羅斯福總統主張增加大法官人數及規定大法官强迫退休的年齡，使總統較易控制大法官的人選。

羅斯福總統的建議沒有爲國會所接受。蓋聯邦最高法院的裁判固不一定都是合理的，但因此而加强總統的任命權，勢將使最高法院成爲總統的配備單位，那司法獨立的精神必因之而動搖，其對司法的損害實在太利害了。

綜觀上述所說的各種事實，可見美國人雖承認司法審評制有其問題，但對司法獨立的精神是感覺滿意的。在司法嚴守中立的原則之下，司法審評的貢獻，必遠勝於因它而引起的禍害。

本章參考書：

Corwin: The Twilight of The Supreme Court, Yale Univ. Press, 1934
R. Pound: Organization of Courts, 1940
C. G. Haine: The American Doctrine of Judicial Supremacy, 1932
Ferguson and McHenry: The American System of Government, Ch. 16, McGraw-Hill Co. 1950

第十五章 瑞士委員制

瑞士風景清麗，有世界公園之稱。同時，它亦以典型的委員制聞名於世。它的人口，僅四百餘萬，而包涵德法意三種不同語言系統的民族。它的領土，約等於荷蘭及丹麥之和。四境多山，僅三分一的土地爲可耕地。地下礦藏極爲缺乏，除有豐富的水力，幾乎沒有任何其他值得重視的工業資源。這樣缺少天助的國家，而竟政治清明，民生康樂。據一九六三年的民意調查，它是英、美、德、法等七國中人民最能滿意他們經濟狀況的一個國家。無怪它的制度要爲政治學者所贊賞，譽爲民主政治中三大類型之一，堪與內閣制及總統制鼎足而立。

I、瑞士憲政簡史 瑞士聯邦起源於一二九一年三個山地森林郡的聯合，那是爲反抗奧國大公的專制統治而發生的。

㈠邦聯時代 瑞士人以無組織的莊稼漢獵戶等細民，憑其守望相助和愛好自由的精神，居然驅逐了奧國大公的軍隊。由是鄰近的郡，也紛紛加盟。加盟的郡又以武力兼併屬地，瑞士的疆域乃漸開拓。一四九九年對奧的斯華坪戰爭，瑞士又獲全勝，使它名義上雖仍在神聖羅馬帝國的宗主權之下，但事實上已是獨立的國家。一六四八年的衞斯特法利亞會議，它的獨立乃獲得國際的承認。此後它一直採邦聯的組織形式，至法國革命後而復有重要的變更。

在邦聯時代，加盟各郡有絕對的自主權，由此建立了瑞士重視地方自治的傳統。各郡政制互異。森林區的郡採農民民主政體，以全郡的人民大會主持政務。其餘如盤恩郡爲貴族民主，柔立克郡爲嚴格的寡頭政體。邦聯管理少數共同事務，如外交及郡際糾紛的仲裁與調解等，那是由不定期的邦聯會議Diet來討論與決定的。邦聯會議每郡代表二人，郡的屬地一人，遇有需要時由領袖郡召集之。領袖郡通常爲柔立克郡，但亦有一個時期採輪值制。在會議中領袖郡並無特殊地位，與其後德意志邦聯之由普魯士獨裁者不同。

法國大革命時期，瑞士爲法軍所侵，原先的政治傳統大受破壞。尤其貴族的勢力及寡頭的政制，一掃而去。法人喜歡整齊劃一的制度，它爲瑞士重劃郡的疆界，每郡採用相同的代議制度，並大大的充實中央政府的權力。更有意思的，法人爲其開拓西南部的疆域，合併了若干法語及意語的鄰近區域。這種在外人壓力之下所進行的改革，雖爲瑞士人所不喜，但對他們却又發生深刻無比的影響。從此以後，瑞士人知道了統一的利益。拿破崙失敗之後，瑞士重獲自由，它的多數政治家不希望恢復舊日的邦聯制，而主張模仿美國式的聯邦。

㈡**聯邦制度**　多數政治家所渴欲完成的聯邦主義，曾爲南部意語區的天主教郡所反對。它們組織新邦聯，意圖反抗。一八四八年，這種分離運動爲聯邦派所敉平，瑞士乃從事於制憲的工作。這部憲法，經一八七四年的重要修正以及其他多次部分修正，奠定了世人所稱譽的委員制的典型。

一八四八年瑞士憲法所採者爲聯邦制，與以往邦聯制的精神大爲不同。聯邦有中央政府，而且有憲法授與的聯邦權。除原先邦聯時代的外交權及郡際糾紛的仲裁權之外，又增加了幣制、交通、商業、度量衡、歸化、高等教育、自然資源的保護，以及聯邦財政等等的立法權。一八七四年的憲法修正案，聯邦又增加了專利法、水力開發、民刑法、酒類公賣、海空運輸、銀行、社會福利計劃、家庭保護、工業管理、農業、軍事工業、公共衞生、穀物市場管理等權力。較諸美國聯邦的權力，似更廣大。瑞士也採餘權在各分子的原則，卽憲法所沒有明文授與聯邦的權力，皆爲各郡所有，各郡得自制法律。

聯邦法院有解釋憲法之權。各郡的法律及命令，經聯邦法院宣判爲違憲或牴觸聯邦法律者，皆屬無效。但聯邦法院無美國式的司法審評權，這就是說，聯邦法院不能宣判聯邦國會所通過的法律爲無效。以是聯邦權很容易在聯邦立法中獲得擴充，而郡的權力則絕無侵越聯邦權的可能。因之，郡的地位似乎缺少可靠的保障。第一次大戰以來，瑞士雖嚴守中立，而軍事的設備必不可少。爲建軍及儲備軍需，寬籌財源乃其要着。爲平定物價及增加動員的效力，各種管制的政策相隨而來，由是聯邦權更爲膨脹，中央集權的趨勢亦愈爲顯著。

話雖如此，公法學者仍稱瑞士爲標準的聯邦制，與德國及蘇聯之僅具形式者究竟不同。瑞士各郡，多數有極爲强固的自治傳統，且此傳統又深植其基礎於市鄉政治之中，可謂根深蒂固，聯邦自不能輕易違背這種傳統。而且各郡於聯邦國會中並非無發言權，每郡有兩位代表參與聯邦院，所有的立法，不獲聯邦院通過不能成立。如是，損害各郡利益的法律是不容易通過的。憲法修正案及創制案的批准，過半數郡議會的通過爲不可少的條件。不得多數郡的允許，以修改憲法的方式來擴充聯邦院也是不可能的。郡在修正憲法的程序中有這樣重要的作用，聯邦自不能輕易改變郡的地位。

㈢自由與民主　瑞士人不肯屈服於强暴的武力，同時，他們的抵抗又多數出於自動自發。因之，瑞士於其歷史中培養了深厚的自由傳統，這是很少民族可以與之比擬的優良素質。它於十九世紀制訂憲法之際，自然會把這種精神形諸筆墨，列爲保障自由與權利的許多條款。它全國皆兵，但又禁止建立常備軍；它要求國民教育的普及；它堅持婚姻必須經過政府機關的公證；它禁止教會侵入學校及執行教會法。這都是十九世紀憲法中少見的保障宗教自由與維持和平主義的具體條文。它亦與一般自由憲法一樣，保障言論、出版、結社、請願等等的自由。

在經濟方面，它尊重經濟活動不受政府干涉的原則。它規定契約的自由與企業的自由。它亦維護私有財產的權利。不過經濟方面的自由與權利，瑞士亦與其他國家一樣，二十世紀中已有很大的變化。戰爭與社會主義，使瑞士在管制與公營的兩種政策之下改變了原先的方向。

瑞士地方的民主政治也有很多可以稱道的地方。後文將比較詳細的說明它地方自治的情形，此間不贅。地方自治是瑞士的歷史傳統，雖未規定於它的憲法之中，但它是民主政治最重要的基石。不了解它的地方自治，對瑞士的民主政治不會有深刻的認識的。從它其他方面的制度而言，瑞士亦許可以說是極爲保守的。它的選舉權，僅普及於年滿二十歲以上的男子，婦女迄今未得參政；它的議會至上的原則與合議制的行政組織，爲共產集團國家仿行後竟可成爲一套民主獨裁的工具。可見瑞士充沛的民主精神，並不得力於它的委員制，而實受地方自治之賜。

瑞士與衆不同的民主制度，當推它運用得極爲熟練的創制與複決的兩種直接民權，這也將於另一節中敍述。此間可以一提者，此種制度所以在瑞士獲得成功，與瑞士人强烈的公民觀念有關。他們把公共事務看得與私人事務一樣重要，每人都能竭盡智能地去了解與關切國家的各種問題，這所以他們有資格運用直接民權。而這一種强烈的公民觀念，又是它優良的地方自治培養出來的。

㈣**政黨政治**　瑞士與其他歐洲大陸的國家同，有許多小的政黨，縱橫於政治之中。十九世紀中葉，自由黨與激進黨力量最爲雄厚。這兩黨的聯合，使聯邦成立之初獲得穩健的發展。與之反對者爲天主教保守黨，維護分子權而有分離獨立的傾向。一八四八年獨立運動失敗後，它一直處於在野黨的地位。其後自由黨中落，在國會中的議席銳減，社會民主黨、農民黨、共產黨、民主黨等繼之而起。激進黨乃與天主教保守黨合作，最後還得與社會民主黨聯合，始可掌握國會。瑞士的執行委員會，一向採混合方式，從來沒有一黨所組成的政府。但它既沒有因多黨而發生內部的傾軋，也沒有因國會的壓迫而總辭職。所以瑞士雖有多黨，却沒有發生多黨的弊害。這原因究竟何在？

瑞士的各黨，自然也都有它各不相同的政治主張形成，而其領袖，自然也有爭奪政治地位的野心。而各黨之中，最大的激進黨在民族院中不過佔五十席左右，天主教保守黨及社會民主黨不過四十餘席，均無單獨組成政府的可能。瑞士國會於選任執行委員時，重視候選人的經歷及其過去的服務成績，黨籍尚在其次。自由黨勢力很早已經衰落，可是早年的自由黨籍執行委員，因其成績卓著，依舊得以連任。這種情形，在其他國家是少見的現象。聯邦國會所以能這樣注重實際，可能與瑞士的民性有關。在瑞士人的投票行爲中，表示他們不好高騖遠，所有理想主義的創制案，均爲選民所拒絕。由是瑞士的政黨與其領袖，也都有篤實的精神，不斤斤於主義的立場。他們多數有與異黨合作的經驗，知道容讓與妥協爲共謀國是的惟一途徑。同時，瑞士小國寡民，其政治較爲簡單，政治家亦無用於縱橫家的手段，凡此種種，均使瑞士的政黨，有異於歐洲大國的政黨。

Ⅱ、地方政府　瑞士憲法的運用，實以地方政治爲其基礎。諸凡直接民權的使用，民主政治家的訓練，以至公民道德的培育，莫不於地方政治中樹立良好的風氣。故欲了解瑞士憲法的精神者，當以它的地方政治爲起點。

㈠**鄉鎮**Commune "Commune" 本應譯爲市，爲郡 Canton 的基層地方單位。惟多數 Commune，居民僅數百人，較諸我國鄉鎮尚覺不如。爲便於比較起見，乃譯爲鄉鎮。

玆以鹿上丹谷Lotschenlal Valley的白蘭頓鄉 Blatten 爲例，說明他鄉政治進行的概況。鹿上丹谷爲瑞士風景區之一，海拔五千公尺。該谷分四鄉，白蘭頓爲四鄉之一。白蘭頓鄉雖有少數人業嚮導及旅館業，但多數人從事畜牧及農作，生活非常艱苦。那裏的婦女還須紡紗織布以供應一家的服裝。男子農作的收穫，亦僅足以餬口。其他家用，就有賴牛乳等等的收入了。但那裏充滿了和穆氣象，未嘗因生活艱苦而奔競走逐，眞如世外桃源。

該鄉居民僅三百四十人，二十歲以上的男子不過一百十人。此一百餘位男子組成鄉民大會。鄉中經費在一千法郎以上的公共事業，均須取決於鄉民大會。鄉民大會於星期日上午十一時禮拜後舉行，由執行委員遇有需要而召集之。一般的情形，一年總要舉行二十次鄉民大會。大會選舉執行委員五人，其中一人爲鄉長，另一人爲副鄉長，均係無給職。執行委員會之外，分設若干行政委員會，分別進行鄉的行政工作。其一爲財務委員會，負責財產估價及決定地方稅律。其二爲教育委員會，照料男女學校。白蘭頓鄉的學校制度極爲特殊。那裏男女學童大約均有二十五人，分別在兩所學校接受教育。兒童自七歲至十五歲受強迫教育八年。惟每年僅冬季六個月入學，夏季六個月則休息。蓋該地夏季爲農作時期，冬季不能操作，故兒童皆利用農閒接受敎育。十五歲之後，男孩尚須接受補充敎育四年，每年一百二十小時。

補充教育實際上是公民教育，包括法律及歷史諸課程。這許多教育工作，由男女教師各一人擔任之。教師年薪各三千法郎，鄉負擔三分之一，郡補貼三分之二。郡又派視學一人，主持每年的考試。這種教育制度，當然不適用於工業區域，而對酷寒的白蘭頓鄉則最爲合宜。瑞士地方自治之眞能做到因地制宜，於此可見一斑。其三爲消防委員會。消防委員視察各家庭建築情形，每年兩次，向鄉民大會提出報告。消防員由每一位鄉民充任，惟練習及從事救火工作時，每小時得津貼五毛 Centium 。其四爲司法委員會。鄉中不設警察，司法委員得拘禁現行犯，解送郡警察局處理。這種工作事實上是很少的。其五爲公共事業委員會。白蘭頓的公共事業不能算少。公路，電力設備，給水供應等等皆屬之。居民旣皆貧苦，公路的建築費，多數要由郡補貼。電力則自築水壩發電。其六爲救濟委員會，主持孤兒的救濟。其七爲衞生委員會。鄉民均參加保健會，年納會金三法郎，由該項經費請一專業醫師，負責疾病的醫療。所有委員會的委員，均爲無給職，惟全日服務時亦得五毛錢一小時的津貼。全鄉行政費用，每年僅一百六十法郎，而爲民服務的事項又如是之多，可以說是任何國家看不到的現象。

多數鄉民除須參與上述各種活動之外，他們還得參加牧地合作及森林會議。附近山地的森林與牧場，均爲鄉民的公有物（少數外來居民，因祖上沒有山地所有權，他們不享有此公有物）。參與森林會議者始能採伐木材以爲燃料；參與牧地合作者始能放牧牛羊。森林及牧場的公有，對瑞士農村大有裨益，而參與此種合作活動的人，每人得義務勞動，爲森林去除蔓草掃除落葉以及採伐，爲草地開濬溝渠。每種合作活動，大致每年須義務勞動二日。至於對森林及牧場可享的權利，則由會議決定。

在上述各種鄉政治的活動中，每人所化時間很多，而對公益事務有興趣而在地方政治中露頭角者，所耗時間自然更多。瑞士若離開農村經濟，此種民主的地方政治恐將變質，因爲多數人沒有這樣多的閒暇了。而白蘭頓人因能參加各種公共活動，故能培養出良好的公民習慣及政治道德。他們多數知道如何選擇他們的領導者。白蘭頓鄉鄉長即那裏的學校老師，他畢業於本鄉學校後，赴郡立師範深造，以後即回鄉任教。他因祇有冬季上課，夏季還在農田操作，與其他農夫一樣。三十餘歲當選爲鄉長。其餘的委員們大體相同，多數要三十以上且任事有認眞表現者始能當選。而擔任公職滿兩任後，多數委員即退讓後賢。他們自然依舊出席鄉民大會，在大會中成爲有經驗的會員。鄉民的選舉，的確做到選賢與能。說實在話，公職既皆無給，且亦不能因公職而有什麼權勢，所以被舉者必然是熱心公益的人。任事皆爲服務性質，故大家亦不能要他們長久犧牲，新陳代謝的速度很快。

瑞士的鄉級單位，也有人口衆多的大市。例如柔立克 Zurich 的省會柔立克市，人口即達三十二萬，爲瑞士最大的工商業城市。那裏沒有市民大會，而祇能以比例代表制選出一百二十三位議員組織市議會。市行政由九位執行委員負責，每一委員主管一局。執行委員也是由市民直接選舉的，執行委員之一爲市長，主持執行委員會會議，但並無特殊權力。執行委員會決定市預算及市政綱領，提出於市議會討論。柔立克政黨很多，有八九個之多。市議會及市執行委員會，黨籍的分配至爲複雜。所幸瑞士人極重實際，遇事純從業務的觀點出發，很少以黨見爲重，以是很少因政黨之間的惡感而使市政陷於停頓。執行委員出席市議會討論，但不能參與表決。執行委員的意見，多數爲市議會所尊重，但也有他們的建議爲市議會所打消者。柔立克市民行使複決權，以補救他們不能有市民大會的缺憾。

上述種種，不能看出柔立克的政制有什麼特殊的優點。該市優異的治績，大部分應歸功於市民愛鄉土的觀念以及有良好的公共精神。該市投票率很高，而每次投票的結果，均表示市民熟悉市政內幕以及能認識誰爲負責的政治家。該市舉辦的公共事業，有煤氣，電力，電車及飲水供應，每年純益達六十萬鎊，足見經營的方式極爲得宜。市與鄉鎮，也有它的公有地，柔立克有五千英畝市區地，另有三千英畝臨近的森林地。這種公有地的收入，對市財政是大有幫助的。市支出中，奬勵文藝的經費很多。它以二萬五千鎊維持一歌劇院，以一萬五千鎊奬勵音樂及繪畫。一個市政府而能把相當大的經費用之於文化活動，執行委員們的識見及素質可以想見。而這些人都是善良的市民所賞識的人才。在複決投票中，市民也表示他們對市政認識之深。他們的抉擇，經常是正確而可喜的。西門氏 E. D. Simon 於研究瑞士政治之後，深感瑞士最高明的地方，莫過於它的人民的確有政治的興趣。他們很少爲政黨的傀儡，多數能有自己的判斷。

總之，在大城市的政治中，市民雖不能如鄉鎮民之實際參與決策，但他們也沒有太阿倒持，把控制市政的大權輕易讓給代表或政黨。他們不是在爭噪中指責市政，而是在對市政的愛護以及對市政的了解中使議員及政黨不敢爲非。瑞士人這一種優良的質地實在是值得羡慕的。當然，這種優良素質都是歷史傳統的遺產，而不是法律制裁所產生的效果。

㈡郡及郡政府　瑞士聯邦的分子單位爲郡。最小的尼特華爾頓 Nidwalden 半郡僅一萬五千人，而最大的柏恩郡 Bern 却有七十萬人，可見各郡大小不一，最小的還不如我國的大鄉鎮。郡是瑞士的自治單位，多數瑞士人堅持郡是他們民主的基礎。不過實際的說，瑞士雖沒有走向中央集權，但在近代社會經濟事業的發展中，聯邦無法推却它對電力交通以及工業的管理責任。也因爲這個關係，郡的地位必然會相對的降低。

郡的政治組織，極不一律。而一個小郡與四個半郡，還保留着古老的郡民大會 Landes Gemeinde，以爲郡的最高權力機關。這在尼特華爾頓郡是可能的，一萬五千人之中，公民不過四千餘人，集合四五千人開露天大會，一定很熱鬧，但進行討論恐怕也有很多困難。所以多數的郡，已採郡議會制，由公民以比例代表制選各黨領袖爲他們的代表而組成之。郡議會中各黨雜處，沒有一黨能佔過半數議席，與聯邦國會情形同。因此之故，瑞士的選舉看不出公民對政黨主張的向背。瑞士公民似乎對政黨領袖個人的才幹較之政黨的政綱更有興趣。任事而有成績者總可繼續當選。這樣，黨在政治中的作用自然大爲減少，而議員們也就不常以黨的立場爲意。瑞士的從政黨員，常成爲黨的調節器，他們憑任事的經驗，勸告黨的決策者應以取得他黨的同情與合作爲務，而不能一意孤行，以至喪失黨在政治中的地位。穩健，善容讓，處理事務切實而認眞，這是瑞士成功政治家的典型，以這一種人從事議會活動，就像白賚士所說的，議會乃成爲事務機關。這是它的優點，也可以說是它的缺點。自它的優點而論，他沒有發生法國式多黨的流弊；自其缺點而言，它始終不會有高視濶步的政治家。

郡的執行機關爲執行委員會，執行委員的人數，各郡不一，最少者五人，最多十一人，通常由九位執行委員組成之。九人之中，有一位被推爲郡長。郡長與其他執行委員，皆主管一個局。郡的權力，管理與督導爲多，除此之外，卽係鄉鎭無力舉辦者，乃由郡主持之。以教育而言，鄉鎭及市沒有創設大學者，而大郡則有郡立大學。多數的郡，辦理職業學校及專科學校，訓練專業人才，這也是鄉鎭所無力辦理的。故郡與鄉鎭的職掌，很少有重複的情形。郡民行使創制及複決，而且這是郡加入聯邦的條件，沒有一個郡可以例外的。

從政治組織的觀點言，聯邦，郡，以及鄉鎮是大同小異的。它們都有直接民權，都有間接的代議機關（惟小鄉鎮為例外），都以執行委員會為行政機構，上下極為一致。自歷史及民族言，郡以往多數有獨立地位，而且多數有民族的統一性。故郡常有強烈的獨立意志，並亦因之而常引起小數民族問題。瑞士聯邦憲法特別注意宗教自由及民族平等等問題，不是沒有原因的。

郡的獨立意志曾發生若干不幸的後果。多數的郡皆欲誘致大企業家及大工廠，以為繁榮本郡之助。由是對工廠及企業的稅率，特別降低，與其他稅率不能相稱。而對大企業的優待，自然又會引起小企業的不平，財產估價的工作，多數由郡負責，聯邦稅亦依據郡估定的價值。這不僅使有產者佔極為優越的地位，而聯邦的財政收入亦大受影響。

最後應該提及各郡均有自己制定憲法的權力。當然，它的條文不得與聯邦憲法相牴觸，而且它的政府組織亦不得違背民主原則，除此以外，它就享有完全的自由。因之，郡的情形雖大體上與前述者大同小異，但每一郡皆有其特殊之處，不可能在本文中分別予以敘述。所可注意者，聯邦憲法保證各郡採民主政制，一若郡可能趨於專制獨裁，故須由聯邦為之監視者。其實各郡民主的精神，多數勝過聯邦。採郡民大會制度者，完全係直接民主的方式，故不消說。即是採代議制的多數郡，其創制複決權運用的範圍，亦較聯邦為廣。不僅郡憲法及其修正案，須經郡民複決，就是一般性的普通法律及財政立法，亦須經郡民複決。瑞士的民主是金字塔式的，其基礎很為廣濶，愈到下層，民主的程度愈深，這是瑞士憲政的特點。而它民主政治的不易動搖，當然是很有原因的。

Ⅲ、**聯邦**　瑞士是聯邦國，由二十五個郡聯合起來組成的。在這二十五個郡之中，十九個為全郡，六個為半郡。在複決投票時，祇合計為二十二票，因為六個半郡的票都是半票。可是除此之外，全郡與半郡的地位是相等的。

郡Canton的前身，有的是獨立的地方單位，亦有的為獨立單位的附庸。它們是為反抗外來的壓力而結合起來的。它們可以說沒有一點相同，民族不同，語言不同，政治的組織不同，政治的地位亦不同。惟一相同之點，就是它們有共同的爭取自由和獨立的願望。所以外敵入侵時則守望相助，外敵退出後又各不相謀，幾乎是一種防守同盟的狀態。其後拿破崙入侵而予以統一的組織，拿破崙的侵略雖旋告失敗，可是瑞士人因之而知道了統一組織的好處，很多人乃繼起主張成立聯邦。

所有的聯邦憲法都要規定聯邦與各分子如何劃分其治權，瑞士亦不例外。瑞士所採分權原則，聯邦權為列舉，分子則享有剩餘權，與美國的情形極為相似。是蓋聯邦成立之日，必有感於若干政事之必須集中處理，此若干政事，乃明顯而具體地規定於憲法之中。至於其他政事，則聽任其處於原有狀態，故規定餘權在分子，以安分子自治派之心。這種分權的方式，普通認為有利於分子，其實亦不盡然。第一，我們要看列舉的權是否詳盡。要是列舉的權過於詳盡，則所餘無幾，分子不能說還有什麼重要的自治權。第二，我們要看聯邦國會是否有任意的修憲權。聯邦國會如能任意修憲，則原始憲法雖對聯邦權嚴格限制，而其後陸續修改的結果，可能放寬。第三，我們要看聯邦司法機關是否有司法審評權。司法審評的作用，常可利用寬大的憲法解釋權來擴張聯邦權的。就此三點再對瑞士憲法的分權略作說明。

第一，瑞士憲法對聯邦權列舉的相當詳盡。軍事及外交，列為重要的聯邦權，這是聯邦所由形成的主要目的，自不能聽由分子各自爲政。惟各分子仍保留相當的外交權，它們相互之間可以訂定有關文化及經濟的協約，甚至與外國亦可締結此類協約，惟皆須得聯邦的核准始能生效。涉及政治與軍事的條約權，完全屬於聯邦，不容分割。這就是說，聯邦祇在政治及軍事方面獨佔了外交權。講到軍事，軍事行政多數又委託各郡行之。瑞士行全國皆兵制，每人要受軍事訓練，每人要服一定時間的兵役。瑞士雖愛好和平，但達兵役年齡後，國家卽授以槍枝及彈藥，且終生保藏之。在旁的國家，此一措施可能會發生很大的流弊，而守法的瑞士人却未聞因此而發生不幸事件者。兵役的時間，少壯時一年須入營數月，漸漸的減低至數年輪到幾個星期。兵役在瑞士是沒有人能避免的，瑞士人常因此而深感其公平。體格不合或因其他特殊理由而請准免役者，須繳納重稅。這類的稅收，一半歸郡，一半歸聯邦。這個辦法，不能做到全面徵兵的國家似可效法。聯邦另一重要的軍事權爲維持內部的秩序。郡際如果發生衝突，郡內如果發生變亂，皆須立刻通知聯邦當局，聯邦有敉平的責任及權力。

關於經濟及社會權，聯邦有發行權；管理金融權；管理銀行交通及運輸的權力；它也有對勞工問題及社會保險制訂法律之權。對森林，佃獵，以及酒精的製造及出售，亦有管理之權，它也有徵收關稅之權。凡此種種，雖不能說瑞士的聯邦權特別龐大，但亦不比其他國家的聯邦權爲小。

各郡享有最原始的權爲自制憲法之權，但聯邦憲法對此曾作若干限制。其一、郡必須採共和體制；其二、郡憲法的內容不得與聯邦憲法牴觸；其三、郡憲法必須可由郡民以創制方式修正。共和體制實在是含混而不易有正確解釋的名詞，美國聯邦憲法亦曾以此限制州憲法，但並沒有能發生任何積極與實際的作用。郡憲法不得與聯邦憲法牴觸，所有採聯邦制者都會採取這個原則許，因爲如允郡違憲，聯邦卽無存在餘地。郡憲法是否違背聯邦憲法，瑞士亦與美國同，由聯邦最高法院裁定之。

第二、瑞士的聯邦國會有相當的修正憲法之權。瑞士雖採直接民權制，但以後我們可以看到，聯邦國會依舊在修憲活動中佔最重要的地位。不過無論怎樣說，憲法修正案必須經複決通過然後生效。而覆決通過的條件，乃得投票公民過半數的贊同，以及過半數郡議會的贊可。換言之，多數公民及郡議會不贊同國會的修正案時，國會雖有擴大聯邦的野心，實亦無能為力。這一點對郡是很為有利的保障。到現在為止，瑞士人仍有極為濃厚的地方觀念，因之而有極為强烈的地方自治的傾向，國會如無險惡的國際情勢為助，企圖擴大聯邦權是很不容易的。

第三、瑞士的聯邦最高法院，對國會立法不能為違憲與否之裁決，故聯邦法雖侵犯了郡的權力，聯邦法院殊無予以阻止的能力。至於聯邦法院利用憲法解釋權來擴大憲法的意義，它也沒有這種機會。聯邦法院對聯邦權及郡權，可以說未嘗為左右袒，它是不能發揮美國式司法審評的作用的。

近年以來，瑞士的聯邦權亦有逐漸擴大的傾向。近代的經濟發展，有賴於集中的規劃，而此集中的規劃權，又捨聯邦政府莫屬。是以瑞士人雖鄉土觀念極濃，而為時勢所趨，不能不授聯邦以新的權力。試以複決通過的憲法修正案來看，如商標法案，如疾病及意外保險法案，如紙幣發行權法案，如聯邦管理工業法案，如清潔食物法案，如統一民刑法典法案，如航空及海運管理法案，諸如此類，不盡枚舉。上述憲法修正案，其性質應否列入憲法條文之內，那是另一問題，但它們都增加了聯邦權是毫無疑義的這一種新權力的授予，自然又會緊縮郡所享的餘權。

第二次大戰時，聯邦權的擴張很為驚人。例如國防法案，經濟管制法案，瑞士銀行法案，物價管制法案等，使瑞士的聯邦權可與其他戰時國家政府的權力並駕齊驅。一九五〇年，公民乃創制一項取消聯邦國會戰時權力的法案，此種膨脹始告停止。可見戰爭的國際環境，誘使瑞士的聯邦權擴大。瑞士還是沒有參戰的中立國，但爲戒備德法意軍隊的侵入，必須採取許多未雨綢繆的措置。由是國防軍動員了，軍事工程興建了。而財政的支出，亦非平時的收入所能應付。十九世紀中葉，瑞士歲出爲四百萬鎊。百年之後，其支出幾達百倍。應付此一龐大的數字，其一爲改變聯邦與郡的分配比例。若干稅項爲聯邦與郡的共同收入，各得若干成，規定於憲法之中。戰時不得不增加聯邦的成數。其二爲增加稅率。更重要的一點，聯邦政府亦得如其他國家的中央政府一樣，由國會授予無比的緊急命令權。瑞士國會似較其他國家更爲大方，許政府便宜行事，僅於一年結束時向國會提出報告而已。

凡此種種，說明聯邦憲法制訂之初，制憲者或有保障郡權之意，惟事後實際的演變，聯邦權總會駕凌分子之上。所以然者，近代社會經濟的發展趨勢固爲重大原因，而聯邦結合的歷史愈久，實亦愈有變成單一國的可能。聯邦原是特殊環境的產物，瑞士如非多種民族混合而成，那樣小的地域恐怕祇能組成一個單一國。民族的不同使各郡最初欲維持其獨立的地位，但以後各民族發生同化作用，和一的精神乃日見濃厚。聯邦的美國是如此，聯邦的瑞士何獨不然。

V、聯邦憲法和人權的保障 瑞士是愛好自由的民族，它七百年來反抗日耳曼皇帝，反抗奧國大公，即是爲自由而奮鬬的歷史。但自由云云：有時是抗暴，瑞士建國初期的自由，即指此一境界而言；有時是和平生活的享受，即由憲法及法律保障人人的權利，使大家於此條件下獲得安定而合理的生活。瑞士憲法所規定的種種人權，可以說是由後述理想而產生的。

瑞士人民的自由與權利所受最大威脅，莫過於因宗教語言的不同而發生的相互歧視。尤其各郡之中，常有少數民族存在，相互的歧視可以導致許多不幸的後果。所以憲法規定德文法文及意大利文皆爲國家文字。其後一九三八年又增一修正案，羅馬註音亦爲瑞士國定文字。這樣，任何郡不至强迫人民使用某一種文字。不得因種族的原因而影響公民權，這也是憲法中明文禁止種族歧視的條文。對於宗教，憲法沒有明白規定。但它說瑞士祇承認法院登記的婚姻，這當然沒有禁止神父或牧師證婚，但天主教或新教佔多數的郡，最少無法否認不在天主教堂或禮拜堂所舉行的婚姻。憲法並規定主教區的增設須得聯邦國會的同意，而救世軍則不得在瑞士組織。凡此種種，都是限止天主教以其儀式及組織來束縛人民的規定。

除此之外，瑞士與多數國家一樣，在憲法中保障人民的結社自由、法律前平等的權利，以及新聞的自由等。關於新聞自由，它加上了一個重要的限制，新聞或文字之違害瑞士中立地位者得予以取締。瑞士是著名的守舊國家，可是思想之自由，很少國家能與之比擬。它眞是能做到「見怪不怪，其怪自敗」的國家。

瑞士是最善行使創制權的國家，人民爲自己立法以後，增加了些什麼權利的條文？說來奇怪，竟是沒有。一八九四年、一九四六年、一九四七年，社會主義黨三次發動「工作權利法」的創制，每一次都在複決時被否決。瑞士人不希望工作得到保障麼？我們相信不是的，他們相信保障工作的方法是辛勤工作，而不是憲法的條文。他們有那樣的胸襟，所以他們有資格行使直接民權。在行使直接民權的其他記錄中，他們反對取消某種嚴刑（一八六六年），他們贊同恢復死刑（一八七九年）。他們贊同由聯邦制訂統一的民法及刑法（一八九八年）。惟一的近代式的社會權利法，乃一九二五年批准的「老年、寡婦、以及殘廢的保險法」。

對於公民權，瑞士所享者最爲充分。在鄉鎭，有的甚至實施直接民權，公民卽是鄉鎭的主人。在郡以及在聯邦，選舉權之外還有複決權與創制權，瑞士人亦不愧爲享受這種公權的人。他們政治智慧之高，很少有學問的人能與之相比。舉例來言，一九三四至三五年，法西斯蒂主義者與舊的郡權派及組合主義者相合，發動全面修改憲法。得聯署人七萬九千餘人，聲勢可謂浩大。在法西斯蒂主義者來看，其餘兩派爲烏合之衆，不難各個擊破，祇要全面修憲的創制案獲得複決通過，他們就可以操縱制憲的國會，把瑞士變成德義的附庸。一九三五年九月，該創制案提付公民及郡議會複決。複決的結果，不足七十三萬的投票人之中，反對者竟達五十一萬餘人，而二十二郡議會票之中，反對者亦高達十九票，在瑞士複決史中爲最慘敗的一次。試想那個時期，有多少名流學者爲法西斯蒂主義喝采，而瑞士的升斗小民却棄絕惟恐不及。以這樣具有政治智慧的公民來行直接民權，自然不會發生什麼流弊。

瑞士的權利思想當然有它的缺點。到現在爲止，瑞士還沒有把公民權推廣到婦女。所以然者，瑞士憲法雖規定取得郡公民地位者爲瑞士公民，郡不得以法律歧視他郡之人民，一若公民權是從郡那裏得到的。實際上瑞士的公民權得自鄉鎭，而在鄉鎭所以能取得公民資格，不僅因爲他出生於此，而且也因爲他是鄉鎭公有森林及牧場的共同所有人之一。而這項所有權，得自父系的遺傳，女子是沒有繼承權的。由是相沿成習，女子不得參與森林會議，不得參與牧場公社，因之也不得參加鄉民大會。女子於此基層政治中喪失其公民權以後，很難使瑞士人承認她們在郡及聯邦可以享受公民權。在過去這末多的修憲運動中，竟沒有一次爲女權而努力，這也可以令人驚奇的了。

瑞士人父權的觀念很重，故女子所受管敎甚嚴。年青的一輩極受拘束。他們很重道德觀念，對人對己的要求皆有過分之處，有時會傾向於刻薄。瑞士尙無大規模工業，勞工問題不頂嚴重，但店員僕役的待遇過低，已常引起糾紛。瑞士的公務員待遇，亦近於吝嗇。這種種現象，許多人認爲乃小國寡民所不易避免的缺點，史華梯 Michaels Swart（氏著近代型式的政府）曾說：瑞士可以致民於安樂，但不易對高級的文化有所貢獻！於其質樸而拘謹的人生觀，蓋有微辭焉。

IV、聯邦的政府機構

(一)聯邦國會　聯邦國會分聯邦院 Council of States 及民族院 Council of the Nation 兩院。聯邦院代表各組成分子，民族院代表人民。兩院聯合開會：則稱聯邦國會 Federal Assembly。

聯邦院既代表各郡，故其議員由各郡產生，瑞士現有十九個全郡，各舉議員二人；六個半郡，各舉議員一人，共議員四十四人。議員的產生方式、任期、以及薪給，均由各郡自己規定及支付。所以聯邦院議員有的由郡民普選，有的由郡議會間接選舉。而其任期，亦自一年至四年不等。各郡欲保全其獨立及自治的地位，每視聯邦院議員爲其發言人，故常欲加强聯邦院議員與本郡的關係，這是有上述紛歧現象的原因。

民族院有議員一百九十餘人，以郡爲選舉區，按人口的比例分配其應得名額。大體的說，每二萬四千人可選議員一人。惟最小的郡其人口不足二萬四千人者，最少也能舉一位議員。郡的議員名額在三人以上者採比例代表制，瑞士爲多黨國家，天主敎保守黨，社會主義黨，激進黨，以及小農黨等。所以大郡之有三十位左右的議員者，選民常得在一百餘位人名中挑選他們的代議士。瑞士人政黨的觀念很淡，他們很可能在數黨的名單中物色他們的代表。法律也不禁止選民以全部力量支持一位代表。選民投票的名額，與郡的議員名額相同。這就是說，郡產生議員五名者，每一選民卽可選舉五人。大黨的選民，通常分舉五人，而小黨的選民，則集中投一人或二人。

民族院議員任期四年，連選可以連任，且無次數限制。瑞士政治安定，有經驗的政治家常爲選民所歡迎，故連選連任的機會很多。每屆民族院中，十年以上的老議員常佔四分之一，而連任一次的更多，可能在半數以上。民族院所以常能得富有經驗的人領導，工作的效率很高。

兩院進行立法工作時，分別開會，而且兩院權力完全相等。任何法律案，必須得兩院多數通過，始能成立。此項規定，與美國的國會制度同，其用意在保障各分子的地位。蓋聯邦立法，或多或少會影響各分子的權力，分子代表能在立法時享絕對的否決作用——不得他們多數同意卽不能成爲法律，聯邦就不容易通過侵越郡權力的法條了。惟有一點瑞士與美國不同，兩院意見未能一致時，則召開聯席會議解決之。聯席會議以民族院的主席爲主席。兩院人數衆寡懸殊，幾爲四與一之比，民族院如有堅强的態度，不難壓倒聯邦院的立場，所以在瑞士不致發生立法的僵局。美國兩院意見不同，祇可召開聯席委員會，委員會雙方代表人數約略相等。委員會所設計的折衷案，回到兩院討論時可能又會觸礁。

有一點應該說明的：多黨的瑞士在選舉中很難產生某一政黨佔過半數席次的議會。故討論法案時，沒有一個大黨可以强迫其他政黨服從。任何政黨必須就事論事，不能憑黨見來折服他人，也不能堅守政黨的立場而不相容讓。因之瑞士雖爲多黨的國家，却未受多黨之害。

兩院召開聯席會議以處理下述各種事項：（甲）選舉七位執行委員，三十位左右的聯邦法官，以及戒嚴時期的一位軍事統帥；（乙）議決原則，對執行委員指示行政方針；（丙）議決原則，命執行委員依據此原則起草法律案；（丁）仲裁各級權力機關間所發生的衝突；（戊）撤銷行政機關的違法命令；（己）頒佈大赦與特赦令；（庚）宣佈戰爭的存在，進行媾和的工作，並批准條約；（辛）頒佈戒嚴及解嚴的命令。

上述八項權力，顯然不是一般所說的立法事項。尤其指示行政方針一項，雖非國會親自執行，而視執行委員會爲隸屬機關，極爲昭著。至於撤銷違法命令之權，多數國家認係行政法院的管轄範圍，瑞士則亦由國會處理。其餘如選舉權，可以看作一般國家的任命權。凡此種種，說明國會而舉行聯席會議之時，簡直是集行政司法兩權於一身，而分別開會的時候，又是正常的立法機關了。

㈡合議制的執行委員會　瑞士的行政工作，由執行委員會依據國會的指示進行。執行委員會設委員七人，分掌政務、軍事、司法及警察、財政及關務、內政、國家經濟、以及郵電交通等七部。執行委員由國會選舉，所須資格與議員同。執行委員不得兼任議員，故議員而當選爲執行委員者，須即放棄議席。委員任期四年，連選可以連任，且無次數的限制，故有很多人繼續當選直到退休的時候爲止。瑞士法律規定官吏須連續服務十年以上者始能領取退休年金，而執行委員亦能享受這項權益。瑞士之不以執行委員爲政務官，於此可以想見。

聯邦國會選舉執行委員時，須嚴格注意地域的分配，消極的不能有兩位執行委員同出一郡，積極的須德語的柔立克及柏盤恩各佔一人；法語的萬特郡佔一人；意語的最少亦有一人。這種種規定，不使一郡或一民族獨佔聯邦的政治領導權。至於執行委員的黨籍，憲法中並未規定平均分配的原則。惟議會中既呈多黨現象，執行委員自亦屬混合性質，在議會中佔相當席次的政黨，在執委會中亦會有該黨的委員。

執行委員互選一人爲總統，另一人爲副總統，任期均爲一年，連選不能連任。以往規定總統必須兼政務部部長，每年勢須重行分配執行委員的部務，現在總統已不限兼任政務部，故每一委員均可專任一部，更合久任的精神。

如前所述，每一委員均主管一個部的部務，因之皆有許多日常的行政工作等待他們處理。七部之中，國家經濟部及郵電交通部恐較重要。瑞士與其他國家一樣，自二十世紀以來，已對工商業抱着管理及監督的態度，不復採完全的放任政策。在這個態度的轉變中，立法及行政皆在這方面揷足，因之增加了國家經濟部的重要性。至於郵電交通部，因鐵道及電氣事業皆屬國營，部務自然會多些。不過瑞士的國營企業，皆有半獨立的性質，既有完全獨立的預算，也有相當完整的人事權，執行委員可以干預的事情也不太多。其餘五部的事務皆極輕鬆。政務部主管外交，軍事部主管軍事，因瑞士常守中立，無繁劇可言。內政及司法，因重心在各郡，亦相當清閒。

委員們清閒的部務，正可使他們有充裕的時間集議國家的重大政策。瑞士執委會採集議制，任何提出於兩院的重要法律案，均須經執委會通過。當然，所謂法律案的提出，有時執委會處主動地位，自動的向國會提建議；亦有時處被動地位，國會要求它就已定原則撰擬草案。無論主動被動，它的決定須以合議的方式出之，不是由主管的部單獨與國會交涉。執委會以四人爲法定人數，每一決策，須由到會委員的多數通過，故最少須有三位委員的同意始能把問題決定。

執委會之下設總理 Chancellor 一人，亦由聯邦國會選任之。總理實際上是文官長，主管考銓事務，與一般國家的總理不同。

㈢聯邦國會與執行委員會的實際關係　瑞士制度之所以稱為委員制，一方面因為它有個合議的執行委員會，而更重要的原因，還是因為此執行委員會隸屬於國會，不得與國會對抗。它的不得與國會對抗，於數種規定中見之。其一、執委會無英國式內閣的解散權，國會堅持其主張時，執委會祇有放棄自己的見解以與國會合作。其二、執委會根本無獨立的決策權，執委會卽有所主張，亦不過是向國會提出建議，有如美國內閣向總統提出建議然。其三、民族院雖亦可向執委會提出書面或口頭的詢問，但答覆不能使該院滿意時，國會可命令執委會改變其執行途徑。國會對執委會有命令權，故無所謂信任或不信任。其四、執行委員列席議會，報告並參與討論，但沒有表決權。凡此種種，皆所以造成國會至上的形勢，使執行委員不得不俯首聽命。

惟實際的情形又如何？執行委員都是老成政治家。他們的人望，他們的經驗，以至他們服務的成績，無一不引起國會的尊敬。他們對國會固然祇能提建議，但國會言聽計從時，建議也就等於提議了；他們列席國會，發言而無表決權，但發言極受重視時，發言的作用亦等於或有過於表決權。執行委員之深受國會信任，卽內閣制的英國亦屬少見。第二次大戰時，國會付執委會以緊急權力，而此緊急權力的行使，竟不受國會任何控制，祇是每年向國會提出報告而已。這是公司董事會與總經理所處的關係，在政治組織中，很少能這樣大方的。

執行委員會原隸屬於國會，而事實上幾又領導國會，這是什麼原因？是蓋立法與行政性質上的基本不同，立法多少爲坐而論道，其人才以氣度勝，以容量勝。行政多少爲立而行，其人才以精幹勝，以敏捷勝。兩種人的才具，可能前者高於後者，可是要他們合作無間，端在前者有知人之明，而不在後者俯首聽命。執行委員是國會選出來的，執行委員而賢能，那是國會領袖有知人之明；要賢能的人俯首聽命，那國會又未免賢賢而不能用了。瑞士國會能知人，故亦能用人，能用人故能盡執行委員之長，能盡執行委員之長，故執行委員反而領導了國會。這是政治的術，恐怕與政治制度無關的。

㈣聯邦法院 Federal Tribunal 聯邦國會選舉法官三十人，組織聯邦法院。聯邦法院分若干庭，惟審判重要叛國罪時採陪審制，其他的審判，均無陪審。它分設的法庭之中，有刑庭、有上訴法庭 Court of Cassation，有行政法庭。刑庭受理普通刑事案件，上訴法庭受理觸犯郡刑法而犯罪人認爲郡刑法與聯邦刑法牴觸者。行政法庭管轄範圍很爲龐雜，官吏之不當行爲 misconduct 固然由它受理；宗教團體之間的爭執，也由它受理；訴訟之以聯邦或郡爲一造者，又由它受理。

在此可以稍作說明者，瑞士本無統一民刑法，有如美國。惟一八九八年的兩次憲法修正案，規定聯邦有制訂統一民法與統一刑法之權。自此以後，郡民法及郡刑法而與聯邦法相牴觸者無效，民刑法乃趨一致。又瑞士既設聯邦法院，該院自有解釋法律之權。然則它能否如美國聯邦法院那樣有宣判違憲法無效之權？答覆應從兩面來看。對郡法律言，聯邦法院得宣判違憲法無效，甚至郡法律與聯邦法牴觸者，聯邦法院也可宣判其無效。但對聯邦法，聯邦法院就祇有執行的義務了。瑞士的執行委員不能離國會而獨立，聯邦法院亦然。

法官的人選，會否因國會選舉而沾染濃厚的政治色彩？法官的資格，就憲法規定言，與國會議員司。但國會選舉時，總會注意到候選人的法律訓練。任何聯邦職位的選舉，亦總會注意到任職人語言及種族的分配。集中一族或一種語言的事情是不會有的，這是國會所作的政治考慮，其他的弊病很少發現。一般來說，法官均極具清望，一次被選，常可連選連任，與職位受保障者沒有重要的區別。

總觀上文所說的瑞士聯邦制度，旣與其本國的地方制度相類，亦與英國的郡制相類。可見此種制度，必有深長的淵源，而不是一八四八年制憲時創造出來的。日耳曼民族於游牧時代卽有會議制，與會的人皆是部落酋長，與會時爲發言代表，分散時卽爲行政者及司法者。所以歐洲古代的會議，皆是集立法行政及司法於一身的。瑞士保存日耳曼的古風最多，因之而有它那特殊的政治制度。此一制度與分權制剛好是背道而馳的。分權近於分工，比較適合近代事務龐雜的政治社會。委員制旣不分工，對近代的政治社會是很不適合的。事實上瑞士的制度亦在演變中，執行委員會接受國會指示的事件愈來愈少，自己獨立執行的場合愈來愈多，這是它新演變的最重要的趨勢。

V、直接民權 直接民權的行使，應該說是瑞士憲法重要的特點之一。而瑞士所說的直接民權，僅指複決與創制兩項。罷免權的行使，因爲自地方以至聯邦，行政官吏皆聽命於民意代表，瑞士不認爲是重要的政權。玆先說明複決權行使的情形。

㈠自由複決 Optional Referendum 自由複決有別於强制複決 Compulsory Referendum，是一八七四年全部修改憲法時加進去的一項民權。一八四八年的憲法，祇規定强制複決，那就是說，憲法或憲法修正案通過後，須交公民及郡議會複決批准後始能生效，這與美國憲法所採方式，實在沒有太大的差別。一八四七年的憲法向民主的途徑邁進一步，增加了創制權，亦增加了自由複決權。自由複決主動在公民，而其對象則爲普通法律。所謂主動在公民，那就是說公民如不提出複決的要求，國會卽認爲法律案已得公民的默認，不再提付複決。法律數量極多，如果每一件法律都得像憲法修正案那樣提付複決，人民會感覺不勝其煩，而政府施政，也會進入停頓狀態。複決不是少數公民卽可發動，瑞士規定三萬人的聯署，方可提出複決的要求。三萬人的聯署，對瑞士而言，條件不可謂過低。十九世紀中葉，公民總人數當在七十萬左右。果爾，三萬公民約當公民總數的百分之五，與美國若干州及以後魏瑪憲法的規定相同。今日瑞士人口已達四百餘萬，三萬人的聯署，較以往是容易的多了。

自由複決的要求，不僅須有三萬公民的聯署，時間上也有限制。法律通過實施後，並非隨時可以要求複決，而必須於通過後九十日內爲之。複決權的行使，仍應顧及法律的信用。在上述限制之內，祇有新法律而其實施時間未滿三個月者始可懷疑其效力。實施既久，人人已皆習慣，不能再複決了。九十日的時限，可以說是很合理的規定。時限過短，公民等於沒有自由複決權，因爲過短的時間之內，大家還沒有了解法律的作用和意義，如何會要求複決？時限太長，公民似可有更充分的複決自由，但法律的尊嚴必大受損失。

所謂自由複決的對象爲普通法，也應稍作說明。

瑞士國會的權力特別龐大。就立法權而論，它通過法律，通過命令（一般國家所稱規程命令），並亦通過條約。法律、命令、以及條約，在瑞士效用相同，故所謂普通法律，實際上還包括命令及條約在內。玆分別說明之。

命令，其他國家皆認命令係行政權，而瑞士則特殊性命令屬行政權，一般性命令仍須經國會通過，視同法律。所謂一般性命令，大體的說指規程命令 Regulative Orders 。其他國家歸行政院，內閣或總統頒佈。瑞士則不然，規程命令亦須由聯邦國會以正常的立法程序通過之。故規程命令公民亦可要求複決，其複決的程序，與法律同。至於特殊性的命令，則不在複決之列。

自第一次大戰以來，瑞士政府亦常須作種種緊急措置；有緊急措置時亦常須發布緊急命令。對於緊急命令，公民是否可以要求複決？一九三九年的修正案對此有一答覆。公民所認為不當的緊急命令，可以三萬公民的聯署要求複決。聯邦國會對此，應於提付複決及聽任緊急命令生效的兩種途徑中採擇其一。惟不提付複決之緊急命令，十二個月後自動失效，國會且不得再通過該項命令。是則國會如果認為緊急狀態可以延長，而該緊急命令又為應付此緊急狀態的必要措施，應該提付複決，讓公民來作最後決定。

對於條約，其效力既視同法律，所以也可以複決。不過所有條約皆可複決，必然會降低瑞士的國際信用，增加外交上許多困難，所以又不能不作相當的限制。一九二一年創制的憲法修正案規定條約時效在十五年以上或無時效的限制者，公民始可要求複決。

至於普通的法律，指憲法及憲法修正案以外的一切法律，祗要公民認為不妥，他們可以於法律通過後九十日內發動公民簽署，三個月內能得三萬人聯署者，即可要求複決。

複決是對付立法機關相當有效的工具。立法機關如不顧輿情而倒行逆施的通過大家所反對的法律，除複決外，實在沒有其他方法。瑞士自一八七四年以來，曾行使了六十次自由複決權。在六十次自由複決中，三十九條法律因複決沒有通過而被撤銷，祗有二十一條法律得到多數公民的批准。故被複決的法律，多數會被廢置。足徵發動複決運動者相當審慎，不是大家厭惡的法律，他們不願輕於一試。

㈡强制複決　强制複決乃憲法或憲法修正案通過後，聯邦國會必須以之提付公民及郡議會複決。此種複決，對人民言爲權利，對國會言爲義務，對憲法及憲法修正案言則爲它們得以成立的必備條件。這一種複決權的行使，在其他國家亦極流行。美國憲法修正案須得四分之三州議會或州制憲會議的通過，澳洲聯邦與瑞士同，須分別得分子議會及人民的多數通過。聯邦憲法動輒牽涉到分子的權利，故憲法及憲法修正案，除須徵求公民的同意外，並亦須徵求州議會的同意，在理論上固有討論的餘地，在事實上恐又爲必要的設計。是蓋聯邦的各分子，皆有極濃厚的地方觀念，觸犯或損傷此地方觀念者，小則引起不愉快事件，大則可以製造不幸事件。就瑞士而言，所有的强制複決案（共一〇九件）中，僅兩次郡議會與公民有不同的意見。有一次公民批准而郡議會反對，那是聯邦管理度量衡法；另一次反過來，郡議會批准而公民反對，那是一九一〇年民族院議員比例代表選舉法。其餘則雙方態度極爲一致，即使去除郡議會批准的手續，亦不會改變强制複決的結果。

强制複決有數種用意。其一爲防止憲法修正案的輕易通過，尤其國會享有修正憲法的權力的國家。此一措置大有必要。國會原非制憲機關，而每屆國會的任期，多數長達四年。國會若於第三四年後發動修憲，議員離當選的日期已久，是否尚能謂代表選民的意見，亦大有疑問。對國會的修憲權如不稍加限制，議員們可能輕易主張改變國家的根本大法。意大利國會於法西斯政變後的許多立法，法國維琪政府成立後所作國體上的改變，如有公民複決權的規定，恐怕就沒有那樣容易了。其二爲對於公民憲法創制權的限制。瑞士是行使創制權的國家，而公民常輕易主張改革，甚至還要超過國會。瑞士於一八七四年以後所提出的憲法修正案，公民創制者較國會擬議的爲多。如無複決予以淘汰，瑞士憲法的改變一定更大。於此，有一問題值得吾人再三玩味。創制乃公民所發動者，而創制案成立又頗非易事，爲什麼公民創制的憲法修正案會在公民的複決中被淘汰？可見創制往往是政黨挾公民之名而發動的。瑞士規定五萬人聯署始可提出修正憲法的創制案。此一條件，大黨或幾個小黨的聯合很容易做到，而無組織的公民是很難滿足的。故創制權名義上是公民所有，事實上却常常爲政黨所利用。至於複決，那是全體公民參與投票，公民眞正能賴此以表示他們的意見，也因爲這個關係，公民的創制未必能於公民的複決中獲得批准，其三、複決當然是很重要的一種政權，不問其爲自由複決權或强制複決權，均可增加公民對政府的節制作用。

㈢修改憲法及創制權　至於修憲工作如何進行，瑞士憲法規定得極爲詳盡。國會固可發動，選民亦能創制。所謂創制權的運用，即是指公民提議修正憲法而言。

修憲分全部修改及部分修正兩種。全部修改憲法，可因國會兩院分別以多數通過同一草案後而成立。在這種方式之下，創議人可能爲議員；可能爲郡議會；亦可能爲執行委員會；更可能出於熱心公民的建議。不問創議人爲何，必須同時得到兩院多數議員的同情，始有順利通過的希望。而兩院討論該案時，輿論自然又會作各方面的反應，輿論反應如不良好，國會即不敢作拂逆公意之舉。故此一修正方法雖極簡單，通過亦不容易。一八七四年的全部修改憲法，爲瑞士惟一採取此一程序而通過者。

兩院對修憲的意見不能一致，則進行初覆決。初覆決無議案，僅問選民是否需要全部修改憲法。選民多數答覆爲否，修憲的工作即告終止。選民的答覆如多數贊同修憲，則解散國會，選舉新國會來擔任此修憲的工作。新國會如仍不能有一致意見又當如何？是否仍須覆決及解散國會，憲法沒有進一步的說明，瑞士修憲史亦未發生這類實例。

最後的全部修憲方式是由公民創制，由選民五萬人的聯署爲之。修憲創制案得法定人數聯署後，聯邦國會卽提付公民覆決，經否決者修憲工作終止；經可決者亦解散國會，由新國會進行修憲工作。

部分修正憲法的手續較爲簡單。其一、由國會兩院各以多數通過一修正案，然後提付覆決，得投票人之多數及過半數郡議會通過者卽成爲憲法的條文。兩院意見如不能一致，不得提付初覆決，這是與全部修改憲法不同的地方。其二、爲公民的創制。公民創制憲法修正案，有的祗提出修正的原則，有的提出修正的條文。此一創制案的成立，提議人須於動議後六個月內得五萬公民的聯署，逾六個月而不足法定人數者，該案卽行取消。國會接到創制案的請願書後，須於一年內採取行動，不得拖延。公民創制案如僅係原則，國會兩院如贊同此一原則，卽根據此原則起草正式條文，然後提付强制覆決。國會如不贊同此一原則，則提付公民初覆決，公民否決時取消創制案，公民贊同時國會卽須依據原則起草條文，然後提付强制覆決。在此情形下，國會起草條文無時間限制，故國會雖不得違背人民的委託，但可以拖延。公民創制案如係正式條文，國會贊同時卽提付覆決。國會如不贊同，它可以提出相對方案連同原創制案提付覆決，聽選民抉擇。在任何情形之下，國會不得變動原創制案。

㈣**直接民權的效果**　最後我們可以研究直接民權在瑞士所發生的效果。第一個印象是直接民權運用的次數極多。自一八四八年憲法生效以至一九五二年，修憲案達一〇九次，平均每年一次。一八七四年憲法全部修改之前，僅提修正案十一次，而且九次都是在一八六六年一年中提出來的。而一八七四年之後，七十八年間提出了九十八次修正案。更可注意的，九十八次修正案之中，五十次由人民創制，四十八次由國會提出，可見瑞士人民勇於行使創制權之一般。至於普通法律的自由覆決，一八七四年之後亦提出了六十次，而且有三十九次被撤銷，這都是良好的紀錄。

從這許多數字之中，我們要研究幾個問題。其一、瑞士人為什麼這樣喜歡行使直接民權？規定有直接民權的國家不止瑞士一個，但實際運用如是之多的却沒有一個可與瑞士相比。瑞士社會極為安定，並無太多急劇變動，與同一時期的美國來比，它幾乎可以說在靜止狀態之中。照例說憲法亦沒有常加修正的必要。而它修正的次數，乃五倍於美國，難道直接民權刺激了瑞士人，使他們勇於在這方面嘗試？

學者的解釋，認為瑞士無司法審評制，以至它別無其他修改憲法的途徑。它沒有變相的修改憲法的機會，國會提議修改以及公民創制修正的次數自然會因之而激增。司法審評本所以防止違憲法律的通過，惟法官因審評是否違憲而必須解釋憲法，由解釋憲法而重新確定憲法條文的意義，一步一步的推進，終至法官造法，並亦創立了憲法的新內容。美國憲法的伸縮性，就是在這種情形之下演成的。瑞士的聯邦法院沒有美國式的龐大權力，凡欲修正憲法者自然不會到法院去試驗，而必然採直接行動了。其實瑞士自鄉鎮而郡而聯邦，皆有直接民權的規定。公民於此皆有熟悉的經驗，不視直接民權為畏途，這是他們敢於行使該權的最大原因，司法審評權之有無，倒還在其次。

瑞士人民因勇於行使直接民權，他們所增加的憲法修正案，很多屬於普通法的性質，不必容納在憲法條文裏面的。例如畜牲屠宰法、水力管理法、老年疾病及孤寡保險法、家庭保護法等等，殊無在憲法中予以規定的必要。憲法容納這類條文的結果，將使憲法更須隨時修正，對憲法的尊嚴來說是很有損害的。瑞士公民可以創制憲法修正案，但不能創制普通法律案。公民希望通過的法律遭國會反對時，往往即創制一憲法修正案，這也是憲法創制案所以很多的另一原因。

激進的政黨，不時利用創制權來作宣傳，例如社會主義黨提出的工作權利案。它自己亦知道沒有通過的可能，但它祇要能得五萬公民的聯署，該案即須於一年內提請選民複決。提出一個問題而强迫大家來思考及討論，這是宣傳最好的方法。共產黨如在瑞士有相當的勢力，直接民權使用的次數一定會更多，這是可以預卜的。

在不少次運用直接民權的活動中，成功的百分比如何？自由複決的成效已如上述，六十次中有三十九次撤銷了國會所通過的法律。人民對國會通過的法律發生反感，且於六個月內得到三萬選民的聯署，則此法律之不受歡迎可知。複決時有三分之二要被撤銷，不是可以奇怪的事情。至於憲法的修正，情形不大相同。上文提到過一八七四年後曾提出九十八次修正案，四十八次由國會提出，五十次由人民創制，國會所提修正案，三十八個獲複決通過，否決者僅十次。人民創制案獲複決通過者僅十四案，而被否決者三十六案。在這個對比中，顯然人民信任議員的程度，遠較信任他們自己者爲深。國會雖僅由人民的代表所組成，但修正案的發動，或由熱心的公民、或由郡議會，其建議多數來自民間。而該案進行討論時，正反的意見皆可教育人民。最後國會經成熟的考慮而通過了，公民對此決定，自然亦爲之首肯。國會提修正案，較公民創制自較簡易，國會提案最少不要有五萬選民聯署的麻煩，故公民之欲創制者，其初亦必向議員遊說，待在國會中失敗後再進行創制。是以公民的創制案很多已爲國會所拒絕，在選民觀感中留下不良的影象，所以不容易在複決中通過。

最後可以一說的是瑞士的修憲程序：須投票選民的過半數贊同以及過半數郡議會的批准方獲通過。多數人的印象，郡議會必較守舊，公民必較激進，那末過半數郡議會批准的條件曾否增加憲法修正案通過的困難呢？在瑞士行使直接民權的歷史中，僅有二次郡議會與選民的意見未能一致。上文業已說過，不復贅述。

總的來說，瑞士眞可以說是國會至上的國家。它的國會，較英國的巴力門權力不知要大多少。在這種制度之下，最易發生立法專制的弊病。幸而瑞士同時又有直接民權，使國會專橫時亦能有所補救。沒有直接民權，瑞士的制度是不足效法的。

Ⅳ、其他國家的委員制　瑞士於十九世紀中葉採行委員制以來，學者雖爲贊美，但很少國家繼起效法者。直到蘇聯發生紅色革命，爲便於共產黨的控制，亦予倣行。其後共產集團國家皆師法蘇聯，委員制乃成爲紅色世界最普遍的制度。不過經仔細辨別以後，蘇聯委員制的精神，與瑞士者絕對不同。玆爲分析其差別如後：

㈠國會的虛設　委員制的主要精神，在於國會的集權，已如上述。蘇聯雖設最高會議，且亦由代表各加盟共和國的民族院及代表人民的聯邦院兩院所組成，但代表衆多，兩院合計在兩千人左右。這人數的不同，使兩國國會的性能大爲不同。蘇俄的最高會議，每年不過集會一次，時間又不過數日，自不能總攬國家的大權於一身。蘇聯亦自始沒有重視這個最高會議，不過以此爲民主的裝飾品，並藉此爲宣傳的場所而已。開會時先是政要們報告，盡量的誇耀自己部門長足的進步，以博台下的掌聲。這種宣傳式的報告，把憲法中所規定的部長會議向最高會議負責的這一條一筆勾消了。繼之則通過部長會議所預定的幾個方案，忽忽收場，虛應最高會議為最高權力機關的故事。

我人常謂研究憲法者不應單從法典着眼。單從憲法的文字看，最高會議與瑞士國會的權力大同小異，但一則眞正主持國家大政，一則爲僅有喝彩義務的應聲蟲，相去又何異天壤？

蘇俄因最高會議人多口雜無法控制，故以最高會議的權力轉移與它特有的最高會議的主席團，由是使民主的議會政治一變而為不折不扣的寡頭政體。主席團由主席一人，副主席十五人（代表各加盟共和國），秘書長一人，及委員若干人組成之。舉凡瑞士國會兩院聯席會議所有的權力，皆為主席團所有。瑞士小國，但它須由近兩百人的大會決定的事情，蘇聯那樣的大國却由數十人的主席團為之。兩國民主程度的差別，由此亦可見一斑。

㈡部長會議地位的不同　蘇聯設部長會議以替代瑞士的執行委員會。一九三六年之前，部長會議原稱人民委員會，在名稱上更與瑞士的制度接近。一九三六年起草憲法時，史達林有意採取英美制度之長，乃改人民委員會為部長會議。這個名稱上的改變，實有其用意。部長會議向最高會議及其主席團負責，仍與瑞士的制度相仿。蘇聯的所謂負責，不過提施政報告而已，上文已經提及。除此之外，部長會議有它自己的權力，並非完全聽命於最高會議及其主席團，這是與瑞士大為不同的。蘇聯憲法規定最高會議的權力時謂：除憲法授與主席團及部長會議之權力外，享有國家的最高權，可見部長會議亦得到憲法的授權，並不附屬於最高會議之下，與瑞士的執行委員會及原先的人民委員會的地位均有不同。部長會議幾乎可以說是國家的最高決策機構，使最高會議的作用完全落空。

部長會議權力之大，甚至超過內閣制國家的內閣。根據憲法條文所載，它的權力共達三十餘項之多。試爲歸納，其要爲決定經濟計劃，國防計劃，以及一切的行政計劃，凡屬聯邦權的事務，它都有決定權。在蘇聯，經濟重於一切。經濟不僅爲其施政重心，且亦是控制全國的人民及加盟單位的工具。研究蘇聯憲法者如忽略此一事實，卽無從把握蘇聯制度的精神。它的所謂經濟計劃，一則所以促成社會主義的經濟，把所有私人的經濟活動納入此一範圍之內，並從而決定個人經濟方面的權利義務。更重要的一點，加盟單位在聯邦中的經濟作用，亦由此經濟計劃硬性規定。規定爲輕工業區的單位，卽不得向重工業方面發展。蘇聯曾就此經驗，加强其對附庸國的控制，可見經濟計劃意義之重大，遠非一般國家的任何治權可比。我人之所以特別標出部長會議的經濟計劃權，亦是重視此一權力的緣故。

部長會議的權力如是之多與如是的重要，而它的向最高會議及其主席團負責又屬虛應故事，與瑞士執行委員會的性質完全不同。

㈢共產黨的操縱　從黨政的關係來看，蘇聯的制度不僅不同於瑞士的委員制，且亦不同於一切民主國家的制度。列寧曾創立民主集權的原則，以確定共產國家政治組織的型態。而蘇聯憲法實爲此民主集權原則的具體表現。民主取其外形，集權則爲核心的精神。最高會議，甚至主席團以及部長會議，均不過民主的外形，而共產黨從中發縱指使，始是集權的核心精神。蘇聯的政治組織，都顯得特別龐大。最高會議之有兩千人，固爲世界最大的議會，而部長有八九十員，亦爲世界最大的政府。這一種大，都爲便於共產黨的操縱而設計的，因爲如無共產黨從中操縱，這個政府制度就無法運用了。

共產黨之操縱政治，實爲有目共見的事實。彼自辯之辭，或者以爲此乃所有政黨共同的作風，並非它單獨如此。殊不知其他國家的政黨，既未取締異黨，故亦無包辦政治的可能，與它在程度上及種類上均有區別。此不在本文討論的範圍之內，姑不深論。就委員制的精神言，共黨專政之後，國會已成為形式上的東西，更何能謂為委員制呢？委員制是最符合於代議政府精神的一種政府，因為人民的代表直接掌握了立法以及其他的治權，不像其他制度那樣人民代表猶處於監督的地位。在蘇聯的制度之下，人民所舉的代表，不過共黨指揮之下的傀儡，連監督政府的作用都沒有呢！

㈣沒有創制複決等直接民權　創制複決等直接民權的制度，在大國家運用有很多的困難，這是事實。蘇聯的沒有採用此等制度，固不足以為其深病。惟就委員制而論，以議會集中國家一切大權，本亦不十分理想。我人前已言之，議會掌握用人權及處理瑣碎政務，實有不可避免的困難。而委員制的設計，無非欲人民易於控制政府。在內閣制與總統制之下，人民須分別監督立法行政及司法三機關，單獨監督立法機關就沒有用了。何則？內閣制與總統制的治權是分散的而不是集中的。委員制的產生最晚，而設計此一制度的理想家乃集中政府的治權於國會，而後再由公民以直接民權加以節制，公民對政府可以直接施展其力量了。今蘇聯雖把治權集中於最高會議——當然事實上又不是如此，而人民對此最高會議又無節制之道，這個集中就變得沒有意義了。

我人的意思，旁的制度不必有創制複決權，而委員制則應與直接民權聯合在一起。蘇聯的歷史傳統，適與瑞士者相反。瑞士有反極權專制的傳統，且此反抗精神，普及於每一個人的行動之中。蘇聯承沙皇專制統治之後，而共產黨一切革命，獨於專制統治則保留之惟恐不力。在此傳統之下，人民既沒有亦不能運用直接民權。在蘇聯的地方政治中，人民一樣不得參與及決定地方的自治事務，與前述瑞士的情形亦適相反。在這種種客觀的條件之下，無怪蘇聯的所謂委員制要大變其質了。

在上述比較分析之中，我人或可領略一個道理。每種制度有其基本精神，捨棄此基本精神而模仿其外形，不可能產生那個制度的優點。瑞士制度的基本精神在便於人民監督政府，捨棄這個精神就是放棄了這個制度的精華。其次，每一制度均有其必要的條件，缺少這許多條件，即使認眞模仿，亦不會與原制度發生同樣的結果，不想認眞模仿自然更不消說了。

本章參考書：

Simmon: Small Democracies

W. E. Rappard: The Government of Switzerland, N. Y. 1936

Arnold J. Zurcher: The Political System of Switzerland, in Shootwell and Others

Government of Continental Europe, Macmillan 1951

三民大專用書書目——法律

書名	作者		單位
中華民國憲法與立國精神	胡佛 沈清松 石之瑜 周陽山	著	臺灣大學 政治大學 臺灣大學 臺灣大學
中國憲法新論	薩孟武	著	前臺灣大學
中國憲法論	傅肅良	著	前中興大學
中華民國憲法論	管歐	著	前東吳大學
中華民國憲法概要	曾繁康	著	前臺灣大學
中華民國憲法	林騰鷂	著	東海大學
中華民國憲法	陳志華	著	中興大學
大法官會議解釋彙編	編輯部	編	
中華民國憲法逐條釋義（一）～（四）	林紀東	著	前臺灣大學
比較憲法	鄒文海	著	前政治大學
比較憲法	曾繁康	著	前臺灣大學
美國憲法與憲政	荊知仁	著	政治大學
國家賠償法	劉春堂	著	輔仁大學
民法總整理	曾榮振	著	律師
民法概要	鄭玉波	著	前臺灣大學
民法概要	劉宗榮	著	臺灣大學
民法概要	何孝元著、李志鵬修訂		前大法官
民法概要	董世芳	著	實踐管理學院
民法概要	朱鈺洋	著	屏東商專
民　法	郭振恭	著	東海大學
民法總則	鄭玉波	著	前臺灣大學
民法總則	何孝元著、李志鵬修訂		前大法官
判解民法總則	劉春堂	著	輔仁大學
民法債編總論	戴修瓚	著	
民法債編總論	鄭玉波	著	前臺灣大學
民法債編總論	何孝元	著	
民法債編各論	戴修瓚	著	
判解民法債篇通則	劉春堂	著	輔仁大學
民法物權	鄭玉波	著	前臺灣大學
判解民法物權	劉春堂	著	輔仁大學
民法親屬新論	陳棋炎、黃宗樂、郭振恭	著	臺灣大學
民法繼承論	羅鼎	著	

破產法論	陳計男	著	司法院大法官
刑法總整理	曾榮振	著	律師
刑法總論	蔡墩銘	著	臺灣大學
刑法各論	蔡墩銘	著	臺灣大學
刑法特論（上）（下）	林山田	著	臺灣大學
刑法概要	周冶平	著	前臺灣大學
刑法概要	蔡墩銘	著	臺灣大學
刑法之理論與實際	陶龍生	著	律師
刑事政策	張甘妹	著	臺灣大學
刑事訴訟法論	黃東熊	著	中興大學
刑事訴訟法論	胡開誠	著	
刑事訴訟法概要	蔡墩銘	著	臺灣大學
行政法	林紀東	著	前臺灣大學
行政法	張家洋	著	政治大學
行政法之一般法律原則	城仲模	編	司法院大法官
行政法總論（增訂新版）	黃異	著	海洋大學
行政法概要	管歐	著	前東吳大學
行政法概要	左潞生	著	前中興大學
行政法之基礎理論	城仲模	著	司法院大法官
少年事件處理法	劉作揖	著	中華醫專
犯罪學	林山田、林東茂	著	臺灣大學等
監獄學	林紀東	著	前臺灣大學
交通法規概要	管歐	著	前東吳大學
郵政法原理	劉承漢	著	前成功大學
土地法釋論	焦祖涵	著	前東吳大學
土地登記之理論與實務	焦祖涵	著	前東吳大學
引渡之理論與實踐	陳榮傑	著	外交部
國際私法	劉甲一	著	前臺灣大學
國際私法論	劉鐵錚 陳榮傳	合著	司法院大法官 東吳大學
國際私法新論	梅仲協	著	前臺灣大學
國際私法論叢	劉鐵錚	著	司法院大法官
現代國際法	丘宏達	著	馬利蘭大學
現代國際法參考文件	丘宏達 編輯 陳純一 助編		馬利蘭大學 文化大學
國際法概要	彭明敏	著	
平時國際法	蘇義雄	著	中興大學
中國法制史概要	陳顧遠	著	

中國法制史	戴炎輝	著	前臺灣大學
法學概論	陳惠馨	著	政治大學
法學概論	劉作揖	著	中華醫專
法學緒論	鄭玉波	著	前臺灣大學
法學緒論	孫致中	編著	各大專院校
法律實務問題彙編	周叔厚、段紹禋	編	司法院
誠實信用原則與衡平法	何孝元	著	
工業所有權之研究	何孝元	著	
強制執行法	陳榮宗	著	臺灣大學
法院組織法論	管歐	著	前東吳大學
國際海洋法——衡平劃界論	傅崐成	著	臺灣大學
醫事護理法規概論	蘇嘉宏	著	輔英護專
最新綜合六法 要旨增編 判解指引 法令援引 事項引得 全書	陶百川 王澤鑑 劉宗榮 葛克昌	編	國策顧問 司法院大法官 臺灣大學 臺灣大學
最新六法全書	陶百川	編	國策顧問
基本六法	編輯部	編	
憲法、民法、刑法	編輯部	編	

三民大專用書書目——行政・管理

行政學	張潤書 著	政治大學
行政學	左潞生 著	前中興大學
行政學	吳瓊恩 著	政治大學
行政學新論	張金鑑 著	前政治大學
行政學概要	左潞生 著	前中興大學
行政管理學	傅肅良 著	前中興大學
行政生態學	彭文賢 著	中央研究院
人事行政學	張金鑑 著	前政治大學
人事行政學	傅肅良 著	前中興大學
各國人事制度	傅肅良 著	前中興大學
人事行政的守與變	傅肅良 著	前中興大學
各國人事制度概要	張金鑑 著	前政治大學
現行考銓制度	陳鑑波 著	
考銓制度	傅肅良 著	前中興大學
員工考選學	傅肅良 著	前中興大學
員工訓練學	傅肅良 著	前中興大學
員工激勵學	傅肅良 著	前中興大學
交通行政	劉承漢 著	前成功大學
陸空運輸法概要	劉承漢 著	前成功大學
運輸學概要	程振粵 著	前臺灣大學
兵役理論與實務	顧傳型 著	
行為管理論	林安弘 著	德明商專
組織行為學	高尚仁、伍錫康 著	香港大學
組織行為學	藍采風 廖榮利 著	美國印第安那大學 臺灣大學
組織原理	彭文賢 著	中央研究院
組織結構	彭文賢 著	中央研究院
組織行為管理	龔平邦 著	前逢甲大學
行為科學概論	龔平邦 著	前逢甲大學
行為科學概論	徐道鄰 著	
行為科學與管理	徐木蘭 著	臺灣大學
實用企業管理學	解宏賓 著	中興大學
企業管理	蔣靜一 著	逢甲大學
企業管理	陳定國 著	前臺灣大學

三民大專用書書目——經濟・財政

經濟學新辭典	高叔康 編	
經濟學通典	林華德 著	國際票券公司
經濟思想史	史考特 著	
西洋經濟思想史	林鐘雄 著	臺灣大學
歐洲經濟發展史	林鐘雄 著	臺灣大學
近代經濟學說	安格爾 著	
比較經濟制度	孫殿柏 著	前政治大學
通俗經濟講話	邢慕寰 著	香港大學
經濟學原理	歐陽勛 著	前政治大學
經濟學導論（增訂新版）	徐育珠 著	南康乃狄克州立大學
經濟學概要	趙鳳培 著	前政治大學
經濟學	歐陽勛、黃仁德 著	政治大學
經濟學（上）、（下）	陸民仁 編著	前政治大學
經濟學（上）、（下）	陸民仁 著	前政治大學
經濟學	黃柏農 著	中正大學
經濟學概論	陸民仁 著	前政治大學
國際經濟學	白俊男 著	東吳大學
國際經濟學	黃智輝 著	東吳大學
個體經濟學	劉盛男 著	臺北商專
個體經濟分析	趙鳳培 著	前政治大學
總體經濟分析	趙鳳培 著	前政治大學
總體經濟學	鍾甦生 著	西雅圖銀行
總體經濟學	張慶輝 著	政治大學
總體經濟理論	孫震 著	工研院
數理經濟分析	林大侯 著	臺灣綜合研究院
計量經濟學導論	林華德 著	國際票券公司
計量經濟學	陳正澄 著	臺灣大學
經濟政策	湯俊湘 著	前中興大學
平均地權	王全祿 著	考試委員
運銷合作	湯俊湘 著	前中興大學
合作經濟概論	尹樹生 著	中興大學
農業經濟學	尹樹生 著	中興大學
凱因斯經濟學	趙鳳培 譯	前政治大學

工程經濟	陳寬仁 著	中正理工學院
銀行法	金桐林 著	中興銀行
銀行法釋義	楊承厚編著	銘傳管理學院
銀行學概要	林葭蕃 著	
商業銀行之經營及實務	文大熙 著	
商業銀行實務	解宏賓編著	中興大學
貨幣銀行學	何偉成 著	中正理工學院
貨幣銀行學	白俊男 著	東吳大學
貨幣銀行學	楊樹森 著	文化大學
貨幣銀行學	李穎吾 著	前臺灣大學
貨幣銀行學	趙鳳培 著	前政治大學
貨幣銀行學	謝德宗 著	臺灣大學
貨幣銀行學——理論與實際	謝德宗 著	臺灣大學
現代貨幣銀行學（上）、（下）、（合）	柳復起 著	澳洲新南威爾斯大學
貨幣學概要	楊承厚 著	銘傳管理學院
貨幣銀行學概要	劉盛男 著	臺北商專
金融市場概要	何顯重 著	
金融市場	謝劍平 著	政治大學
現代國際金融	柳復起 著	澳洲新南威爾斯大學
國際金融——匯率理論與實務	黃仁德、蔡文雄 著	政治大學
國際金融理論與實際	康信鴻 著	成功大學
國際金融理論與制度（革新版）	歐陽勛、黃仁德編著	政治大學
金融交換實務	李麗 著	中央銀行
衍生性金融商品	李麗 著	中央銀行
財政學	徐育珠 著	南康乃狄克州立大學
財政學	李厚高 著	蒙藏委員會
財政學	顧書桂 著	
財政學	林華德 著	國際票券公司
財政學	吳家聲 著	財政部
財政學原理	魏萼 著	中山大學
財政學概要	張則堯 著	前政治大學
財政學表解	顧書桂 著	
財務行政（含財務會審法規）	莊義雄 著	成功大學
商用英文	張錦源 著	政治大學
商用英文	程振粵 著	前臺灣大學

商用英文	黃正興 著	實踐管理學院
實用商業美語 I ── 實況模擬	杉田 敏著 張錦源校譯	政治大學
實用商業美語 II ── 實況模擬	杉田 敏著 張錦源校譯	政治大學
實用商業美語 III ── 實況模擬	杉田 敏著 張錦源校譯	政治大學
國際商務契約 ── 實用中英對照範例集	陳春山 著	中興大學
貿易契約理論與實務	張錦源 著	政治大學
貿易英文實務	張錦源 著	政治大學
貿易英文實務習題	張錦源 著	政治大學
貿易英文實務題解	張錦源 著	政治大學
信用狀理論與實務	蕭啟賢 著	輔仁大學
信用狀理論與實務 ── 國際商業信用證實務	張錦源 著	政治大學
國際貿易	李穎吾 著	前臺灣大學
國際貿易	陳正順 著	臺灣大學
國際貿易概要	何顯重 著	
國際貿易實務詳論（精）	張錦源 著	政治大學
國際貿易實務	羅慶龍 著	逢甲大學
國際貿易實務新論	張錦源、康蕙芬 著	政治大學
國際貿易實務新論題解	張錦源、康蕙芬 著	政治大學
國際貿易理論與政策	歐陽勛、黃仁德編著	政治大學
國際貿易原理與政策	黃仁德 著	政治大學
國際貿易原理與政策	康信鴻 著	成功大學
國際貿易政策概論	余德培 著	東吳大學
國際貿易論	李厚高 著	蒙藏委員會
國際商品買賣契約法	鄧越今編著	外貿協會
國際貿易法概要	于政長 著	東吳大學
國際貿易法	張錦源 著	政治大學
現代國際政治經濟學 ── 富強新論	戴鴻超 著	底特律大學
外匯、貿易辭典	于政長編著 張錦源校訂	東吳大學 政治大學
貿易實務辭典	張錦源編著	政治大學
貿易貨物保險	周詠棠 著	前中央信託局
貿易慣例 ── FCA、FOB、CIF、CIP等條件解說	張錦源 著	政治大學
貿易法規	張錦源 白允宜 編著	政治大學 中華徵信所

三民大專用書書目——會計・審計・統計

會計制度設計之方法	趙仁達 著	
銀行會計	文大熙 著	
銀行會計（上）、（下）（革新版）	金桐林 著	中興銀行
銀行會計實務	趙仁達 著	
初級會計學（上）、（下）	洪國賜 著	前淡水工商管理學院
中級會計學（上）、（下）	洪國賜 著	前淡水工商管理學院
中級會計學題解	洪國賜 著	前淡水工商管理學院
中等會計（上）、（下）	薛光圻、張鴻春 著	西東大學
會計學（上）、（下）	幸世間 著	前臺灣大學
會計學題解	幸世間 著	前臺灣大學
會計學概要	李兆萱 著	前臺灣大學
會計學概要習題	李兆萱 著	前臺灣大學
成本會計	張昌齡 著	成功大學
成本會計（上）、（下）（增訂新版）	洪國賜 著	前淡水工商管理學院
成本會計題解（上）、（下）（增訂新版）	洪國賜 著	前淡水工商管理學院
成本會計	盛禮約 著	淡水工商管理學院
成本會計習題	盛禮約 著	淡水工商管理學院
成本會計概要	童綷 著	
成本會計（上）、（下）	費鴻泰、王怡心 著	中興大學
成本會計習題與解答（上）、（下）	費鴻泰、王怡心 著	中興大學
管理會計	王怡心 著	中興大學
管理會計習題與解答	王怡心 著	中興大學
政府會計	李增榮 著	政治大學
政府會計	張鴻春 著	臺灣大學
政府會計題解	張鴻春 著	臺灣大學
財務報表分析	洪國賜 盧聯生 著	前淡水工商管理學院 輔仁大學
財務報表分析題解	洪國賜 著	前淡水工商管理學院
財務報表分析（增訂新版）	李祖培 著	中興大學
財務報表分析題解	李祖培 著	中興大學
稅務會計（最新版）	卓敏枝 盧聯生 著 莊傳成	臺灣大學 輔仁大學 文化大學

珠算學（上）、（下）	邱英桃 著	
珠算學（上）、（下）	楊渠弘 著	臺中商專
商業簿記（上）、（下）	盛禮約 著	淡水工商管理學院
審計學	殷文俊、金世朋 著	政治大學
商用統計學	顏月珠 著	臺灣大學
商用統計學題解	顏月珠 著	臺灣大學
商用統計學	劉一忠 著	舊金山州立大學
統計學	成灝然 著	臺中商專
統計學	柴松林 著	交通大學
統計學	劉南溟 著	臺灣大學
統計學	張浩鈞 著	臺灣大學
統計學	楊維哲 著	臺灣大學
統計學（上）、（下）	張素梅 著	臺灣大學
統計學	張健邦 著	政治大學
統計學題解	蔡淑女 著 張健邦 校訂	政治大學
現代統計學	顏月珠 著	臺灣大學
現代統計學題解	顏月珠 著	臺灣大學
統計學	顏月珠 著	臺灣大學
統計學題解	顏月珠 著	臺灣大學
推理統計學	張碧波 著	銘傳管理學院
應用數理統計學	顏月珠 著	臺灣大學
統計製圖學	宋汝濬 著	臺中商專
統計概念與方法	戴久永 著	交通大學
統計概念與方法題解	戴久永 著	交通大學
迴歸分析	吳宗正 著	成功大學
變異數分析	呂金河 著	成功大學
多變量分析	張健邦 著	政治大學
抽樣方法	儲全滋 著	成功大學
抽樣方法——理論與實務	鄭光甫 韋端 著	中央大學 主計處
商情預測	鄭碧娥 著	成功大學

三民大專用書書目——政治・外交

書名	作者		任職
政治學	薩孟武	著	前臺灣大學
政治學	鄒文海	著	前政治大學
政治學	曹伯森	著	陸軍官校
政治學	呂亞力	著	臺灣大學
政治學	凌渝郎	著	美國法蘭克林學院
政治學概論	張金鑑	著	前政治大學
政治學概要	張金鑑	著	前政治大學
政治學概要	呂亞力	著	臺灣大學
政治學方法論	呂亞力	著	臺灣大學
政治理論與研究方法	易君博	著	政治大學
公共政策	朱志宏	著	臺灣大學
公共政策	曹俊漢	著	臺灣大學
公共關係	王德馨 俞成業	著	交通大學
中國社會政治史(一)～(四)	薩孟武	著	前臺灣大學
中國政治思想史	薩孟武	著	前臺灣大學
中國政治思想史（上）（中）（下）	張金鑑	著	前政治大學
西洋政治思想史	張金鑑	著	前政治大學
西洋政治思想史	薩孟武	著	前臺灣大學
佛洛姆（Erich Fromm）的政治思想	陳秀容	著	政治大學
中國政治制度史	張金鑑	著	前政治大學
比較主義	張亞澐	著	政治大學
比較監察制度	陶百川	著	國策顧問
歐洲各國政府	張金鑑	著	前政治大學
美國政府	張金鑑	著	前政治大學
地方自治	管歐	著	國策顧問
中國吏治制度史概要	張金鑑	著	前政治大學
國際關係——理論與實踐	朱張碧珠	著	臺灣大學
中國外交史	劉彥	著	
中美早期外交史	李定一	著	政治大學
現代西洋外交史	楊逢泰	著	政治大學
中國大陸研究	段家鋒 張煥卿 周玉山	主編	政治大學

大陸問題研究	石之瑜 著	臺灣大學
立法論	朱志宏 著	臺灣大學
中國第一個民主體系	蔡玲 馬若孟 著 羅珞珈 譯	史丹佛大學
政治學的科學探究(一) 方法與理論	胡佛 著	臺灣大學
政治學的科學探究(二) 政治文化與政治生活	胡佛 著	臺灣大學
政治學的科學探究(三) 政治參與與選舉行為	胡佛 著	臺灣大學
政治學的科學探究(四) 政治變遷與民主化	胡佛 著	臺灣大學
政治學的科學探究(五) 憲政結構與政府體制	胡佛 著	臺灣大學

三民大專用書書目——國父遺教

三民主義	孫　文　著	
三民主義要論	周世輔　編著	前政治大學
大專聯考三民主義複習指要	涂子麟　著	中山大學
建國方略建國大綱	孫　文　著	
民權初步	孫　文　著	
國父思想	涂子麟　著	中山大學
國父思想	涂子麟 林金朝　編著	中山大學 臺灣師大
國父思想新論	周世輔　著	前政治大學
國父思想要義	周世輔　著	前政治大學
國父思想綱要	周世輔　著	前政治大學
中山思想新詮 ——總論與民族主義	周世輔 周陽山　著	前政治大學 臺灣大學
中山思想新詮 ——民權主義與中華民國憲法	周世輔 周陽山　著	前政治大學 臺灣大學
國父思想概要	張鐵君　著	
國父遺教概要	張鐵君　著	
國父遺教表解	尹讓轍　著	
三民主義要義	涂子麟　著	中山大學
國父思想（修訂新版）	周世輔 周陽山　著	前政治大學 臺灣大學